성경의 말씀을 잘 알 수 있게 하신
귀중한 책이기에 (   )님께
선물로 드리니
보시고 하나님의 복을 함께 받으시기를 바랍니다.
20   년   월   일
(   ) 드림

예수님을 만나는 길

제 6 권
(행복하여라. 이렇게 기도하라 외)

신성엽 목사 말씀

신성엽 목사의
　　말씀과 간증 중에서

저는 진리의 영이라 세상은 능히 저를 받지 못하나니
이는 저를 보지도 못하고 알지도 못함이라 그러나 너희는
저를 아나니 저는 너희와 함께 거하심이요
또 너희 속에 계시겠음이라 (요14:17)

하나님께서 우리 속에 영으로 오신다는 것,
이것이 얼마나 큰 이적이며 얼마나 놀라운 일이며
얼마나 어마어마한 큰 복인지 아시는가요?
하나님의 영이 우리와 함께 계시고
우리 속에 계시겠다는 것 아닙니까!
바로 이 같은 복이 내게 이루어졌습니다.

하나님의 깊은 사정까지 통달하신 성영님께서 내게 오시니
성경의 말씀을 깨닫지 못할 이유도 없고
아버지의 마음을 알지 못할 이유도 없습니다.
기록하신 말씀을 통해서 아버지의 마음과 깊은 사정을 아는
이 큰 복을 받았습니다.

삼위 하나님이 내 안으로 오셨습니다. 이것이 저의 간증입니다!
세상 복으로 잘살게 해주었다. 그런 것이 나의 간증이 아니라
삼위 하나님이 내 안으로 오신 것 이것이 나의 간증입니다!
이것이 나의 영원한 간증입니다 여러분!!

일 러 두 기

이 책을 비롯해 신성엽 목사의 가르쳐 전하신 말씀을 정리하여
책으로 엮은 모든 책에는 '성령'을 **'성영'**으로 '신령'을 **'신영'**으로,
'심령'을 **'심영'**으로 표기하였습니다.

성영님은 본래 영이시며, 하나님이십니다.
그렇기에 영이신 성영님을 '령'이 아닌 '영'으로 부르는 것이 마땅합니다.

한자 문화권인 우리말의 특성상 'ㄴ' 'ㄹ' '음가 없는 ㅇ' 등의 경우
두음법칙이 적용돼 '영'을 '령'으로 표기해 불러왔고 그로 인해 '영'이신
하나님을 '신령하다.' '혼령' '죽은 사람의 혼백(넋)' '죽은 이를 높여
부르는 말' 등과 같은 뜻으로 오해하도록 한 측면이 있습니다.

그래서 예배하여 섬겨야 할 인격의 하나님이신 성영님을, 일종의
기(氣)나 기운, 능력, 신비적 현상 등의 비인격적 존재로 생각하도록
하여 하대하거나 부리는 존재로 여겨 온 경향이 있습니다.

이것은 우리의 믿음을 혼란케 하는 것으로, 잘못된 것입니다.
아버지의 영이며, 아들 예수님의 영이신, 성영님의 인도를 받는
아들 된(롬8:14) 믿음이면 이 모든 것을 분별할 수 있습니다.

'성령'을 '성영'으로 표기하는 것은 우리말 어법에는 맞지 않는 것이지만, 영이신 하나님을 바로 알고 바로 부르는 것이 마땅한 것이기에, 믿음을 바로 하기 위해서라면 관계가 우선 돼야 하는 것이니 부득이 문법 규정이라도 벗어날 수밖에는 없습니다.

바로 알고, 바로 믿고, 바로 부르는 것은 그 어떤 행위나 제사보다 더 중요합니다. 우리 믿음의 마땅한 도리이자 권리입니다. 아멘

이와 관련한 내용은 예수님의 교회 홈페이지(http://www.jesusrhema.org) 게시판 「간증의 글」에 게시된 '성령인가, 성영인가?'와 「신성엽의 글」에 게시된 '(바르게 알자) 성영님이 금하라 하신 '성부' '성자'의 호칭'을 참고하시기 바랍니다.

발 간 사

수없이 많은 이들의 설교를 듣고 서적을 탐독하고 신학 공부도
해보았지만 참진리의 말씀을 접하지는 못했습니다.

말씀을 바로 깨닫기 원하는 목마름과 갈급함으로
마음이 헤매던 중에 신성엽 목사님의 말씀을 만나게 되었고,
듣는 내내 여태껏 어디서도 들어볼 수 없었던 말씀으로
'어떻게 이런 말씀이 다 있었나?!' '왜 이제야 듣게 되었나?!' 하는 놀라움과 아쉬움의 마음을 금할 수가 없었습니다.
그동안 풀리지 않았던 성경의 내용들을 바로 알게 되면서
예수님을 만나는 영광을 얻고 영혼의 큰 기쁨을 얻게 되었습니다.
이것이 많은 이들의 한결같은 고백입니다.

전국 곳곳에서, 멀리 국외에서 말씀을 듣고 말씀이 선포된 곳으로
찾아와 서로 기쁨의 간증을 나누며, 하나님께 영광을 돌리며,
같은 마음으로 소원하게 된 것은, 우리처럼 말씀의 해갈을 얻지 못하여 영혼이 헤매는 이들과 말씀을 깨닫기 원하는 이들에게도
이 말씀이 전해져야 한다는 거였습니다.
그러한 방법이 책으로 출간하자는 것이었고, 뜻이 모여 서로 협력하고
또한 여러 수고를 거쳐서 마침내 출간하게 되었습니다.

바른 가르침의 말씀 안에서 돌이켜보니
그저 열심히 전도하고 말씀을 말하여 왔던 것이 얼마나 잘못된
말씀지식으로 행한 것이었는지, 하나님께 얼마나 잘못 행하였는지를
보게 되니 피차 마음에 통회하고 고백하며, 뒤늦게나마 이 책을 전하는
것이 우리의 사명이라 확신하여 기쁨과 감사함으로 행하게 되었습니다.

이 책이 모든 이들에게 읽혀서 예수님을 만나는 참 복을 얻기를
우리 모두가 간절히 소망하며
책을 출간하게 하신 하나님께 감사의 영광을 돌립니다.

심 재 현 장 로

'행복하여라. 이렇게 기도하라 외' 목차

제 1 장 복– (1)심영이 가난한 자는 복이 있나니 · 13
제 2 장 복– (2)애통하는 자는 복이 있나니 · 29
제 3 장 복– (3)온유한 자는, 의에 주리고 목마른 자는 · 47
제 4 장 복– (4)긍휼히 여기는 자는 복이 있나니 · 65
제 5 장 복– (5)청결한 자, 화평케 하는 자, 핍박받은 자는 · 83
제 6 장 복– (6)너희는 세상의 소금이요 빛이라 · 101
제 7 장 기도– (1)하늘에 계신 우리 아버지여 · 113
제 8 장 기도– (2)이름이 거룩히 여김을 받으시오며 · 135
제 9 장 기도– (3)나라이 임하옵시며 뜻이……땅에서도 이루어 · 157
제 10 장 기도– (4)일용할 양식을 주옵시고 · 179
제 11 장 기도– (5)우리가 우리에게 죄지은 자를 …… 시험에 들게 …… 아멘 · 195
제 12 장 부활의 생명, 곧 영생 얻는 뜻이라 · 219
        (거짓 능력과 표적에 스스로 속은 자들)
제 13 장 흠 없게 보전되기를 원하노라 · 239
제 14 장 살았고 운동력 있는 하나님의 말씀 · 259
제 15 장 이름으로 사는 자의 권세 · 281
제 16 장 하나님, 생영, 이 뜻을 아십니까? · 303
제 17 장 오직 성영의 충만을 받으라 · 317
제 18 장 믿음은 오직 성영님으로만 되는 것 · 333
제 19 장 너희가 내 안에 있는 것을 너희가 알리라 · 359
제 20 장 삼위의 하나님과 관계를 이룬 것이 믿음 · 385
제 21 장 살리는 것은 영이니, 이름이 하늘에 기록되어야 · 401

제 1 장
심영이 가난한 자는 복이 있나니

¹예수께서 무리를 보시고 산에 올라가 앉으시니 제자들이 나아온지라 ² 입을 열어 가르쳐 가라사대 ³심영이 가난한 자는 복이 있나니 천국이 저희 것임이요

(마5:1-3)

　하나님께서 모세에게 인간이 죄인이라는 것을 알게 하시는 율법을 주실 때 산으로 올라와 받으라고 하셨습니다. 그런데 예수님께서도 예수님으로 말미암아 주시는 복을 말씀하실 때 산으로 올라가셨습니다. 산에 올라갔다는 것은, 하나님의 메시지를 중보를 통해 내리신다는 의미입니다. 전 인류에게 내리시는 하나님 나라의 복된 메시지라는 말입니다. 모세가 시내산에서 받은 율법은 인간이 죄인임을 깨닫게 하면서, 또 누구를 말하기 위한 것이라고 했습니까? 바로 예수님을 말한 것이요, 죄인을 예수님께 안내하는 것으로서, 바로 그 예수님이 오셔서 율법이 말한 예수님 자신을 통해서 받을 수 있는 엄청난 복을 선포하신 것입니다.

　산에 올라가 입을 열어 가르쳐 가라사대 **심영이 가난한 자는 복이 있나니 천국이 저희 것임이요, 애통하는 자는 복이 있나니 저희가 위**

로를 받을 것임이요, 온유한 자는 복이 있나니…… 하시면서 지금 하나님이 말씀하시는 복, 무엇이 복인지를 말씀하여 가르치셨던 것입니다. 하나님의 모든 복을 소유할 수 있는 것, 그 복은 바로 천국인데 그 천국을 누가 소유하느냐? 누구의 천국이 되느냐? 바로 심령이 가난한 자의 것이라는 것입니다. 그러므로 심령이 가난한 자가 복이 있다. 왜? 천국이 그의 것이기 때문이라 한 것입니다. 그러면 심령이 가난한 자가 누구냐? 심령이 가난한 자에게서 나타나는 것이 무엇이냐? 바로 애통인데 애통하는 그가 위로를 받는다고 하신 것입니다. 그러므로 애통하는 자는 복이 있나니 또 이러이러한 자는 복이 있나니 하시며 계속 복에 대해서 말씀하셨습니다.

그렇기에 예수님께서 말씀하시는 복은 물질 좀 생기는 그런 복을, 세상 것을 채워주신다는, 세상에서 얻을 수 있는 것을 말씀하는 것이 아니라는 것을 우리는 이제 모두 다 잘 알고 있습니다. 예수님으로 주시는 복은 바로 영적인 것이라는 것, 하나님께서 주시기 원하시는 진짜 참된 복은 영적인 것이라는 것, 여러분 모두 잘 알게 되었지 않습니까?

그러므로 땅에서의 삶은 아버지가 필요를 채워주시는 것이요, 우리는 자족하며 사는 복 된 자가 되는 것입니다. 우리 인간은 예수님을 받아들여야만 살 수 있도록 지어졌기 때문에 그래서 예수님께서 오셔서 예수님으로 사는 복에 대하여 자기의 백성들에게 깨우쳐주고 계신 것입니다. 바로 예수님 자신이 천국이요, 천국이 너희 가운데로 오셨다는 것, 예수님 자신을 통해서 주는 그 천국은 첫째 심령이 가난한 자의 것이라는 것을 말씀하신 것입니다.

그러므로 오늘날 우리가 예수님을 참으로 믿으려면 천국이 되시는 예수님이 산에 올라가 가르치신 이 하나님의 복이 있는 천국의 특성들에 대하여 잘 깨달아 알고 자기의 복이 되게 하는데 마음과 뜻을 다하는 겸손함이 있어야 합니다. '아, 그렇구나!' 하는 정도의 지나가는 말씀으로 대해서는 절대 천국이 자기 것이 될 수 없습니다. 예수님께서 말씀하시는 그 의미도 모르면서, 말씀대로 믿음이 되기 위한 자기 의지도 없으면서 무조건 아멘 하는 것이 아닙니다. 하나님의 말씀이라는 권위를 인정하고 자기의 실제, 천국이 자기 것이 되기 위한 진정이 있어야 합니다. 심영이 가난한 것이 천국이고 애통하는 것이 천국이고 온유한 것이 천국이고 긍휼히 여기는 것이 천국인 이 같은 천국의 특성을 깨달아서 자기 천국이 되는 것에 전 뜻이 돼야 한다는 말입니다. 애통하는 자는 위로를 받는다고 하셨으니 그럼 애통은 무엇이며 그 위로는 무엇인가? 실제로 자기에게 그 애통함이 있고 위로의 복을 받는 것이 돼야 하는 것입니다.

온유한 자, 의에 주리고 목마른 자, 긍휼히 여기는 자, 마음이 청결한 자, 화평케 하는 자, 의를 위해 핍박을 받는 자, 이런 말씀 모른다고 구원받지 못하는 것 아니다. 주님이 구주라는 것을 믿으면 구원받는다고 했으니, 그 주님 믿으면 구원받는 것이지 꼭 이 말씀들을 다 알아야 하는 것이냐? 하고 나온다면 벌써 그의 구원은 글렀습니다. 그것은 집터만 닦아놓고 그것을 집이라고 거기서 살겠다고 하는 것과 똑같습니다. 기초를 닦아 집을 짓는 것도 부실공사였다면 그것도 어느 날 무너지는 것입니다. 예수님을 구주로 믿는다고 해서 구원받은 것이 아니라, 구원받을 자격으로 갖춰가는 과정에 예수님의 말씀은 구원받게 하는 것이요, 또 믿음의 집을 세우는 신영한 재료입니다. 예수님의 말씀으로 집을 세우기를 원치 않는다면 그 구원은 없습니다. 하나님이신 예수님의 말씀은 구원에 이르고 구원받은 영적 사람의 생명이 풍성케 하여 피가 되고 살이 되는 양식입니다.

예수님의 말씀 한 구절 한 구절로 우리 속사람의 능력이 되지 않으면 천국은 없습니다. 아니, 생명의 주인이신 예수님의 말씀에 관심이 없으면 그에게 신앙의 목표가 있겠습니까? 자기 기분에 맞는 목표만 있을 뿐입니다. 엡3:18,19에 **능히 모든 성도와 함께 지식에 넘치는 그리스도의 사랑을 알아 그 넓이와 길이와 높이와 깊이가 어떠함을 깨달아 하나님의 모든 충만하신 것으로 너희에게 충만하게 하시기를 구하노라** 했습니다. 그러니까 우리가 예수님을 안다고 하지만 사실 예수님을 아는 것 아닙니다. 예수님의 사랑은 전 성경이 말씀하는 것보다 그 위에 더 넘치는 사랑으로서 끝없고 한없는 사랑이라는 거예요. 그러므로 예수님의 그 사랑의 깊이와 넓이와 길이와 높이가 어떠한가를 계속 깨달아 감으로써 예수님 안에 있는 하나님의 모든 충만하신 것이 우리에게 그대로 실제의 경험으로 충만하게 되기를 원한다고 한 것입니다.

지금 우리를 창조하신 하나님께서 사람으로 오셔서 말씀하십니다. 심령이 가난한 자는 복이 있나니 천국이 저희 것임이요. 이러이러한 자는 복이 있나니 하시며 복을 말씀하셨습니다. 마5:3-12까지 복이 있나니 라고 하신 것이 아홉 번인데 11에서 '복이 있나니' 하신 것은, 위에서 복이 있나니 하신 것의 총 결론적인 것을 말씀하신 것으로 보기 때문에 그래서 팔복이라고들 말합니다. 그런데 저는 구(9)복이라고 하겠습니다. 복이 아홉 가지가 있다는 뜻이 아니라 이러이러한 자는 곧 천국이 저희 것이라는 것을 말하는 것으로서 복이 있는 자는 곧 이러이러한 자로 나타난다는 것을 말씀하는 것입니다.

그런데 우리 성경은 '복이 있나니'라고 했는데 '복이 있나니'의 원뜻은 '행복 자로다' 또는 '행복하여라'입니다. 심령이 가난한 자는 행복 자로다. 또는 행복하여라. 왜냐? 천국이 저희 것이기 때문이라는 말입니다. 그러니까 '복이 있나니'라고 한 여기에는 복이 있는 자와 복이 있을 자에 대한 두 의미가 전제되어 있습니다. 하나는 네가 '심령이 가난한 자냐? 애통해 하는 자냐? 온유한 자냐? 화평케 하는 자냐? 그러면 너는 이미 행복 자로다' '이미 복 있는 자로다' 이고, 또 하나는 '네게 행복이 있으려면 심령이 가난한 자가 되어라, 애통하는 자가 되어라, 온유한 자가 되어라' 하는 것을 전제한 말씀입니다.

그런데 예수님께서 '복이 있나니' 하신 이것을, 우리 인간이 가진 복의 개념은 뭡니까? 집안 잘 되고 부자 되고 자손 잘 되고 하는 것 등 아닙니까? 그러니 예수님의 말씀, 복이 있다고 하신 그 복의 속뜻을 성영님의 기름 부음으로 바르게 알지 않으면 인간이 가진 복의 개념에서 벗어나지 못하고 그대로 연관 짓는 것입니다. 그래서 100% 믿음이 잘못된 방향으로 갈 수밖에는 없습니다. 여기서 말씀하는 복은 영적인 것, 천국의 요소입니다. 인간 속에는 없는, 예수님으로 말미암아서 있는 하늘의 복(행복)입니다. 그러므로 예수님을 만나 이 말씀으로 사는 능력이 되지 못하면 이 행복(천국)은 가질 수도 없지만 알 길도 없습니다. 오직 예수님과 예수님의 말씀이 내 안에 깨달아지는 경험이 있고, 이러이러한 자는 복이 있나니 라고 하신 그 이러이러한 자로 사는 자에게 있는 행복(천국)입니다. 천국이 내 것이니 행복한 자입니다. 예수님의 부활하신 생명을 얻게 되니 천국이요, 그러므로 행복하고 생명 안에 평안이 있으니 행복하고, 기쁨이 넘치니 행복한 것입니다. 그렇기에 예수님께서 천국이신 예수님 자신을 주시려고, 생명을 얻은 그 엄청난 행복을 주시려고 오셨습니다.

우리 인간이 행복하기 위해서 얼마나 큰 노력을 합니까? 옷을 잘 입으면 행복할까? 좋은 학교에 다니면 행복할까? 그러니까 공부 잘하게 하고, 높은 공부를 하게 하려는 것, 공부 많이 시키려고 하는 것 다 결국은 행복하고 싶어서 그러는 것이지 않겠습니까? 큰 집에서 살면 행복할까? 해서 일평생 그 행복을 찾으려고 밤낮 쉼 없이 몸부림하는 겁니다. 그러나 그것을 이룬다 해도 행복한 것은 잠시 잠깐입니다. 저 남자하고 살면 행복할까? 저 여자하고 살면 행복할까? 하고 살아 보지만 사실은 거기에서도 진짜 행복이 있습니까? 우리 행복하게 잘 살게요 하고 결혼했는데 얼마 뒤에 가서 서로 원수 관계로 헤어지는 것을 봅니다. 일생 원수처럼 억지로 사는 것을 보는 것입니다. 왜 그렇습니까? 심령이 가난한 자로 예수님을 만나지 못했기 때문에, 영적인 생명을 얻은 행복이 없기 때문에 그렇습니다. 오늘 예수님은 너희가 복이 있기를 원하느냐? 그러면 심령이 가난한 자가 되라 하십니다. 애통하는 자가 위로를 받으니 복이 있다고 하십니다.

세상은 재산이 있으면 행복할 것이라고 그래서 피와 땀으로 이루려고 하지만, 예수님은 심령이 가난한 자가 행복하다고 분명히 말씀하십니다. 그래서 세상이 주지 못하는, 세상에서 지배하지 못하는 영적 행복에 대해서 예수님의 복음 전하시는 첫 시작이 되었다는 것은 대단히 중요합니다. 인간에겐 없는 것, 그러나 반드시 있어야 하는 이 영적인 복을 주시려는 것부터 하신 것입니다. 그것을 입을 열어 가르쳐 가라사대 하시며 시작한 말씀이 행복의 첫째 조건인 심령이 가난한 자라는 것입니다. 그래서 모든 일에는 처음이 있고 시작이 있듯이 믿음을 가질 수 있는 것도 행복이 있게 되는 것도 그 시작이 자기가 심령이 가난한 자라는 것을 깨닫는 것에서부터입니다. 심령이 가난한 자라야 한다는 것입니다.

그래서 심령이 가난한 자는… 애통하는 자는… 온유한 자는… 하고 말씀하신 이것이 심령이 가난한 자가 애통하는 것이요, 심령이 가난한 자가 애통하고 온유한 자로 살 수 있고 긍휼히 여기는 긍휼한 자가 되는 겁니다. 그러니까 심령이 가난하지 않으면 그다음 애통도 온유도, 긍휼도 될 수가 없습니다. 애통하고자 해도 심령이 가난하지 않으면 애통히 되지 않습니다. 그래서 심령이 가난한 자라야 복이 있습니다. 그래서 심령이 가난한 자는 천국이 저희 것이라고 복의 결론을 말씀하셨습니다. 심령이 가난한 자면 그 뒤에 나타나는 모든 것이 따르는 것이니 다른 말이 필요 없다는 뜻입니다.

그러면 심령이 가난한 것이 뭘까요? 한마디로 영의 빈곤입니다. 영의 가난, 영이 벌거벗은, 영의 메마름으로 겪는 고통, 그래서 마음이 가난한 거예요. 참기쁨이 없는 거예요. 참행복이 없는 거예요. 세상의 어떤 것으로도 채워지지 않으니 마음이 헤매는 것을 말합니다. 그래서 '가난'을 원어로 '프토코스' 라고 하는데 '절대적 극빈, 아무것도 갖지 못한 것'이라는 뜻입니다. 하늘 아래의 것으로는 어떤 것으로든 채울 수가 없다는 뜻입니다. 그러면 영이 왜 벌거벗고 빈곤한 것일까요? 바로 하나님의 생명이 없기 때문이라는 것, 영이 입어야 할, 영에 채워야 할 하나님의 생명이 그 영에 없기 때문이라는 것, 여러분이 이제 다 잘 아시잖습니까?

　사람은, 사람을 창조하신 하나님의 뜻을 정확히 알기 전에는 자신이 심령이 가난한 자라는 것을 알지 못합니다. 심령이 가난한 것은 알지 못하지만, 그러나 그 심령의 가난 때문에 나타나는 증상이 있습니다. 단지 그것이 영에 하나님의 조애, 생명이 없어서 그렇다는 것은 전혀 알지 못하지만, 그 가난 때문에 자기 속에 증상으로 나타나는 것이 있다는 말입니다. 무엇인가에 목마른 것 같은 고통, 무엇인가 채워지지 않은 갈증 같은 것이 있어서 마음이 고통스러워하는 것으로, 마음이 허전한 것과 같은 것으로 나타나고 있는 겁니다. 그래서 그 고통을 사랑으로 채워보고자 사람에게서 사랑을 갈구하고, 돈이 많으면 해결이 될까 하여 열심히 돈을 좇아가는 겁니다. 명예를 얻으면, 먹고 입고 쓰는 것에 부족함 없이 쌓아놓으면 기쁘고 행복할까 해서 그것을 이뤄보려고 일생 몸부림하는 것입니다. 그러나 영이 비어있어 두려움으로 목마름으로 겪는 고통은 세상 그 어떤 것으로도 채울 수 없다는 것은 불변의 진리입니다. 아멘입니까?

　그래서 심령이 가난한 자는 복이 있다고 하신 것은 이것을 아는 자는 복이 있다는 말입니다. 빈곤에 처한 자기 영에 예수님의 생명을 얻어야 그 모든 고통에서 해방된다는 것을 알고 생명이신 예수님 앞에 나온 너는 복이 있다. 세상 어떤 것으로도 채울 수 없다는 것을 깨달은 너는 복이 있다. 그것을 채워주는 나에게 나아왔으니 너는 복이 있다는 것을 말씀하는 것입니다. 마음의 참행복은 세상 것으로 얻지 못한다는 것을 알고 마음이 헤매는 자여, 네가 그 행복을 줄 수 있는 나에게 왔으니 너는 행복 자다. 하늘의 행복, 천국이 네 것이 되니 너는 행복 자라는 말씀입니다. 끝없이 다가오는 마음의 갈증은 세상 것으로 채워지지 않음을 뼈저리게 깊이 자각하고 있는 것, 그것이 바로 천국이 저의 것이 되는 복으로 나올 수가 있는 것입니다. 자기 자신이 오직 예수 그리스도가 아니면 살 수 없는 존재인 것을 진심으로 아는 자가 천국을 소유하는 것입니다.

인간은 누구나 한 사람도 예외 없이 영의 빈곤 속에서 헤매고 있습니다. 그럼에도 영의 빈곤을 채우실 예수님께 나와야 할 영적 존재로 지음 받았다는 것을 모르고 혹은 받아들이지 않고, 그같이 육체와 정신의 것으로 영의 빈곤을 채워보려고 몸부림하고 사는 것입니다. 오로지 그 육체와 정신을 위해서 살고 또 끊임없이 연구하고 노력하는 것입니다. 어떻게 하면 육체와 정신에 욕망을 채워주느냐 하는 것입니다. 이 육체와 정신의 것들로 영의 호소, 영의 고통, 영의 소원을 막아버리고, 불안이 있으면 두려움이 있으면 고통이 있으면 육체와 정신의 것으로 환락을 즐기라고, 그것을 즐기므로 잊으라고 끊임없이 유혹하는 것입니다. 돈이 많으면 소유가 많으면 세상사는 능력을 많이 갖추면 거기에 행복이 있고 평안함이 있다고 끊임없이 유혹하고 있다는 말입니다.

그러나 지금 예수님께서 '심영이 가난한 자는……' 하시면서 너는 부자 되었다고 하지만 실상은 가난뱅이다. 너는 세상 능력을 갖춰서 성공한 것 같으나 실패다. 네 영의 가난 때문에 그 영이 견딜 수 없어 고통받고 있다는 것을 먼저 깨달으라 하시는 겁니다. 네가 하나님의 절대적인 도우심이 아니면 살 수 없는 존재라는 것을 깨달아 알라는 것입니다. 너는 육체와 정신 그 이상의 영적 존재인데 그 영이 아주 빈곤하여 고통을 겪고 있다고 가르쳐주신 것입니다. 그러므로 예수님 앞에 나와 이 말씀을 듣는 너희는 행복 자다. 귀를 열고 자신이 영적으로 가난함에 있다는 것을 듣고 깨달을 기회가 되었으니 복 있는 자라고 말씀하신 겁니다.

예수님이 땅에 오셔서 십자가에 달려 피 흘리시기까지의 과정에서 있었던 사건들은 예수님이 하나님이시며 구주라는 것을 보이신 것이요, 누가 예수님을 만날 수 있는지를 보이시고 알게 하신 내용들입니다. 그중 눅19장에 세리장이라고 하는 삭개오가 예수님을 만난 것은 예수님께서 그곳을 지나가시다가 우연히 만난 것이 아니라 예수님을 만나기를 사모하고 소원하는 삭개오의 그 가난한 마음을 따라서 가신 것입니다. 예수님의 행적은 절대로 우연이라는 것이 없습니다. 발걸음 하나하나가 말씀을 이루시고 응하는 일입니다. 예수님의 사건은 성영님의 눈으로 보아야 사건의 참뜻을 알 수 있고, 그 속에서 영적인 관계를 깨달아 볼 수가 있습니다.

삭개오는 세리장이요 부자라고 했습니다. 사회적 지위와 명예가 있고 돈도 많은 부자라는 말입니다. 그런데 삭개오가 자기 동족들에게 편견과 오해로 따돌림을 받고 손가락질(비난)을 받고 있었습니다. 이유는 유대가 로마 속국이 되었으므로 로마 정부가 세금을 징수해 갔습니다. 그 세금 징수의 모든 업무 담당 책임자가 바로 삭개오입니다. 그래서 유대인들에게 가난한 자기 동족의 세금을 많이 걷는다고 비난받고, 같은 민족의 편을 들지 않고 기생충처럼 로마 편에 붙어서 세금을 걷어 로마에 바쳐 대우를 받고, 얼마는 자기가 착복하는 도둑놈이라고 비난을 받았습니다. 로마의 개가 되어서 세금을 도둑질해 먹는 도둑놈이니 하나님께 저주받아야 마땅한 죄인이라고 손가락질을 받았습니다.

사실 삭개오는 유대인들이 생각하는 그런 사람이 아닙니다. 그러니 삭개오의 마음엔 상처가 가득하고 큰 외로움을 겪고 있었습니다. 돈도 있습니다. 지위 명예도 있습니다. 그러나 돈으로도 지위로도 명예로도 그 외로운 상처, 상한 심영에는 평안함이 되지 못했습니다. 그런데 소문이 들리기를 요셉의 아들 예수님이라는 분이 언약으로 오신 하나님의 아들 구주이시며, 죄인들을 영접하시고 친구가 돼 주시는데 만나는 자마다 나음을 얻고 기쁨을 얻는다는 소문이 들렸습니다. 그런데 어느 날 예수님께서 지나가신다는 말을 듣고 어떤 분인가 하여 그 예수님을 보기 위해 달려 나가보니 예수님이 많은 사람으로 둘러 쌓여있어 키가 작으니 볼 수가 없었습니다. 너무나 보고 싶은 분이었는데 어떻게 하면 볼 수 있을까, 보기만 해도 좋을 것 같은 그분을 어떻게 볼까 하고 고민하는데 저 앞에 뽕나무가 보였습니다.

자기가 세리장이라는 체면도 잊고 어린아이처럼 그 뽕나무에 달려 올라갔습니다. 예수님을 보고 싶은 그 마음의 사모함이 크니 체면 따위는 내던져졌습니다. 예수님께서 뽕나무 앞에 이르러 뽕나무에 오른 삭개오를 우러러보시며 **삭개오야 속히 내려오라 내가 오늘 네 집에 유하여야 하겠다** 여러분, 예수님이 네 이름이 무엇이냐 물으신 것이 아니고 삭개오야 하고 이름을 부르셨습니다. 예수님께서 삭개오를 이미 아신다는 뜻입니다. 그렇기에 여러분도 예수님께서 이미 아시는 것이어야 합니다. 오늘 네 집에 유하여야 하겠다는 것은 오늘 삭개오의 집에서 유하시겠다는 말씀이기도 하지만, 삭개오를 아시는 예수님께서 "내가 네 안에 들어가 너와 함께하리라"라는 뜻입니다. "네게 내 기쁨을 주고, 평안을 주어 너로 쉬게 하겠다. 천국이 네 것이니 너는 행복 자라" 하신 뜻입니다. 삭개오의 마음에 예수님의 마음이 흘러 들어가니 삭개오에게 자유와 함께 형언할 수 없는 기쁨이 샘솟았습니다. 마음이 행복으로 넘쳤습니다.

그에 삭개오가 **급히 내려와 즐거워하여 영접하거늘** 그런데 거기 모인 사람들은 뭐라고 했습니까? **뭇사람이 보고 수군거려 가로되 저가 죄인의 집에 유하러 들어갔도다** 했습니다. 거기에 모인 무리가 다 예수님을 에워싸고 쫓아다닌 사람들입니다. 그러나 예수님을 만난 자는 삭개오뿐입니다. 예수님의 마음이 흘러 들어가 받을 수 있는 마음의 그릇은 삭개오뿐이었습니다. 예수님께 쉼을 주실 수 있는 마음은 바로 삭개오 마음밖에 없었습니다. 삭개오가 즉시 예수님께 뭐라고 했습니까? **주여 보시옵소서 내 소유의 절반을 가난한 자들에게 주겠사오며 만일 뉘 것을 토색한 일이 있으면 사 배나 갚겠나이다** 했습니다. 예수님께서 돈 내놓으라고 하시지 않았습니다. 네 재산 많은 것 좀 가난한 자들에게 나눠주라고 하신 것 아닙니다.

삭개오에게 예수님의 마음이 흘러 들어가니 가치관이 달라져 버렸습니다. 인생의 목적이 달라져 버렸습니다. 자기 마음을 이미 다 꿰뚫어 보시듯 알고 계신 예수님께 '주여 보시옵소서' 한 것은, '제가 성실과 근면으로 돈을 모아 재산가가 된 것을 주께서 아십니다. 그러나 재물도 지위도 억눌린 마음의 고통을 해결해줄 수 없었고 괴로움만 더했음을 주께서 아십니다. 동족이 다 나를 비난했지만, 예수님은 나를 아시고 내게 이 자유의 기쁨을 주시니 주님만이 내 행복입니다. 이제 내 소유의 절반을 가난한 자들에게 주겠습니다.' 하는 말입니다. 그리고 '만일 뉘 것을 토색한 일이 있으면, 속여서 감췄거나 빼앗은 일이 있으면 네 배로 갚겠습니다. 토색한 일 없다.' 그 말입니다.

그런데 어찌 된 일인지 말씀 전하는 사람들이 하나같이 삭개오를 말할 때마다 도둑놈 취급해서 세금 착복해 먹은 사람으로, 자기 동족의 피를 빨아먹은 사람으로 취급하여 말하고 있는데, 삭개오는 토색하지 않았습니다. 만일에 그런 일이 있다면 그것도 네 배로 갚겠다고 한 것입니다. 삭개오가 예수님을 만나자 소유가 복이 아니라는 것, 명예가 기쁨이 아니라는 것을 분명히 알았습니다. 그래서 예수님을 믿는다고 해도 세상 사람들이 가진 이 관심을 똑같이 가졌다면, 진정한 행복은 알 수 없는 겁니다. 그것은 이 삭개오와 같이 심령이 가난한 것을 아는 것에 있는 것입니다.

예수님께서 심령이 가난한 자가 복이 있다고 그 복은 천국이 저희 것이라고 하셨으니, 오늘 예수님의 이 말씀을 듣는 여러분은 '아, 나는 예수님이 아니면 살 수 없는 존재구나. 예수님이 아니면 지옥의 형벌로 떨어지는 것이구나. 내 영이 하나님의 말씀을 먹어야 살고 하나님의 도우심이 아니면 살 수 없는 존재구나. 내 영이 예수님의 생명이 없어 빈곤을 겪는 것이구나.' 라는 것을 받아 확실히 깨닫는 기회가 되고 이제 자기 영의 가난함을 하나님께 기도하여 아뢰며 예수님으로 채우기를 원하는 뜻으로 가득 품고 영의 부유를 이루는 믿음이 되기를 간절히 바랍니다. 그것이 자기의 온 인생의 뜻이 되기를 바랍니다. 자기가 영이 있는 존재임을 아는 것, 영은 하나님과 교제가 없으면 살 수 없다는 것을 아는 것, 영의 죽음이 들어와 하나님과 관계가 단절되어 가난으로 고통받고 있다는 것을 아는 것, 이 같은 영적 빈곤을 깨닫고 오직 예수님으로 살고자 할 때에 성영님께서 말씀으로 도우시고 천국이 자기의 것이 되게 하실 것입니다.

사람들이 천국 하면 꼭 죽어서만 가는 어떤 장소인 줄로만 알고 있습니다. 육체에서 떠나면 가는 곳 영원히 사는 곳, 그곳이 천국이라고 하니까 어떤 장소의 개념으로 굳히고 그곳만을 생각하는 것 같습니다. 그러나 삭개오처럼 예수님을 영접하여 예수님이 그 안에 오신 자는 천국이 그 안에 오신 것입니다. 죽어서만 가는 장소가 아니라 천국이 저희 것이요 하신 대로 그 사람 안에 임하여 그의 것이라는 것입니다. 여러분! 천국의 주인, 천국이 누구라고 했습니까? 예수님입니다. 그래서 예수님이 오신 것을 보고 '천국이 왔다'라고 했습니다. 하늘에서 이 땅으로 천국이 내려왔습니다. 그래서 예수 그리스도를 천국이라고 하는 데는 너무나 엄청난 의미를 가졌습니다. 예수님이 천국이라 하시더니 그 천국이 믿는 자 안으로 들어와 버리셨습니다. 그래서 천국이 저희 것이 되는 것은 육체에서 떠나서만 가는 장소가 아니라, 이 땅에서 예수님을 믿는 자 안에 예수님이 들어오시니 천국이 저의 것이 돼 버린 것입니다.

천국은 기쁨입니다. 평안입니다. 행복입니다. 예수님 부활의 생명 안에 이 평안함이 있고 기쁨이 있으니, 그래서 예수님이 자기 안에 오셨으니 복 있는 자요, 행복 자라고 하는 것입니다. 그렇기에 오늘 말씀 "심영이 가난한 자는 복이 있나니 예수님 안에 있는 천국의 모든 복이 저희 것임이라"라는 말씀이라는 것을 여러분이 믿음으로 받아 여러분의 천국이 되었기를 바랍니다. 심영이 가난한 자는 행복하여라! 왜 행복하냐? 자기의 모든 죄가 사하여졌으니 죄에서 자유케 되어 행복하고, 성영님이 자기 안에 오셨으니 행복하고, 성영님이 계시니 영생으로 행복하고, 예수님의 부활 생명 안에 있는 참기쁨이 샘솟고 참평안이 샘솟으니 행복하고, 자녀가 되고 능력이 있고, 삶을 돌보시고 풍성함으로 채우심이 있고 하늘의 참 지혜가 있으니 행복하다는 것입니다. 이 모든 복이 여러분의 복이 돼야 합니다.

그래서 예수님을 믿는다는 것, 예수님을 아는 것, 그냥 막연하게 알고 믿는 것은 믿음이 아닙니다. 천국이 저희 것이 될 수가 없습니다. 예수님께서 나의 소유가 되어 주시는 것이 천국입니다. 예수님이 내 소유가 되려고 오셨습니다. 그러므로 예수님이 내 소유가 되는 것은 예수님의 모든 말씀 하나하나를 예수님의 의도대로 깨달아 알고 행하여 가는 것에 있습니다. 예수님의 말씀으로 사는 것이 영적 능력입니다. 영적 사람의 피가 되고 살이 되어 부활의 몸을 이루는 것입니다. 영적 사람의 체질로 변화되는 것입니다. 그것이 육체 안에서 맺는 천국입니다. 그래서 예수님께서 내가 천국 열쇠를 네게 주리니 하신 것, 바로 세상을 이길 능력, 세상을 초월할 수 있는 능력, 목숨도 지배할 수 있는 능력을 주겠다고 하신 것이니 이것이 믿는 여러분의 능력이 돼야 하는 것입니다. 그러므로 '천국은 심영이 가난한 자의 것이 된다는 것' 곧 '예수 그리스도를 소유한 기쁨이 영혼에서 차고 넘칠 것이다'라는 말씀이라는 것을 여러분이 아주 새김질하여 받은 말씀이 되고 자기 안에 이루어진 천국이기를 바랍니다.

오늘 예수님께서 오셔서 처음으로 입을 열어 가르치신 것, **심영이 가난한 자는 복이 있나니 천국이 저희 것임이요** 영혼의 빈곤으로 마음이 고통 가운데 헤매는 자들에게, 내게 나와 나의 말을 들으라 부르시고 그 천국을 가르치셨다는 것을 말씀드리면서 말씀을 맺습니다.

오늘도 말씀을 깨닫게 하시고 영적 사람으로 복 주신 감사하신 우리 주 예수님, 우리의 영적 부유이신 우리 주 예수님께 큰 영광을 돌리기를 원합니다. 아멘

제 2 장
애통하는 자는 복이 있나니

오늘은 마5:4의 **애통하는 자는 복이 있나니 저희가 위로를 받을 것임이요** 하신 말씀입니다. 인간은 누구나 할 것 없이 복을 원합니다. 그 복이라는 것은 세상에서 사는 동안 돈 걱정 없이 풍족하고 자손이 잘되고 무병장수하는 것 등일 것입니다. 그 같은 세상 복을 갈망하는 것이 인간 육의 본능이기 때문에, 그 육의 본능의 요구대로 자기 마음이 끌리는 대로 뭔가 월등해 보이고, 들어줄 능력 있는 신이 거기에 있는 것처럼 보이는 물체들 앞에서 그 복을 엎드려 비는 것입니다. 이것이 타락한 육의 본성입니다.

그런데 문제는 예수님을 믿는다는 사람들도 여전히 타락한 본성이 가르치고 요구하는 이런 육의 것들을, 믿음 생활 열심히 하는 자에게 주시는 복인 것처럼 그것을 굳게 붙잡고 열심히 믿는다고 하고 있습니다. 믿는다는 것이 세상이 말하는 복을 받기 위한 것이라는 그 생각에 굳게 매여서, 세상에서 잘되기를 원하는 그 소원을 가지고 열심히 행한다는 말입니다. 새벽기도 하는 것도 대부분 여기에 맞춰져 있고, 예배 열심히 드린다고 하는 것도 여기에 맞춰져 있고, 봉사 열심히 하는 것도 여기에 맞춰져 있고, 전도 열심히 하는 것도 여기에 맞춰져 있습니다. 그런데 그런 사람들에게는 애석하게도 예수님께서 말씀하는 복은 인간이 바라는 것과는 전혀 상관없는, 심영이 가난한 자가 복이 있다고 하신 겁니다. 인간이 생각하는 것과는 전혀 관계없는 믿는 자의 복은 애통하는 자라고 말씀한 것입니다.

그래도 인간이 원하는 복, 네가 열심히 기도하면, 하나님을 위해 봉사하면, 예배하면 세상에서 잘되는 복이 있나니 하신 말씀이 어디 한 구절이라도 있나 읽어 보아도 예수님은 온유한 자가 복이 있다. 그가 행복 자다. 의에 주리고 목마른 자가 복이 있다. 긍휼히 여기는 자가 복이 있다. 마음이 청결한 것이 복이다. 화평케 하는 것이 복이라고 말씀하셨지, 인간이 생각하는 그런 돈 많고 명예 있고 이름나고 하는 것들을 복이라고, 복이 있는 자라고, 복 받은 것이라고 말씀하고 있지 않더라는 얘기입니다.

인간이 육을 위해 사는 것이 목적이나 되는 것처럼 그렇게 예수님을 믿으라고 하는 것이 그런 세상 것이나 잘되게 해주시려고 십자가에서 죽으셨는가 생각해볼 수 있어야 하지 않겠습니까? 하나님께 죄와 악을 범하고 하나님 앞을 떠나가 사단에게 속하여 사는 존재가 되어 영원한 형벌에 떨어지게 된 그 사람을, 그 형벌에서 구하시려고 그 인간 육의 죄를 지고 십자가로 올라가 못 박혀 죽으시고 다시 사신 것인데……, 예수님께서 땅에 오시지 않았어도 세상 삶은 살아왔던 것인데, 그런데 예수님이 십자가에 못 박혀 죽으시려고 오신 그것이 고작 세상에서 잘되게 해주시려는 것이었는가를 생각해 봐야 하지 않는가 말입니다. 세상 것 채우시려고 오셨으니, 그 예수 잘 믿으라고 하셨는가 말입니다. 예수님 믿는 것을 여기에 맞춰놓으면 그것은 저주입니다. 예수님 잘 믿는 것이 세상 것으로 복 받는 것인 줄 안다면, 그것은 예수님을 믿는 것이 아니요, 여전히 죄악으로 저주 가운데 있는 육입니다. 종교인입니다.

그러니까 예수님께서 말씀 하신 복과 자기가 생각하는 복하고는 상반되는 것 같으니, 예수님을 믿는다는 말은 열심히 입에 올리면서도 예수님이 말씀 하신 복이 있나니의 복은 알려고 하지도 않는다는 것입니다. 물론 예수님이 오신 목적과 맞는 방향에 믿음을 두지 않았기 때문입니다. 그리고 두지 않습니다. 다 자기에게 복 주는 하나님만 찾고 만나려고 하는 것에만 마음이 좇아가는 것이 자기 일이 되어 있습니다. 자기가 예수님을 진정으로 믿는다면, 그러면 자기의 믿는 예수님을 믿는다는 그 진정은 예수님의 말씀을 깨달아 살려는 것이 돼야 하는데 그런 기본적인 자세도 돼 있지 않다. 전혀 인격적이지 않다고 하는 것입니다. 자기 본성을 따르는, 육의 본능이 원하는 것에서 절대로 바뀌지 않는 겁니다. 그래서 예수님의 말씀이 눈에 들어오지 않습니다. 관심 없습니다. 봐도 보이지 않습니다.

거기서 좀 관심을 두고 말씀을 따르려는 뜻을 둔다 싶으면 곧 또 도덕적인 것으로 연결합니다. 복 받으려면, 복 있는 자가 되려면 '아! 마음이 온유해져야 하고 따뜻한 마음 착한 마음이 돼야 하는구나. 모든 사람과 잘 어울리고 화평을 이뤄야 하는구나. 어려운 사람들을 불쌍히 여기고 도와야 하는구나.' 등등으로 자기 양심에 맞는 인간 윤리적인 것, 도덕적인 것으로 해석을 내리고 그렇게 살려는 쪽으로 노력을 기울이는 겁니다. 그 이면엔 뭐가 있습니까? 이것이 복 받는 것이라는 생각입니다. 그것이 복이라고 하니 자기도 거기에는 거부감 없습니다. 왜냐? 착한 일 하면, 좋은 일 하면 복 받는다고 하는 그것이 인간 양심에서 나는, 인간 신심에서 나는 맞는 말이기 때문입니다. 좋은 일 한다. 착한 일 한다는 것은 누구나 다 좋게 여기는 것이지 않습니까? 그런데 하나님께서도 그렇게 착하고 좋은 맘 가지고 좋은 일, 착한 일 해야 복이 있다고 하신 것처럼 보이니, 자기 마음도 지금 그와 같은데 자기 맘하고 같다는 생각이 드니, 자기 맘이 기쁘고 기분이 좋은 것입니다. 자기가 하나님의 인정을 받게 된 것 같으니 여기서 더 무엇을 생각해볼 이유가 없는 겁니다.

사람들이 수년 또는 수십 년을 열심히 믿는 생활은 했어도 이처럼 말씀의 의도와는 상관없이 자기 양심과 자기 머리로 말씀을 대하는 것에 아주 굳어버렸습니다. 그런데 또 믿음은 입으로 말은 합니다. '예수님이 우리를 위해서 십자가에 못 박혔다. 그래서 예수님의 죽으심은 곧 내 죽음이 되었고 예수님의 사심은 나는 죽고 내 안에 예수님께서 사시는 것이 되었다. 그래서 내가 사는 것은 이제 예수님을 믿는 믿음으로 사는 것이라'고 말입니다. 그러나 내가 죽었다는 것은, 예수님을 믿기 전의 사람은 100% 죽었다는 것을 말합니다. 다른 건 다 죽었는데 자기 양심은 그래도 착하고 도덕적이니, 괜찮은 양심이니 그 양심은 좀 남겨 놓은 것이 아닙니다. 예수님과 함께 온전히 죽은 것입니다. 그렇기에 예수님의 말씀은 죽음에 내줘버린 양심에 맞는 것도, 또 양심에 맞춰주는 것도 아닌 것을 알아야 합니다.

그래서 예수님을 믿으려면, 참으로 믿으려면 자기가 찾는 하나님, 자기가 하나님은 이럴 것이다. 저럴 것이다 생각하는 하나님을 찾는 것이 아닙니다. 하나님께서 나에게 말씀하시는 것이 무엇인가를 듣고 그 말씀을 받아들여 삶이 되는 것이 믿음입니다. 예수님의 행하신 일과 말씀을 하나님의 뜻에 합당하게 깨닫고 자기의 믿음이 되고, 그렇게 사는 것으로 나타나야 하는 것을 말하는 것입니다. 예수님의 긍휼의 용서와 구원과 부활과 영생을 드러냄으로써, 예수님의 선하심과 예수님의 의가 드러나는 것이 되어야 함을 말하는 것입니다. 자기가 죽었으므로 이제 계명에 완전하신 예수님의 신영한 양심이 내 양심이 되는 것입니다. 예수님의 성품이 내 성품이 되는 것입니다. 그것은 곧 말씀으로 사는 것을 말합니다. 그것이 예수님으로 산다고 하는 것입니다.

그래서 예수님을 믿는다고 말해도, 나는 죽고 예수님으로 산다고 말해도, 그런 육의 것을 위한 세상 복을 받기 원하여 믿는 것이면, 그것은 절대로 예수님과 함께 죽은 것 아닙니다. 그러므로 예수님을 드러낼 수 없습니다. 자기 안에 계시지 않는 예수님이 어떻게 드러납니까? 착한 일도, 좋은 일도 자기가 하는 것이니 자기가 드러나는 것입니다. 오늘날 교회라고 하는 곳들에서 율법과 복음의 관계를 알지 못하는 사람들에게 인간적인 선함, 인간의 선행이 되도록 가르치고 행하게 함으로써, 복음의 의가 세상에 드러나지 못하고 세상 종교 정도쯤이나 되게 하는 역할을 잘하고 있습니다. 그래서 사람들이 '교회 가면 나쁜 것은 안 가르치지. 좋은 말 가르치고 착한 사람 되라고 가르치지. 그러니 교회 다닌다고 나쁘지는 않지.' 라고들 말합니다. 이같이 교회를 도덕 가르치는 단체쯤으로나 알게 하는 것이 되었습니다. 죄 때문에 죽음에 처한 그 죄인을 구원하여 영생케 하시는 예수님이 아니라, 구원과 생명이 아니라, 도덕적인 것을 세상보다 좀 더 낫게 가르치는 곳으로 알게 하고 있는 것입니다.

여러분! 교회 안에서 왜 분쟁하고 다툽니까? 예수님을 믿는다면서 왜 그 마음 안에 시기와 다툼이 있습니까? 그것은 육신에 있기 때문입니다. 인간 자기가 행하기 때문입니다. 그것은 정욕이요 귀신의 것이라고 야고보서가 말했습니다. 그래서 자기의 복 받기 위해 행하는 그 위에다 '내가 그래도 그럴듯한 사람'이라는 자기 의를 올려놓고 거기에 또 '예수님을 믿습니다. 예수님은 나의 구주십니다. 예수님 믿고 구원받았습니다. 예수님은 나의 왕이고 나의 모든 것이 됩니다.' 하고 자기 안에 맺은 믿음이 돼 보려고 하니, 낡은 베옷에다 생베 조각 갖다 붙이는 꼴이 됩니다.

여러분이 얼마나 많은 말들을 듣고 있습니까? 말씀 설교가 얼마나 많은가 말입니다. 그런데 얼마나 멋있느냐 얼마나 좋은 말이냐를 듣는 것 아닙니다. 얼마나 철학적이고 문학적이냐를 듣는 것 아닙니다. 얼마나 미끈하게 말 풀이 잘하느냐를 듣는 것 아닙니다. 얼마나 감정이 동하고 마음을 끄느냐를 듣는 것 아닙니다. 예수님께 잘해야지, 목사님께 잘해야지 하는 신심이 동하는 말 듣는 것 아닙니다. 예수님께서는 이것을 금하셨습니다. 한 예로 눅23:27 이하를 보면 예수님께서 수모를 당하시고 채찍질 당하시고 머리에는 가시관을 쓰고 온몸이 피로 범벅이 되어 자신이 달리실 십자가를 지고 골고다 언덕을 오르실 때, 지쳐서 쓰러지고 또 쓰러지는 예수님의 처참한 모습을 보며 많은 여자가 가슴을 치며 슬피 울며 따라갔습니다. 그러나 예수님은 그들을 향하여 **예루살렘의 딸들아 나를 위하여 울지 말고 너희와 너희 자녀를 위하여 울라**고 하셨습니다. 아니, 여러분! 예수님을 따랐던 것이면 예수님의 그 수난과 고통을 보면서 어떻게 울지 않을 수가 있습니까? 그리고 또 좀 울면 어떻습니까?

그러나 예수님은 예수님 자기의 하실 일을 하시는 것이니 예수님을 위해서는 울지 말라는 것입니다. 인간의 동정심 가지고 인간의 연민 가지고 인간의 감정이 동하는 것 가지고 우는 그것은 예수님께 합당치 않다는 것입니다. '너희와 너희 자녀들이 지금 완고한 고집과 회개치 않는 죄로 말미암아 심판을 피할 수 없게 되었으니, 그것이 너희가 애통해야 할 일이라고, 지금 너희가 애통할 일은 예수님이 십자가에 달리시면서까지 구원하시는 뜻을 받아들이지 않고 오히려 예수님을 죽이는 데 앞장서서, 그것이 죄라면 그 피를 자신들에게 돌리고 우리 자손에게 돌리라고 외친 너희에게 하나님의 진노가 임하게 되었으니, 너희에게 올 그 멸망을 보고 애통해 하라'는 것입니다.

예수님은 자기 백성을 죄에서 구원하시는 아버지의 뜻을 이루시는 일로써 고난받으심이 영광되지만, 너희는, 죄 가운데 죽게 된 너희 자신을 보지 못하여, 예수님께서 고난받으시는 뜻을 보지 못하여 멸망받게 되었으니 그러므로 너희 자신을 보고 울라는 말씀입니다. 예수님이 딱해서 불쌍해 보여서 우는 것 합당하지 않다. 자신을 보지 못하면서 예수님을 위해서 무엇을 한다고 하는 것, 예수님을 위해서 운다고 하는 것, 다 합당하지 않으니 너희 자신을 보고 알라고 하시는 말씀입니다. 그렇기에 믿음은 동정심을 자극하는 말, 감정에 호소하여 마음을 끄는 말, 양심이 발동하여 인간이 행하도록 하는 말, 그런 말 듣는 것이 절대로 아닙니다. 예수님께서도 요12:49에 자기의 말은 스스로 말씀하는 것이 아니라 아버지께서 말할 것과 이를 것을 친히 명령하여 주신 말씀을 그대로 말한다고 하셨습니다. 그렇기에 말씀을 내 스스로 말한다는 것 절대로 있을 수 없습니다. 그런데 오늘날 이것을 구분하고 분별할 그 영적 감각이 사람들 속에 도무지 없습니다.

제가 이미 말씀드렸지만, 지금은 하나님께서 믿는다고 하는 사람들의 믿음을 시험하시는 때입니다. 그래서 예수님의 교회에 그것을 말하라고 세상에 말씀을 보내셨습니다. 그러므로 참으로 믿기 원하면 보내신 말씀 앞에 마음을 낮추고 자신의 믿음을 돌아보는 기회가 돼야 합니다. 자신의 믿음이 말씀에 따라 믿는 믿음으로 바로 가고 있는지 자기를 들여다보아야 합니다. 믿는다는 사람들이, 사실은 믿는다는 이름만 가졌지 물질주의 물량주의에 빠져있고, 출세하는 것이 더 중요하고, 잘살기 위한 것에다 목적을 두고 그걸 좇아가기 바빠 있습니다. 세상과 육의 것들에 마음이 붙들려 그것이 굴레 씌워져 바른 믿음을 갖기가 몹시 어렵게 되었습니다. 또한, 믿음이 되지 못할 이유가 너무나 큰 때, 그런 시대가 되었습니다. 그러므로 여러분에게 세상에 속지 않아야 하는 지혜와 능력이 성영님으로부터 주어지기를 간절히 원합니다. 여러분이 세상에 눈과 마음을 두고 있으면 절대로 망합니다. 하니 돈 많고 권력 있고 명예 있는 것을 바라볼 것이 아니라, 영적 부유를 사모하고 눈과 마음과 뜻을 영적 부유에 두어야 할 것입니다. 흐르는 물도 골짜기의 골을 따라서 흐르지 않습니까? 하나님께서도 자기 자신을 보는 자, 영적 빈곤 때문에 죽게 된 자기를 보는 자, 그래서 오직 예수님으로 살려고 몸부림하는 자, 영적 부유를 사모하고 갈망하는 자를 찾아오시는 것입니다.

만일에 오늘 밤에라도 세상을 떠나야 하는 일이 있다고 하면 그 수고와 계획과 목적이 얼마나 덧없겠으며, 그 영혼에 가진 것이 없다면 얼마나 비참하겠습니까? 기회가 없는 것이니 이것을 어떻게 말로 할 수가 있나요. 예수님의 말씀은 죽음에 처한 우리 영혼을 살리는 영이요, 생명이기에 우리가 들어도 그만 안 들어도 그만이 아니라, 우리가 몰라도 되고 알아도 되는 그런 것이 아니라, 반드시 복이 있나니 하신 그 복이 있는 자가 돼야 하는 것이 생명을 얻은 자의 삶이기 때문에 알아야 합니다. 돈이 많으면, 출세하면, 명예를 얻으면 그것이 복이 있는 줄 알고 있는 우리에게 예수님은 바로 복은 심령이 가난한 데 있다. 애통하는 데 있다. 온유한 자, 긍휼히 여기는 자에 있다고 하신 것입니다.

그러면 복이 있으려면 예수님의 이 말씀을 마음을 다해 귀를 열고 듣기 원해야 하지 않습니까? 그래서 심령이 가난한 자가 애통해 할 수 있는 것입니다. 심령이 가난한 자가 아니면 애통할 수 없어요. 심령이 가난한 자만이 애통하는 것을 알기 때문에 그렇습니다. 그래서 심령이 가난한 자면 애통해 하게 되어 있고 애통해 하는 자는 곧 온유한 자가 되고 의에 주리고 목말라하는 것입니다. 당연히 긍휼히 여길 수 있고 마음이 청결한 자고 화평케 하는 것입니다. 그래서 복이 있는 행복 자입니다.

오늘 예수님은 심령이 가난한 자 복이 있다고 하시더니 또 두 번째 애통하는 자가 복이 있다고 하셨습니다. 그러면 무엇을 애통합니까? 사람들은 '애통하는 자는 복이 있고 위로받을 것이라' 하시니 곧 자기에게 처한 형편에다 결부합니다. '아, 세상살이가 너무 힘들고 고달프고, 사느라 애통터질 일이 많이 있으니까 그 애통한 심정을 하나님께 다 하소연하면 위로해주신다는 것이구나!' 생각하는 것입니다. 여자들은, '남편은 속 썩이고 시어머니는 시집살이시키고 자식들은 다 자기 잘났다고 무시하듯 저희 맘대로 하고…….' 그러니 얼마나 그 마음에 한이 쌓이고 분하고 억울하고, '누가 내 맘 알아줄까!' 하고 애통터진다고 하지 않습니까? 그러니까 그 애통터지는 억울한 마음을 하나님께 한풀이하듯이 털어놓고 하소연하면 하나님이 '그래그래, 내가 네 맘 안다 알아. 네가 남편 때문에 얼마나 속이 상하냐? 네가 억울한 시집살이 하느라 얼마나 힘이 드느냐? 자식 때문에 속 썩는 것 내가 다 알아줄 테니까 잘 참고 살아라. 돈 없이 가난한 살림 사느라고 네가 고생 많이 하는 것 다 안다.' 하나님께서 이런 식으로 위로해주시는 것인 줄로 착각하는 것입니다.

예수님께서 '애통하는 자는' 하신 것은 그런 자기 착각에 빠지라는 것이 아니고, 죄 때문에 자기 죄를 보고 애통해 하는 것을 말합니다. 율법에 정죄당한 자신의 처지, 죄인으로 형벌에 처한 자신을 알고 애통하는 자입니다. 자기를 알게 되니 '그 죄인이 바로 나로구나!'를 아는 것이다 말이지요. 갈5:19,20에 **육체의 일은 현저하니 곧 음행과 더러운 것과 호색과 우상 숭배와 술수와 원수를 맺는 것과 분쟁과 시기와 분냄과 당 짓는 것과 분리함과 이단과 투기와 술 취함과 방탕함과 또 그와 같은 것들이라** 했습니다. 이것이 하나님의 나라를 유업으로 받지 못할 육체의 죄라고 했습니다. 여기에 걸리지 않을 육체가 어디 있습니까? 하나님의 십계명을 범하지 않은 육체가 어디 있습니까? 하나님의 말씀 앞에 어떻게 나는 죄인이 아니라고, 나는 죄 없다고 말할 수 있겠느냐는 말입니다.

이 같은 우리의 죄는 하나님의 독생자를 십자가에 못 박아 피 흘려 생명을 내놓아야만 죄에서 용서받을 수가 있었습니다. 우리의 죄는 예수님으로 말미암지 않고는 용서받을 길이 없는 것입니다. 그러니 말씀에 비춰 죄인인 것은 분명하니 '나는 죄인이구나! 하나님 나는 죄인입니다' 인정할 수밖에 없지 않습니까? 죄인임을 마음 깊이 인정할 수 있어야 합니다. 자기 마음에서 인정이 돼야 합니다. 그것이 뼈저리게 깨달아져야 합니다. 그렇기에 하나님의 말씀을 감각 없이 하지 마십시오. 잘난 척할 것 없습니다. 억지로 죄인인 척만 하는 교만은 하나님께 통하지 않습니다. "하나님, 나는 하나님을 거역하고 떠나 산 죄인인 것을 알았습니다. 그런데도 그것이 죄인지도 모르고 살아온 교만한 자였습니다. 내 죄 때문에 예수님이 십자가에 못 박히셨음을 알았습니다. 하나님 아버지, 내가 죄인이었습니다." 하며 이같은 자신의 죄를 보고 애통해 하는 자, 하나님께 애통해 하여 죄를 고백하는 자가 바로 복 있는 자라고 하신 것입니다. 바로 그 죄를 담당해주실 예수님 앞에 나와 말씀을 듣게 되었으니 그 죗값을 치러주신 예수님께 나왔으니 네가 복 있다는 것입니다.

시편51:16,17에 **주는 제사를 즐겨 아니하시나니 그렇지 않으면 내가 드렸을 것이라 주는 번제를 기뻐 아니하시나이다 하나님의 구하시는 제사는 상한 심령이라 하나님이여 상하고 통회하는 마음을 주께서 멸시치 아니하시리이다** 했습니다. 우리가 이 같은 말씀을 대할 때 하나님께서 원하시는 것이 무엇인지를 알 수 있는 지각이 있어야 합니다. 사람에게서 예배보다 원하시는 것은 자기의 죄를 보는 것, 그래서 그 죄를 자기 스스로 해결할 수 없는 연약함을 알고 하나님께 통회하는 그 마음을 멸시치 않으신다는 것입니다. 하나님께서 죄인이라고 하신 죄에 대한 감각, 자기의 죄를 보고 통회하는 심령, 자기의 죄성에 대해 애통하는 마음이 없다면, 그가 아무리 새벽마다 날마다 기도하고 일주일 내내 교회 나와 예배한다 해도 하나님은 그것을 즐겨 아니하신다는 것입니다. 하나님께서 예배만 원하신다면 매일 드렸겠지만, 하나님이 원하시는 제사는 그것이 아니라 사람이 자기를 아는 것, 자기 죄성을 아는 것, 자기의 연약함을 알고 마음으로 애통해 하는 것, 그런 자에게 하나님의 위로가 있다고 하신 것입니다.

그러면 하나님의 위로가 무엇입니까? 바로 예수 그리스도의 흘리신 피로 죄를 씻어 죄 없다 해주시는 위로, 성영님이 임하심으로 죄성을 다스려 예수님의 말씀으로 사는 능력이 되게 하여 주시고, 부활하신 예수님의 생명을 얻게 하여 천국을 소유케 하시는 것을 말씀합니다. 죄를 용서해주신 위로, 지옥의 형벌에서 건져주신 위로, 하나님과 화목케 하신 위로, 예수님을 나에게 통째로 내주신 그 위로를 말씀하는 것입니다. 눅2:25에 **예루살렘에 시므온이라 하는 사람이 있으니 이 사람이 의롭고 경건하여 이스라엘의 위로를 기다리는 자라 성영이 그 위에 계시더라** 했습니다. 이스라엘의 위로가 무엇입니까? 바로 메시아가 오셔서 단번에 피 흘려 죄에서 건져주시고 사단의 참소와 율법의 속박에서 구원하여 자유케 하실 그 구원, 원수를 갚아주실 메시아, 구주를 기다렸다는 말입니다. 그래서 시므온이 그렇게 오매불망 기다리던 예수님을 만나는 영광을 가졌던 것입니다.

그다음 예수님의 피로 죄를 용서받았음을 믿고 성영님을 모셔 들였어도 여전히 애통합니다. 영(성영님)으로 다시 났으면 아버지 하나님 자녀의 신분이 되었고 아버지 나라에서 영원히 산다는 보장을 받은 것입니다. 그러므로 자녀의 신분이 되었다면 신분상으로는 죄와는 온전히 상관없는 거룩하고 깨끗한 자로 살아야 하는데, 죄를 지어서는 안 되는데, 웬일인지 순간 죄짓는 자기를 보는 겁니다. 성영님이 계신 양심은 죄에 대하여 감각이 분명하고 확실하기 때문에 그래서 죄를 짓게 되면 양심에 괴로움이 따릅니다. 죄짓지 않으려는 마음의 소원은 강한데, 어느 순간 '내가 죄지었구나. 내가 죄짓고 있구나!'를 알게 됩니다. 그러니 애통함이 나오는 것입니다.

또 한편 속은 거듭났어도 아직 성숙한 믿음이 되지 않은 과정에서 죄짓는 자기를 보고 예수님 믿는 것에 갈등이 일어나 '나는 왜 이것밖에 안 될까? 내가 왜 이 모양일까?' 하며 이것밖에 안 되는 자기가 미운 생각이 들고 하나님의 얼굴 대하기가 부끄럽고, 교회 다니는 것도 마음에 부담이 되기까지도 하여 애통히 나는 겁니다. 교회 와서 말씀을 들으면 움츠러드는 자신을 봅니다. 그렇기에 지금 예수님께서 그런 자에게, 애통해 하는 자는 위로를 받을 것이니 그가 복이 있다고 말씀하신 것입니다. '네가 죄짓지 않으려고 몸부림치지만, 어느 순간 죄짓고 마는 너 자신을 알 수 있지 않으냐? 죄를 이기지 못하는 너 자신의 약함을 보지 않았느냐? 네가 경험하는 것이니 알게 되지 않았느냐? 그래서 네 힘으로 죄를 이길 수 없는 약함을 애통해 하며 아버지 하나님께 통회하고, 죄에서 구원해주신 은혜를 감사드리고 성영님의 도우심을 구하라.' 하시는 겁니다. 그러면 너에게 그 죄까지도 용서하시는 은혜가 이미 네게 와있으니, 바로 그 위로가 있으니, 죄를 이기게 하시는 성영님이 네게 계시니 그러므로 너는 복이 있는 자라고 하신 것입니다.

죄성 때문에, 죄를 이기지 못하여 애통해 하는 사람에게 예수 그리스도의 피가 역사하여 죄를 씻어버리고 그 안에서 이제 누가 위로해주신다고요? 롬8:26에 이와 같이 **성영도 우리 연약함을 도우시나니 우리가 마땅히 빌 바를 알지 못하나 오직 성영이 말할 수 없는 탄**

식으로 우리를 위하여 친히 간구하시느니라고 했습니다. 우리를 위해 친히 간구하신다고 분명히 말했습니다. 성영님이 우리의 연약함, 죄를 이길 수 없는 약함을 너무 잘 아시기에, 죄 때문에 애통해 하는 연약한 존재임을 잘 아시기에, 그래서 성영님께서 '죄를 짓고 애통해 하는 나'를 위해서 말할 수 없는 애정을 갖고 같이 탄식하며 간구하신다는 것입니다. 연약한 우리의 위로가 되신다는 거예요. 자녀이면 죄짓지 않아야 함에도 순간순간 죄를 짓는 연고로 하나님 아버지께 상한 심영이 되어 애통할 때 성영님이 그를 위해 하나님의 뜻대로 간구하신다는 것입니다. 여러분이 이와 같은 성영님의 위로를 좀 아십시오. 성영님께서 우리의 약함을 아시고 우리 믿음이 장성에 이르기까지 포기하지 않으시고 말할 수 없는 탄식으로 아버지 하나님께 간구하신다, 위로하신다고 하는 것 아닙니까? 그러므로 성영님이 이같이 연약하여 애통해 하는 자를 포기하지 않으시고 도우시는데, 마침내 죄를 이길 수 있는 승리가 있겠어요, 없겠어요? 믿음의 승리를 할 수 있겠어요, 없겠어요? 우리는 믿음으로 승리하는 자입니다. 성영님이 도우시니 할 수 있습니다. 또한, 죄를 이기고 죄를 지배할 수 있습니다. 성영님이 도우시니 할 수 있습니다.

그런데 왜 믿는 세월이 오래임에도 죄에 끌려다니고, 그렇고 그런 믿음밖에 되지 않고 믿음의 승리가 없느냐? 바로 심영이 가난하지 않기 때문입니다. 아직 세상에서 행복을 찾으려는 마음이 있고, 자기 힘을 믿고 돈을 믿고 사람을 믿기 때문입니다. '저는 심영이 가난한데요? 하나님의 도우심이 아니면, 예수님의 구원이 아니면 살 수 없는 것 알고 있는데요?' 아니요! 심영이 가난한 자에 대해 자기 영혼으로 이해가 되지 않았습니다. 이해하려고도 하지 않았고 그래서 가난한 척만 하고 있는 것입니다. 죄의 성품으로 타고나서 죄에 무너지는 자기의 연약함을 뼛속까지 깨닫지 못하니 애통히 되지 않는 것입니다. 귀신의 영에 잡혀서 영적인 애통은 안 되고, 그저 자기 신세 한탄의 하소연하는 그 애통들만 하는 것입니다. 그러니 자기의 죄 때문에 상한 심령이 되어 울어볼 수가 있겠습니까? 참으로 심령이 가난한 사람은, 자기라는 존재는 하나님의 도우심이 아니면 아무것도 아니요, 오직 예수님이 아니고는 살길이 없는 망할 존재임을 마음 깊이 깨달아져 예수님만 붙드는 것입니다. 자기가 얼마나 더럽고 추하고 이기적이고 악이 가득한 자였는지 자기가 보이기 때문에 애통해 하지 말라고 해도 애통히 되는 것입니다. 그렇기에 예수님께서 '너는 행복 자다. 예수님으로 주시는 하늘을 소유할 수 있게 되었으니, 성영님의 위로가 너에게 넘치니 너는 행복 자다. 하나님께서 너와 함께하시고 너를 높이시니 행복 자로다. 하나님의 자녀가 되었으니 너는 행복한 자라!'고 하시는 겁니다.

여러분! 하나님께서 높이시겠다고 하는데 누가 막습니까? 아버지께서 높이시겠다고 하면 높아지는 겁니다. 그래서 우리가 이 기쁨을 안다면 세상을 돌아보는 것이 아니라 아주 깨끗이 돌아서는 것이요, 간신히 이기는 것이 아니라 능히 이기는 겁니다. 그러므로 더리운 죄인으로 살던 자기를 그 죄에서 건져주시고 예수 그리스도의 의로 덮어주시고 이제 죄 없다 하신, 그래서 하늘에 들게 된 그 큰 은혜를 감사하여 오직 예수님으로 살고자 하는 나에게 예수님께서 "너는 행복한 자로다!" "너는 복 있는 자로다!" 선포하신 것입니다. 그러므로 예수님의 이 선포를 아멘으로 받아 "예! 나는 행복합니다. 나는 예수님 때문에 행복합니다!" 감격하여 외치는 자에게 심령에서부터 행복한 마음이 샘솟아 올라오는 것을 경험하게 될 것입니다.

여러분! 저라고 만날 좋은 일만 있겠습니까? 마음이 아플 때도 많고 상할 때도 많고 어려움도 많이 있습니다. 그러나 속사람으로는 큰 기쁨이 자리하고 있어서 문제를 문제로 받지 않았습니다. 문제에 지배당하지 않았다는 말입니다. 문제를 통해 오히려 영적인 능력을 갖추는 것이 되었습니다. 그래서 제가 참 행복합니다. 마음 상하는 일들, 어려움들은 내 안에 행복이 크니 그것들이 아무것도 아니더라는 말이지요. 제가 과거에, 이 같은 여러 '복이 있나니'의 말씀을 깨달아 알기 전에 이미 제게 이 복의 특성들이 갖추어져 있었다는 것을 말씀을 깨달으면서 알게 되었습니다. 그것이 심영이 가난한 것을 말하는 것인지, 애통하는 것을 말하는 것인지, 온유한 자인 것이었는지 몰랐을 뿐이지, 알고 보니 제가 그 조건이 돼 있었던 것입니다.

저는 하나님 앞에서 나를 보니 도무지 어느 것 하나도 잘난 것이 없더라는 것입니다. 도대체 자랑할 것도 내세울 것도 아무것도 없는 겁니다. 잘났다고 하나님 앞에 가지고 설 것이 어떤 것도 없다는 것을 보았습니다. 세상에서도 내 힘으로 할 수 있는 것이 아무것도 없는 나를 보게 되었습니다. 심지어 내 먹을 것조차도 하나님이 내게 주시지 않으면 안 되는 그런 바보 같은, 너무나 무력하고 나약한 나를 보았습니다. 그러니 내 속에서 아! 나는 정말 아버지가 나를 살려 주시지 않으면, 나를 먹이시지 않으면 난 살길도 없고 살 수 없습니다. 아버지~ 나 왜 이렇게 못 낫나요? 하는 가슴이 저린 애통함이 절로 났습니다. 사람들이 힘 있게 열심히 하고 사는 것 보면 존경스럽고 대단하다는 생각을 하곤 했습니다. 그런데 보니 나는 얼마나 나약하고 바보고 힘이 없는지, 아, 정말 나는 아버지가 나를 살려 주시지 않으면 살 수 없는 무능이고 쓸모없는 자이구나! 하고 탄식이 절로 난 것입니다. 그래서 나는 세상 누구보다 더 하나님의 도우심이 아니면 살 수 없다는 것을 아주 절실히 알고 있습니다. 하나님 앞에서 세상 누구보다 더 심영이 가난한 자였습니다. 왜? 나는 힘도 능력도 없기 때문입니다. 지금도 그것은 물론입니다. 나를 내가 너무나 잘 알기에 저에게 천만 번을 묻는다 해도 저의 대답은 변함이 없습니다. 그러니까 내가 나를 아니까, 아니 도대체 세상 살아갈 힘이라고는 내게는 없으니 세상 누구보다 더 심영이 가난했고 애통할 수밖에는 없었습니다.

그런데 '내가 왜 이렇게, 내 속이 왜 이렇게 행복에 겨운 것일까? 내 안에 행복, 기쁨의 큰 행복의 무게를 느끼면서 이렇게 행복할 수 있을까?' 생각해 보면 바로 이 심영이 가난한 것, 애통함이 있었기 때문이라는 것을 알게 되었지요. 성영님으로 이 말씀을 깨달으니 행복함이 더 컸습니다. 그래서 이 조건을 확실히 갖게 되니 아버지의 마음이 보이고 사랑이 확연히 보인 것입니다. 말씀 안에서 아버지 하나님의 사랑과 마음을 볼 수 있게 되었어요. 나의 힘이 되어 주시고 먹이고 입히시고 나의 능력이 되시고 나의 지혜가 돼 주시고 계신다는 것을 확실히 알게 됐습니다. 그래서 예수님께서 산에 올라가 말씀하신 것을 여러분에게 전해드릴 수가 있게 된 것입니다. 저는 저의 언변으로 말씀 전하라고 한다면 죽었다 깨어나도 못 합니다. 말 잘하는 것 가지고 말씀 전하는 것이라면 열 번을 죽었다 살아난다 해도 못할 사람입니다. 성영님의 능력이 아니면 절대로 할 수 없다는 것을 고백할 수밖에 없는 것을 말씀드립니다.

오늘, **애통하는 자는 복이 있나니 저희가 위로를 받을 것임이요** 바로 '자기의 죄를 보고 우는 자여, 너는 행복한 자다.' 왜냐? 예수 그리스도를 받는 위로가 있기 때문이다. 성영님으로 주시는 위로가 있기 때문이다. 그래서 성영님의 위로가 큰 자는 예수님의 은혜를 더 깊이 깨달아 가는 것입니다. 예수님을 깨닫고 아는 만큼이 믿음의 분량이 되고 또한 나를 보는 분량이 되는 것입니다. 행복의 분량이 되는 것입니다. 능력의 분량이 되는 것입니다. 그러니까 내가 얼마나 더럽고 추한 자인지 낱낱이 보이니까 '아, 내가 이런 죄인이었군요. 내가 이렇게 악하고 더러운 자였군요. 이런 나를 피 흘려 용서해주시고 자녀로 나를 낳아주셨군요.' 하는 고백이 저절로 나올 수밖에 없고 감사하지 않을 수가 없는 것입니다. 감사의 눈물을 흘리지 않을 수가 없습니다. 걸음마다 자국마다 다 죄뿐입니다. 마음에서 저절로 고백이 되어 나오지 않을 수가 없는 것입니다.

여러분! 정말 이때도 하나님께서 당신에게 기회 주신 때라 한다면, 심영이 가난해져 버리십시오. 그러면 애통하는 자가 될 수 있을 것이니, 애통할 수밖에 없는 자기의 실체를 보게 될 것이니 행복한 자라! 여러분의 인생이, 여러분의 삶의 목적이 확실히 변화가 일어날 것입니다. 하늘의 이 행복을 소유한 분들이 되기를, 하나님이 높여주시는 참으로 귀한 하늘의 보배들이 되기를, 예수님의 이름으로 진심으로 축복하고 기도합니다. 오늘 우리에게 이 말씀을 듣게 하신 은혜 베푸신 하나님 아버지께 감사 올립니다. 아멘

제 3 장
온유한 자는, 의에 주리고 목마른 자는

⁵온유한 자는 복이 있나니 저희가 땅을 기업으로 받을 것임이요 ⁶의에 주리고 목마른 자는 복이 있나니 저희가 배부를 것임이요

(마5:5,6)

　오늘 예수님께서는 심영이 가난한 자 애통하는 자 이어서 또 온유한 자가 복이 있다고 하셨습니다. 그러면 예수님을 자기의 구주로 믿고 자기의 하나님으로 믿는다고 하는 여러분이 자기의 믿는 예수님께서 말씀하신 온유한 자, 의에 주리고 목마른 자, 긍휼히 여기는 자, 하신 이 말씀들에 대해서 뜻을 다 생각해 보았을 것이고, 자신에게 적용하는 말씀으로 믿음이 되기 위해 마음과 뜻을 다해 힘썼으리라 생각합니다. 그러면 예수님을 믿는 믿음에서 필연적으로 따라 나타나게 되어 있는, 예수님이 말씀하신 이 온유가 여러분에게 있습니까? 온유한 자의 확실한 믿음의 줏대가 되어 그 능력으로 살고 있으므로 인해 핍박도 받고 있습니까? 여러분은 이 온유를 예수님의 의도대로 깨달았습니까? 어떤 뜻으로 이해하여 받았습니까? 이 질문에 대해서 먼저 자신을 보시고 자기 자신에게 답변을 해보시기 바랍니다. 온유한 것을 어떻게 이해하고 따른 것이 되었는가? 먼저 자신에게 질문

에 답해보자 말입니다.

　우리가 믿는다 할 때 분명히 알 것은, 성경의 모든 말씀이나 예수님의 모든 말씀을 자기가 알고 있는 지식이나 상식에다 맞춰 해석하여 행하면, 그것은 자기가 자기에게 맞는 종교를 만드는 것이 되는 것이라는 것입니다. 그래서 자기가 말씀대로 산다는 것이 결국 자기 지식을 따르는 것이 되고, 자기 상식을 따르는 것이 되어서 그것은 자신에게 종교요, 자기 양심의 의를 세우는 것이요, 자기가 자기를 우상 하는 것이 되는 것입니다. 자기에게 맞는 성경을 만드는 거짓 선지자나 거짓 그리스도인이 된다는 말입니다. 그러니까 이 심령이 가난한 자, 애통하는 자, 온유한 자, 의에 주린 자, 긍휼히 여기는 자, 마음이 청결한 자, 화평케 하는 자, 의를 위해 핍박받는 자 하는 이 같은 '복이 있나니'의 조건들이 믿는다는 사람들에게서 어느 한 가지만 있어도 되는 것처럼 갈라놓는 것입니다. 이 중에서 복이 있나니의 다른 것은 다 모르는데 심령이 가난한 것은 나타날 수 있다든지 하는 것처럼 말씀을 각각 따로따로 잘라놓는 것입니다. 지금 예수님의 이 말씀은 심령이 가난한 자라야 애통하는 자가 되고 심령이 가난한 자로 애통하는 자가 온유한 자가 될 수 있고, 계속 복이 있나니가 필연으로 따르는 것을 말씀한 것인데, 심령이 가난한 것 따로, 온유한 것 따로 다 따로 떼어놓는다는 말입니다.

　심령이 가난한 것! 마음이 가난한 자라는 말인가? 마음이 어떻게 가난해야 하는 거지? 에이 모르겠다! 제쳐놓는 겁니다. 자기 상식으로는 심령이 가난한 것이 무엇을 말하는지 이해가 어려우니까 그냥 상관없는 것으로 지나쳐버리는 겁니다. 그리고 애통하는 자 하는 것은 자기와 굉장히 친숙한 단어로 잘 아는 말이니 "그래 내가 얼마나 애통터지는 일이 많은가? 남편은 속을 썩이고 돈 없는 삶에 지치고 사람한테 지치고 돈에 지치고 이래저래 애통터질 일 많은 나를 위로 해주신다는 것이구나." 하고 생각하는 겁니다. 그리고 "내 맘을 알아주시는 분은 하나님밖에 없습니다." 하고 그 하소연으로 울며불며 애통하고 한풀이하듯 기도하는 겁니다.

온유한 자 하는 것도 우리에게 낯선 단어가 아니잖아요? '온유' 하면 우리가 알고 있는 것, 그것은 마음이 착하고 유순하고 뭐 부드럽고 따뜻하고 하는 것으로 이해하는 것이지 않습니까? 그러니까 온유한 자 하니까 지체할 것도 없이 "아, 마음이 부드럽고 따뜻한 사람은 유순하고 착한 사람은 복을 받는다는 것이구나. 땅을 기업으로 받는다고 하니 그렇게 온유한 사람이 되면 땅 주시는 복이 있구나. 착한 사람이 복을 받는 것이야 당연하지." 하며 아주 지당한 말씀으로 맞는 말이라고 그렇게 받아들이는 겁니다. 자기는 아직 그렇게 온유한 사람 같지는 않다는 생각이 드니, 땅이 생기는 그 복은 받지 못했어도 자기의 알고 있는 상식으로는 맞는 것으로 생각하는 겁니다. 그리고 의에 주리고 목마른 자 하니까 이 말씀은 또 무엇을 말하는 것인지 자기 상식으로는 잘 모르는 것 같으니까 "에이 모르겠다. 이것은 모르는 것이니까 나와 상관없는 것이고" 하고 넘겨버리는 겁니다.

그래서 지금 기독교의 교회라고 하는 곳들이 얼마나 감각 없이 말씀의 오류를 범하고 있는지 말로 다 할 수 없는 일로, 말씀을 자기 좋을 대로 자기 편리한 대로 잘라놓고 자기 열심을 가지고 세상 사람들과 다를 바 없는 종교인으로 행하는 것이어서, 그 세상으로부터 핍박을 받는 것이 아니라 비난받고 조롱받는 형편이 돼 버렸습니다. 그런데 사실 이것은 사단으로 말미암아 있을 일임을 이미 성경에 다 예견된 영적 세계에 일이니 어찌할 수 없지만, 누구든지 하나님의 씨가 그 속에 있는 자면 성영님께서 바른 뜻으로 가르쳐 보내신 이 레마로 주신 생명의 말씀이 들릴 때에 반드시 그 영이 반응하게 되어 있는 것이니, 마음에 동함이 일어나면 말씀 앞에서 자기 상식, 자기 지식 다 내려놓고 말씀하신 분의 뜻을 잘 듣고 배워서 영혼에 능력을 갖추는 복 있는 기회가 돼야 한다는 것 분명히 전합니다.

그래서 우리가 심영이 가난한 것이 무엇인지 다 가르침을 받았습니다. 심영이 가난한 자가 아니면 그 외에 어떤 것도 능력이 될 수가 없습니다. "나는 긍휼히 여기는 자는 될 수 있는데 화평케 하는 자는 되지 못했어. 심영이 가난한 자는 되지 못했어." 할 수 있는 것이 절대 아니라는 말입니다. 예수님이 말씀하시는 심영이 가난한 자가 아니면 죽었다 깨어난다 해도 자기 애통은 할 수 있을지언정, 자기 형편 때문에 하는 자기 애통은 될지언정, 예수님이 말씀하시는 그 애통은 알 수도 없을뿐더러 할 수도 없는 것입니다. 자기가 심영이 가난하여, 즉 영의 빈곤 때문에 갈등하고 고통받는 존재라는 것, 예수님을 만나지 않으면 살 수 없는 존재라는 것을 진정으로 깨달아지는 자가 애통하는 것이지 자기 영의 빈곤의 고통을 알지 못하는데 애통히 된다고 하는 것은 절대로 있을 수 없습니다.

자기 자신은 하나님의 도우심이 아니면 살 수 없는 존재인 것, 예수님을 만나지 않으면 살 수 없는 존재인 것을 절실히 깨닫는 것이 돼야 합니다. 그래서 심영의 가난에 대해서 깨달아 알고 애통해 하는 자면 그 뒤에 온유한 자도 되고 그 뒤에 모든 것이 되는 것입니다. 예수님의 의를 자기의 의로 받아 사는 능력이 되는 것입니다. 왜 애통한다고 했습니까? 하나님이 말씀하시는 자기가 누구인가를 알았기 때문에 심영에 애통히 일어나고 예수님께서 피 흘려 죄 용서해주신 은혜를 입었음에도 여전히 죄를 짓는 자기의 약함 때문에 애통한다는 거잖아요. 어느새 죄를 짓고 마는 자기를 보니 애통함이 나올 수밖에 없는 거잖아요. 자기의 길은 예수님을 따르는 길이니 그러므로 옛사람과 그 길에서 깨끗이 나와야 하는 자신과의 싸움, 세상과 죄를 버려야 하는 것에서 때로는 무너지는 그것이 애통하여 하나님 아버지께 도우심을 구하는 것 아니겠습니까? 자기가 누구인지를 알게 되었고 예수 그리스도의 십자가 은혜를 받게 되어 말씀대로 살려고 하니 무능하고 약한 자기를 보고 애통하게 되는 것입니다.

심영이 가난한 자로 애통하는 자는 성영님이 주시는 예수님의 죄 용서의 은혜, 그 위로가 넘쳐 위로를 경험하게 되니 영혼에 행복함이 몰려오는 거예요. 그 행복을 경험하는 자에게서, 온유의 능력이 있게 되는 것입니다. 예수님을 분명히 믿는 믿음은 예수님을 따르기를 당연히 소원합니다. 예수님의 길을 따르는 것이 자기가 세상에 난 이유라는 것을 아는 것이기에 그것을 누구도 막지 못하고 무너뜨릴 수 없습니다. 그러므로 필연으로 온유한 자인 것입니다. '온유한 자는 복이 있나니' 하신 온유는 예수님의 온유와 같은 온유를 말합니다. 마 11:29에 **나는 마음이 온유하고 겸손하니 나의 멍에를 메고 내게 배우라**고 하셨습니다. 바로 예수님 자신이 온유하신 분이라고 분명히 말씀하셨고 또한 우리 믿음은 이제 예수님이 명하신 뜻을 따라 예수님의 온유와 겸손을 반드시 배워 예수님을 따라가는 것입니다. 예수님의 온유와 겸손이 곧 우리의 온유와 겸손이 되어야 그것이 예수님 안에 들어온 것이요, 예수님을 따르는 예수님의 사람입니다.

온유가 겸손이고 겸손이 곧 온유입니다. 온유한 자면 또한 겸손한 자입니다. 하나님 앞에서 자기가 누구인가를 아는 것이 겸손이요, 겸손을 아니 곧 온유한 것입니다. 예수님의 온유는 우리가 생각하는 그런 것, 성품이 유순하고 부드럽고 따뜻한 마음, 착한 마음, 온화한 성품, 이런 것을 말하는 것 아닙니다. 예수님이 너희들 내게 와서 착한 마음 좀 배워라. 유순하고 부드러운 마음 좀 배워라. 따듯한 마음 좀 배우라고 하신 것이 아니란 말입니다. 그것을 말하는 것이 아니라는 것 여러분이 이미 다 잘 알고 있습니다. 인간이 성품이 아무리 좋아도 예수님이 말씀하시는 온유하고는 관계없습니다. 아무리 마음이 부드럽고 착해도 부드럽고 착한 것하고 관계없습니다. 성품이 좋다고 해서 마음이 착하다고 해서 하나님과 관계되는 것이 아닙니다. 그런 말들 하잖아요? "그 사람 성품이 참 좋아서, 그 사람 참 부지런해서, 그 사람 착한 사람이라서, 예수님 믿기만 하면 잘 믿을 텐데, 열심히 잘 믿을 텐데." 라고 말입니다.

그러나 믿음은, 믿는 것은 사람들이 말하는 그런 것과 전혀 관계없습니다. 착하다고 부지런하다고 정직하다고 잘 믿는 것도 믿음이 되는 것도 아닙니다. 그렇기에 온유도 인간이 생각하는 것과 예수님께서 말씀하시는 것과는 뜻과 방향이 다릅니다. 인간도 마음이 착하거나 따뜻하여 온화한 성품을 가진 사람을 나쁜 사람이라고 욕하거나 비난하지 않듯이, 착하고 좋은 마음을 가진 온유한 사람을 보면 그를 좋은 사람이라고, 그를 착한 사람이라고, 그를 사람다운 사람이라고 존중하고 칭찬하듯이, 하나님께서도 하나님에 대한 신앙의 모습, 바로 예수님의 온유를 배우고 그 온유한 자로 사는 자를 사랑하시고 칭찬하여 땅을 기업으로 얻게 하신다고 하는 겁니다.

예수님을 믿는 자가 배워야 하는 예수님의 온유는 바로 빌2:6-8에 말하고 있습니다. 예수님은 근본 하나님의 본체시지만 죄인을 구원하시는 뜻을 이루시기 위해서 하나님과 동등 됨을 취할 것으로 여기지 않으시고 자기를 비어 종의 형체를 가져 사람들과 같이 되었고 사람의 모양으로 나타나셔서 자기를 낮추시고 십자가에 달려 죽으신 그것, 죽기까지 복종하신 그것이 예수님의 하나님에 대한 온유하심이요, 겸손이셨음을 말하는 것입니다.

아버지를 사랑하여 십자가에다 자신을 내주신 것, 아버지의 소원이 곧 아들 자신의 소원이고 사람을 사랑하신 아버지의 뜻이 곧 자기의 뜻이 되어 종과 같은 모양으로 오셔서, 죄인 된 사람처럼 십자가로 올라가 죽기까지 하신 그 완전한 복종, 완전한 순종으로 아버지의 뜻을 이루신 그것이 예수님의 온유요 겸손입니다. 그래서 예수님이 죽으신 그 십자가를 우리의 멍에로 메고 예수님이 죽음에서 이기신 그 승리의 멍에를 메고 예수님께 배우라 명하신 것입니다. 예수님께 나와 예수님의 멍에를 메고 배우면 우리는 쉽다고 하셨습니다. 예수님은 믿는 자들에게 친히 믿음의 본을 보이시고 이제 그 길을 예수님께 나와 배우라고 하셨다는 말입니다.

그렇기에 빌2:5-8에 **너희 안에 이 마음을 품으라 곧 그리스도 예수의 마음이니 그는 근본 하나님의 본체시나 하나님과 동등됨을 취할 것으로 여기지 아니하시고 오히려 자기를 비어 종의 형체를 가져 사람들과 같이 되었고 사람의 모양으로 나타나셨으매 자기를 낮추시고 죽기까지 복종하셨으니 곧 십자가에 죽으심이라** 바로 하나님께 대한 이 같은 예수님의 마음을 품으라는 것입니다. 이것이 예수님의 온유요 겸손입니다. 그래서 예수님께 나왔으면 예수님의 멍에를 메고 예수님의 온유를 배워야 합니다. 예수님과 마음이 하나 되어서 예수님의 길을 나도 같이 가는 것입니다. 예수님이 나를 위해 지신 십자가의 멍에를 메고 배우니 바로 예수님의 온유가 곧 내 온유가 되는 것입니다.

그렇기에 세상이 유혹해도 사람들이 별소리 다 해도 어떤 어려움이 있어도 세상과 타협하지 않고 주 예수님만을 사랑하고 예수님의 말씀을 따라 사는 믿음의 결단이 자기 안에서부터 세워지고 그것이 능력이 되어 삶으로 나타나는 이것이 예수님께서 말씀하시는 우리의 온유입니다. 우리 믿음의 자세입니다. 이 같은 자기 위치를 분명히 하여 예수님을 따르는 것, 좌로도 우로도 치우치지 않는 신앙의 확고한 줏대를 가지고 죄나 악은 적극적으로 피하고 말씀하신 일에는 타협하지 않고 행하여 예수님을 따르는 이것이 예수님이 말씀하시는 온유한 자입니다. 그것이 복 있는 자다. 그가 바로 행복 자다. 이제 세상에서 나와 세상을 뒤로 돌려버리고 예수님을 따라가는 네가 행복 자다. 영적인 부유함을 사모하고 가는 네가 복 있는 자로, 바로 땅을 기업으로 얻을 자라고 하는 것입니다.

여러분! 저는 아주 행복하다고 자주 말하지 않습니까? 왜 행복합니까? 저는 누가 뭐라 해도 이 길을 택한 행복 자이기 때문입니다. 어떻게 그럴 수 있냐? 저럴 수 있냐? 별소리 다 들어도 아버지 하나님이 옳다고 하시는 것이면 사람에게 핍박받는 것, 비난받는 것 두렵지 않습니다. 제가 이 자리에 있자니 행복하지 않은데도 일부러 행복하다고 하는 것이 아닙니다. 사람이 억지로 가질 수 없는 것, 성영님이 내 안에 말씀으로 주시는 충만한 영적 행복이 있다는 말입니다. 아무도 건드릴 수 없고 아무도 빼앗지 못하는 하늘의 것, 영적 행복이 나를 주장하고 있습니다. 참으로 예수님만 사랑하겠다는, 그 온유한 자의 삶을 결단하니 세상의 그 어떤 것도 중요하지 않다는 것을 더욱 아는 믿음이 되었습니다. 그렇기에 세상의 유혹을 넉넉히 거절할 수 있는 것입니다. 하나님 아버지께 영광을 돌리기 위한 삶으로 온 관심이 돌아가는 것입니다.

그래서 사는 목적이 하늘 아버지께 영광 돌리는 것으로, 찬송 드리는 것으로 집중되면 거절해야 할 것을 거절할 수 있게 되고, 미혹되지 않는 것이요, 말씀이 있으니 속지 않는 것이요, 좌로나 우로나 치우치지 않는 능력이 서게 되는 것이요, 유순해야 할 것은 유순하고 따뜻해야 할 것은 따뜻하고, 냉철해야 할 것에는 냉철할 수 있는 영적 능력이 있게 되는 것입니다. 성경에 나오는 믿음의 선진들의 삶도 다 온유와 겸손이었습니다. 그렇기에 자기에게 신앙이 있으면, 예수님을 진짜 믿는 것이면 그 믿음에서 나타나는 것 다른 말 할 것 없습니다. 온유한 자냐? 의에 주리고 목말라하고 사모하느냐? 의를 위해 핍박을 받느냐? 등입니다. 그같이 온유한 자면 땅을 기업으로 받는 복 있는 자입니다.

마10:16에서 ······**너희는 뱀 같이 지혜롭고 비둘기같이 순결하라** 했습니다. 바로 뱀같이 지혜롭고 비둘기같이 순결하라는 이것이 온유의 의미입니다. 뱀은 들짐승 중에 가장 간교하더라(창3:1) 했는데 이 말은 뱀이 속이는 것에 아주 지혜롭다. 그 속이는 지혜로 사람을 속여서 넘어지게 했다는 말입니다. 그리고 비둘기는 비둘기 시각에 더러워 보이거나 낯설거나 위험하다고 느끼는 곳은 앉지 않습니다. 또 먹이도 아무것이나 먹지 않습니다. 비둘기의 본능이 알고 있는 먹이, 즉 곡식 종류와 같은 것 외에는 먹지 않습니다. 다른 것은 쳐다보지도 않아요. 그리고 위험을 느끼면 즉시로 피해버립니다. 그러니까 너희는 뱀이 속이는 지혜를 가지고 속이러 들어오는 모든 것들에서 속지 않는 지혜를 가지라는 말씀입니다. 뱀이 속이는 데에는 지혜가 있듯이, 너희는 속이는 것들을 속지 않는 지혜를 가지라 그 말입니다. 물리쳐야 할 것들은 깨끗이 물리치고 죄나 악은 철저히 돌이키고 피하라는 겁니다. 악한 자와는 대적지 말고 피해버리고 복음을 거스르는 것들에서 깨끗이 하라는 말입니다. 그래서 뱀같이 지혜롭고 비둘기같이 순결할 수 있는 것도 성경의 뜻과 말씀을 바르게 알 때에 지혜도 순결도 있는 것이지, 말씀도 뜻도 모르면 다 뱀의 지혜에 100% 속는 것입니다. 속는데 거기에 무슨 순결이 있겠습니까? 더러운 것인지 가증한 것인지 먹어야 할 것인지 먹지 않아야 할 것인지 도무지 감각 없는 것입니다. 오늘날 바른 말씀을 듣기를 원치 않으니, 바른 말씀 안으로 들어오기를 원치 않으니 뱀의 지혜에 다 속았다는 말입니다. 말뜻 아셨습니까?

그러면 온유한 자는 땅을 기업으로 받는다 하셨으니 여러분은 땅을 기업으로 받았습니까? 어떤 땅입니까? 복 받아서 땅을 많이 사셨나요? 먼저 성경에서 보겠습니다. 시편37편입니다. 시간상 관계되는 구절만 봅니다. 9에 **진실로 악을 행하는 자는 끊어질 것이나 여호와를 기대하는 자는 땅을 차지하리로다** 했습니다. 11에 **오직 온유한 자는 땅을 차지하며 풍부한 화평으로 즐기리로다** 했습니다. 누가 땅을 차지한다고요? 온유한 자. 바로 땅을 차지한 자의 누릴 행복을 말한 것입니다. 오늘날 예수님을 믿는 자가 땅을 차지한 것의 그 증거, 이 세상에다 땅을 많이 사서 땅 차지한 부자가 된다는 말이 아니라, 자기 안에 천국이 저희 것이 되어 그 천국의 행복인 풍부한 화평함이 영혼에 즐거워하는 것으로 나타난다는 말입니다. 새 하늘과 새 땅을 차지한 그 즐거움으로 자기 안에 예수님의 그 평안의 행복이 있는 것으로 알 수 있다는 말입니다. 땅을 차지했는지, 땅을 기업으로 받은 자인지 그것은 자기 안에 예수님 믿는 그 행복, 예수님의 그 평안, 그것이 자기 안에서 주장하고 있으면 땅을 차지한 것입니다. 구원받은 증거란 말입니다. 그 행복이 있기에 근심이 들어오다 가도 힘을 잃고 물러가는 것입니다.

22에 **주의 복을 받은 자는 땅을 차지하고 주의 저주를 받은 자는 끊어지리로다** 그러면 누가 복을 받은 자일까요? 바로 온유한 자입니다. 온유한 자가 땅을 차지한다는 겁니다. 29에 **의인이 땅을 차지함이여 거기 영원히 거하리로다** 누가 땅을 차지해요? 의인이라는 겁니다. 의인! 예수님으로 말미암아 구원받은 온유한 자, 예수님의 의로 사는 예수님의 사람들이 거기서 영원히 거한다고 했습니다. 34에 **여호와를 바라고 그 도를 지키라 그리하면 너를 들어 땅을 차지하게 하실 것이라 악인이 끊어질 때에 네가 목도하리로다** 땅을 차지하게 하시는 것이 뭐라고요? 하나님을 바라 그 도를 지키는 것, 바로 온유입니다. 하나님을 바라고 도를 지키는 일이 온유입니다. 온유한 자에게 땅을 차지하게 하실 때 거기에는 저주받은 악인이 없는 것을 보는 겁니다. 오직 하나님께 소망을 둔 온유한 자는, 복이 있나니 땅을 차지하며 풍성한 화평으로 즐거워하며 영원히 산다고 분명히 말씀하신 것입니다.

하나님께서 애굽의 노예가 되어 종살이하던 이스라엘을 그곳에서 건지시고 축복의 가나안 땅으로 들이실 때, 그 땅을 차지하고 있던 거주민(악인)들을 쫓아내고 들어가라고 하셨습니다. 가나안 땅은 비옥한 땅입니다. 삶을 풍성케 하고 화평과 즐거움을 가져다주는 아주 좋은 땅입니다. 그래서 그 땅을 젖과 꿀이 흐르는 축복의 땅이라고 말씀하셨습니다(출33:3, 레20:4, 민13:17). 가나안 땅은 천국에 대한 예표요 상징입니다. 젖과 꿀이 흐르는 축복의 땅이라는 것은, 하나님에게서 오는 영적 부유, 즉 천국의 행복, 영원한 즐거움과 만족함이 넘치는 곳이라는 것을 말합니다.

그런데 이스라엘이 하나님께 죄를 범할 때마다 돌이키기를 촉구하지만, 돌이키지 않을 땐 이방 나라에 붙여 노략질당하여 평안함이 깨지도록 하셨습니다. 그래도 돌이키지 않으면 생살여탈권을 빼앗기고 죽임을 당하거나 포로가 되게 하여 고통받도록 버려두셨습니다. 하나님의 백성이라도 악을 행하면 하나님에게서 끊어진다는 것을 보이셨습니다. 그러므로 이스라엘로 우리 믿음을 어떻게 가져야 하는지를 깨달아야 합니다. 그래서 지혜 있는 자가 누구냐? 과거를 보고 미래를 내다볼 수 있는 자입니다. 그러므로 오늘 말씀드리는 온유한 자에 대해서 알아듣지 못하는 분이 여러분 중에 없으리라 생각합니다. 지금까지 저는 참으로 하나님의 열심을 가지고 여러분에게 말씀을 잘 알아듣고 믿음이 되도록 성심을 다해 말씀을 전해왔습니다. 그러니 여러분이 믿기 원하면 오늘 말씀이 가르치는 온유한 자로 땅을 기업으로 받는 믿음이 되십시오. 진심으로 간청합니다. 정말 간곡히 말씀드립니다. 아멘입니까?

그래서 온유한 자가 기업으로 받는 땅은 하나님께서 새롭게 하신 새 하늘과 새 땅, 영원히 거할 곳, 바로 하늘 아버지의 나라를 말합니다. 계21:1에 사도 요한이 새 하늘과 새 땅을 보았다고 했습니다. 아버지 나라에도 하늘이 있고 땅이 있다는 겁니다. 그 새 땅을 기업으로 받아 그곳에서 영원히 거한다고 했습니다. 벧후3:10-13에 **주의 날이 도적같이 오리니 그 날에는 하늘이 큰 소리로 떠나가고 체질이 뜨거운 불에 풀어지고 땅과 그 중에 있는 모든 일이 드러나리로다 이 모든 것이 이렇게 풀어지리니 너희가 어떠한 사람이 되어야 마땅하뇨 거룩한 행실과 경건함으로 하나님의 날이 임하기를 바라보고 간절히 사모하라 그 날에 하늘이 불에 타서 풀어지고 체질이 뜨거운 불에 녹아지려니와 우리는 그의 약속대로 의의 거하는바 새 하늘과 새 땅을 바라보도다** 라고 했습니다.

여러분은 어떠한 사람이 되었습니까? 거룩한 행실과 경건함으로 의에 거하는 것입니까? 새 하늘과 새 땅을 영혼에 확실히 확보한 것이 되어 행복한 화평을 누리며 그 땅을 향해가고 있습니까? 온유한 자면 여러분의 영혼이 그 행복감으로 차 있을 것이요, 새 하늘과 새 땅이 이미 와있는 믿음이 되었을 것입니다. 새 땅을 확보한 믿음이 되었다면 그것은 영적 능력이기 때문에 영도 혼도 육도 병들일 없는 것이요, 사는 동안에 필요한 것은 채워지는 이적의 삶이 되는 것입니다. 아버지 하나님께서 보장하시는 이적을 경험하고 그 기쁨 그 평안 가운데 사는 것입니다. 이것이 온유한 자의 복입니다. 그런데 사람들이 온유한 자의 복을 자기가 생각하는 온유와 복에다 맞추고 이 세상에서 재산을 늘리고 땅을 늘려가는 것으로 마음을 쓰고 있습니다. 그래서 땅에다 쌓아놓은 재산을 믿는 것이 되었다는 것입니다. 오늘 온유에 대해서 말씀을 들은 여러분은 예수님께서 말씀하시는 온유한 자로 복이 있나니의 믿음이 되었기를 바랍니다.

그다음 **의에 주리고 목마른 자는 복이 있나니 저희가 배부를 것임이요** 하셨습니다. 사람이 양식이 없어서 주리는 것과 물이 없어 목마름을 겪는다는 것은 가장 큰 괴로움이요 고통일 것입니다. 오직 먹을 것을 찾는 것에만 온 생각이 집중되어 다른 것 생각할 겨를이 없을 것이요. 또한, 목마를 땐 물을 찾듯이, 사막에서 갈증으로 지치면 그에게 필요한 것은 오로지 물입니다. 물을 마시지 않으면 죽는 겁니다. 우리는 물을 마시지 못해 겪는 갈증이 얼마나 큰 고통인지를 단지 짐작이나 해볼 뿐, 실제 모르고 살고 있습니다.

음부에 있는 부자가 불꽃에 들어간 그 고통을 호소하며 물 한 방울만이라도 내 혀를 축여주면 시원할 것 같다고 하는, 그 어마어마한 온몸이 타는 듯이 하는 갈증의 고통을 호소하며 몸부림하는 것을 우리는 들어 보았습니다. 그까짓 물 한 방울이 시원케 하는 것에 무슨 도움이 되겠습니까? 그러나 타들어 가는 갈증의 고통이 얼마나 큰지 그것을 물 한 방울이라도 하는 것으로 그 절박함을 드러내 준 것임을 우리는 이해하는 것입니다. 영화 같은 데서 그런 장면을 볼 때가 있지 않습니까? 사람이 사막을 지나다가 방향을 잃고 헤매는 중에 마실 물이 없어 온몸으로 갈증을 겪으니, 물을 찾기 위해 안간힘 쓰며 마지막 힘까지 다 쏟는 것을 봅니다. 그러다 구사일생으로 물을 만나면 어떻게 마십니까? 정신없이 마시잖아요? 그러나 물을 만나지 못하면 사막에 쓰러져 그대로 죽는 겁니다. 그러니 배고픈 사람이 오로지 찾는 것, 목마른 사람이 오로지 찾는 것 알아들을 수는 있고 상상은 가지 않습니까?

그렇다면 '의에 주리고 목마른 자는' 하신 이 말씀을 여러분이 어떻게 듣습니까? 어떻게 받는 것입니까? 여러분이 지금 배가 몹시 고프다면 뭘 찾으시겠어요? 갈증이 심히 난다면 뭘 찾으시겠어요? 잘 알고 있잖아요. 이것은 배고프면 먹으라고 목마르면 물 마시라고 누가 가르쳐주기 때문에 찾는 것 아니잖아요? 먹어야 하는 것, 마셔야 하는 것, 자기가 본능적으로 알고 먹고 마시는 겁니다. 갓 태어난 아이도 찾습니다. 정신병자도 본능적으로 먹고 마시는 것 찾습니다. 이같이 우리 영도 그렇게 주리고 목말라 한다는 것, 의에 주리고 목마른 영의 고통이 있다는 것 말씀이신 것입니다. 사람에게 하늘 하나님께 들어갈 의가 없어서 영이 그 하나님(생명)에 대하여 주리고 목마름에 고통하고 있다는 것을 말씀한 것이란 말입니다. 그렇기에 너희가 심령이 가난한 자로 예수님 앞에 나와 영이 주리고 목마른 빈곤을 깨닫고 배부름을 주시는 '의'이신 예수님께 말씀을 듣는 너희는 행복 자다. 의이신 예수님 앞에 왔으니, 영의 주린 것을 먹이시고 목마른 것을 마시우게 하시는 그 예수님께 왔으니, 너희는 행복 자라고 하신 것입니다. 그러므로 이제 배부름을 경험하게 될 것이라. 해갈의 기쁨을 얻게 되리라는 것입니다.

그래서 우리가 죄인인 것을 알고 예수님을 구주로 믿고 영접하면 자기 속이 무엇인지 모를 갈증의 감각이 있고, 때로는 허기진 것 같은 증세가 있고 뭔지 모를 답답한 증세를 느끼는 것입니다. 이것은 바로 자기 영이 생명의 주림과 목마름으로, 의의 주림과 목마름으로 고통받고 있다는 증세입니다. 영에 있어야 할 예수님의 의와 생명이 없어 주리고 있다는 것, 갈증으로 고통하고 있다는 것을 영의 본능에 의해 느끼는 것입니다. 그 영에 감각이 살아나 그렇게 느끼는 것입니다. 그러므로 그런 자에게 복이 있다. 의와 생명에 주리고 목마른 영의 갈급한 소원을 따라 예수님께 나와 말씀을 듣고 배부름의 기회를 얻었기 때문이라는 것입니다. 너희 영혼이 하나님의 의가 없어, 하나님의 생명이 없어 주리고 목말라 있다는 것입니다. 네가 육체의 배를 주리면 배를 불리고자 하는 것처럼 네가 목마르면 해갈을 찾는 것처럼 그렇게 너희 영이 의에 주리고 목마른 가운데 있으니, 이제 예수님과 예수님의 말씀으로 말미암아 배부른 만족을 얻으라고 하는 겁니다.

왜 그렇게 우리 속에 알 수 없는 갈등이 있고, 슬픔이 있고, 고독이 있고, 불안이 있고, 두려움이 있는가? 바로 우리 안에 빛이신 예수님(의, 생명)이 계시지 않기 때문입니다. 영이 죽음에 쌓여 있기 때문에, 생명의 빛이 없는 연고라는 말입니다. 그러므로 우리에게 완전한 의가 되시는 분, 우리에게 완전한 생명이 되시는 분, 예수 그리스도에게 접착되듯이 붙어서 예수님의 의와 생명을 얻고 영혼의 배부름을 얻으라고 하시는 것입니다. 요6:35에 **내가 곧 생명의 떡이니 내게 오는 자는 결코 주리지 아니할 터이요 나를 믿는 자는 영원히 목마르지 아니하리라** 하셨습니다. 예수님이 주리고 목마른 우리 영혼을 배부르게 하시는 생명의 떡이시고, 생수가 되시는 분이십니다. 그렇기에 영혼에 주림이 있고 목마름이 있는 자는 배고픈 자가 먹을 것을 찾는 것처럼 목마른 자가 물을 찾는 것처럼 그렇게 사모하고 찾게 된다고 하는 것입니다.

그렇게 사모하여 구하고 찾고 두드리는 자, 그렇게 주리고 목마른 자에게 배부르므로 만족함이 되시겠다는 것입니다. 그러므로 의이신 예수님으로 참 만족을 얻으니 행복하지 않을 이유가 없습니다. 의이신 예수님으로 말미암아 하늘 아버지의 생명을 얻게 되었으니 아무도 빼앗지 못할 이 영적 행복 때문에 예수님을 위해 목숨을 버리지 못할 것이 뭐 있습니까? 제가 예수님만을 자랑하고 자랑하는 것은 내 영혼에 이 행복이 크게 있기 때문입니다. 아버지 집에 들어가면 엄청난 영광이 있기 때문에 그렇습니다. 하늘 아버지께서도 오직 예수님을 증거 하셨고 성영님도 오셔서 예수님을 증거 하시고 저도 또한 이 강단에 서게 된 때부터 지금까지 누구보다 더 성경이 증거 하시는 예수님, 말씀이 말씀하신 그 예수님을 분명하고 정확하게 증거 하였습니다. 예수님의 넓이와 크기와 높이와 깊이에 대해서 말씀드려 왔습니다. 그래서 여러분은 우리의 믿는 예수님에 대해서 분명하고 정확하게 듣고 배우셨습니다.

천국이 여러분의 천국이 되게 하려고 날마다 예수님의 흘리신 피로 용서받으며 아버지의 긍휼히 여기심을 받는 자가 되게 하려고, 성영님으로 위로받고 살게 하려고, 새 하늘과 새 땅을 기업으로 받는 믿음이 되게 하려고, 영혼의 배부름의 만족함을 얻고 하나님의 아들이라 일컬음을 받게 하려고 참으로 그 간절한 소원과 안타까운 마음으로 말씀을 드려왔습니다. 예수님께서 우리에게 당부하십니다. 너희가 참으로 예수님을 사모하기를 배고픈 자처럼 목마른 자처럼 그렇게 사모하여 구하고 찾고 두드린다면, 배부름으로 만족을 얻듯 배부름이 무엇인지 알게 될 것이다. 행복이 무엇인지 알게 될 것이라고 말입니다.

여러분! 오늘 예수님께서 **온유한 자는 복이 있나니 저희가 땅을 기업으로 받을 것임이요 의에 주리고 목마른 자는 복이 있나니 저희가**

배부를 것임이요 말씀을 듣게 되었으니 오늘 듣게 된 말씀의 정도는 다 깨달은 것이 되었고 여러분의 말씀으로 받았으리라 믿으면서 말씀을 맺습니다. 오늘도 말씀을 깨달아 능력으로 세우신 우리 주 예수님의 이름을 높이 찬양하며 영광을 돌립니다. 아멘

제 4 장
긍휼히 여기는 자는 복이 있나니

오늘 말씀은 **긍휼히 여기는 자는 복이 있나니 저희가 긍휼히 여김을 받을 것임이요** 입니다.

골1:28,29에 사도 바울이 말하기를 **우리가 그를 전파하여 각 사람을 권하고 모든 지혜로 각 사람을 가르치는 것은 각 사람을 그리스도 안에서 완전한 자로 세우려 함이니 이를 위하여 나도 내 속에서 능력으로 역사하시는 이의 역사를 따라 힘을 다하여 수고하노라**고 했습니다. 사도 바울의 이 말은 곧 제 말이기도 합니다. 말씀을 성영님의 지혜로 여러분에게 전해드리는 것은, 여러분 한 사람 한 사람이 예수 그리스도를 믿는 믿음이 완전한 자로 세워지기를 너무나 원해서 성영님의 역사하심을 따라 이 수고를 하는 것입니다.

그러면 여러분은 말씀을 어떤 마음으로 듣습니까? 자기에게 주시는 말씀으로 받아, 사는 능력이 되기를 참으로 원해서 듣는다는 것을 제가 믿고 있습니다. 왜냐? 그동안 말씀을 듣는 자세에 대해서 누누이 다루어 드렸으니, 그 믿음이 되었고 적용하는 것이 되었다고 생각하기 때문입니다. 믿음은 예수님의 말씀이 자기 속에 능력이 되어 사는 것을 말한다는 것 다 아멘입니까? 예수님의 말씀이 자기의 레마가 되지 않으면 그것은 예수님을 잘못 믿는 것이라고, 예수님을 믿는 것이 아니라고 말씀드렸습니다. 우리 믿음은 참으로 예수님을 사랑해서 믿는 것이어야 합니다. 성경 봐라, 기도해라, 이런 간섭 때문이 아니라 참으로 예수님을 사랑하기 때문에 기도하는 것이고 말씀을 보는 것이고 죄를 미워하고 세상에서 떠나 나오는 것이고 핍박을 기꺼이 받는 것입니다. 그것이 자기를 사랑하는 일이라는 것을 또한 아는 것입니다.

예수님께서 복이 있나니 하신 심령이 가난한 자부터 애통하는 자, 온유한 자, 의에 주리고 목마른 자까지는 이제 삼위의 하나님과 나와의 관계, 즉 하나님과 나와의 수직적인 관계에 대한 것이고, 그다음 긍휼히 여기는 자, 마음이 청결한 자, 화평케 하는 자까지는 수직과 수평적인 관계, 즉 하나님과 나와 이웃과의 관계에 대한 것임을 말합니다. 그래서 긍휼히 여기는 자라고 하는 것은 그러면 누가 긍휼히 여길 수 있습니까? 바로 하나님께 긍휼을 입은 자가, 즉 수직적 관계를 이룬 자가, 수평적 관계를 이루는 긍휼입니다. 내가 하나님의 긍휼을 입은 자면 긍휼히 여긴다는 말입니다.

여러분이 이 말에 대해서 이해가 돼야 하는데, 오늘 예수님께서 '긍휼히 여기는 자는 복이 있나니 저희가 긍휼히 여김을 받을 것임이요' 하신 것은 내가 남을 긍휼히 여겨야 하나님께서도 나를 긍휼히 여기신다는 그런 조건의 개념으로 들으면 안 된다는 말입니다. 만일에 그렇게 듣고 행하는 것은 그것은 율법 행위요 율법이 됩니다. 그러니까 '내가 너를 긍휼히 여겼으니까 그 대가로 너도 남을 긍휼히 여겨라, 그렇지 않으면 나도 너를 긍휼히 여기지 않겠다.' 하는 식이 되는 것으로서 곧 율법 행위라는 말입니다. 물론 긍휼히 여기는 것은 곧 나도 긍휼히 여김을 받는 것이 맞습니다. 그런데 예수님의 말씀은 누가 나한테 베풀어 줬으니 나도 베풀어주는, 그런 것이 아니라는 말입니다. 그런 품앗이 같은 것이 아니에요.

율법 앞에 나를 비추니 하나님께 불의하고 죄를 범하여 형벌에 떨어질 흉악한 죄인이더라 말이지요. 그런데 그 흉악한 죄인인 나를 살리시려고 하나님이신 예수님이 아무 조건 없이, 즉 내가 너의 죄를 대신 지고 죗값을 치러줄 것이니, 그 대신 내게 일생 몸을 바치고 마음을 바치고 물질을 바치라 이런 식의 어떤 조건부가 있는 것이 아니라, 그냥 긍휼히 여기셔서 깨끗이 죗값을 치러주셨다는 말입니다. 영원히 형벌에 떨어질 내가 이 같은 긍휼을 입었으니 사람이 자기를 안다면 할 말이 없는 것입니다. 그렇기에 내가 하나님의 그 긍휼하심을 입었으니, 그 은혜를 안다면 하나님의 그 긍휼하심이 그대로 내게서 나타나는 것이란 말입니다.

밭에 밀을 심었더니 보리가 난 것이 아니고 그대로 밀이 나와 열매를 맺는 이치와 똑같은 것입니다. 하나님의 긍휼하심을 입게 되니 그 긍휼을 입은 내게서 나가는 것은 그대로 긍휼의 마음입니다. 예수님을 믿는 사람이 왜 긍휼함이 없느냐? 답이 분명한 것 아닙니까? 긍휼하심의 은혜를 입지 않았기 때문이라는 것 알 수 있는 것입니다. 왜 긍휼히 여김을 받지 못했느냐? 하나님께 죄를 지은 영혼이라는, 그래서 자신이 영원한 형벌에 떨어지게 된 죄인임을 절감하지 못하니, 긍휼의 은혜에 대해서도 감각이 없기 때문에 그런 것입니다. 그렇기에 성영님의 도우심을 힘입고 말씀의 지식을 따라 믿음이 돼야지 교회 다녀도 '그냥 믿어' '예수만 믿으면 돼' 하고 나오는 것이 얼마나 무모하고 어리석은 것인지를 알아야 합니다. 우리의 믿음이 긍휼의 은혜를 입은 그 감사를 아는 믿음인가? 자신에게 물어봐야 합니다.

과거에, 성영님께서 제게 일방적인 말씀을 여러 차례 하셨는데 그중에 "너는 내가 거처하는 움직이는 성전이라."고 하셨습니다. 그리고 또 한 번은 "너는 세상 자랑하지 말라. 세상 것은 자랑할 것이 되지 못하니 오직 나 예수를 자랑하라." 하셨습니다. 그리고 이후 말씀을 전하는 이 길에 서지 않으면 안 되게끔 강권하셨기 때문에 처음엔 남편의 목회를 도와야 하는 줄 알고, 그냥 마지못해서 하는 수 없이 순종하기로 했었습니다. 그래서 남편의 목회 장소 등 건물이 있어야 하니, 그때 제 믿음은 장소를 찾는다고 수소문하며 돌아다니는 것을 원치 않았습니다. 장소, 건물, 평수 이런 조건들은 제겐 중요하지 않았습니다. 성영님께서 지시하시고 정해주시면 되지 다른 이유 없는 것이었어요. 물론 "네 형제 지옥 보내겠느냐?" 하셔서 목회지가 인천인 것은 알게 하셨습니다.

그때 인천에서 살고 있던 친정 오빠가 믿는 것은 거절하고 있습니다만, 동생이 목회 장소를 찾는다고 하니 장소를 물색하느라 스스로 수고를 하셨습니다. 그중에 현재 시설이 갖춰진 지하 75평의 지하 교회가 있어 조건적인 것은 당신 맘에는 썩 드는데 어떤지 한번 와보라는 연락을 주셨습니다. 그런데 저는 제가 거처할 집도 없으면 차라리 텐트를 치고 살지언정 지하는 절대 원치 않습니다. 하물며 하나님을 예배하는 곳으로는 더더욱 그냥 준다 해도 원치 않습니다. 그러나 동생을 위한다고 수고하는 오빠를 생각하니 일언지하에 거절할 수 없어서 주일을 지나서 가본다고 약속하고, 그 뒤 지하만 아니라면 그 외는 다 괜찮은 생각이 들기도 하고 혹 성영님은 나와 달리 허락이 신가 해서 며칠 동안 기도하였지만, 답이 없으셨습니다. 하여 마음은 내키지 않았지만, 월요일 아침 일찍 출발하려고 준비하고 있는데 예배를 드리라는 생각이 번득 들었습니다. 그래서 남편과 함께 예배하며 기도를 하였는데 그때야 말씀을 하셨습니다. "사람의 방법과 계획을 버려라. 돈이 얼마가 드느니, 장소가 좋으니, 나쁘니 하며 방법을 구하는 인간의 계산을 버려라. 내 방법은 사람의 방법에 두지 않는다. 사람의 방법을 따라 하려 하지 말라. 나의 말에 순종할 때 내가 할 것이다. 나의 일은 방법이 아니라 순종이다. 내가 은혜 줄 자에게 은혜를 주고 긍휼히 여길 자를 긍휼히 여길 것이다." 하고 아주 명확하고 구체적인 말씀을 하셨습니다.

제가 이것을 말하는 것은, 오늘 긍휼히 여기는 자에 대한 말씀과 연관된 것으로서 제 개인에 해당하는 것이 아니라, 이제 하나님의 구원의 뜻이 누구에게로 향하는가를 내게 가르치시는 뜻이었으며, 또한 누가 긍휼히 여김을 받는가에 대한 하나님의 의지를 교회들에 보이신 것이었다는 것을 제가 알게 되었기 때문입니다. 반드시 깨달아야 할 너무나 중요한 것이라는 말입니다. 은혜 줄 자에게 은혜를 주고 긍휼히 여길 자에게 긍휼을 베푸신다고 하신 것은 구약 출33:19에 여호와 하나님의 말씀입니다. 이것은 무엇을 말합니까? 수천 명, 수만 명, 수십만 명이 '주여'를 부르고 외치고 외친다 해도 예수님의 이름으로 하는 기도는 응답해 주실 수는 있어도, 은혜는 은혜 줄 자에게 준다. 긍휼히 여길 자에게 긍휼을 베푸신다는 것입니다. 여러분이 이해를 잘하면서 들어야 합니다. 은혜 줄 자에게 은혜를 주고 긍휼히 여길 자에게 긍휼을 베푸신다 하신 것이지, 교회 다니기 때문에 교회에 사람이 많기 때문에 그런 곳에 은혜 줄 것이라는 말씀이 아닙니다. 하나님께서 아무나 은혜를 주시고 긍휼을 베푸시는 것이 아니라 은혜 줄 자에게 은혜를 주고 긍휼히 여길 자에게 긍휼을 베푸신다. 바로 은혜 줄 자가, 긍휼히 여길 자가 있다는 말입니다.

그러면 은혜 줄 자가 누구이며 긍휼히 여기실 자가 누구일까요? 바로 하나님께서 말씀하시는 죄인임을 진정으로 알고 인정하는 자입니다. 용서받지 아니하면 살 수 없는 죄인임을 마음에서 인정이 되어 "아, 나는 하나님께 죄를 범한 죄인이구나!" 라고 탄식하는 자가 은혜받을 자요, 긍휼을 입을 자입니다. 하나님의 죄 용서의 은혜가 아니면 살 수 없는 죄인인 자기의 죄를 보는 자가 하나님의 은혜와 긍휼을 입을 자입니다. 그러므로 하나님의 은혜 입기를 구하는 자, 죄인의 삶을 살던 그 세상에서 나와 진정으로 예수님을 믿고 따를 것을 결단하는 자가 은혜 입을 자요, 긍휼히 여김을 받을 자입니다. 그렇기에 용서받아야 할 죄인임을 아는 자가 심령이 가난한 자요, 심령의 가난을 이해하게 되고 애통하는 것이요, 하나님의 은혜의 크기가 얼마나 큰지를 영혼에 깨달아져서 세상을 목적하지 않는 능력이 서는 것입니다. 하나님의 긍휼히 여김을 받았으므로 또한 긍휼히 여기는 것입니다. 이같이 심령이 가난한 자에서부터 계속 복이 있나니 하신 천국의 특성들로 나타나는 것이 바로 삶의 예배요, 거룩한 제사의 삶입니다.

그런데 오늘날 교회들이 예수님의 말씀을 깨달아 예수님과 함께하는 믿음의 능력이 되고자 하는 뜻은 없으면서, 속사람의 능력을 갖추지 못하는 것이라면 교회에 열심히 모이기만 하면 뭐 하는 것입니까?

듣고 안다는 것으로는 능력 아닙니다. 영혼에 이루어져야 합니다. 오늘날 사람들이 믿는다는 이름은 있으나 죄인인 척만 합니다. 예수님을 믿는다고는 하는데 옛사람이 예수님과 함께 죽었음에 대한 믿음의 능력이 없습니다. 여전히 옛사람으로 행하고 여전히 세상이고 여전히 육을 위한 것으로 행하는 것이 돼 있습니다. 세상 복을 받고자 하고, 자기를 드러내고자 하고, 인간 자기 생각을 말씀에다 덧붙이고 또 높이고 있습니다. 이것이 죄인인 척만 하는 것에서 나오는 특징입니다. 그러니까 하나님께서 은혜 줄 자에게 은혜를 준다. 긍휼히 여길 자에게 긍휼을 베푸신다는 것은 이렇게 죄인인 척만 하는 자에게는 전혀 해당이 없는 것입니다. 하나님께서 은혜를 줄 수 없는 종교인에 해당할 뿐입니다.

이 같은 종교인은 평소에는 누구보다 더 감사를 외치다가도 어려운 문제 앞에 놓이면, 자기 양심에 비춰 하나님에게나 사람에게나 크게 잘못한 것이 없다는 생각이 들게 되어서, 반드시 하나님을 향하여 원망하고 나오는 겁니다. 그러니까 내가 뭔 죄가 그렇게 크다고……내가 뭔 죄를 지었기에, 나에게 이런 고통을 주느냐고 원망하는 겁니다. 이것이 죄인으로 예수님께 나와 죄 용서를 받아 예수님과 함께 있지 않은, 죄인인 척만 하는, 자기 양심으로 믿는다고 하는 종교인의 모습입니다. 그렇다고 죄인이라는 말 안 하는 것은 아닙니다. 습관처럼 나는 죄인이라고 말합니다. 그러나 불교도 그 외 종교들도 다 양심이 가진 죄를 말하고 있습니다. 그와 같은 것입니다.

그러므로 은혜 줄 자에게 은혜를 주고 긍휼히 여길 자에게 긍휼을 베푸신다고 하신 것과는 관계가 없기 때문에, 예수님께서 '긍휼히 여기는 자는' 하신 이 하나님의 긍휼은 나타낼 수가 없으니, 곧 '긍휼히 여기는 자는 복이 있나니'의 긍휼을 무엇으로 나타내는가 하면, 인간 양심이 가진 자기의 긍휼함, 인간 자기의 그 측은지심에서 나는 긍휼을 나타내러 다니는 것입니다. 양심이 가진 긍휼, 자기가 알고 있는 긍휼, 그것은 곧 불쌍한 사람을 측은히 여기고 가난한 사람이나 병들어 돌볼 사람이 없는 딱한 처지에 있는 사람 등을 불쌍히 여겨서 돕는다고 하는 것들입니다.

하나님께서 은혜 줄 자에게 은혜를 주고 긍휼히 여길 자에게 긍휼을 베푸신다는 이 말씀을 나에게 하셨던 그때는 내가 이미 하나님의 긍휼의 은혜를 입은 자였다는 것을 이후 깨닫게 되었고, 그러므로 교회가 된 내가 할 일은 또한 외형의 건물을 놓고 기도하고 고민하면서 그런 것을 구할 것이 아니라, 하나님이 구하시는 것, 하나님께서 은혜 줄 자에게 은혜를 주고 긍휼히 여길 자에게 긍휼히 여기신다는 것을 나로 바르게 알아서 그것을 위하여 기도하고 그것을 사람들에게 알려주고 전하게 하려고 말씀하셨다는 것을 알게 되었습니다. 교회는 겉의 외형적인 것, 건물이 중요한 것이 아니라 영혼이 구원 얻게 하는 것이 하나님의 뜻이라는 것을 알게 하신 것이었다는 말입니다. 바로 하나님께서 은혜 줄 자, 그 은혜를 진심으로 구하는 자, 하나님의 긍휼을 입을 수 있도록 안내해주는 일이 바로 나의 일이었다는 것입니다. 그래서 제가 하나님의 심판을 받아도 좋다고 작정했다면 모를까 목숨의 위협을 받는다 해도, 부귀영화 다 준다 해도 사람의 기분에 맞추는 말 하고 싶은 생각 추호도 없기 때문에, 듣든지 아니 듣든지 하는 것은 각자 자기 선택이지 여기에 다른 말이 저에게는 필요 없는 것입니다. 저는 여러분이 여기서 드리는 말씀을 상투적인 말로 듣지 않는 복이 있기를 진심으로 바라는 것입니다.

믿는다는 모든 사람이 이 긍휼에 대하여 예수님의 의도에서 벗어난 인간 열심, 자기 열심의 긍휼을 하고 있습니다. 인간은 어려운 처지에 있는 사람을 보면 불쌍한 마음이 들고 가엾게 여기는 측은지심이 있습니다. 어떻게든지 남의 어려움을 도와주고 싶어 하는 그런 인간 긍휼의 마음이 있습니다. 그러니까 앞에서 말했던 대로 오늘날 교회들이 하나같이 예수님의 이 '긍휼히 여기는 자는' 하신 것을 불쌍한 사람들, 가난한 사람들을 긍휼히 여겨 도와주는 뜻으로 받아들이고 불쌍한 사람 도우러 인간 긍휼의 마음 가지고 쫓아다니는 것이 되어서, 세상 사람들에게 자신들이 몸담은 교회의 이름이 예수님의 이름보다 더 높아지게 하고 있습니다. 불쌍한 사람들을 돕는다 하더라도 표적에 맞지 못한 것이라는 말입니다. 그래서 그것은 하나님의 일이 아니라 인간 자기 일인 것입니다.

그러나 다시 말씀드리지만, 예수님이 말씀하시는 긍휼은 그런 불쌍한 자들을 도와주는 것에 쫓아다니라는 것이 아니라, 자신이 하나님께 죄를 용서받아야 하는 죄인임을 알고 그 죄 용서의 은혜를 입은 자로서 또한 죄를 용서받아야 할 죄인임을 전하여 하나님 긍휼의 은혜를 입을 수 있게 하는 것을 말합니다. 우리 인간은 용서받을 만한 구석을 찾아보려 해도 찾아볼 수 없는 죄악으로 나간 행악의 종자입니다. 그런데도 불쌍히 여기셔서 용서받을 수 있는 긍휼의 은혜를 베풀어주셨습니다. 그것이 하나님의 사랑입니다. 사단을 따라 가인의 길로 나간 인류를 불쌍히 여기시고 그 악에서 구원하여 주시는 긍휼의 은혜를 베풀어주셨습니다. 예수 그리스도로 피 흘리게 하시고 죄 용서의 은혜를 베풀어주신 것, 그것은 죄인이 된 인간을 불쌍히 여기신 하나님의 긍휼 때문이었다는 말입니다.

그런데 우리가 때로는 기도할 때 하나님 우리를 불쌍히 여겨 주옵소서 누구누구를 불쌍히 여겨 주옵소서 할 때가 있습니다. 그러나 하나님께서는 이미 불쌍히 여기시고 죄 용서의 긍휼을 베풀어주셨습니다. 그러므로 하나님께 불쌍히 여겨달라고 하는 것은 사실 의미가 없습니다. 불쌍히 여기셨기 때문에 긍휼의 은혜를 베풀어주셨는데 뭘 또 불쌍히 여겨달라고 하는 것이라면 그 기도는 하나님과 사이클이 맞지 않습니다. 그래서 우리가 사람을 불쌍히 여길 수는 있어도 그러나 하나님께는 불쌍히 여겨달라고 하는 것이 아니라, 그가 죄인임을 깨닫고 하나님의 긍휼의 은혜를 입게 해주시라고, 긍휼히 여기신 은혜에 들게 해주시라고 하는 기도가 돼야 합니다.

그래서 오늘 예수님께서 '긍휼히 여기는 자는' 하신 이 긍휼은 우리 안에 오신 예수님의 긍휼, 죄인을 위해 십자가에 달려 죽으시면서까지 죄인을 사랑하신 그 긍휼을 말하는 것으로서, 이제 내가 그 긍휼을 입었으면 예수님의 이 긍휼을 드러내는 것이라는 것 이제 여러분이 다 아셨습니다. 인간에게서 나는 긍휼의 마음, 자기가 착하기 때문에 자기 착함을 드러내고, 자기가 마음이 좋으니까 자기 마음 좋은 것 드러내고, 자기가 도덕적이니까 그 도덕적인 것 드러내는 그런 인간 양심의 일을 말하는 것이 아니라는 것도 다 아셨습니다. 인간은 저나 나나 다 똑같은 죄인입니다. 잘난 척하고 무시하고 비난하면서 온갖 죄짓고 살아온 죄인이었어요. 그런 죄인인 나를 하나님께서 정죄하지 않으시고 긍휼히 여겨 죄 용서의 은혜를 베풀어주셨으니 남의 죄 보고 정죄할 자격 없다는 것 또한 아는 것입니다. 나하고 같지 않다고 해서 비난하고 비웃을 권리 없다는 것 알게 되는 거예요. 다만 저들도 하나님의 긍휼을 입어야 할 자들이라는 것을 아는 것입니다. 예수님이 십자가 지신 것은 죄로 죽은 나도, 또 저 사람도 다 구원하시기 위하였으니 그가 죄를 알지 못하여 영원한 지옥의 형벌에 들어가는 것을 두고 볼 수는 없기에, 예수님의 긍휼의 마음으로 저들이 구원받을 수 있도록 하는 것에만 목적으로 하는 것입니다. 긍휼은 계산적인 것이 없습니다. 긍휼을 입은 자는 긍휼히 여기지 말라고 해도 자연스럽게 긍휼히 여기게 되어 있습니다. 가정에서나 일터에서나 어디서든지 죄인을 예수님께로 인도하려는 데에 초점을 두는 겁니다. 믿는다면서 긍휼히 여김이 없으면 긍휼히 여김을 받지 않았습니다.

긍휼히 여김을 받았으므로 그 긍휼의 마음이 있어 긍휼히 여기는 자는 시기, 질투, 미움, 원망, 정죄, 욕심, 탐심의 죄로 살지 않습니다. 그런 자기는 이미 십자가에 못 박아 사단에게 내줘버렸으니 그러므로 정죄의 마음이 없습니다. 남의 죄를 보고 비난도 정죄도 나오지 않습니다. 누구를 정죄할 권리나 자격이 없는 것을 아는 것이기에 다른 사람의 죄를 보고 정죄하거나 비난하지 않습니다. 그것이 긍휼을 입은 자의 긍휼입니다. 만일 정죄나 미움이나 비난이나 비웃음, 이간질, 용서하지 못하는 이런 사단의 것을 가지고 있으면 그것은 아직 긍휼의 은혜를 온전히 입지 않았습니다. 그것은 참으로 불행한 것으로서 자신이 먼저 긍휼을 입은 자가 되는 것에 온 맘을 다해야 할 것입니다. 불신하는 가족도 참으로 그들이 구원에 들기를 원하면 그들에게서 다른 어떤 것도 보아서는 안 됩니다. 자기 속에 절대로 정죄나 미움을 두지 않아야 합니다. 그들에게서 세상을 원하고 육의 것들을 원해서도 안 됩니다. 오직 그 영혼이 죄를 알고 예수님을 믿어 구원 얻는 것이 중요하니 긍휼의 은혜를 입을 자가 되게 하는 영혼 사랑하는 것 외에는 다 내려놓아야 합니다. 이것이 없으면 자신도 하나님 긍휼의 은혜를 입지 않았습니다.

만일 세상에서 잘돼야 하는, 자기가 원하는 요구에 부응하지 않는다고 하여 정죄가 있고 분쟁한다면 그것은 세상으로 몰아내는 것으로서 절대로 구원 안으로 들어올 수 없게 하는 큰 힘이 되는 것입니다. 참으로 가장 급하고 가장 중요한 것은 영혼 구원입니다. 죄 용서를 알고 구원받게 하는 것보다 더 중요한 것은 아무것도 없습니다. 이것을 알고 믿음이 되었으면 그것은 예수님의 긍휼을 가진 긍휼히 여기는 자입니다. 하나님께 긍휼의 은혜를 받은 자는 거기에 오만하고 더러운 정죄가 있을 수 없고, 세상에서 잘 되고 성공해야 한다는 것을 바라고 원함이 되어서 다그칠 수 없고, 그것을 위해 힘쓰지 않고 못 한다고 비난하는 말, 정죄하는 말, 분쟁하는 말 있을 수 없습니다. 오직 구원 얻게 하는 하나님의 긍휼을 알게 하고 긍휼히 여기는 것만이 긍휼을 입은 자의 할 일로써, 지옥의 길에서 건져내는 데 필요하다면 희생하고 포용하고 용납하고 인내하고 사랑함으로써 예수님의 긍휼을 나타내는 것입니다.

그런데 너무나 안타까운 것은 믿는다는 사람들이 사실은 긍휼히 여김이 없어서, 아니, 긍휼히 여길 자에게 긍휼을 베푸신다 하신 그 긍휼을 입지 않았기 때문이겠지요. 오히려 가족에게 불신을 심어주는 역할을 힘 있게 잘하였음으로써 마음이 돌아서 버리게 한 것입니다. 믿는다는 것 때문에 오히려 가족에게 상처를 주고 마음이 닫혀버리게 하여 돌아설 힘이 없게 한 것입니다. 믿는다는 그 속에 긍휼은 없고 무엇만 있느냐? 정죄하고 강요하고 자기 틀에다 집어넣으려는 권위주의가 되어서 마음에 상처 주고 독을 뿌려 넣는 것으로 예수님께로 돌아설 수 없도록 하는 낭패를 당한 예들입니다. 특히 그 대상이 자녀들입니다. 그래서 자녀들이 부모를 통해 하나님의 긍휼을 배우고 사랑을 배우지 못했습니다. 자녀들이 부모를 통해 하나님을 보지 못했습니다. 자녀들이 교회 열심히 다녀 구원받고 하나님께 복을 받아 훌륭한 인물 되고 이름 내고 잘되는 복을 받아야 한다는 부모의 요구들밖에는 배운 것이 없습니다. 공부 열심히 잘해서 훌륭한 대학에 가야 한다는 것밖에 배운 것이 없습니다. 예수님을 세상의 왕으로 세워놓고 쫓아다니는 종교인의 모습밖에 보인 것이 없습니다.

그러므로 늦지 않았다면 하나님께서 기회 주시는 것이라면 지체치 말고 종교인 노릇을 한 자신을 철저히 회개해야 할 것이요, 하나님의 은혜를 헛되이 받지 않아야 할 것을 강조하여 말씀드립니다. 종교인 노릇 한 자신으로 인해 가족이나 특히 자녀들이 믿음을 잘못 보여서 구원받지 못할 곳, 복음에서 마음이 돌아서 버렸다면 어떤 것도 변명하지 마십시오. 변명은 절대로 해악일 뿐입니다. 하나님의 은혜를 입지 않겠다는 오만이요 교만입니다. 자기중심과 자기 속에 있는 세상을 철저히 금식하십시오. 육체의 밥 굶는 것을 금식이라 내세워서 내 문제 해결해 달라고 하는 그 더러운 짓들 고만하고 자기 자신이 하나님의 긍휼의 은혜를 알고 그 은혜를 입은 자가 되었는지 자신부터 들여다보십시오.

자기가 그같이 하나님께서 긍휼히 여기신 죄인으로서 은혜를 입었으면 자기 안에 긍휼의 마음만 가지십시오. 하나님의 뜻만 가진 온유한 자가 되십시오. 자기가 진정 하나님의 은혜를 입었으면 그 은혜만이 자기에게 살아 있어야 하지 왜 자기 속에 세상 것을 탐하는 아간을 두고 자녀들에게 그것들을 세워주는 것입니까? 왜 자기 속에 말씀을 순종하는 것보다 세상 것을 더 좋게 여긴 사울 왕을 두고 있습니까? 이것은 긍휼의 은혜를 헛되이 받는 것임이 드러난 것입니다. 왜 세상 것에다 마음을 두고 정죄하고 비난합니까? 마귀는 세상 것을 원하도록 하는 존재요, 세상 것들에 집착하게 하여 지옥의 형벌로 끌고 가는 존재입니다. 그런데도 마귀의 편에 서서 그것이 믿음인 것처럼 할 수 없는 것입니다. 오늘날 믿는다는 속을 들여다보면 세상 것을 위해 믿는 것이 되어 마귀에게 폭 엎드려 절하고 있습니다.

아무리 백 번 천 번 "나 예수님 믿는다." 말해도 믿는 것 아닙니다. 세상 잣대에 맞지 않는다고 자기 맘에 안 든다고 정죄하고 비난하는 말 서슴지 않는 그것은 예수님을 믿는 것이 아니라 불신자보다 더 악한 자입니다. 교만이고 미련한 자입니다. 그렇기에 자녀들의 영혼도 자기 저주에 함께 꽁꽁 묶어놓은 것이니 그 자녀들의 영혼이 어떻게 구원을 얻을 길로 나올 수가 있으며 구원 얻을 길이 되겠습니까? 자기 속에 그런 교만과 악한 저주를 품고 있으면서 정죄가 있고 비난이 있고 미움이 있으면 절대로 구원으로 이끌 수는 없습니다.

사람이 참으로 믿는다면 세상을 원하고 육의 것들을 원해서도 안 됩니다. 그것은 하나님과 원수 되는 것입니다. 그 영혼을 지옥의 길에서 건져내어 구원받게 하는 것보다 더 중요한 것은 없기 때문에 그들이 죄를 알고 하나님의 긍휼의 은혜를 입을 수 있도록 하는 영혼 사랑하는 것 외에는 마음에서 다 내려놓아야 합니다. 오직 긍휼의 마음 예수님의 사랑만 세워져야 합니다. 그래서 예수님이 뭐라고 하십니까? 긍휼히 여기는 자가 복이 있다고 하시는 것 아닙니까? 왜냐? 하나님께서 긍휼히 여길 자로 긍휼히 여김을 받은 것이 자기에게서 나타나는 것으로 완성된 것을 보기 때문입니다. 그것이 긍휼히 여기는 자로 불신 가족이 돌아오게 하는 능력이 되기 때문이요, 사단을 이기는 능력이기 때문이요, 착한 행실이기 때문이요, 하나님께 영광을 돌리는 것이기 때문이요, 예수님의 맛을 내는 것이기 때문이요, 모든 악을 이기는 빛의 역할이기 때문에 그래서 너는 복이 있나니 하신 것입니다.

여러분! 솔로몬이 백성을 다스리는 지혜를 하나님께 구했을 때 그것이 하나님 마음에 들게 되어 지혜뿐 아니라 총명을 주시고 그가 구하지 않은 부귀와 명예도 주셨던 것을 여러분이 안다면, 저의 이 같은 말씀을 충분히 알아듣는 지혜가 있을 것입니다. 신상 앞에 절하지 않아 풀무 불에 던져질지라도 하나님께서 구해내시겠으나 그리 아니하실지라도 했던, 그러나 그리하셨던 하나님을 여러분이 진정 안다면, 지금 자기가 하나님을 믿는다고 하는 것이 얼마나 가증하고 더러운 죄의 정욕을 채워보려고 믿는 것이었다는 것 또한 알았을 것입니다. 그러면서 자녀들에게 참으로 중요한 것은 오직 믿음인 것의 그 본을 보인 것이 아니라, 세상 성공이 더 중요한 것처럼 여기게 하고, 주님 믿고 주님이 주시는 복을 받아 훌륭한 사람 되어야 한다고, 세상에서 잘 나가는 좋은 직장, 직업을 가져야 하니 주님 잘 믿어야 한다고, 그 같은 거짓된 가르침을 넣어 주는 것으로 거짓 믿음이 되는 데로 이끈 것이 되었다면, 그것은 참으로 백 번 천 번 하나님을 잘못 알았고, 하나님의 뜻을 철저히 기만하였다는 것을 알아야 할 것입니다. 그러므로 자신도 자녀의 영혼도 진정으로 구원 얻기를 원한다면 철저히 회개해야 하고 자녀에게도 실토해야 할 것입니다.

여러분 마18:6-9의 말씀을 자세히 읽어 보십시오. 예수님이 장난 삼아, 그냥 예사로 하신 말씀 아닙니다. 성영님께서 제 앞에다 십수 년 동안 크게 두고 계시면서 이것을 교회들에 분명히 말하라 하셨던 말씀입니다. 또한, 예수님께서는 나는 마음이 온유하고 겸손하니 내게 와서 온유와 겸손을 배우라고 하셨습니다. 그러면 여러분이 예수님께 나와 온유와 겸손을 배웠습니까? 그래서 온유하고 겸손합니까? 겸손이라 하니까 아무에게나 고개 숙이고 아무것에나 좋다 하며 함께하라는 것입니까? 자기 잘났다는 것을 마음으로 으스대며 가슴 내밀고 다니라는 것입니까? 마9:13에 예수님께서 **너희는 가서 내가 긍휼(矜恤)을 원하고 제사를 원치 아니하노라 하신 뜻이 무엇인지 배우라**고 호세아6:6의 말씀을 인용하여 말씀하셨습니다. 하나님께서 원하시는 것은 긍휼이라는 것입니다. 하나님께서 원하시는 뜻엔 관심도 없으면서 예배만 열심히 하면 되는 줄 알고 무조건 예배만 쫓아다니는 것, 그런 예배는 원치 않으신다는 것입니다. 믿는다면서 긍휼히 여김도, 긍휼도 알지 못하면서 수천 번 수만 번 예배당 나와 예배한다 해도 그런 예배 원하시지 않는다는 것입니다.

저는 예수님을 믿는다는 여러분에게 진심으로 당부합니다. 여러분이 믿는다는 것과 교회 나오는 이유를 땅에서 사는 동안 자기 마음이나 좀 위안을 얻고, 뭔가 힘을 얻어 살기 위해 나오는 것이 돼서는 안 되는 것입니다. 그 이상을 넘어 육체에서 떠나면, 영원한 영생의 나라, 예수님이 계신 그곳에 들어가기 위해 참으로 믿는 믿음으로 생각을 돌리고 믿음의 방향을 즉시 돌려야 합니다. 여러분! 빈 수레는 소리만 요란합니다. 겉으로 요란하게 들레고 떠드는 것은 속이 비어 있다는 것을 나타내는 것입니다. 그러나 성영님은 요란한 분이 아닙니다. 그래서 믿음은 성영님께 말씀을 통해 배우고 믿음의 능력, 속사람의 능력을 갖춰가야 합니다. 예수님의 온유와 겸손을 배우고 **나는 은혜 줄 자에게 은혜를 주고 긍휼히 여길 자에게 긍휼을 베푸느니라** 하신 그 말씀의 뜻을 잘 깨달아 지식으로 받고 성영님의 도우심으로 영혼에 깨닫는 능력이 되고 참으로 하나님께서 은혜 줄 자로 은혜를 입었고, 긍휼히 여길 자로 긍휼을 입은 자로 영혼에 갖춰진 온유한 자가 되고 예수님께서 말씀하신 긍휼히 여기는 자가 돼야 하는 것에 온 맘을 써야 합니다. 자기의 사는 뜻이 돼야 할 것입니다.

   그래서 예수님의 선하심, 죄인을 구원하시기 위해 십자가에 달려 주신 그 선하심과 예수님의 의를 드러냄으로 예수님을 비추는 자가 되는 것이 곧 우리의 믿음인 것을 명심하는 저와 여러분이 되기를 간절히 바랍니다. 오늘 말씀은 여기서 맺습니다.
   나는 은혜 줄 자에게 은혜를 주고 긍휼히 여길 자에게 긍휼을 베푸신다고 하셨던 말씀대로 나에게 이 은혜의 긍휼을 베푸시고 긍휼한 자가 되게 하신 하나님 아버지께 무한한 감사로 영광을 돌립니다. 아멘

제 5 장
청결한 자, 화평케 하는 자, 핍박받은 자는

⁸마음이 청결한 자는 복이 있나니 저희가 하나님을 볼 것임이요 ⁹화평케 하는 자는 복이 있나니 저희가 하나님의 아들이라 일컬음을 받을 것임이요 ¹⁰의를 위하여 핍박을 받은 자는 복이 있나니 천국이 저희 것임이라 ¹¹나를 인하여 너희를 욕하고 핍박하고 거짓으로 너희를 거스려 모든 악한 말을 할 때에는 너희에게 복이 있나니 ¹²기뻐하고 즐거워하라 하늘에서 너희의 상이 큼이라 너희 전에 있던 선지자들을 이같이 핍박하였느니라

(마5:8-12)

사람이 예수님을 믿기를 원하였다면 바른 신앙이 되기 위한 자기 애씀이 반드시 있어야 합니다. 사실 애씀이 있어야 한다 하지 말아야 한다, 하는 이런 말을 해야 할 필요가 없습니다. 믿기를 원한다면 자기 신앙을 위해 수고해야 하는 것이 마땅하고 그것이 가장 중한 일로써 하나님과의 관계를 이루는 데 있어 인격적이요 진정의 모습입니다. 참으로 말할 필요 없는 말을 또 합니다만, 자기 신앙을 위한 애씀이 없이 TV나 컴퓨터 등 세속적인 것들을 절제하지 못하고 마음과 몸과 시간을 그런 곳에 두고 붙들린다면, 그것은 곧 악한 영들에 자

기 정신을 내주고 있는 것이어서, 그런 경우라면 예배에 와서 말씀을 듣는다 해도 그 말씀이 자기 마음으로 받아들여지지 않는다는 것을 알기 바랍니다. 설사 들은 말씀으로 믿음이 좀 세워지려 한다 해도 악한 영들에 곧 빼앗겨 버리는 것입니다.

사람들이 복음을 거절하여 믿지 않겠다고 하는 것은 스스로 지옥의 심판을 받겠다고 하는 것이지만, 그러나 참으로 예수님을 믿기 원하면 세상에 정말 속지 않아야 합니다. 세상에서 살던 때와 같이 여전히 세상 오락이나 취미나 그 같은 세속적인 것들에서 깨끗이 떠나 나오지 않으면 그것은 하나님을 믿는 것이 아니라는 것을 분명히 말씀드립니다. 세상도 좋고 천국 가는 것도 좋다는 식의, 그런 형식에 묶인 종교적인 것들에서 이제는 벗어나서 정말 기회 있을 때에 진짜 신앙이 될 거룩함에 이르는 그 영적 훈련에 적극적이고 그 삶을 사는 것이 돼야 할 것입니다.

오늘 예수님께서 마음이 청결한 자는 복이 있나니 저희가 하나님을 볼 것임이요 라고 하나님을 본다고 하셨습니다. 그러면 오늘날 믿는다는 사람들이 도대체 왜 하나님을 보지 못하는 것입니까? 말씀대로 마음이 청결하지 않기 때문입니다. 마음의 청결은 곧 생활의 청결과 연결됩니다. 위에서 말한 대로 세상에서 살던 때와 다를 바 없는 환경과 생활은 마음이 청결한 것과는 도무지 거리가 먼 청결의 기본이 되지 않은 일입니다. 예수님의 이 아홉 가지의 복이 있나니는 그런 청결의 기본이 되지 않으면 해당하지 않습니다. 청결의 기본이 된, 세상을 깨끗이 떠나 나온 신앙만이 예수님의 이 말씀들의 능력을 갖출 수가 있고, 이미 그 특성들을 가진 것입니다. 그래서 심령이 가난한 자요. 애통하는 자요. 온유한 자요. 의에 주리고 목마른 자요. 긍휼히 여기는 자이니 마음이 청결한 것입니다.

심령이 가난한 자이면, 그러므로 애통하는 자이면, 온유한 자이면, 의에 주리고 목마른 자이면, 긍휼히 여기는 자이면 마음이 청결한 자로 하나님을 분명히 보는 것입니다. 하나님을 볼 수 있는 신영한 자가 되었으니 하나님을 볼 뿐만 아니라 그 하나님이 자기 안에 오셔서 계신 하나님의 집이 되는 것입니다. 자기 안에서 하나님을 뵙고 만나는 신영한 집이 되었다는 말입니다. 그러므로 우리 믿음은 당연히 하나님을 볼 수 있어야 함을 분명히 알기 바랍니다. 그런데 구약의 출33:20에 보면 **네가 내 얼굴을 보지 못하리니 나를 보고 살 자가 없음이니라**고 하셨습니다. 사람이 하나님을 보면 분명히 죽는다고 하셨습니다. 그래서 사도 요한도 요1:18에 **본래 하나님을 본 사람이 없으되** 라고 했습니다. 그리고 요4:24에 **하나님은 영이시니** 라고 말씀하고 있어서 인간이 도무지 하나님을 눈으로 볼 수가 없는 것인데 오늘 예수님께서는 '하나님을 볼 수 없다' 하신 말씀을 무시하듯이 '볼 것이라'라고 말씀을 하신 것입니다.

그러면 하나님을 보고 살 자가 없다고 하셨는데 그런데도 예수님은 왜 하나님을 볼 것이라고 하시는 것입니까? 인간은 하나님께 죄를 범하고 하나님을 떠나버린 불의한 죄인이기 때문에 그래서 죄인인 인간은 하나님을 볼 수도 없을뿐더러 설사 본다 해도 그 즉시 즉사합니다. 그래서 구약 사람들은 너무나 두려운 하나님, 무서운 하나님으로, 두렵고 떨려서 감히 하나님께 나갈 수도 없었고 아무도 가까이 나아가지 못했습니다. 그렇기에 하나님께서 자기 백성을 만나시는 일도 성전을 지어 그 성전 지성소에다 이름을 두시고 오직 한 사람 대제사장만 일 년 일차 희생의 피(생명)를 가지고 들어오게 하시고 만나시는 것이 되었던 것입니다. 만난다고 해서 하나님을 볼 수 있었던 것이 아니고 희생의 피를 받으시고 백성의 죄를 사하셨다는 뜻이 되었다는 말입니다.

그런데 그 희생의 피를 받으신 하나님께서, 하나님 안에 함께 계신 인성이 피 흘리시기 위해 사람 가운데로, 즉 자기 백성에게 육체로 오시게 되었습니다. 그분이 곧 예수 그리스도요, 그런데 사람으로 오신 그분을 하나님으로 알아보는 자도 없었고, 생명의 피를 흘려 하나님께 속죄 제물이 되시려고 오신 하나님이신 것을 알아보는 자도 없었습니다. 선지자를 통해 자기 백성에게 오실 메시아에 대하여 알리신 말씀의 그 본질의 뜻을 알아듣고 메시아를 기다린 자는 소수였을 뿐입니다. 그렇기에 하나님의 인성이 사람으로 오셨을 때는 사람이 그 예수님을 보고도 죽지 않을 뿐만 아니라, 함께 먹고 마시고 할 수도 있었습니다. 사람이 죽임당하지 않았다는 말입니다. 왜냐? 하늘의 그 보좌를 버리고 사람과 똑같은 모습으로 죄인처럼 오셨기 때문입니다. 이것이 하나님의 사랑입니다.

그래서 첫째, 마음이 청결한 자가 예수님이 하나님이신 것을 본다는 말씀입니다. 예수님이 행하신 모든 일, 귀신을 쫓으시고 병든 자를 고치시고 죽은 자를 살리시는 등의 행하신 것은 하나님만이 하실 수 있는 표적임을 본다는 말씀입니다. 하늘에서 오신 하나님이심을 본다고 하시는 말씀입니다. 요한복음에서는 예수님께서 자신을 하나님의 아들이라 친히 말씀하시고 하나님을 아버지라 부르셨습니다.

그리고 나와 아버지는 하나이니라(요10:30)고 하셨습니다. 그러므로 예수님이 하나님이심을 보는 자가 마음이 청결한 자입니다. 그러므로 하나님을 보고 살 자가 없는 그 하나님을 마음이 청결하면 볼 것이라고 하셨으니 여러분이 진정 스스로 하나님을 보아야 하는 것입니다. 예수님을 직접 눈으로 본 예수님 당시는 예수님께서 다니시는 것을 보고 하나님을 볼 수 있어야 했지만, 오늘날은 기록된 성경을 통하여 예수님의 하신 모든 일과 말씀을 통하여 스스로 예수님을 하나님으로 볼 수 있어야 말씀대로 마음이 청결한 자인 것입니다.

여러분! 구약에서는 하나님을 보면 죽었지만, 신약에서는 하나님을 보지 못하면 죽는 겁니다. 하나님께서는 사람에게 하나님을 보고 살게 하시려고 보이는 하나님으로 오셨습니다. 사람과 함께 계시려고 사람 가운데 사람으로 오셨기 때문에 이제 사람이 하나님을 보지 못하면 오히려 죽는 것입니다. 그래서 예수님께서 요14:7에 **너희가 나를 알았더면 내 아버지도 알았으리로다 이제부터는 너희가 그를 알았고 또 보았느니라**고 분명히 말씀하셨습니다. 그래서 예수님을 알므로 마음이 청결한 자가 아버지를 아는 것입니다. 요14장에 빌립이 우리에게도 아버지를 보여주시라고 했습니다. 그러자 예수님께서 **빌립아 내가 이렇게 오래 너희와 함께 있으되 네가 나를 알지 못하느냐 나를 본 자는 아버지를 보았거늘 어찌하여 아버지를 보이라 하느냐 나는 아버지 안에 있고 아버지는 내 안에 계신 것을 네가 믿지 아니하느냐 내가 너희에게 이르는 말이 스스로 하는 것이 아니라 아버지께서 내 안에 계셔 그의 일을 하시는 것이라 내가 아버지 안에 있고 아버지께서 내 안에 계심을 믿으라 그렇지 못하겠거든 행하는 그 일을 인하여 나를 믿으라** 하셨습니다. 그러므로 여러분이 예수님께서 예수님의 행하는 그 일을 인하여 예수님을 믿으라고 하셨으니 예수님의 행하신 일들을 통하여 그분이 하나님이신 것을 보고 믿는 것이 되기를 바랍니다.

그래서 오늘 마음이 청결한 자는 복이 있나니 저희가 하나님을 볼 것임이요는 첫째, 사람으로 오신 예수님이 하나님이신 것을 본다는 말이고, 둘째 예수님을 통해서 하나님 아버지를 확실히 본다는 말이고, 셋째는 자기와 함께하시는 것을 경험함으로써 본다는 말입니다. 예수님이 하나님이신 것을 본다는 것에 관해 설명을 더 합니다. 성경에 예수님과 예수님의 하신 모든 일을 보고 '아, 이분은 참으로 하나님이시다!' 하고 자기가 직접 본다는 말입니다. 자기가, 사람이신 예수님이 하나님이신 것을 볼 것이라는 말입니다. '예수님은 하나님이 육신으로 오신 분이다, 예수님은 하나님이시다'라고 많이 듣기 때문에 들은 그것으로 '예수님이 하나님이라는 것 나도 믿는다.' 하는 것을 말하는 것이 아니라 '아, 이분은 정말 하나님이시구나!' 하고 자기가 직접 보는 분이 되어야 하는 것을 말한다는 말입니다.

물론 듣게 된 것으로도 예수님이 하나님이심이 확실히 믿어져서 믿음을 가질 수는 있습니다만, 그러나 예수님이 행하신 그 모든 일들, 죄를 사하신 일, 귀신을 쫓아내신 일, 병을 고치신 일, 죽은 자를 살리신 일, 물로 포도주를 만드시고 물 위를 걸으시고 오병이어로 오천 명을 배불리 먹이시고, 떡 일곱 개와 작은 생선 두어 마리로 여자와 아이 외에 사천 명을 먹이신 일 등, 예수님이 행하신 일 하나하나를 만나봄으로써 '아, 이분은 하나님이시다. 하나님이 사람 되어 오신 분이 분명하구나.' 하고 자기에게 하나님으로 보인 예수님, 그래서 만나는 예수님을 말하는 것입니다. 믿음은 바로 자기가 예수님을 만나는 것입니다. 그러려면 예수님을 증거하고 있는 성경을 자세히 봄으로써 예수님이 하나님이신 것을 자기 눈으로 똑똑히 보는 분이 되어야 하는 것입니다.

내가 보니 분명히 하나님이시더라는 말입니다. 그분이 분명히 하나님이신 것을 자기가 보게 되었으므로, 그 예수님을 사랑하여 말씀을 따르는 그것이 곧 인격적이라고 하는 것입니다. 그리고 예수님을 보니 예수님을 통해 하늘의 아버지가 보이는 것입니다. 예수님께서 요 14:9에 **나를 본 자는 아버지를 보았거늘 어찌하여 아버지를 보이라 하느냐** 하신 말씀을 보니 곧 예수님이 오셔서 아버지의 일을 하신 것으로서 그 일을 통해 아버지를 보이신 것이었다는 것을 곧 알고 예수님 안에 계신 아버지를 보는 것입니다. 예수님께서 행하신 그 모든 일은 곧 아버지의 뜻으로서 하나님 자신을 십자가에다 못 박아 나 같은 죄인을 용서하신 아버지의 그 사랑을 마음이 청결한 자는 볼 것이라는 것입니다. 십자가에 못 박혀 피 흘리고 죽으시기까지 나를 살리신 하늘 아버지의 그 사랑, 피 흘려 나를 낳으신 그 사랑의 아버지를 본다고 하는 거예요.

그 하나님이 또한 아예 자녀와 함께 계시려고 자녀 안으로 오셔서 잘못해도 의로운 피로 씻어주시는 위로를 베푸시고, 세상을 이길 수 있도록 힘주시며, 아버지의 이루신 전 역사와 함께 영원한 아버지의 나라의 것까지 자녀 안에 가지고 들어오셔서 그것을 품고 가르치시며 깨닫도록 보이시고 들려주시며 적용하게 하시는 그 아버지의 사랑을 경험하는 것으로 본다고 하는 것입니다. 그러므로 사람으로 오신 예수님이 하나님이신 것을 자기가 보았으므로 믿는 분이 돼야 하는 그것이 믿음이요 마음이 청결한 자로 하나님을 보게 된 복 있는 자라는 것을 분명히 알아야 합니다.

그다음 9에 **화평케 하는 자는 복이 있나니 저희가 하나님의 아들이라 일컬음을 받을 것임이요** 입니다. 그러면 하나님의 아들이 누구입니까? 예수님입니다. 하나님이 사람으로 오셔서 하나님과 인간의 원수 되었던 것을 십자가로 소멸하시고 화목게 하셨습니다. 하나님의 아들이신 예수님이 오셔서 화평케 하셨다는 말입니다. 예수님이 화목게 하는 화목 제물이 되셨으므로 하나님과 사람이 화해되어 화평한 관계가 되게 되었습니다. 그처럼 또한 화평케 하는 자는 하나님의 아들이라 일컬음을 받으리라고 하신 것입니다. 예수 그리스도로 말미암아 하나님과 내가 화평한 관계를 이룬 것처럼 또한 사람들도 예수님으로 말미암은 하나님과 화평한 관계를 이룰 수 있도록 전하는 것이라는 말입니다.

하나님의 아들 예수님이 오신 것은 바로 하나님과 나와 화평케 하기 위함입니다. 그 일을 위해 십자가로 올라가 피 흘려 죽으시고 다시 사셨습니다. 우리를 죄와 사망과 사단에게서 구원하시려고 그 엄청난 희생의 대가를 치르셨습니다. 그러므로 예수님의 하신 일을 본받아 사람들로 예수님을 믿게 하는 일에, 하나님과 화평을 이루어 구원 얻게 하는 일에 수고와 희생이 따르게 되는 것임을 말씀하는 것입니다. 이 일은 아무나 할 수 있는 것이 아니라 하나님의 아들과 같은 마음이라야 한다는 것을 의미합니다. 예수님이 오신 것은 세상에서 성공하게 하고, 돈 많이 벌게 해주고, 좋은 학교 붙게 해주고, 홀

륭한 사람 되게 해주고, 명예 얻게 하고 하는 등등의 이런 세상 것들에 만족게 하시려고 오신 것이 아니라 죄 때문에 오셨습니다. 사람이 죄로 영원한 심판의 지옥 불에 떨어지게 되었기에 그곳에서 구원해주시려고 오신 것입니다. 그래서 자신이 그 같은 예수님 오신 뜻을 알고 그 은혜를 입은 자면 또한 사람들을 그 죄에서 사망에서 지옥에서 건져내기 위해서 예수님과 같은 마음으로 행한다고 하는 말씀입니다. 그래서 그가 복이 있는 자라 왜냐? 하나님의 아들이라 일컬음을 받을 것이기 때문이라는 것입니다.

그래서 사람들에게 예수님의 오신 뜻과 예수님의 마음으로 영혼을 그 저주에서 구원해내기 위한 사랑으로 예수님을 전하다가, 사람들을 하나님과 화목하게 하려는 일에 핍박을 받고 수모를 당하고 모욕을 받는 일이 있다면, 그것이 바로 예수님께서 십자가 지신 일과 같은 것으로 보시는 것이요, 그를 하나님의 아들이라 일컬으리라는 것입니다. 그렇기에 예수님께서 마5:44,45에 **너희 원수를 사랑하며 너희를 핍박하는 자를 위하여 기도하라 이같이 한즉 하늘에 계신 너희 아버지의 아들이 되리니** 하셨습니다. 아니 원수를 어떻게 사랑하고 핍박하는 자를 위해서 무엇 때문에 기도합니까? 나도 하나님의 원수 노릇을 했음에도 구원해주셨기 때문입니다. **하나님은 해를 악인과 선인에게 비취게 하시며 비를 의로운 자와 불의한 자에게 내리우심이라** 악인도 선인도 의로운 자도 불의한 자도 다 공평하게 비와 해를 주시듯 또한 구원받게 하시는 뜻도 다 공평하게 베푸시는 것이니, 그러므로 사람들을 하나님과 화목하게 하려고 하면 배후에 사단의 영들이 있어 핍박이 따르는 것이니, 그같이 핍박하는 자를 미워하고 보복하려 한다면, 그것은 하나님 아들의 일이 아니다. 그것을 상대하여 똑같이 보복하려 하지 말고 오히려 기뻐하고 그들을 위해 사랑하여 기도하라고 하는 것입니다. **이같이 한즉 하늘에 계신 너희 아버지의 아들이 되리니** 하셨습니다.

　우리는 원수라고 하면 나를 괴롭게 하고 해 끼치는 자를 생각하지만, 예수님께서 원수라고 하시는 것은 사람이 아니라 그 배후에서 그를 잡고 있는 악의 영들임을 말씀합니다. 그러므로 그 악의 영들에 의해 예수님을 노골적으로 싫어하고 믿음에 대하여 비난하고 해코지 하는 것입니다. 그런데 마10:36에 사람의 원수가 자기 집안 식구리라고 말씀하심으로 핍박을 심하게 하고 들어올 수 있는 곳이 또한 집안 식구일 것이라고 하셨습니다. 그래서 악한 영이 믿음을 거절하는 자기 식구들을 통해서 믿음을 시험한다는 거예요. 믿지 못하게 하려는 감언이설과 폭언과 협박 등 심지어 폭력을 쓰기도 하는 이런 핍박과 고통이 따른다고 하는 것입니다.

　그런데 본문 10, 11에서 뭐라고 하십니까? 참으로 예수님의 의를 입은 자로 의롭게 살려니 핍박받는 것이라면, 예수님 때문에 핍박받는 것이라면 그것은 복이 있다고 하셨습니다. 왜냐? 하늘에서 상이 크다는 것입니다. 그러나 원수니까 미워하고 정죄해라, 같이 맞서 싸우라 하신 것이 아니고 오히려 사랑하여 기도하라고 하신 겁니다. 롬 13:8에 **피차 사랑의 빚 외에는 아무에게든지 아무 빚도 지지 말라 남을 사랑하는 자는 율법을 다 이루었느니라** 했습니다. 그러니까 긍휼히 여기는 마음, 예수님이 죄인을 구원하시기 위해 십자가 지시고 자기를 못 박은 자들을 위해서 저들이 자기의 하는 것을 알지 못하여 짓는 죄니 사하여 달라고 하나님께 죽음의 그 자리에서도 간구하셨던 것처럼, 그렇게 핍박하는 자들에게 정죄나 비판이나 비난과 미움으로 갚는 것이 아니라, 예수님의 간구가 곧 우리의 간구가 되어서 그 영혼이 진심으로 깨닫고 구원 얻게 해주시기를, 하나님의 긍휼을 입게 해주시기를 기도하라는 것입니다. 그 기도는 말로만이 아니라 필요하다면 희생도 있고 수고도 있습니다. 희생하고 수고하는 것이 곧 예수님이 받은 고난을 같이 받는 것이 되어서 율법을 다 이루는 사랑이라고 하는 것이요, 그것이 하나님의 아들 예수님이 하신 일이요, 또한, 예수님의 마음으로 이 일을 하는 자는 하나님의 아들이라 일컬음을 받으리라는 것입니다.

그다음 10에 **의를 위하여 핍박을 받은 자는 복이 있나니 천국이 저희 것임이라** 하셨습니다. 의를 위하여 핍박받는 것이 복 있는 자라는 것입니다. 그러면 '의'가 무엇입니까? 우리의 옳은 것이 아니라 하나님의 옳은 것을 말합니다. 첫째 기본으로써 바로 십계명입니다. 하나님의 양심 하나님의 의입니다. 그것이 우리에겐 의의 삶입니다. 계명을 지키려 할 때는 반드시 핍박이 따릅니다. 우상 섬기고, 귀신 섬기고, 사람 섬기고, 조상 앞에 절하고, 물질 섬기고 세상의 온갖 잡것들, 귀신들을 섬기고 살던 것들에서 깨끗이 회개하고 돌이키려니 거센 핍박과 비난이 따릅니다. 그런데 이것이 행복 자라는 것입니다. 그것이 천국이 저희 것이 되는 것이라는 것입니다. 기본법인 십계명에 걸리는 것이면 천국은 절대로 저희 것이 될 수가 없습니다.

그다음 예수님께서 지금까지 말씀하신 것 심령이 가난한 자로 사는 것이 의입니다. 애통하는 자로 사는 것이 의를 위한 삶입니다. 온유한 것이 의입니다. 온유한 자로 사는 것이 '의'로 사는 의로움입니다. 의에 주리고 목말라하는 것, 예수님으로 살고자 하는 것, 예수님과 예수님의 의를 가지고 살고자 하여 그것을 주린 자처럼 목마른 자처럼 찾고 사모하는 것이 의를 위한 의의 삶입니다. 예수님의 의로 살고자 하는 이것이 바로 의입니다. 긍휼히 여기는 것이 의를 위한 의의 삶입니다. 마음이 청결한 것이 의예요. 마음이 청결한 자로 사는 그것이 의를 위한 삶이에요. 화평케 하는 것이 예수님의 의를 입은 의예요. 의를 위해 사는 삶입니다. 예수님의 의로 사는 의로운 삶입니다. 구원받은 것의 행실, 착한 행실로서 예수님의 의를 드러내는 삶입니다.

그래서 심령이 가난한 자로, 하나님의 도우심이 아니면 살 수 없는, 하나님의 은혜를 입지 않으면 사망으로 들어가야 하는 죄인인 것을 알아 심령이 가난한 자로 살려고 하니까 뭐가 따라요? 핍박이 따른다는 것입니다. 자기의 죄성을 보고 애통하여 죄를 버리고 세상에서 나와 살려니, 세상 사람들로부터 얼마나 비난과 비웃음과 조소를 받고 핍박이 따르지 않겠습니까? 예수님을 따라 온유한 자로 살려니 핍박이 따른다는 말입니다. 예수님으로 살고자 하니 핍박이 따른다는 거예요. 사람의 종노릇하지 않으려고 하니까, 세상의 종노릇하지 않으려 하니까, 죄의 종노릇하지 않으려 하니까 핍박이 따른다는 겁니다. 사람에게 맞추지 않으려니 핍박이 따른다는 말이에요. 긍휼히 여기는 자 되지 못하게 하려고 핍박한다는 것입니다. 하나님과 화평케 하려고 하니 그렇게 친절하던 사람이, 그렇게 사랑한다고 하던 사람이 돌변하여 핍박한다고 하는 거예요.

예수님 믿고 예수님 말씀대로 살면, 그래서 온유한 자가 되고 긍휼히 여기는 자가 되고, 사람들을 하나님과 화목하게 하려고 하면 좋은 일이 생기고 세상일이 잘 풀려서 잘살게 되고 집안이 잘되는 복이 있으니 그러니 너희들 그런 복 있는 자니 기뻐하라고 하신 것 아니에요. 우리 인간이 생각하는 복은 고사하고라도 핍박이 따른다는 것입니다. 괴로움이 따른다는 것입니다. 예수님의 의로 살려고 하면, 의를 위해서 살고자 하면 반드시 핍박이 따르는데 예수님은 그것이 복이라고 그것을 기뻐해야 하는 일이라고, 우리 인간이 생각하는 그 복과 거리가 먼 말씀을 하셨습니다. 눅6:26에 예수님께서 **모든 사람이 너희를 칭찬하면 화가 있도다** 하셨습니다. 아니, 여러분! 예수님 믿는 사람들이, 그리고 교회가 말입니다. 모든 사람이 칭찬하면 그거 좋은 사람들이고 좋은 교회이기 때문이지 않겠습니까? 예수님 믿는 사람들이 모든 사람에게 칭찬 듣는 것이라면 얼마나 좋습니까? 그런데 왜 예수님은 화가 있다고 하십니까? 예수님이 뭘 몰라도 한참 몰라서 그렇게 말씀하신 것일까요?

우리 믿음은, 믿지 않는 사람들에게는 걸림돌이 되는 것이기에, 그래서 반드시 세상이 욕하고 들어오는 것입니다. 믿는 사람이 또는 교회가 예수님께 맞힌 믿음이면 핍박과 욕을 당연히 받고 따르게 되어 있는데, 사람에게 맞춰진 것이 되었으므로 또 사람에게 맞추는 것을 열심히 하였으므로, 칭찬 듣는 것이면 화가 있다는 것입니다. 예수님의 의를 위하여 핍박을 받은 것이 아니라 사람 자기를 드러내는 일로 모든 사람에게 칭찬을 듣는 것이 되었으니 화가 있다는 말씀입니다. 세상은 마귀의 권세 아래 있기 때문에 마귀를 멸하러 오신 예수님을 믿는 자, 예수님의 의로 사는 자를 반드시 욕하고 들어온다는 말씀입니다.

그러면 여러분은 어떻습니까? 예수님이 말씀하시는 의를 위하여 사는 것 때문에 욕을 듣고 핍박을 받습니까? 아니면 세상도 좋고 예수도 좋다는 식으로, 교회 나오면 교인이고 세상에 나가면 세상 사람과 똑같은 모습들로 두 마음을 품은 이중적인 생활입니까? 사람들이 예수님은 믿는다고 말하지만, 그러나 심령이 가난한 자가 아니기 때문에, 물론 핍박받는 것 편할 일은 아니지만, 핍박이 있을 수 없습니다. 자기 죄를 보고 애통하는 자가 되지 못하니 핍박이 있을 수 없습니다. 온유한 자로 사는 것이 무엇인지도 알 수 없으니 핍박이 있을 수가 없는 것입니다. 예수님의 말씀을 따라 살지 않으니 무슨 욕을 듣겠습니까? 예수님의 긍휼의 뜻은 모르니 인간 양심으로 가진 자기 긍휼을 나타내려고 자기 열심의 마음으로 좋은 일 하러 쫓아다니는 개인이나 교회에 누가 비난하고 욕을 한답니까? 인간 긍휼의 마음 가지고 자기 이름 내고 교회 이름 내는 것으로 쫓아다니며 사랑을 베푼다고 하는데, 거기에 무슨 욕 들을 일이 될 것이며 핍박받을 일 없는 겁니다.

그러면서 사람들이 아무 데나 핍박을 한다고 붙이고 핍박받는다고 말합니다. 과거 그런 잘못된 모습들이 참 많았는데 사람들이 은혜받겠다고, 능력 받겠다고 교회 열심히 나오고 부흥회라는 곳에 열심히 쫓아다녔습니다. 자기가 해야 할 집안일도 내팽개치고 쫓아다니고 뛰어다니니 가족들이 미쳤다고 원성들이 있지 않겠습니까? 그러니까 요새 "우리 가족들이 핍박해서요. 핍박이 심해요" 하고 나오는 겁니다. 그러나 그것은 핍박받는 것이 아니에요. 그것은 예수님 때문에 받는 핍박이 아니라 자기 기분, 자기만족을 얻기 위해 욕심에 의해 쫓아다니고 믿음의 분수도 모르고 쫓아다니다 받는 비난입니다.

마찬가지로 교회 생활할 때 새벽기도가 되었든 철야기도가 되었든 교회가 하는 모든 일에 쫓아다니다 가정에서의 일을 소홀히 함으로써 가족들에게 욕을 듣거나 분쟁을 일으켜 받는 욕은 핍박이 아닙니다. '그따위로 하려면 교회 나가지 말라. 교회가 그렇게 가르치더냐. 교회 나가면 가만 안 둔다.' 이런 식의 엄포들로 '우리 가족이 핍박이 심해요. 예수 믿지 말라고 협박하고 나와요.' 한다면 그것은 자기 착각입니다. 하나님의 뜻에 맞추지 않은 모든 것은 믿음도 아니요 핍박받는 것 아닙니다. 자기 기분과 자기 뜻으로 행하다 받는 욕은 핍박이 아닙니다. 은혜받고 싶어서, 능력 받아 주의 일 잘하고 싶어서라고 말하지만, 그것은 은혜받는 것도 능력 받는 것도 아닙니다.

 은혜가 무엇입니까? 무엇을 능력이라고 합니까? 하나님이 거저 값없이 주셨다고 해서 은혜라고 합니다. 값없이 주신 것, 바로 예수 그리스도께서 피 흘려 내 죄를 용서하시고 사망에서 구원하여 영생을 주신 것, 그것이 하나님께서 우리에게 값없이 주신 은혜입니다. 그리고 성영님을 우리에게 보내주신 것을 은혜라고 합니다. 그리고 성영님이 오시면 여러 은사가 따라오는 것이기에 그래서 선물이라고 하는 것입니다. 또한, 말씀을 깨닫는 것이 은혜입니다. 그래서 말씀을 깨닫게 되었으면 깨달은 그 말씀대로 사는 것이 능력입니다. 바로 심영의 가난을 깨닫는 것이 은혜요, 애통을 깨닫는 것이 은혜예요. 온유를 깨닫는 것이 은혜입니다. 의에 주리고 목마른 자, 궁휼, 마음이 청결한 것, 화평을 깨닫는 것이 은혜라는 말입니다.

 그래서 말씀 듣고 나 은혜받았다고 한다면 말씀을 깨달았다는 말입니다. 깨달았다는 것은 그 말씀대로 살게 되었다는 말이에요. 그래서 깨달은 말씀대로 삶이 되는 것, 깨달은 말씀이 그대로 삶으로 옮겨져서 사는 것을 능력이라고 하는 것입니다. 말씀이 말하는 바를 삶에 적용하는 것 그것이 믿음이요 능력이라고 한다는 말입니다. 심령이 가난한 자로 사는 것이 능력입니다. 애통하는 자, 온유한 자, 의에 주리고 목마른 자, 긍휼히 여기는 자, 마음이 청결한 자, 화평케 하는 자로 사는 그것이 믿음이요 능력입니다. 예수님을 믿는 그 믿음에서 나는 사랑이 능력이에요. 장소도 시간도 구애됨 없이 성영님 안에서 하는 기도가 능력입니다. 그래서 복이 있다, 복이 있다, 그런 너는 행복 자로다, 행복한 자라 하신 이것, 참으로 아멘 할 수밖에 없는 이것이 귀중한 복인데, 이처럼 귀중한 복, 이처럼 귀한 능력을, 이 귀한 은혜와 믿음의 능력을 두고 어디서 은혜를 받고 능력을 받겠다고 뭘 그렇게 분주하게 쫓아다니면서 가족들에게 신뢰감 주지 못하는 것으로 비난을 받아야 하겠습니까?

방언하고 예언하고 환상 보는 것들을 얻으려고요? 병 고치는 능력 얻고, 귀신 쫓아내는 능력 얻기 위해서요? 물론 이 능력들도 귀하고 귀하지만, 그러나 우리의 주가 되시는 예수님이 말씀하시는 이 한 말씀 한 말씀을 깨닫고 복이 있나니의 능력이 되는 것이 그런 저주와 부정적인 것에서 온전히 놓여나는 능력입니다. 복이 있나니의 능력이 되지 못하면 그것은 예수님의 사람이 아니요, 예수님으로 사는 자 아닙니다. 예수님이 말씀하신 심영의 가난도, 애통도, 온유한 자도, 의에 주리고 목마른 자도, 긍휼히 여기는 자, 마음이 청결한 자, 화평케 하는 것과는 상관없음에도 불구하고 핍박받는다고 한다면 그것은 자기가 자기 분수도 모르고 이기적 자기도취에 빠져서, 자기가 만족하기 위해서, 자기 성격에 의해서 자기 할 일 내팽개치고 다니다가 받는 비난입니다. 오히려 신앙을 잘못 보여주므로 예수님이 욕을 먹고 사람들의 구원받는 길까지 막는 역할을 하는 것일 뿐입니다.

예수님이 말씀하시는 핍박은 내가 예수 그리스도로 말미암아 하나님의 죄 용서의 은혜를 입고 이제 온유한 자로 살려고 하니 핍박을 받는다는 거예요. 의에 주리고 목말라서 예수님을 따라 살려고 예수님의 의로 살려고 하니 핍박이 따른다는 것입니다. 마음이 청결한 자가 되니, 화평케 하는 자가 되니 핍박을 받는다는 것입니다. 그다음 11에 뭐라고 하셨습니까? **나를 인하여 너희를 욕하고 핍박하고 거짓으로 너희를 거스려 모든 악한 말을 할 때에는 너희에게 복이 있나니** 하셨어요. 예수님이 살아 계신 하나님의 아들이요 구주이심을 전하고, 회개하고 예수님을 영접하여 믿으라고 전하는데 욕하고 거스르고 악한 말로 핍박할 것이다. 나 때문에 너희가 악한 말을 들으면, 나 때문에 너희를 해치려고 욕하고 덤비면, 너희를 모함하고 거슬리거든, 옳고 그른 것을 변호한다고 분쟁하지 말고 거기에 분을 품지도 말고, 12에 어떻게 하라고 하셨습니까? 기뻐하고 즐거워하라는 것입니다. 그래서 예수님 때문에 핍박받는 것이 예수님을 바로 믿는다는 것이 증명되는 일이니 얼마나 기쁠 일인지 그것이 참 복이라는 것입니다.

마5:3에서 9까지 말씀하는 그 의를 위해서 살려고 하니 핍박이 따르고, 예수님을 주려고 하면 세상으로부터, 사람들로부터, 불신 가족들에게 오히려 핍박을 받을 것이니, 그러나 핍박받는 것은 복이 있는 자로 '천국이 너희 것이 되었다.' 는 것의 증거이니 이처럼 참된 핍박을 받는 너는 하늘의 상이 크다. 그러므로 기뻐하고 즐거워하라고 우리에게 그 대처하는 의로움의 방법을 가르쳐주신 것입니다. 정말 예수님 때문에, 예수님을 믿는 믿음 때문에 받는 고난만이, 받는 핍박만이, 받는 욕만이, 진짜 믿음이요, 복이 있는 것이요, 큰 상이 있습니다. 그러나 자기가 만족하기 위해 쫓아다니다 받는 욕은, 받는 비난은, 13에서 말씀하는 대로 '후에는 아무 쓸데없어 다만 밖에 버려져 사람에게 밟힐 뿐이니라' 입니다. 오늘 우리가 마음이 청결하여 하나님을 보는 것과 화평케 하는 자의 아들이라 일컬음을 받는 것과 핍박을 받는 상에 대해서 말씀을 듣게 되었으니 여러분의 말씀으로 받는 믿음이 되길 바라면서 여기서 말씀을 맺습니다.

우리에게 말씀을 깨닫는 은혜 주시고 말씀으로 사는 능력이 되게 하신 삼위 하나님께 감사로 영광을 올려드립니다. 아멘

제 6 장
너희는 세상의 소금이요 빛이라

¹³너희는 세상의 소금이니 소금이 만일 그 맛을 잃으면 무엇으로 짜게 하리요 후에는 아무 쓸데없어 다만 밖에 버리워 사람에게 밟힐 뿐이니라 ¹⁴너희는 세상의 빛이라 산 위에 있는 동네가 숨기우지 못할 것이요 ¹⁵사람이 등불을 켜서 말 아래 두지 아니하고 등경 위에 두나니 이러므로 집 안 모든 사람에게 비취느니라 ¹⁶이같이 너희 빛을 사람 앞에 비취게 하여 저희로 너희 착한 행실을 보고 하늘에 계신 너희 아버지께 영광을 돌리게 하라

(마5:13-16)

    오늘 본 말씀에 들어가기 전에 먼저 참고로 드리는 말씀입니다. 복의 처음 시작이 '심령이 가난한 자는 천국이 저희 것이라' 했고 10에 '의를 위해 핍박을 받은 자도 천국이 저희 것이라' 하셨는데, 복 있는 자의 시작도 결론도 똑같이 천국이 저희 것이라고 하셨습니다. 왜인가 하면, 심령이 가난한 것은 천국이 저희 것이 되는 조건으로 그 조건을 확실히 가졌다는 뜻입니다. 천국이 저희 것이 될 수 있는 기초가 되는 것이 심령이 가난한 데서부터인데 그래서 심령이 가난한 자에게 천국이 임하였다는 의미이고, 의를 위해 핍박을 받은 자에게 천

국이 저희 것이라는 것은 바로 심령의 가난에서부터 애통, 온유, 예수님 사랑하기를 주린 자처럼 하고, 긍휼, 마음의 청결, 화평, 이와 같은 의를 위해서 사는 자니 그래서 핍박을 받고, 그러므로 그 의의 나라 천국이 온전히 소유되었음을 의미하는 것입니다.

심령이 가난한 것은 천국의 시작, 즉 천국이 임한 것이고, 의를 위해 핍박을 받은 자, 의를 위한 자면 그것은 천국이 온전히 그의 것으로 소유되었다는 것을 말씀한다는 말입니다. 그래서 예수님을 믿고 참으로 구원받은 것이면, 예수님의 이 구복의 말씀을 하나하나 깨닫고 복이 있나니의 말씀의 맛을 내고 사는 것으로 드러나게 될 것이요, 그 맛을 내고 사는 그것이 당연히 예수님의 사람이요, 그 맛을 내고 사는 것이 바로 하나님 아버지께 삶으로 드려지는 산제사요, 그 맛을 내고 사는 것이 바로 거룩한 성전이 된 예배자입니다. 그래서 오늘 본문이 이것을 말씀하는 것입니다. 오늘 13에 **너희는 세상의 소금이니 소금이 만일 그 맛을 잃으면 무엇으로 짜게 하리요 후에는 아무 쓸데없어 다만 밖에 버리워 사람에게 밟힐 뿐이니라**고 하셨습니다. 예수님을 영접하여 복이 있나니 하신 이 모든 구복의 말씀으로 사는 너희는 이제 세상의 소금이라는 것입니다.

여러분! 소금의 특성이 무엇입니까? 짠맛입니다. 그런데 그 짠맛이 변한 적이 없다는 것, 소금이 짠맛을 잃은 적이 없다는 것은 말할 필요도 없는 사실입니다. 그래서 소금 하면 짠맛이요, 짠맛 하면 소금이에요. 녹아도 짠맛이요, 덩어리로 있어도 짠맛으로 그 맛은 변할 수가 없습니다. 그래서 그 짠맛으로 사람에게 유익을 주고 모든 음식에 맛을 내는 것입니다. 음식 재료가 아무리 좋은 것이라도 소금이 들어가지 않으면 맛이 나지 않습니다. 그런데 덩어리로 있으면 맛을 낼 수 없습니다. 반드시 녹아야만 맛을 내고 맛이 나는 것입니다. 그런데 예수님이 '너희는 소금이니', '너희는 빛이니'라고 하신 말씀은 예수님께서 생각해 보니까 그렇게 소금이 변한 적도 없고 소금이 맛을 내는 것이라 그것을 비유로 말씀하시기가 좋은 것 같아서 하시는 말씀이 아닙니다.

아버지 하나님께서 이르신 것, 요12:50에 **나는 그의 명령이 영생인 줄 아노라 그러므로 나의 이르는 것은 내 아버지께서 내게 말씀하신 그대로 이르노라** 하셔서 예수님의 말씀은 바로 하늘 성전을 말씀하는 것입니다. 하나님 아버지께서 우리에게 구약 성전으로 보이시고 가르쳐 이르시며 명하신 말씀입니다. 예수 그리스도께 나오는 자들을 영생케 하시려고 아버지께서 예수님에게 말할 것과 이를 것을 친히 명령하여 주신 말씀입니다(요12:49). 그렇기에 사람에게 영생을 주시려고 아버지께서 명령으로 주신 예수님의 말씀을 우리가 들어야만 영생이 있게 되는 것이지, 듣지 않으면 그 속에 영생은 있을 수 없습니다. 구약 성전은 예수님이 성전이신 것과 성전이신 예수님 안에 들어온 자들의 믿음이 어떤 것인지를 보이신 뜻이요, 그러므로 예수님의 이 모든 말씀은 예수님이 성전이니 예수님 안에 들어온 자도 성전이라고 하신 그 관계를 말씀하는 것이기에 그래서 정말 믿기를 원하면, 정말 영생하기 원하면 예수님의 이 모든 말씀을 잘 듣고 깨달아 성전으로 지어져 가는 것에 힘써야 한다는 것을 저는 또 충고하여 말씀을 드릴 수밖에 없습니다.

구약시대에 하나님의 백성이 하나님과 화해를 위한 제사를 성전에서 드릴 때 소금을 치는 예물이 있었습니다. 하나님께서 소금을 치라고 명하셨습니다. 왜입니까? 변하지 않는 소금처럼, 변할 수가 없는 소금처럼, 하나님께서 피 흘려 죄를 용서해주실 분, 왕이신 그리스도를 보내시겠다고 하신 그 언약은 절대로 변치 않고 이루신다는 것을 예표로 소금을 치게 하셨습니다. 또한, 백성도 하나님과 맺은 언약의 믿음을 변치 않는다는 아멘의 뜻이 되었고 제사 예물에 소금을 칠 때마다 그것을 기억하며 제사를 드렸습니다.

레2:13에 네 모든 소제물에 소금을 치라 네 하나님의 언약의 소금을 네 소제에 빼지 못할지니 네 모든 예물에 소금을 드릴지니라고 했습니다. 민18:19에 …… **너와 네 후손에게 변하지 않는 소금 언약이니라** 하셨습니다. 대하13:5에 …… **소금 언약으로** …… 하심으로 변하지 않는 소금 언약이라고 하셨습니다. 그래서 구약에서는 이같이 언약의 소금, 소금 언약이라고 했는데 그것은 바로 하나님이 보내신다고 언약하신 분, 그분이 오시면 그렇게 소금이 녹아서 맛을 내는 것처럼 자신을 십자가에 내주시는 것으로 모든 사람을 죄에서 구원하여 영원한 생명을 얻게 하실 것이라는 의미였습니다. 그래서 변하지 않는 그 소금 언약으로 오신 분이 바로 우리의 주이신 예수 그리스도입니다.

그런데 오늘 예수님께서 '너희는 세상의 소금이니'라고, 세상의 소금이라고 하셨습니다. 바로 소금처럼 녹아서 모든 사람 속에 맛이 되어 오신 그 예수님을 자기의 구주로, 자기의 하나님으로, 자기의 생명으로 영접하여, 자기 안에 함께 계신 분이면 그도 똑같이 그 소금이 맛을 내듯 세상에 예수님을 드러내는 자로 맛을 낼 것이라는 것을 말씀한 것입니다. 그러면 여러분은 예수님을 믿는 것이지 않습니까? 그 믿음은 예수님이 여러분 안에 함께 계셔야 하는 것이요, 함께 계시면 세상에 그 맛을 낸다고 하는 것이니, 그러면 지금 자기에게 예수님 계신 맛을 무엇으로 내고 있습니까? 교회 열심히 쫓아다니는 것을 말하는 것일까요? 열심히 기도하는 것으로, 열심히 봉사하는 것으로 나타나야 한다는 것일까요? 절대 그런 것을 말씀하는 것이 아니라는 것 여러분이 아시는 것 아닙니까? 너에게 예수님이 계시면 예수님에게서 나온 말씀이 또한 너에게 있을 것이요, 너에게 있으면 있는 그것이 세상에 맛을 내는 소금처럼 나타나게 되어 있다는 것을 말씀하는 것입니다. 예수님과 자기의 믿음을 세상에 그대로 나타낸다는 것입니다. 예수님의 말씀을 가졌으므로 그 말씀대로 사는 것으로 나타나는 것을 말하는 것입니다.

예수님을 믿는다는 그 말로 그의 믿음이 증명되는 것이 아니라, 믿는다는 것이 입증되는 것, 그 말이 드러나는 것, 그에게서 예수님이 보이느냐는 것입니다. 여러분이 저의 이 말에 곧 또 자기가 생각하는 그런 착한 일 하러 다니는 것, 좋은 일 하러 다니는 것으로 착각하면 안 되는 것 이미 다 아실 줄로 믿습니다. 오늘날 예수님께서 '너희는 세상의 소금이니, 너희는 빛이니' 하신 말씀을 인간의 윤리나 도덕적인 것으로 맞춰주고 있어서 예수님과 다른 방향으로 가서 있습니다. 그래서 사람들의 영혼에 생명을 얻지 못하고, 속사람의 믿음이 되지 못한 크게 잘못된 믿음 생활이 돼 버렸습니다. 예수님을 믿는 믿음은 예수님의 말씀으로 사는 것입니다. 예수님의 말씀은 곧 예수님 자신을 말씀한 것이요, 예수님을 믿는 자의 삶, 예수님의 의로움과 거룩함입니다. 예수님이 성전이요 내가 성전인 관계를 이루는 것으로서 그래서 '너희는 세상의 소금이니, 세상의 빛이니' 하셨으니, 예수님이 성전이신 것과 예수님을 믿는 자가 성전이라는 그 관계를 구약 성전에서 가르쳐 보이신 대로, 이제 그 참성전이신 예수님이 자기 안에 와 계시면 예수님을 세상에 비추는 것이요 맛을 내는 성전이라는 것을 말씀하시는 것입니다.

그래서 예수님이 산에 올라가 앉으셔서 입을 열어 가르쳐 이르신 말씀, 성전의 관계를 이루는 '복이 있나니' 하셨던 말씀들, 그 같은 복 있는 자가 되었으면 이제 그는 세상에서 그 가르침대로 사는 자로 맛을 내고 예수님을 세상에 비추는 자라는 것입니다. 지금 예수님께서 "너희가 나를 믿으면 이제는 좀 내가 가르쳐 이른 이 말씀으로 믿는 자의 맛을 좀 내라, 맛을 좀 내야 한다, 믿는 자로서 빛을 좀 비추고 빛의 역할을 좀 해라"는 식의 말씀을 하신 것이 아니라, 콩 심었으면 콩 나고, 팥 심었으면 팥 나듯이, 그에게 예수님과 예수님의 가르친 말씀의 복이 있는 자면, 그것이 그대로 맛이 되어 나올 것이요, 없으면 맛이 나지 않을 것이니 맛이 나지 않으면 버려진다는 것을 말씀하는 것입니다. 왜 세상의 소금이 아니냐? 왜 세상의 빛이 아니냐? 자기에게 맛을 내야 하는 소금이 없기 때문이요, 자기 안에 빛을 비출 수 있는 그 빛이 없기 때문이라는 것을 말한다는 말입니다. 소금을 넣으면 소금의 맛이 당연히 나듯이 자기 안에 예수님과 예수님의 '복이 있나니' 하신 말씀이 있으면 그 맛이 그대로 나게 되는데, 나지 않은 것은 왜냐? 예수님의 가르침을 받지 않았기 때문이요, 가르침을 받지 않은 것은 예수님을 믿지 않기 때문이지 않으냐는 것입니다.

그래서 '소금이 만일 그 맛을 잃으면' 했습니다. 그런데 소금은 맛 잃은 적이 없다는 그 말이지요. 그럼에도 소금이 만일 그 맛을 잃으면 하신 것은, 예수님의 가르쳐 이르신 복의 말씀들로 사는 능력이 그에게서 나지 않은 것이면, 자기의 죄를 용서하시고 사망의 저주에서 구원하여 영생의 생명을 주신 그 예수님을 믿지 않은 것이니, 후에는 아무 쓸데없어 다만 밖에 버려진다고 하는 것입니다. 예수님을 자기의 하나님이요 구주로 참으로 믿어 사랑한다면, 예수님의 말씀을 어떻게 듣지 않는 것이겠습니까? 예수님을 믿는 것이면 예수님 믿는 자로 살아야 하는 삶의 방향을 말씀하신 것인데, 어떻게 그 말씀을 거절할 수가 있습니까? 그것은 예수님을 믿지 않기 때문이요, 예수님을 사랑함이 없기 때문에 거절한 담력이 있는 것이지 않겠습니까?

'너희는 세상의 소금이니' '세상의 빛이니' 하신 이 말씀은 오늘날 목회자들의 설교 중심 메시지가 되어 있기도 합니다. 그런데 예수님의 이 말씀을 예수님의 생각과 의도에 맞게 깨달아 연결하여 주는 것이 아니라, 너희는 세상의 소금이니 하는 것을 어떻게 가르치는가 하면, 소금이 부패를 방지하는 것처럼, 예수 믿는 사람들이 이제는 썩어져 가는 세상을, 부패해 가는 세상을 좀 썩지 않도록, 부패하지 않도록 방지하는 역할을 해야 한다. 생선도 부패하지 않게 하려고 소금 뿌려놓지 않느냐? 그것처럼 이제 우리 믿는 사람이 부패해져 가는 세상을 소금과 같은 사람이 되어서 부패를 방지하는 것으로 소금의 맛을 내야 한다고 가르치고 있습니다. 그런데 생선에 소금 뿌린다고 영영 부패하지 않는 것입니까? 어느 한계가 있는 것이지 영원히 썩지 않는 것 아닙니다. 예수님이 너희는 세상의 소금이니 하신 것이 고작 이런 언제 변해도 변할 것을 말씀하였겠는가 하는 생각은 왜 못 하는 것입니까? 언제 변해도 변할 자기 머리를 높이고 믿는다 하기 때문입니다. 처음 믿을 때야 그럴 수 있다고 이해한다지만, 가르치고 설교하는 사람들이 그렇다면 그것은 영혼들을 망할 길로 이끄는 자들로 나온 것입니다.

그러니 예수님의 뜻과 관계없는 자기 생각들을 내세워서 하나님께 큰 공헌이나 하는 것처럼, 자기의 말들이 진리나 되는 것처럼, 그렇게 거짓된 것들을 가르치는 데 힘쓰는 것입니다. 그러니까 부패를 척결해 보겠다고, 정의를 실현해 보겠다고 정의감 넘치는 목소리들도 있지 않습니까? 그런데 세상의 부패를 막아보겠다고, 악을 꾀하는 곳에 가서 악한 일 도모하지 못하도록 막는다 해서, 사기꾼에게 가서 사기 치지 못하게 한다고 해서, 도둑질하는 사람 쫓아다니며 도둑질 못 하게 한다고 해서, 어찌 되었든 부패를 막아보겠다고 해서 막아지는 것입니까? 그래도 노력은 해야 한다 하십니까? 인간 양심에는 도덕심이 있습니다. 그래서 인간은 도덕적인 존재이기 때문에 교육으로, 교양으로, 학문으로, 수양으로 그런 죄나 악을 막아보겠다고 하는 그 노력은 인간 역사 속에 끊임없이 있었습니다. 그러나 그 노력에도 불구하고 인간의 부패와 죄는 점점 더 극심해져 가고 있습니다. 왜 그렇습니까? 사람 속의 근본이 해결되지 않았기 때문입니다. 그래서 겉껍데기의 것을 아무리 고쳐보려고 한다 해도 소용없는 것입니다.

다시 말해 인간 속에 의가 없기 때문에 세상이 존재하는 날 동안은 부패나 죄악은 없어질 수가 없습니다. 인간 속에 의가 되시는 예수님이 들어오셔야 합니다. 의가 없는 인간 속에 의이신 예수님이 계셔야만 변화를 받는 것입니다. '너희는 세상의 소금이니' 하신 말씀을 부패해져 가는 세상을, 썩어져 가는 세상을 방지하는 것이 소금의 역할이요 맛을 내는 것이라고 가르친다면, 예수님의 뜻을 인간 도덕심에 의해 행하도록 하는 인간의 일이요, 예수님과 관계없습니다.

시편 1편의 말씀에서 '복 있는 사람'이 누구라고 했습니까? 악인의 꾀를 좇지 아니하며 하신 것이지 '악인의 꾀를 방지하며' 하신 것이 아닙니다. 죄인의 길에 서지 아니하며 하신 것이지 '죄짓는 것 죄짓지 못하게 방지하는 것이라' 하지 않았습니다. 오만한 자의 자리에 앉지 아니하며 하신 것이지 '그런 자리에 가서 오만을 방지하며' 하지 않았습니다. 예수께서도 오셔서 세상 제도 바꾸러 다니신 것 아닙니다. 인간 사회 정의를 실현해야 한다고 말씀하신 적도 없고 좇아다니신 적도 없습니다. 부패가 있는 곳에, 악인들이 꾀를 도모하는 곳에 찾아다니고 쫓아가서 막으신 것 아닙니다. 헐벗고 굶주린 곳에 찾아다니시며 도와주고 챙겨주러 다니신 것 아닙니다.

이런 인간의 어그러진 모든 어두움의 일들은 곧 의가 없기 때문에, 죄에 묶여 있기 때문에, 그래서 그 묶인 저주를 해결하여 풀어주시고 의가 되어주심으로써, 영생하는 생명을 얻게 하고 의로 살게 하시려고 예수님께서 사람이 되어 오신 것입니다. 오셔서 죄 때문에 우는 자, 죄에서 구원하여 생명을 주러 오셨다고, 마음에 수고하고 무거운 짐진 자, 목마른 자는 다 예수께 나오면 천국을 주시겠다고 오라 부르신 겁니다. 이 부르심을 듣고 예수께 나오는 자는 의가 되시는 예수님 자신을 주시므로 영원한 생명과 안식과 자유의 행복을 주시겠다고 전하시며 부르신 겁니다. 그래서 예수님의 부름을 받고 먼저 예수님께 나온 우리가 이 같은 '복 있는 자'의 특성들로 소금처럼 맛을 내고 사는 삶이 돼야 하고 그러므로 믿을 자들이 예수님께 나올 수 있도록 그 길의 역할을 하는 것입니다.

예수님의 가르쳐 이르시는 말씀을 듣고 깨달아서 복 있는 자가 되는 것만이 예수님과 뜻이 같아지는 것이요, 예수님과 하나가 되는 것입니다. 그러므로 예수님 믿는 자가 '복이 있나니'의 말씀으로 능력을 갖추지 못하면 그것은 세상의 소금이 될 수 없고 세상의 빛도 될 수 없습니다. 무엇으로 소금의 맛을 내고 무엇으로 빛이 되겠습니까? 그런데 자기 안에 소금을 두지 못한 사람들에게 오늘날 교회가 너희는 세상의 소금이고 세상의 빛이니 세상에 나가서 좋은 일, 착한 일 해서 빛을 비추고 맛을 내라고 연결해 주는 것이어서, 구제한다고 봉사한다고 열심히 쫓아다니니 인간이 칭찬받는 일이 되었고, 교회가 세상에 칭송받는 것이 되었습니다. 인간 양심으로 행하는 열심히 되었다는 말입니다.

　그러니 사람들이 교회를 나와도 말씀을 따라 살려는 것이 아니라, 예수님을 깊이 알려는 것이 아니라, 교회를 의지하려는 마음으로 나오는 것입니다. 교회를 믿으려고 나온다는 말입니다. 인간 자기 보기에 좋은 교회이기 때문에 그 좋은 교회 다니려고 나오는 것입니다. 잘 새겨듣고 이해가 되길 바랍니다. 예수님이 16에서 **너희 착한 행실을 보고** 하신 것은 인간이 생각하는 그런 착한 일이 아닙니다. 바로 예수님이 하신 일, 그것이 하나님이 보시는 착한 일이고, 우리 또한 사람들을 향해 예수님이 세상에 오신 일을 행하는 것이 착한 일입니다. 여러분이 성전을 다 들으셨으니 더 설명하지 않아도 알지 않습니까? '너희는 세상의 소금이니, 너희는 세상의 빛이니' 하신 이것, 심영이 가난한 자에서부터 '복이 있나니' 하신 말씀으로 삶이 되었으면 녹아진 소금이 맛을 내는 것처럼 가정에서나 일터에서나 사회생활 속에서 자연스럽게 배어 나와 예수님을 비춘다는 것입니다. 신앙을 믿음을 분명하게 보인다는 것입니다.

 사람들이 예수님을 알고 구원 얻게 하려고 자기에게 가진 소금을 주려 할 때에 핍박이 있고 비웃음을 당해도 개의치 않고 소금의 녹아진 맛을 낸다는 것입니다. 예수님의 복의 말씀이 그에게 있는 자는, 예수님을 비추는 빛이 되어서 사람들에게 비추어지는 것이지 숨겨질 수 없다는 것입니다. 감추어지지 않는다고 하셨습니다. 그대로 나오게 되어 있다는 것입니다. 그에게 있는 그것이 그대로 나오는 것이지 절대로 감출 수 없다는 것입니다. 세상에서 핍박도 따르지만, 구원 얻을 사람들에게는 그것이 하나님에게서 온 착한 행실로 보여서, 거기에 구원이 있고 하나님이 계신 것을 보고 예수님을 믿게 되어, 하나님께 영광을 돌리게 된다고 하는 것입니다. 그러므로 구원받을 자들에게 착한 행실을 보게 하여 하나님께 영광 돌릴 수 있게 하시는 것이, 또한 하나님 아버지의 방법이신 것입니다.

 그래서 14,15에 **너희는 세상의 빛이라 산 위에 있는 동네가 숨기우지 못할 것이요 사람이 등불을 켜서 말 아래 두지 아니하고 등경 위에 두나니 이러므로 집 안 모든 사람에게 비취느니라** 말씀하신 것 아닙니까? 그런데 만일에 예수님 믿는 자가 '복이 있나니, 복이 있나니' 하신 그 의의 맛이 나지 않는다면 어떻게 됩니까? **너희는 세상의 소금이니 소금이 만일 그 맛을 잃으면 무엇으로 짜게 하리요 후에는 아무 쓸데없어 다만 밖에 버리워 사람에게 밟힐 뿐이니라** 만일 소금이 그 맛을 잃으면 아무 쓸데없으니 버릴 일밖에 없다. 그러면 오고 가는 사람들의 발에 짓밟힐 뿐이다. 맛이 나지 않은 것은 왜냐? 복 있는 자의 조건이 되는 그 영적인 특성들이 없기 때문에 맛이 나지 않는 것이지 않으냐 하는 것입니다. 그러니 천국이 그에게 없으니, 하나님 나라에 들어갈 수가 없으니 버려진 자가 될 수밖에 없다는 말입니다. 그래서 사단에게 돌려진 것이 되어서 사단에게 앙갚음을 당한다는 것을 밝힐 뿐이라고 하신 것입니다.

여러분은 어떻습니까? 심영이 가난한 자부터 시작하여 다 들으셨으니 이 모든 조건이 자기의 의가 되어 세상에 맛을 내는 자로 살고 있습니까? 예수님을 비추는 빛이 되었습니까? 자기 삶의 모든 것을 통해서 하나님의 나라가 어떤 것인지 비추는 삶이 되었습니까? 아무리 작은 것이라도 어둠에서 나와 빛을 비추는 자로 살고 있는가 하는 것입니다. 성경은 '내게 능력 주시는 자 안에서 내가 모든 것을 할 수 있느니라.' 고 분명히 말씀하셨으니 성영님이 우리의 능력이 돼 주시면 능력으로 사는 것입니다. 그러므로 성영님을 의지하고 구하고 찾는 여러분이 되어서 능력을 갖추시고 땅에서나 아버지 나라에 가서나 큰 상을 받기를 간절히 바랍니다. 이로써 오늘 말씀을 맺습니다.

말씀으로 우리 믿음을 깨우시고 능력이 되게 하시는 하나님 아버지의 은혜를 감사드리며 영광을 돌립니다. 아멘

너희는 이렇게 기도하라 1
하늘에 계신 우리 아버지여

⁹그러므로 너희는 이렇게 기도하라 하늘에 계신 우리 아버지여 이름이 거룩히 여김을 받으시오며 ¹⁰나라이 임하옵시며 뜻이 하늘에서 이룬 것 같이 땅에서도 이루어지이다 ¹¹오늘날 우리에게 일용할 양식을 주옵시고 ¹²우리가 우리에게 죄 지은 자를 사하여 준 것같이 우리 죄를 사하여 주옵시고 ¹³우리를 시험에 들게 하지 마옵시고 다만 악에서 구하옵소서 (나라와 권세와 영광이 아버지께 영원히 있사옵나이다 아멘)

(마6:9-13)

교회에 다니는 사람치고 예수님께서 "너희는 이렇게 기도하라"고 가르쳐주신 이 기도를 모르는 이는 없을 것입니다. 그러나 이렇게 기도하라고 하신 그 기도가 말하는 의미와 뜻, 말씀하신 분의 생각과 합당하게 깨달아 알고, 그 뜻으로 믿음이 되고 그 뜻으로 살고자 기도하는 사람은 없다고 해도 과언 아닙니다. 단지 교회 오면 으레 해야 하는가 보다 하고 열심히 외워서 입으로만 달달 외웁니다. 사실은 말씀 전하는 사람들이 기도에 대한 뜻을 예수님의 생각에 맞게 말하는 사람도 없고 전해주는 자도 없습니다. 왜냐면 첫 단추를 잘못 끼우면 옷의 균형이 온전히 틀어져 버리듯이, 성경의 뜻을 아는 것도 그와 같은 모습들이 되어 있기 때문입니다. 그렇기에 일반 신자들은 더할 나위 없습니다.

믿는다는 것은 바로 기도의 삶을 말합니다. 기도가 곧 삶이요. 삶이 곧 기도입니다. 그래서 참으로 믿기 원하면 예수님께서 너희는 이렇게 기도하라고 가르치신 이 기도가 일생 자기의 기도가 되고 삶이어야 하는 것이기에, 기도가 말씀하는 뜻을 잘 깨달아서 자기 믿음이 되고 기도가 되고 삶이 돼야 그것이 믿음이요. 예수님과 함께 있는 복이 되는 것입니다. 누구든지 자기는 자기의 원하는 육(세상)의 복이나 얻으려고 믿는 것이지, 그 외에 다른 것은 필요 없다 한다면 모를까, 그것이 아니라면 예수님 생각으로 깨끗이 돌아앉아야 합니다. 그동안 예수님 믿고 뭐 좀 잘되 보려고 교회 나오고 믿는다고 했던 자기 생각을 뒤집어버려야 합니다. 진짜 믿으려면 자기 생각 갈아엎어야 합니다. 그래서 하나님의 소리, 즉 영생이 있다는 것을 믿는 것부터 믿음을 가지고, 자기 영혼과 예수님의 영광을 위해 믿는 것으로 돌아앉아야 합니다.

예수님을 믿기 전 우리는 모두가 사망의 길에서 지옥으로 달려가는 줄도 모르고 육체의 소욕을 좇으면서 살았습니다. 그런 우리가 예수님을 믿게 되었고, 그것이 하늘에 들어갈 수 없는 지옥에 떨어지는 죄라는 것도 알았습니다. 예수님께서 그 죄를 대속하시려고 십자가에서 생명을 내놓아 피 흘려 죽으시고 다시 사셨으므로, 우리의 죄가 용서받게 되었다는 것도 알게 되었습니다. 이제 예수님의 피 흘리신 공로로 구원받았음을 믿는 자는, 믿음의 합당한 능력을 갖추기 위해 예수님의 말씀 안으로 들어가야 합니다. 바로 이 기도의 능력이 되는 예수님의 말씀이 삶이 돼야 한다는 말입니다.

우리가 이 기도 이전에 먼저 알아야 하는 것은, 물론 아버지의 이름이 거룩히 여김을 받으시라고… 나라가 임하시라고… 하는 문자적인 것이야 아는 것이지만, 문자적인 것 안다고 기도라고 하는 것도, 아는 것도 아닙니다. 그러므로 기도를 알려면 '너희는 이렇게 기도하라'고 기도를 가르쳐주신 대상은 예수님께서 부르신 제자들이라는 것을 먼저 알아야 합니다. 제자들은 이미 메시아 언약을 가지고 죄인으로서 피 흘려주실 구세주 예수님을 기다리며 구약을 거쳐 온 사람들입니다. 그들이 예수님을 만나자 그분이 곧 자기들이 기다린 메시아인 줄 알아보았고, 예수님께서 나를 따르라 하시니 그 즉시로 모든 것을 버려두고 예수님을 좇았습니다. 그러므로 이 기도는 그냥 입으로 문자를 외는 것이 아니라, 이 제자들과 같이 구약의 말씀으로 자신이 죄인인 것과 예수님이 구주라는 예수님에 대해 확실하게 알고, 죄인으로서 죄인의 구주가 되시는 예수님을 믿어 영접한 자가 받는 기도입니다. 왜냐? 예수님께서 기도의 서두에 '하늘에 계신 우리 아버지'라고 하셔서 곧 기도는 아버지께 하는 것으로 말씀하고 있기 때문입니다. 기도를 가르쳐주시기 전 마6:4에, 6에, 8에서도 너의 아버지, 네 아버지께서, 너희 아버지께서 라고 말씀하시므로 바로 하나님은 예수님을 믿는 우리의 아버지요, 기도는 그 아버지께 하는 것임을 말씀하셨기 때문입니다. 그러니까 구약을 거쳐 예수님을 믿어 구원받은 자(구원받을 자)는 예수님으로 말미암아 하나님이 아버지라는 그 믿음의 관계에서 아버지께 기도하는 것이기 때문이라는 말입니다.

그렇기에 이 기도는 세상을 좇아 사는 자의 기도가 절대로 아닙니다. 그의(예수님) 나라와 그의 의를 구하는 것이 예수님 가르쳐주신 기도의 뜻입니다. 그래서 오늘부터 이렇게 기도하라 하신 그 내용의 뜻을 여러분에게 열어서 말씀을 드릴 것이기에, 여러분이 받는 기도가 되고 말씀이 돼서 예수님의 나라와 의를 온전히 소유하는 능력이 되고 권세(천사가 섬기는) 있는 믿음의 복 안에 들기를 바랍니다.

　세상을 따르는 삶은 사망으로 가는 것이라는 것 여러분 다 알지요? 또한, 인간 앞에는 멸망으로 가는 세상 길과 영생으로 가는 하늘길 두 길이 나 있다는 것도 여러분 다 알고 믿고 있습니까? 그렇기에 예수님께서 그것을 아는 너희는 이제 무엇 먹고살까? 입고 살까? 무엇 마실까 하는 것은 이방인이 구하는 것이니, 하나님이 자기의 아버지이시면 이방인이 구하는 것 위에 필요한 모든 것을 더 하여 주시는 것이니, '너희는 이렇게 기도하라.' '그의 나라와 그의 의를 구하라' 라고 기도를 가르쳐주시고 기도의 삶을 말씀하셨습니다. 예수님께서 분명히 말씀하셨으니 이것을 여러분이 사람의 말, 말씀 전하는 제 말이 아닌 하나님의 말씀으로 받는 것 맞습니까? 그래서 예수님을 믿어 구원받았음을 믿는 자는 그의 나라와 그의 의를 구하는 것이 삶이 되어서 하늘 아버지와 말씀으로 대화하며 사는 것입니다. 말씀을 통해서 하나님 아버지와 대화할 수 있고 교제할 수 있고 도우심을 받을 수 있고 경험할 수 있는 것입니다. 이것이 기도의 삶입니다.

　그런데 오늘날 믿는다고 하나님께 나온 사람들의 믿는 것의 방향이 교회에 나오기 전에 가지고 있던 복의 개념, 즉 세상 삶이 잘 풀리고 돈도 많이 벌어 세상에서 잘살고 싶은 것에다 두고 있습니다. 또한, 자손들이 그렇게 되기를 소원하는 것에 두고 있습니다. 교회 나오기 전 우상에 복을 빌고 자연에 복을 빌고 귀신에게 복을 빌었던 것처럼 교회 나오는 이유 또한 이런 세상 것들을 위해서 똑같이 빌면서 구하고 찾는 것이 되어 있습니다. 믿음 안에 들어왔다고 수년 또는 수십 년을 자랑하지만, 사람들이 변함없이 육체의 소욕을 따라서, 육신의 삶의 것을 열심히 구하는 기도를 하고 있어서 하나님께는 여전히 이방인에 있는 것입니다. 그래서 세상과 육의 필요를 구하다 그것이 충족되지 않으면 좌절하고 낙심하고 하나님이 살아 계시냐? 안 살아 계시냐? 하며 마음이 헤매고 다니는 겁니다. 어디 가면 하나님을 만날까? 어디가야 이 불안한 마음이 없어질까? 어디로 가서 기도해야 내가 하나님을 만날 수 있을까? 하는 잡다한 생각에 끌려다니며, 이 부흥회 저 부흥회 쫓아다니고 이 산 저 산 찾아다니는 것입니다.

그래서 참으로 믿기 원하면 자기 생각, 자기 요구, 다 뒤집어엎어야 합니다. 나는 죽고 예수님으로 살 것으로, 예수님의 말씀을 따라 살겠다는 것으로 자기 속을 기경해야 합니다. 그래서 예수님을 알기에 힘쓰고 예수님을 따르기에 힘쓰고 예수님과 사귐의 관계가 되어야 할 것으로 아주 뜻을 딱 두고 그의 나라와 그의 의를 구하는 것이 돼야 합니다. 예수님으로 말미암아 하나님이 아버지가 되시는, 그래서 예수님의 가르치시는 말씀으로 속사람이 사는 능력이 되어 아들로 다시 나는 자격을 갖추는, 예수님은 하나님의 맏아들이요 그의 형제로 유업을 같이 받는 하나님의 아들이면 그까짓 땅에서 사는 것이 문제가 되겠습니까? 하늘을 받았는데 땅에 것인들 채우지 않으시겠는가 말입니다. 일생 세상 것 매여서 붙들고 있으면 모래 위에 집 짓는 것과 같아서 그 무너짐이 심하다고 말씀하셨으니 죽음 뒤에 세상 사람들보다 더 큰 고통을 겪게 될 것을 말하는 것입니다.

아들을 사랑하는 아버지는 자기의 유익을 위해서 살지 않습니다. 아들의 행복을 위해서 자신을 희생하는 것이 아버지예요. 또한, 그 아버지를 존경하고 존중할 줄 아는 것이 아들입니다. 아버지의 일이 성공하시도록 함께 뜻을 따르는 것이 참 아들입니다. 그것이 아버지와 아들의 관계예요. 아들이 아버지의 일에 뜻을 받들어 드리는 것이지만, 그러나 그것은 결국 아들이 아버지 것을 모두 상속받는 아들의 유익입니다. 예수님은 아들로 아버지를 너무나 존경하고 아끼고 사랑하셨습니다. 하나님 아버지의 뜻에 함께하여 아버지의 뜻이 이 땅에서 온전히 이루어지기를 원하여 십자가에 달리셨습니다. 그것이 예수님의 영광이 되신다는 것도 아셨습니다. 그래서 예수님은 예수님을 믿는다는 사람들에게도 예수님의 마음을 가지기를 원하셨습니다. 너희가 아버지의 참 아들이(아들로 날 자)면 아버지와 뜻을 같이한다는 것입니다. 그것은 곧 또 자기의 유익이 되는 것도 안다는 것입니다. 그래서 저는 아버지의 뜻을 예수님께서 같이하셨고, 또한 예수님의 뜻을 같이하는 것이 내게 너무나도 큰 유익이고 엄청난 복이라는 것을 알기에 예수님의 뜻에 함께하기를 소원하는 것입니다.

그래서 아버지를 사랑하여 아버지 뜻에 함께하는 예수님과 또 함께하기를 원하는 너희도 아버지께 '이렇게 기도하라'고 기도를 가르쳐주셨습니다. 그 처음 말이 '하늘에 계신 우리 아버지여' 하는 것으로 하나님을 '아버지'라는 관계부터 분명히 해주셨습니다. 그래서 이 기도는 예수님으로 말미암아 아들이 된 자가 아버지께 하는 기도요, 삶입니다. 아들이 아버지께 하는 기도, 즉 대화예요. 아들이 아닌 자는 도무지 할 수 없는, 그저 뜻도 모르고 입으로만 외우는 것일 뿐이요, 예수님의 뜻에 함께하여 예수님의 나라와 예수님의 의를 구하며 아버지의 아들이신 예수님의 온전한 성품으로 형상을 이루는 기도요 대화입니다.

예수님께서는 이같이 '하늘에 계신 우리 아버지여!' 하라고 하셨는데, 그런데 사람들은 기도할 때 거룩하시고, 사랑이 많으시고, 자비하시고 은혜로우시고, 전지전능하시고, 무소 부재하시고, 영원불변하시고, 하는 이런 격찬의 수식어를 찾을 수 있으면 다 찾아서 늘어놓습니다. 그러면서 예수님이 가르쳐주신 기도는 내용의 뜻도 모르고 그저 입에 올려서 달달 외우는 데만 충실합니다. 왜입니까? 아들이 아니기 때문입니다. 사람이 교회에 처음 나오면 외우게 되는 것이 이 기도일 것입니다. 예배 때마다 이 기도는 빠지지 않고 하고 있으니 어른도 아이도 똑같이 다 따라서 외웁니다. 그래서 사람들의 인식에 이 기도는 예배 끝날 때쯤 하는 후렴, 예배 끝난 사인과 같이 생각하는 겁니다. 마귀가 이 기도를 사람들 속에 주문 외우듯 뜻도 모르고 염불하듯이 입에 달려서 달달 외우도록 조종합니다. 아까 말했듯이 믿음의 목적이 하늘의 것이 아닌 땅의 것에 있기 때문에 그렇습니다.

예수님의 가르쳐주신 기도는 크게 두 부분입니다. 처음은 하나님의 뜻 하나님의 것으로서 세 가지인데, **이름이 거룩히 여김을 받으시오며**와 **나라이 임하옵시며**와 **뜻이 하늘에서 이룬 것같이 땅에서도 이루어지이다** 입니다. 그다음 우리의 것으로 **오늘날 우리에게 일용할 양식을 주옵시고**와 **우리가 우리에게 죄지은 자를 사하여 준 것같이 우리 죄를 사하여 주옵시고**와 **우리를 시험에 들게 하지 마옵시고 다만 악에서 구하옵소서** 이렇게 세 가지입니다. 그리고 마지막에 **나라와 권세와 영광이 아버지께 영원히 있사옵나이다** 다시 말하면 "위의 기도의 모든 뜻이 이루어지니, 모든 영광이 아버지께 영원히 있습니다. 모든 영광은 아버지의 것입니다." 라는 뜻입니다. 예수님이 가르쳐주신 기도는 예수님의 기도입니다. 또한, 예수님과 함께 있어 뜻을 같이하는 예수님의 사람의 기도입니다. 하나님 아들의 기도요 예수님으로 아들 된 자의 기도입니다.

그러므로 오늘은 〈하늘에 계신 우리 아버지〉에 대해서 말씀을 드려보겠습니다. 우리의 기도의 주소, 기도의 대상을 '하늘에 계신 하나님'이라고 하신 것이 아니라 '하늘에 계신 우리 아버지'입니다. 물론 예수님으로 말미암아 구원받은 아들만이 하는 기도라는 것은 앞에서 말씀드렸으니 아십니다만, 그러나 반드시 여러분이(구원받을 자라면) 가져야 할 영적 지식이 있습니다. 지식을 따라서 아들의 믿음이 되라는 말입니다. 이 우주 안에는 하나님이라는 것이 헤아릴 수 없이 많습니다. 잘 알다시피 '하나님'은 이름이 아니라 '신'이라는 부름입니다. 창1:1에 **태초에 하나님이 천지를 창조하시니라** 하신 하나님이 원어로는 엘로힘인데, 엘로힘은 강하고 능하신, 위엄이 있으신, 전능하신, 유일한 신이라는 뜻입니다. 그 외에는 신이 없다는 뜻이에요. 창조주 엘로힘만이 유일한 신이라는 말입니다.

그렇기에 '하나님만이 유일하신 창조주이시다.' 하는 것에서 신을 부르는 것은 맞습니다. 그런데 성경은 하나님만 엘로힘이라고 한 것이 아니고 능력을 행하는 천사에게도 엘로힘이라고 했어요. 그것은 힘 있고 신적인 능력이 있다는 뜻에서 엘로힘입니다. 그러나 창조주 '하나님'하고 엄연히 구분됩니다. 그래서 '하나님' 하는 것은 이름이 아니라 신이라는 부름이라는 것 기억하시기 바랍니다. 그런데 세상에 모든 종교나 미신 세계도 자기 하나님, 자기 신이 있습니다. 우리가 알고 있는 미신에서도 땅의 신, 하늘 신, 용왕 신, 나무 신, 태양 신 하며 신을 말하고 찾지 않습니까? 그것이 그들이 찾는 하나님입니다.

사단이 자기가 하나님인 것처럼 속이며 세상을 지배하고, 인간에게 피조물인 자연의 것들을 대상으로 하여 신으로 섬기게 함으로써, 그 뒤에서 경배받는 겁니다. 그래서 이 우주 안에는 신이라고 하는 것들이 헤아릴 수 없이 많이 있기 때문에, 하나님에 대한 분명한 지식 없이, 하나님을 자기 안에서 정확히 알지 못하고 하나님을 찾고 부른다면 거짓 신이 '내가 하나님이다.' 하고 나오는 겁니다. 그래서 예수님을 믿으러 나오면 이런 부분에 대해서 자기가 믿는 하나님이 누구이신지 어떻게 관계가 이루어지는 것인지 잘 배워서 정확한 지식이 되고 자기 안에서 아는 하나님이 되어 부를 수 있어야 합니다.

그래서 이 우주 안에는 하나님이라고 하는 것들이 헤아릴 수 없을 만큼 많기 때문에 하나님께서 자신을 구별시키신 자기 이름을 주셨어요. 구약에서의 이름은 무엇입니까? 여호와입니다. 여호와는 구원과 심판의 뜻을 가진 이름입니다. 그래서 자기 백성 이스라엘을 구원하시는 하나님이라는 것을 여호와 이름으로 언약을 맺으시고 그것을 알리도록 하셨습니다. 그다음 신약에서는 온 인류를 구원하시고 심판하시는 이름으로 오셨는데 뭐예요? 예수입니다. 그래서 오늘날 우리가 부르는 하나님의 이름, 구주의 이름이신 예수님, 예수님 이름을 알고 부르면서 그 예수 그리스도의 하나님, 죄인의 구주로 오신 예수 그리스도를 보내신 하나님을 알고 부르는 관계가 되어야 합니다. 이것은 떼려야 뗄 수 없습니다. 그래서 예수님께서 가르쳐주신 기도가 이 이름을 알고 맺은 관계로서 하는 기도이기 때문에 이것을 여러분에게 풀어서 가르쳐드릴 것이란 말입니다.

하나님이 창조주라는 것을 알고 인간을 지으신 분이라는 것도 알고 그 하나님을 알고 믿는다고 해도 예수님을 **빼놓으면**, 예수님을 모르면 예수님과 관계된 하나님이 아니면 그것은 하나님을 아는 것이 아닙니다. 하나님과 상관없습니다. 믿지 않는 사람이, 비도 주고 햇빛도 주는 분이 하나님이신 것을 안다고, 천지 만물도 하나님이 지으신 것 안다고 하는 것과 똑같은 것입니다. 믿지 않는 사람들도 하나님이 비도 주고 해도 준다는 것 압니다. 그러니까 자연재해 나면 하나님이 어떻게 이럴 수 있냐고, 어쩌면 하나님이 이러실 수 있냐고 원망하잖아요? 그들도 안다는 말입니다. 그래서 관계를 모르면서 무조건 '믿습니다!' 하고 다니는 것은, 하나님이 천지 창조했다는 것을 안다고 하는 세상 사람들과 똑같다는 말입니다. 거짓 신을 부르는 것과 같은 거예요.

그래서 예수님께서 지금 '하늘에 계신 하나님이여' 하신 것이 아니고 '하늘에 계신 아버지여' 하셨으니 그러면 하나님이 아버지이셔야 하는데 왜 아버지인가? 그 관계를 분명히 알고 하는 기도가 돼야 합니다. 이론상으로는 예수님은 창조주 하나님에게서 나오신 아들입니다. 그러므로 그 아들 예수님을 구주로 믿어 구원을 얻은 자는 그 아들의 생명이 있는 자요. 영생하는 아들의 생명을 받았으므로, 그를 예수님의 형제라 하고 그도 하나님의 아들(자녀)이라고 합니다. 이같이 예수님으로 말미암은 자녀가 되었으면, 예수님의 이름으로 '하늘에 계신 우리 아버지여!' 하고 부를 때, 바로 아버지와 아들의 관계로 대화가 이루어지는 것입니다. 그래서 예수님께서 너희는 이렇게 기도하라고 하심으로써, 관계를 정확히 알고 하라는 뜻을 보이셨습니다.

예수 그리스도를 통해서만 하나님은 우리 아버지가 되십니다. 예수님 없이는 하나님이 아버지가 되실 수 없어요. 그래서 예수님은 예수님과 하나 된 그 관계를 알도록 하시고 예수님 안에서 하나님을 아버지로 만나야 하는 것을 강조하시기 위해 마 6장에서만도 너희 아버지라고 한 것이 무려 13번이나 됩니다. 기도의 대상이 누구냐, 누구에게 기도하는가 하는 관계를 분명히 해주셨습니다. 기도의 대상이 누구예요? 하늘의 아버지, 하나님 아버지께 입니다. 그 외에도 마6:6에 **네 아버지께 기도하라** 6:9에 **너희는 이렇게 기도하라 하늘에 계신 우리 아버지여** 마7:11에 **하늘에 계신 너희 아버지께서 구하는 자에게 좋은 것으로 주시지 않겠느냐** 눅11:13에 **너희 천부께서 구하는 자에게 성령을 주시지 않겠느냐** 요15:16에 **내 이름으로 아버지께 무엇을 구하든지…** 요16:23에 **너희가 무엇이든지 아버지께 구하는 것을 내 이름으로 주시리라** 라고 말씀하여 기도하는 것도 구하는 것도 '하늘의 아버지께'라고 분명히 가르쳐주었습니다. 예수님께서도 하늘의 아버지께 구하는 삶을 사셨어요. 예수님 자신도 아버지께 기도하셨다는 말입니다. 그런데 오늘날 '주여'를 부르면서 기도하고 '주여'를 삼창하고 기도하라고 하는데 걱정이라 말이죠, 정말. 도대체 왜 '주'가 기도의 대상이 되었는지 알 수가 없는 겁니다. 알 수가 없어!

물론 예수님은 우리의 '주'이십니다. '주'라는 것은 '주인'이라는 뜻이니 그러므로 예수님은 분명히 우리의 주인입니다. 우리를 지으신 창조주이십니다. 그러나 우리의 주가 되시는 예수님께서 자신도 아버지께 기도의 본을 보이셨고, 우리에게도 아버지께 기도하라 하셨으니 그 예수님을 보내신 하늘에 계신 아버지께 기도해야 하는 것 아니겠습니까? 예수님께서 '너희는 아버지께 기도하라.' 라고 하시니 하늘에 계신 아버지께 기도해야 하는 것 아닌가 말입니다. 성경에서는 사람이 천사를 볼 때도 '주'라 불렀고, 종이 주인에게도 '주'라고 불렀고, 아내가 하나님의 뜻을 가진 남편에게도 '주'라고 불렀고, 또 신하가 왕에게도 '주'라고 불렀고, 하나님의 종에게도 '주'라고 했고, 거지가 자기에게 베푸는 자에게도 '주'라고 했습니다. 그리고 하늘에나 땅에나 많은 주가 있다(고전8:5)고 분명히 말하고 있습니다. 그래서 '주'에게 기도한다고 하는 것은 지금 자기가 누구에게 기도하는지 모른다는 뜻입니다. 그 '주'가 누가 될지 모르는 겁니다. 인간의 주인 노릇 하는 공중 권세 잡은 악한 영들이 '내가 너의 주다.' 하고 달려드는 것입니다.

여러분이 한번 생각을 좀 해보세요. 누구나 글 읽을 줄 알잖아요? 오늘날 글자 모르는 이는 없다고 생각합니다. 그러면 성경에 정확하게 기록돼 있는, 예수님께서 분명히 말씀하여 가르치신 것을 사람들이 왜 보지 못하는 것처럼, 모르는 것처럼 하는 것입니까? 바로 주 노릇 하는 악한 영들이 눈을 가려놓기 때문입니다. 그래서 보아도 보이지 않는 것입니다. 예수님이 우리의 '주'이신 것은 분명히 맞습니다. 그러나 그 주 예수님께서 기도는 하늘의 계신 아버지께 하라고 하셨으니 그것을 깨달아 관계부터 바르게 가져야 하지 않겠습니까?

구약 백성은 감히 죄인이 하나님의 이름을 입에다 올릴 수 없다고 해서, 여호와 이름을 부르는 대신 '주'라고 불렀고 그 주께 기도한다고 했습니다. 하나님의 거룩한 이름 여호와를 입에 올리다 혹이나 망령되이 일컫는 죄가 되어 하나님께 심판을 받을까 두려워 함부로 입에 올리지를 못했습니다. 그러나 이스라엘은 하나님과 언약을 맺은 하나님의 백성이요 소유입니다. 하나님의 소유된 백성이니 여호와 이름을 부르는 대신 '주'라고 부르는 것이 공동체의 호칭이고 또한 예수님이 구원을 이루시기 전이므로 하나님과 아버지의 관계가 될 수도 없습니다. 그래서 구약 백성이 여호와 하나님을 '주'라고 불렀으니 우리도 '주'라고 부르는 것이라고 한다면, 그것은 말 그대로 이스라엘의 하나님 여호와를 부르는 것이 되어 오늘날 이 신약에는 대답하실 수가 없습니다. 그러면 누가 대답을 할까요? 사단의 영들이 대답하고 나오는 것입니다.

오늘날 예수님의 이름은 무시하고 '여호와여!' '주여' 하고 입에 붙여진 이름처럼 부르고 나오는 것을 보면 참 신기하다 싶은 겁니다. 신기한 것이 한둘이 아닙니다. 열심히 '주' 부르며 기도하고 나서 '주님의 이름으로 기도합니다.' '주님의 이름으로 축복합니다.' 하고 나오는 것은 어디 가르침인지 그것을 도무지 모르겠는 거예요. 성서 어디에 있는 것인지 누구의 가르침인지 성경에는 없는데 말입니다. '주님의 이름으로 축복합니다.' '주님의 이름으로 기도합니다.' 하는 것, 여러분 주님이 이름입니까? 성경 어디서 '주'가 이름이라고 했는지 제 성경에는 없는데 이해를 못 하겠는 겁니다. 성경에선 주님이 이름이라고 하신 적이 도무지 없는데 왜 이름이라고 하는가 말입니다. 왜? 오늘날 이처럼 얼마나 많은 사람이 성경을 잘못 알면서도 성경을 아는 것처럼 스스로 자신에게 속아서 나와 말씀을 전한다고 하고 있고 믿는다고 하고 있습니다.

만일에 그같이 하나님을 '주'로 관계를 맺는다면 그것은 주인과 종의 관계, 창조주와 피조물의 관계밖에는 없습니다. 만일 예수님과 예수님 이름을 알고 이름으로 맺지 못하고 '주'로 맺는다면 주인과 종의 관계뿐이지 '구주'로도 죄 용서도 생명 얻는 것도 관계없습니다. '하나님'을 부르더라도 '주'를 부르더라도 정확한 지식이 바탕이 되어 자기 안에서 알고 부를 때 그것이 능력입니다. 악한 영들이 덤비고 속여도 속지 않는 확실한 믿음이 돼야 한다는 말입니다.

우리는 예수 그리스도로 말미암아 하나님 자녀가 되었습니다. 그러므로 창조주 하나님과 나는 아버지와 자녀의 관계입니다. 세상에서도 아버지가 누구냐에 따라 그 자녀의 신분이 결정됩니다. 그것처럼 예수님의 피 흘려 낳아준 공로를 입은 자는 하나님 자녀임이 보증되는 것입니다. 아무나 아버지라 부르는 것이 아니에요. 혈육의 관계만이 아버지입니다. '주'로 피 흘려 나를 낳아주셔서 하나님이 아버지이신 것이 아니라 '예수' 그 이름으로 피 흘려 나를 낳아주셔서 하나님이 아버지이신 것입니다.

그런데 구약에서도 사63:16에 **주는 우리의 아버지시라**고 했고, 시89:26에 **주는 나의 아버지시요** 했는데 여기서 아버지는 히브리어로 '아부'인데 이것은 '나의 창조자'란 뜻입니다. 나를 창조하셨다는, 만드셨다는 뜻에서 아버지, '아부'라고 부른 겁니다. 그러나 예수님께서 '하늘에 계신 아버지여' 하신 그 아버지는 그 뜻에서의 아버지가 아닙니다. 하나님의 아들이 세상의 생명을 주시는 구주로 오셔서 그분을 예수라 하라 이는 그가 자기 백성을 저희 죄에서 구원할 자이심이라 하시더니 참으로 십자가에 올라가 피 흘려 생명을 내놓으셨습니다. 아버지가 예수님으로 말미암아 피 흘리게 하셔서 나를 낳아주신 것입니다. 피 흘리신 산고의 고통, 그 수고를 통해서 낳아주신 그런 아버지와 자녀임을 말하는 것입니다. 그래서 영(성영님)으로 다시 난 절대적인 관계요, 실제적인 관계입니다. 죄 없는 피로 낳으신 혈육의 관계입니다.

예수님은 하나님을 친아버지라 하셨습니다. 하나님께서도 마3:17에 **이는 내 사랑하는 아들이요 내 기뻐하는 자라** 하셨고 마17:5에 **이는 내 사랑하는 아들이요 내 기뻐하는 자니 너희는 저의 말을 들으라**고 하셨습니다. 이제는 예수님의 말씀을 듣고 배워 예수님을 깊이 알고 관계를 맺으라는 말입니다. 예수님을 배우고 알아야 아버지를 아는 것이니 저의 말을 들으라 하신 것입니다. 약1:18에 **자기의 뜻을 좇아 진리의 말씀으로 우리를 낳으셨느니라**고 하셨습니다. 그러므로 창조주 하나님이 우리의 아버지가 되시는 것, 나를 낳아 주신 분에게만 부르는 이 호칭, 해산의 수고를 통해서 낳은 관계에서만 부를 수 있는 호칭, 바로 우리의 아버지입니다.

예수님께서 자녀를 두시기 원하신 하나님의 뜻을 삼 년 반 동안 전하시다가 십자가에서 피 흘리는 해산의 고통을 겪으셨어요. 돌로 맞고, 침 뱉음 당하시고, 채찍으로 맞아 피 흘리시고, 머리에 가시관 쓰시고, 십자가에서 양발과 양손에 대못으로 박혀 피 흘리시고, 달려서 창으로 옆구리를 찔려 피 흘리시고, 피 한 방울 물 한 방울 남기지 않고 다 흘려주신 피, 사흘 동안 무덤에 들어가셔야만 했던 그 하나님의 엄청난 경험을 통해서 우리를 낳으셨습니다. 아버지라 하니까 그냥 막연히 관계도 모르면서 부른 것 아니에요? 그렇게 막연하니까 부르기가 왠지 껄끄러우니 꼭 의붓자식처럼 주워다 기른 자식처럼 껄끄러우니까 그냥 주여 주여 하나님 하나님만 부르는 것 아니겠습니까?

아버지! 얼마나 좋습니까? 아버지! 하늘에 계신 아버지, 아버지……. 여러분, 참으로 예수님이 피 흘려 낳아주신 관계라는 믿음에서 아! 하나님이 내 아버지시구나! 예수님이 피 흘려 나를 낳아주셨구나! 하는 그 믿음에서 하나님이 여러분의 아버지입니까? 자기 속에 그 아버지가 오셔계신 그 확증의 믿음이 있습니까? 성영님이 여러분 안에 그 확증의 믿음을 주셨습니까? 그러면 아버지 한번 크게 불러보세요. 예수님의 피로 나를 낳으신 하늘에 계신 아버지 외쳐 불러보세요. '아버지!' 얼마나 좋습니까? 아버지, 아버지가 돌보신다고 하잖아요. 아버지가! 양육하신다 하셨잖아요? 염려 말라 하셨잖아요? 염려 말라! 예수님께서 너희 아버지가 다 아신다……. 그 아버지가 저 멀리 하늘에만 계신 것이 아니고 나와 함께 계시려고 성영님으로 내 안에, 여러분 안에 오셔계신 겁니다.

자녀는 당연히 아버지의 양육을 받을 권리가 있습니다. 상속받을 권리가 있습니다. 우리는 하늘에 계신 아버지의 자녀이니 말씀으로 양육하시고 성영님으로 기르시고 아버지 것을 상속받는 자가 되게 하시는 겁니다. 다른 집 자식이 내 자식보다 잘났다고 해서 불러다 상속해주지 않습니다. 내 자식이 부족하고 못났어도, 그래도 아버지의 상속자는 아들입니다. 예수님께서 가나안 이방 여자에게 '내 자녀가 먹는 떡을 빼앗아서 개들에게 주겠느냐?' 하셨습니다. 네가 자녀이면 하늘에 계신 아버지께 기도하라. 네가 자녀이면 아버지 것이 네게 오게 되어 있다고 가르쳐주신 것입니다.

그다음 **하늘에 계신 우리 아버지여** 하신 하늘은 어떤 하늘인가? 성경은 세 종류의 하늘과 그 하늘마다 일어나는 사건들이 있음을 기록해놓았습니다. 신10:14에 **모든 하늘의 하늘과** 느9:6에 대하2:6에 **하늘과 하늘들의 하늘과** 시68:33에 **하늘들의 하늘을 타신 자에게**

찬양하라 해서 이같이 여러 하늘이 있는 것을 알 수 있습니다. 고후 12:2에 **그가 셋째 하늘에 이끌려 간지라** 했는데 곧이어 4에서 그 셋째 하늘을 낙원이라고 했습니다. 사도 바울이 자기가 어떻게 갔는지는 모르지만, 셋째 하늘, 하늘들의 하늘로 이끌려 갔는데 그곳을 낙원이라 말하고 있어서 바로 우리 아버지 계신 하늘이 셋째 하늘임을 알 수 있습니다. 셋째 하늘을 원어로는 '우라노이스'라고 하는데 '하나님께서 보좌를 펴고 계신 하늘이라'는 뜻입니다. 그다음 하나님이 계신 하늘을 히9:24에 **참 하늘**이라고 했습니다. 그것은 그 어떤 부정적인 것들이나 요소가 미칠 수 없고 오직 하나님의 영광으로만 충만한 곳, 하나님의 생명(빛)으로만 충만한 곳, 하나님만 계신 하늘이라는 뜻입니다.

그다음 엡6:12에 **우리의 씨름은 혈과 육에 대한 것이 아니요 정사와 권세와 이 어둠의 세상 주관자들과 하늘에 있는 악의 영들에게 대함이라** 했는데, 악의 영들이 어디 있다고요? 하늘! 사단과 그 영들이 하늘에 있다는 말입니다. 그러니까 관계도 모르면서 무조건 '주여, 주여!' '하나님, 하나님!' 하고 불러대면 하늘의 공중권세 잡은 악의 영(귀신)들이 '내가 주다.' 하고 달려든단 말입니다. 계8:13에 **내가 또 보고 들으니 공중에 날아가는 독수리가** 했는데 여기 공중은 원어 상으로는 '중간 하늘'입니다. 그래서 악의 영들이 있는 하늘을 원어로 '에프라니우스'라고 하는데 바로 중간 하늘을 말하는 것으로서 이같이 대기권을 넘어서 그 위쪽에 있는 하늘, 중간 하늘이 악한 영들의 거처라는 것을 알 수가 있습니다.

그다음 대기권, 모든 피조물이 숨을 쉬고 사는 하늘을 첫째 하늘이라고 하는데 헬라어로 '아에르'라고 합니다. '시간 세계'란 말입니다.

그런데 우리가 사는 이 하늘이 어떤 영향을 받고 있는가 하면 엡2:2에 **그때에 너희가 그 가운데서 행하여 이 세상 풍속을 좇고 공중에 권세 잡은 자를 따랐으니 곧 지금 불순종의 아들들 가운데서 역사하는 영이라** 해서 바로 악한 영의 영향을 받고 있다는 것을 분명히 말했습니다. 사단과 그의 영들이 공중(중간 하늘)에 거처하며 창조주 하나님을 가장하여 세상 임금 노릇을 한다고 했잖아요? 세상을 지배하고 임금 노릇을 하고 있다는 말입니다.

그래서 믿는 것은 성경의 지식을 따라서 믿고, 기도도 성경의 지식을 따라서 기도하는 것인데, 그 지식 없이 사람의 가르침을 따라서 믿는다고 하고 있기 때문에 악한 영들의 타깃이 되는 것입니다. 예수님에 대하여 지식이 없이, 지식을 따라 된 믿음이 아니니 사귐을 갖지 못하고 하나님만 부르고, 하늘에 계신 아버지 예수님을 구주로 보내신 하늘의 아버지를 부르지 못하고 '주여'로 관계를 맺으려 하니 다 악한 영들의 속임에 붙들려서 그것이 관계를 잘못 맺고 있는 것인지 감히 생각도 못 하는 겁니다.

롬10:2에 **내가 증거하노니 저희가 하나님께 열심이 있으나 지식을 좇은 것이 아니라** 열심이 있는데 말씀대로 하지 않았단 말입니다. 지식을 좇은 것이 아니라 하나님의 의를 모르고 자기 의를 세우려고 힘써 하나님의 의를 복종치 아니했다는 말입니다. 정말 사람들이 말입니다. 하나님께 대한 열심이 있으나 그것이 하나님의 지식을 따라 행하는 것이 아니더란 말입니다. 너무너무 아니더라. 자기 생각을 좇아 행하는 데, 자기 의를 세우는 데 힘쓰고 있는 것입니다. 교회를 좇아서 힘쓰고 있는 거예요. 목사 방식을 좇아서 힘쓰고 있는 겁니다. 사람이 세운 제도를 좇아 행하는 데만 열심입니다. 자기가 지금 성경의 가르친 말씀대로 하나님과 관계가 바로 되었는가? 살펴볼 줄을 도무지 모릅니다. 그런 관심도 없어요. 그러니 다 하나님을 귀신 섬기듯 하고 있는 겁니다. 예수님의 이름은 들어서 알고 있는 정도고 하나의 포장 정도이지, 정말 얼마나 말씀을 인간의 말로 바꾸어서 믿음을 타락시키고 있는지 말로 다 할 수 없습니다. 그러면 여러분은 하나님의 지식을 좇아 하나님의 의를 세우는 자가 되게 하려고 이렇게 밝히 가르쳐 드리는 이 가르침을 얼마나 귀하게 여기고 자기의 신앙으로 받아 삼고 있는지는 모르겠습니다만, 믿음을 똑바로 배워서 똑바로 믿는 자가 돼야 할 것입니다.

그래서 우리가 하늘에 계신 우리 아버지께 기도하는 것은 시간 제한 없습니다. 장소 제한 없습니다. 언제나 어느 곳에서나 기도하며 삶이 되는 것이 기도입니다. 기도의 대상은 '주여!'가 아니라 '하나님!'이 아니라 예수님을 구주로 보내신 하늘에 계신 '아버지'입니다. 예수님의 이름으로 살고 예수님의 이름으로 아버지께 기도하는 것입니다. '주'가 이름이 아니란 말입니다. 자기도 모르는 관계가 돼서 남들이 예수님의 이름으로 하니까 '예수 이름으로 하는가 보다' 하는 것이 아닙니다. 관계를 자기가 분명히 알고 그 믿음이 돼서 기도할 때에 악한 영들의 타깃이 되지 않고 속지 않는 거예요.

예수님께서 우리에게 기도의 본을 보이시고 하나님과의 관계를 분명히 해주셨음에도 사람들이 예배의 기도할 때 거룩하시고, 사랑이 많으시고, 자비하시고, 전능하시고, 무소 부재하시고 하는 이런 격찬의 말들을 하게 되는 것은 왜 그런가? 하나님과 예수님과 자기와의 관계가 불확실하기 때문에 그렇습니다. 관계가 불확실하니 그걸로 맺어보려고, 하나님을 높이는 말들로 감동하게 하려고 하는 것이란 말입니다. 구약의 주 여호와께 기도한다고 하면 이런 격찬의 수식어들이 다 따라붙어야 하겠지요. 그러나 아들이면 아버지께 그런 수식어들이 필요치 않습니다. 진짜 아들이면 아버지가 거룩하신 줄도 자비하신 줄도 무소 부재하신 줄도 다 압니다. 아들이 아버지 아는 거잖아요? 예수 그리스도를 통하여 아버지와 아들의 관계가 되었으면, 예수님을 알고 맺은 관계이니 아버지를 아는 것 아니겠습니까? 무소 부재하신 분인 줄도 알아요. 거룩하신 분인 줄도 알아요. 전능하신 분인 줄도 알아요. 은혜가 넘치는 분인 줄도 알아요. 자비하신 분인 줄도 알아요. 아들이면 이 아버지를 아는 것입니다. 자기 아버지를 모르는 아들이 있을 수 없습니다. 그래서 아들이기 때문에 '아버지' '하늘에 계신 아버지' '아버지 하나님'이라고 부르는 그 속에 사랑도, 은혜도, 용서도, 긍휼도, 자비도, 돌보심도, 양육하심도, 징계하시는 일도, 아버지면 징계도 하시잖아요? 징계 없으면 사생자지요. 잘못 가면 아버지가 징계합니다. 매도 드십니다. 징계하심도, 믿음도, 감동도 다 포함하고 있는 끊을 수 없는 관계, 그래서 "아버지!"하고 부르는 것입니다.

아버지의 자녀이면 보호와 양육을 받고 아버지의 것 엄청난 복을 상속받는 것이니, 그래서 **하늘에 계신 우리 아버지여** 하고 관계부터 정확히 알려주셨습니다. 아버지의 보호를 받고 아버지의 양육을 받고 아버지의 것을 누리며 살기 원해서 아버지께 기도하는 겁니다. 예수님 안에서 아버지의 가족이 되었으니 아버지께 늘 기도로 대화하며 그 삶을 사는 것입니다. 독생자 아들도 아끼지 않고 내주셨는데 모든 것을 우리에게 선물로 주시지 않겠느냐고 하신 그 하늘 아버지의 깊은 사랑, 하늘에 있는 모든 것을 다 내주시기 원하시는 아버지를 더욱 깊이 깨닫고, 오늘 아버지와 아들의 절대적인 관계로서 경험하시는 기도가 되기를 예수님의 이름으로 간절히 축복하며 1부 말씀, '하늘에 계신 우리 아버지여'의 말씀을 여기서 맺습니다.

아버지! 하나님이 우리의 구주시니 감사합니다. 하나님이 우리의 아버지시니 감사합니다. 성영님이 이 모든 말씀을 깨닫게 하시고 가르쳐 바른 믿음 되게 하시니 감사합니다. 예수님의 이름으로 아멘

너희는 이렇게 기도하라 2
이름이 거룩히 여김을 받으시오며

　예수님이 너희는 이렇게 기도하라고 가르쳐주신 기도에서 첫 번째 말씀드린 '하늘에 계신 우리 아버지여'를 여러분의 말씀으로 받았습니까? 오늘은 두 번째 **이름이 거룩히 여김을 받으시오며** 입니다.

　우리 그리스도인들에게 불행은 생활의 가난도 아니고, 어려움도 아닙니다. 자기 속에 부정적인 것들을 품고 있어서 불행입니다. 하나님은 부정적인 요소가 없으십니다. 하나님(아버지와 아들과 성영님)은 생명과 의와 창조와 부유와 건강과 영생과 기쁨과 평안과 행복의 요소만이 충만하십니다. 부정적인 것은 어디서 나온 것이냐? 사단입니다. 그래서 생각과 마음이 부정적이면 자기도 불행할 뿐만 아니라 자기 주변도 불행을 끼쳐주는 겁니다. 속이 부정적이면 언제까지나 하나님의 복을 경험할 수 없을뿐더러 성영님이 함께하실 수가 없습니다. 그렇기에 혹이라도 자기 속이 부정적인 측면이 있다면 깨끗이 치워내는 일을 힘써 하고 하나님의 요소들을 채우는 새 피조물의 복을 얻도록 해야 할 것입니다.

　지난번에는 '하늘에 계신 우리 아버지여' 해서 우리가 그 관계에 대해서 깨달아 보았고, 그러므로 기도의 주소는 하늘에 계신 아버지에게 하는 것을 깨달아 보았고, 그다음 기도의 첫째가 **이름이 거룩히**

여김을 받으시오며인데 설명하자면 '아버지의 이름은 세상 중에서 구별되신 영광 받으실 이름이시며, 그 거룩하고 존귀하신 아버지의 이름이 나에게 또는 우리에게 계시니 이름에 영광을 돌립니다. 아버지의 이름을 찬양합니다. 아버지의 이름을 사랑합니다. 거룩하신 그 이름으로 우리가 복을 얻었사오니, 영원토록 영광 돌리오니 영광 받으옵소서. 세상 모든 사람으로 하여금 구별되신 아버지의 이름에 영광 돌리게 하여 주옵소서.' 하는 말입니다. 이렇게 진정으로 아버지의 이름에 영광을 돌리는 뜻을 사람이 입으로만 외워서 하는 것만 있다면 거기에 인격은 없습니다. 인격적으로 가진 뜻이 되고 그것을 기도하며 영과 혼과 삶으로 아버지의 이름이 거룩히 여기심을 받으시도록 하는 삶, 거룩한 삶을 사는 것까지를 말합니다. 우리가 기도를 수십 번, 수백 번, 수천 번했다 해도 기도한 자기의 삶이 기도와 같지 않다면, 최소한 그 믿음의 노력을 성영님을 의지해서 하지 않으면 그것은 거짓입니다.

　그러면 '이름이 거룩히 여김을 받으시오며' 하셨으니 그 아버지의 이름이 무엇이냐? 이름을 알아야 거룩히 여김을 받으시는 아버지의 이름인 줄을 알지 않겠습니까? 아버지의 이름을 알아야 그 이름이 내게 있어 영광을 돌리고 그 이름을 우리에게 주신 아버지께 감사하고 찬양하고 살지 않겠는가 말입니다. 그러면 아버지가 이름이라고 했습니까? 아버지는 관계에 대한 호칭이지요? 자녀의 부르는 호칭이지 이름이 아니라는 것 이제 다 아십니다! 그러면 하나님이 이름이라고 했습니까? 유일신을 의미한다는 것 말씀드렸습니다. '유일한 신이 천지를 창조하셨다.'라고 하는 것이지요. 그래서 우리가 믿는다 할 때에 '하나님은 즉 엘로힘은 유일한 신으로 창조주시다.' 하는 것부터 믿는 것이지만, 그러나 창조주라는 것만 알고 있다면 그것은 하나님과 자기와 창조주와 피조물의 관계밖에 되지 않는 것이라고 말씀드렸습니다. 그것은 믿지 않는 사람들과 똑같은 모습밖에는 안 됩니다.

그러면 거룩히 여김을 받으셔야 하는 그 이름이 무엇이냐? 물론 아버지의 이름이 무엇이냐 한다면 구약에서는 '여호와'이셨고, 신약에서는 '예수님'이라고 한다는 것 다 알고 있습니다. 만일 예수님의 교회 성도가 그것 모르면 자기 신분 숨기고 몰래 숨어들어온 간첩이지요. 하나님께 자수해서 광명 찾아야 하지요. 그러면 구약은 여호와이셨고 신약은 예수님이라는 것으로만 아는 것은 온전히 아는 것이 아닙니다. 온전한 믿음도 능력도 되지 못합니다. 하나님께서는 창조주만 되시는 것이 아니라 창조주 하나님이 어떤 분이신지 하나님께서 무엇을 하시는 것인지 때마다 자신을 이름으로 드러내시고 알려주셨습니다. 어떤 사건 어떤 계기를 통해서 하나님이 어떤 분이신지 믿음의 사람으로 경험케 하여 '아! 하나님은 이런 분이시구나!'를 알게 하셨습니다.

다시 말해 이름으로 하나님 자신을 드러내시는 것으로서 하나님의 뜻이 전달되도록 하셨다는 말입니다. 사람이 하나님을 아는 방법을 여러 가지로 말할 수 있지만, 정확하게 알 수 있는 것 바로 이름을 통해서입니다. 창조주 하나님이 어떤 분인가? 그같이 이름으로 알려주시면서 또한, 하나님께 나오는 자들이 그 이름을 받아 이름이 주시는 엄청난 복을 경험하며, 그 이름을 사랑하고 그 이름으로 살기를 원하시고 원하신 것입니다. 그래서 우리가 이름을 하나하나 알면서 자기의 이름으로 받아 능력이 되고, 아버지 하나님의 우리를 향한 사랑이 얼마나 깊으신 사랑인지 그 사랑의 마음을 깨달아 볼 수 있어서 이름에 영광을 돌려야 합니다. 아셨습니까?

　사람들이 말입니다. 자기가 하나님께 대하여 누구인가? 하는 것에 대해서 너무 감각이 없습니다. 종교는 하나 있어야 하는 것이 좋다는 식으로 믿는다고 나와 자기 위로나 되고자 하는, 하나의 액세서리 정도로만 자리매김해 놓고 믿는다고 하고 있단 말입니다. 그저 하나님을 이용할 수 있으면 이용해보겠다는 심사로 믿는다고 하는 겁니다. 그러니 생각하는 것도 말하는 것도 꿈을 꾸는 것도 다 세상 위주요 세상 것에다 두고 있습니다. 예수님이 이렇게 기도하라고 가르쳐주신 기도는 이름이 거룩히 여김을 받으시오며 열심히 하기는 하는데 그러면 그 이름이 뭐냐고 물으면 뭐라고 대답합니까? 하나님이 이름인 줄로 아는 겁니다. 하나님이 이름이 아니냐 하는 식이 돼 있습니다.

　제가 지난번에 **하늘에 계신 우리 아버지여**에서 아버지의 이름이 '하나님'도 아니요,'주'도 아니다. 이름을 알지 못하고 '주여! 주여!' 하게 되면 거짓 신을 부르는 것이 된다고 하지 않았습니까? 제가 그날 밤에 늦은 시간에 잠깐 기독교 TV 채널을 틀었는데 틀자마자 어떤 목사가 제 말을 반격하듯 하는 말을 하고 있었습니다. "복음은 바로 기쁜 소식으로 예수 그리스도다. 예수 그리스도인데 그분을 통해 우리의 죄를 용서해주시고 구원받아 하나님의 자녀가 되었다. 그래서 우리가 예수님은 내 구주요 내 생명이시다 하는 그 믿음을 가져야 복음을 가진 것이다." 하는데 아! 여기까지는 진리를 말하니 듣는 데 얼마나 좋습니까?

　그러면서 교인들에게 그 말을 따라 하라고 하니, 긴말이라 못 따라 하니까 못 따라 할 줄 안다고 하며, 또 그것을 축소하면 "예수님은 내 구주 내 생명이다"가 된다. 또 그것을 더 간단하게 하면 "예수

내 구주"가 된다. 또 그것을 더 간단하게 한다면 "주여"가 된다. 우리가 간단하게 부르는 그 "주여" 그 한 마디 속에 "예수 내 구주"가 다 들어있다. 그렇기 때문에 우리 한번 주여 불러보자 하고 제가 여러분에게 '아버지!' 부르라고 했던 것처럼 똑같이 '주여!' 하고 외쳐 부르게 하더란 말입니다. 그리곤 그래서 성경에 "주의 이름을 부르는 자는 구원을 얻으리로다"라고 기록이 되어 있다고 말하고 있었습니다. 그러면 여러분! '주의 이름을 부르는 자는 구원을 얻으리로다'라고 한 그 주의 이름이 '주'입니까? 주의 이름이 뭐예요? 예수님입니다. 예수님의 이름을 말하는 것입니다. '주의 이름을 부르는 자'는 한 것이지 '주여'를 부르는 자는 한 것이 아니에요. 그런데 결론으로 그것을 '주여'로 부르라고 하더란 말입니다. 제가 순간 느낀 것은 아! 내 말을 반격하는 것이구나. 왜 반격입니까? 지금까지 너무나 잘 속고들 오고 있는데, 거짓과 사단의 세계를 다 들어내고 있으니 영의 세계에 비상이 걸렸지 않겠어요? 그러니까 네가 암만 들춰내도 이들에겐 변함없이 내가 '주다 하는 것을 보란 듯이 들으라는 듯이 반격하고 들어온 것이라는 것을 순간 느낀 것입니다.

이름이라는 것은 그 사람을 대신합니다. 눈앞에 없어도 이름을 말하면 그를 그냥 알고 떠올립니다. 그래서 이름은 그 자신을 대신하는 것입니다. 그렇기에 예수님의 기도를 하는 우리가 아버지 하나님의 이름이 무엇이며 이름으로 주신 그 엄청난 복이 무엇인가 하는 것부터 확실히 배우고 알고 하는 기도, 믿음의 기도를 하자는 말입니다. 출3장에 애굽의 종살이하던 이스라엘 백성을 그곳에서 건져내어 가나안 땅으로 인도하라 말씀하신 하나님께 모세가 물어봅니다. "내가 이스라엘 자손에게 가서 너희 조상의 하나님이 나를 너희에게 보내셨다 하면 그들이 내게 묻기를 그의 이름이 무엇이냐 하리니 내가 무엇이라고 그들에게 말할까요?" 했을 때 "나는 스스로 있는 자니라 스스로 있는 자가 보내셨다 하라 너희 조상의 하나님 곧 아브라함의 하나님, 이삭의 하나님, 야곱의 하나님 여호와라 하는 이가 보내셨다 하라 이는 나의 영원한 이름이요 대대로 기억할 나의 표호니라" 하셨습니다. **대대로 기억할 나의 표호!**

그러니까 나는 스스로 있는 자다. 나는 나다. 나를 지은 자도 없고 나 외에는 다른 신은 없다. 영원 전부터 영원까지, 즉 시작도 없고 끝도 없는 스스로 존재하시는, 그 이름을 여호와라 하는데 '아브라함과 이삭과 야곱의 하나님으로, 그 후손 이스라엘이 대대로 기억할 표호다 칭호다.'라고 하나님 자기의 이름을 '여호와'라고 가르쳐주셨습니다. 이같이 모세에게 이름을 알려주시면서 그 뒤 출6장에서 여호와 이름의 뜻을 알 수 있게 하셨습니다. 출6:6에 **이스라엘 자손에게 말하기를 나는 여호와라 내가 애굽 사람의 무거운 짐 밑에서 너희를 빼어 내며 그 고역에서 너희를 건지며 편 팔과 큰 재앙으로 너희를 구속하여** 했습니다. 여호와라 하시고 뭐하신다고요? 이스라엘 백성을 애굽에서 구원하시겠다는 것입니다. 7에 **너희로 내 백성을 삼고 나는 너희 하나님이 되리니 나는 애굽 사람의 무거운 짐 밑에서 너희를 빼어낸 너희 하나님 여호와인 줄 너희가 알지라** 했습니다. 그러니까 6에서는 죄에 묶인 인간을 마귀의 속박에서 구원해내신다는 뜻이고, 7은 그 무거운 짐 밑에서 구원해내신 분이 여호와인 줄 너희가 알라는 말씀입니다. 그다음 8에 **내가 아브라함과 이삭과 야곱에게 주기로 맹세한 땅으로 너희를 인도하고 그 땅을 너희에게 주어 기업을 삼게 하리라 나는 여호와로라 하셨다 하라** 하셨습니다.

하나님께서 아브라함과 이삭과 야곱과 맹세한 땅이 어디입니까? 가나안 축복의 땅이라고 하는데 가나안은 무엇을 상징합니까? 천국입니다. 그래서 여호와 이름의 뜻이 첫째, 마귀의 속박에서 구원하신다는 것이요. 둘째, 그들은 하나님의 백성이 되고 하나님은 그들의 하나님이 되신다는 것이요, 셋째, 가나안 축복의 땅으로 들이신다는 것입니다. 창세기에 창조 때 아담이 선악과의 죄를 범하기 전 창2:4에서부터 여호와 이름이 등장했습니다. 그래서 모세에게 이름의 뜻을 알리신 것을 통해서 창조 때부터 여호와의 이름을 드러내신 뜻을 알 수가 있게 된 것입니다. 다시 말해 하나님께서 사람을 짓기 전에 이미 사람을 구원하시는 뜻을 가지셨다는 것, 그래서 아담이 죄를 짓자 양의 피를 흘려 그 가죽으로 용서의 옷을 입혀주셨고, 동생을 시기하여 살인한 가인이 죽음을 두려워하자 아무도 그를 죽이지 못하도록 표를 주심으로서, 이제 살기를 원하는 자는 살려 주신다는 구원의 표가 되게 하셨습니다. 살리시는 것이 하나님의 뜻이므로 죄지었으나 살기를 원하는 자는 죄를 용서하고 구원하여 하나님의 나라에 들이신다는 것을 창조하실 때 여호와의 이름을 드러내시는 것으로 알 수 있게 하셨습니다.

그래서 여호와 이름의 뜻이 첫째는 구원하시겠다는 언약의 이름이고, 둘째는 언약 안에 들지 않은 자는 심판하신다는 심판의 이름입니다. 구원과 심판을 담은 이름이라는 말입니다. 그래서 이스라엘에게 이름으로 구원과 심판을 선포하시고 그 이름은 **영원히 대대로 기억해야 되는 칭호**라고 하셨습니다. 그런데 출6:3에 **내가 아브라함과 이삭과 야곱에게 전능의 하나님으로 나타났으나 나의 이름을 여호와로는 그들에게 알리지 아니하였다**라고 했어요. 여호와란 이름을 알리지 않았다는 말이 아니라 창15:7에 **나는 너를 갈대아 우르에서 이끌어 낸 여호와로라**고 하나님께서 이름을 아브라함에게도 알려주셨는데 그 이름의 뜻은 알리지 않으셨다는 말씀입니다. 아브라함에게는 구원하시는 하나님이라는 그 뜻에 대해서는 알리지 않으셨고 **나는 여호와로라**고 이름만 밝혀주셨던 것입니다.

그러면 이름의 뜻은 누구에게 말씀하셨다고요? 모세에게. 그래서 출6:2에 먼저 모세에게 **나는 여호와로라**고 이름부터 반포하셨습니다. 구원하시는 일을 반드시 행하실 것이라는 하나님 자기 의지를 분명히 이름으로 선포하신 뜻입니다. 그렇게 이름과 함께 이름의 뜻을 모세에게 알리시고 난 다음 8에서 이제 이스라엘을 향해서 **나는 여호와로라** 하라고 명하셨습니다. 첫째는 모세에게 이름과 뜻을 알려주셨고, 그다음 이스라엘에 바로 **여호와로라** 선포하라고 하신 것입니다. 즉 이스라엘을 애굽의 노예 생활의 그 고욕에서 구원하여 주시는 하나님이라는 것을 이스라엘에 선포하라 애굽의 바로에게 선포하라 하신 겁니다. **나는 여호와라 나는 여호와라** 여호와가 온 세상에 이름으로 선포하신다는 겁니다.

스스로 존재하시는 하나님, 절대로 변개치 않으시는 하나님의 선포라는 것입니다. 하늘은 무너질지라도 땅이 꺼질지라도, 세상이 변할지라도 절대로 변하지 않는, 유일하신 신의 선포라는 것입니다. 내 입에서 나간 말은 반드시 이룰 것인데 듣는 자는 살 것이요, 듣지 않는 자는 심판하신다는 것을 **나는 여호와로라**라는 이름으로 선포하신 것입니다. '나는 여호와로라.'라는 이름으로 구원과 심판하시는 하나님 되심과 하나님의 절대적 의지를 표명하신 겁니다. 그래서 여호와, 구원과 심판의 뜻을 가진 이름을 세상 가운데 중앙에다 세우시고 영원히 기억하라고 하셨습니다.

그다음 창세기 22장에 아브라함이 이삭을 번제로 드린 사건이 있습니다. 이삭 대신에 번제가 되게 하신 것이 무엇입니까? 바로 수양을 이삭 대신 번제가 되게 하려고 어떻게 하셨다고 했습니까? 예비해 두셨다. 준비해 두셨다. 그래서 아브라함이 하나님을 **여호와 이레** 즉 구원을 준비하시는 하나님이신 것을 알게 되었어요. 아브라함이 경험하므로 구원하시는 하나님이신 것을 알게 되었습니다. 아까 하나님께서 자기 이름의 뜻을 아브라함에게 알리셨다 했습니까? 이름의 뜻은 알리지 않았다고 말씀드렸지요? '나는 구원의 하나님이다.'라고 알리지 않았단 말입니다. 아브라함은 하나님께서 자기 경험으로 알게 하신 것입니다.

그러니까 '이삭을 번제로 드리라는 말씀만 하셨지 죽음에서 구원하시는 하나님이다. 이삭을 죽임당함에서 구원할 것이다.'고 말씀하시지 않았습니다. 번제는 칼로 죽여서 각을 떠 불에 태우는 것을 말합니다. 믿음은 자기 이성으로는 이해가 되지 않아도 순종하는 것이 믿음입니다. 내 생각에 합리적이지 않아도 순종하는 것임을 아브라함으로 가르치시는 것입니다. 아브라함이 하나님을 믿고 순종할 수 있는지 자기 믿음을 시험해보도록 이삭을 번제로 드리라 하셨습니다. 그 시험에 지체하지 않고 이삭을 데리고 모리아 산으로 가서 결박하여 칼로 내리치려는 순간 하나님의 사자가 급히 손대지 못하게 막으시고 준비해두신 수양으로 번제를 드려 이삭은 죽음에서 살아난 것입니다. 그래서 아브라함은 하나님의 마음을 가진 자임이 증명되었고, 믿음이 산 자임이 증명되어서 믿음의 조상이 되었습니다.

이삭은, 구원의 주이신 독생자의 언약을 이루실 것을, 이삭을 주시는 것으로 보인 예표요, 밧줄로 결박을 받고 죽음의 위기에 처한 것은, 죄로 꽁꽁 묶여 사망으로 끌려가는 인간의 모습을 상징하고, 인간의 죄를 대신하여 형벌을 받으실 분을, 하나님께서 친히 준비하셨다는 것을 수양을 준비해두신 것으로 보이셨습니다. 이삭이 살아난 것은 예수님이 죽지만 다시 사실 것에 대한 예표요, 이로써 인간이 죽음에서 생명 얻게 될 것을 보이셨습니다. 그래서 하나님께서는 예수님과 그를 믿는 사람을 하나로 보십니다. 왜냐? 하나님이 친히 준비하신, 독생자와 독생자를 믿는 그와 한 몸을 이루어서 하나가 되는 것이 하나님의 뜻이기에, 그것을 이삭으로 보이신 것입니다. 그래서 아브라함과 이삭의 사건으로 예수님의 죽으심과 사심에 대해 사람에게 있어야 할 믿음, 즉 예수님과 함께 죽고 예수님과 함께 산 것이 되었음을 아브라함(사람)의 믿음이 동의한 것이 되었다는 것을 알 수가 있는 것입니다. 할렐루야! 이해됩니까?

그래서 창22:14에 **아브라함이 그 땅 이름을 여호와 이레라 하였으므로 오늘까지 사람들이 이르기를 여호와의 산에서 준비되리라 하더라** 했습니다. 창세기를 모세가 기록했기 때문에 모세 시대까지 사람들이 아브라함과 이삭의 사건에서 나온 여호와 이레, **여호와의 산에서 준비되리라**는 말을 했다는 말입니다. 그러면 모세 때는 여호와의 산에서 준비된 것이 무엇입니까? 하나님이 여호와 이레의 이름이 준비된 산, 이삭을 번제로 드리던 모리아 산, 바로 시내산으로 모세를 불러올렸습니다. 그리고 여호와께서 구원을 위하여 준비하신 분이 오셔서 피 흘려주실 때까지 그 예표로 정결한 소나 양을 번제로 드리라는 법도 준비하시고 번제가 될 제물도 다 준비하셨습니다.

그래서 아브라함이 하나님은 여호와 이레라는 것을 자기 경험으로 알게 됐습니다. 이레의 하나님, 친히 번제물을 준비하신 하나님이심을 알게 되어 하나님의 이름을 '여호와 이레'라고 했습니다. 그러면 인간을 온전함으로 구원하시기 위해 하나님께서 친히 준비하신 분이 누구입니까? 바로 예수님입니다. 인간의 완전한 구원을 위해 미리 예비하신 분이 예수님입니다.

그다음 출15:26입니다. **가라사대 너희가 너희 하나님 나 여호와의 말을 청종하고 나의 보기에 의를 행하며 내 계명에 귀를 기울이며 내 모든 규례를 지키면 내가 애굽 사람에게 내린 모든 질병의 하나도 너희에게 내리지 아니하리니 나는 너희를 치료하는 여호와임이니라** 하셨습니다. 나는 너희를 뭐하는 여호와라고요? 치료하는 여호와! 원어로는 '여호와 라파'입니다. 여호와는 라파다. 치료하는 여호와임을 알려주셨습니다. 애굽 사람들에게 내린 모든 질병의 하나도, 세상에 들어온(내린) 질병, 몇 가지는 너희에게 내리고 그 외에는 내리지 않겠다는 말씀인가요? **모든 질병의 하나도 내리지 않겠다** 하셨습니다. 여호와의 말을 청종하고 하나님 보시기에 의롭게 살고 계명에 귀 기울여 의롭게 살면 하나도 내리지 않겠다고 하셨습니다.

그러니까 하나님은 믿는 자에게 병 주는 하나님이 아닙니다. 그런데 믿는다는 사람들이 병이 드는 이유가 무엇인가? 출15:26의 말씀이 그 해답입니다. 하나님의 치료는 완전합니다. 이 치료의 말씀을 하시기 전에 마라의 쓴 물 사건이 나옵니다. 여행 중에 마실 물이 없어 사흘 동안 물을 찾아다니다 마라라는 곳에서 물을 만났지만, 그

물이 써서 마실 수가 없자 모세의 기도로 하나님께서 단물이 되게 하셨습니다. 쓴 물이 단물이 된 것은 영혼의 고침 받음을 의미합니다. 그리고 26에서 **질병의 하나도** 했을 때는 육체의 병을 말합니다. 영을 고치시고 육체를 치료하시는 하나님이라는 말입니다. 그리고 **나는 너희를 치료하는 여호와임이니라** 하셨을 때는 영혼을 고치시고 육체를 치료하시는 하나님이심을 말씀합니다. 그리고 곧바로 **그들이 엘림에 이르니 거기 물 샘 열둘과 종려 칠십 주가 있는지라 거기서 그들이 그 물 곁에 장막을 치니라** 했습니다. 이것은 하나님께서 평온한 안식, 쉼, 넉넉함, 영·혼·육을 만족게 하신다는 의미입니다. 하나님이 주시는 복의 완전함을 의미하는 겁니다. 그래서 영혼의 평안한 안식, 영육 간을 고치시고 만족게 하시는 하나님이심을 보이시면서 하나님은 여호와 이레가 되시고 여호와 '라파'가 되신다는 것을 알게 하셨습니다.

그러면 라파로 오신 분이 누구십니까? 바로 예수님입니다. 우리의 영과 혼을 고치시고 육체를 치료하심으로써 라파이심을 나타내신 분, 바로 예수 그리스도입니다. 마8:17에 **이는 선지자 이사야로 하신 말씀에 우리 연약한 것을 친히 담당하시고 병을 짊어지셨도다 함을 이루려 하심이더라** 하셨어요. 예수님께서 죄를 친히 담당하시고 병을 가져가셨다는 말입니다. 그래서 예수님이 죄의 마침이 되시고 병의 마침이 되셨습니다. 그래서 벧전2:24에서 **친히 나무에 달려 그 몸으로 우리 죄를 담당하셨으니 이는 우리로 죄에 대하여 죽고 의에 대하여 살게 하심이라 저가 채찍에 맞음으로 너희는 나음을 얻었나니** 했습니다. 바로 죄는 죽고 병에서 완전한 자유를 얻었다는 말입니다.

그러니 이렇게 완전한 자유를 얻게 하신 이 믿음이 돼야 하지 않겠습니까? 이 믿음이 되어 일생 악한 병이 들어 죽을 이유 없다. 병이 들 권리는 내게 없다. 나음을 얻은 권리만 있다. 이 믿음에 굳게 서야 하지 않습니까? 그런데 믿는다는 사람들이 다 보험들을 믿습니다. 보험들을 믿어! 큰 병들면 그 보험금 타서 쓰고 죽으려고 보험 의지하는 거지요. 그러니 악한 병 들어오지! 아니, 보험을 믿는데 병이 안 들어옵니까? 여러분 암보험 왜 들어? 혈압보험 왜 드느냐고? 병들면 고치려고 병들면 치료하려고… 그러니까 병 들어오는 겁니다. 세상 방법 다 따르면서 믿는다고 하는 이것이 과연 믿음인가? 저의 이 말은 보험 이야기만은 아닙니다.

　그러나 이것은 예수님을 믿은 제 믿음이고 제 믿음을 말한 것이니, 여러분은 여러분의 믿음대로 하십시오. 예수님은 나의 치료이시고 구원이시고 생명이시고 영생이시고 안식이시니 저는 누가 뭐래도 이 예수님을 믿는 것이기에, 그래서 저의 믿음을 말한 것입니다. 여러분도 예수님을 믿는 믿음이 되길 간절히 바라지만, 저의 이 같은 말씀에 혹이라도 "아, 그런가!" 하고 보험 안 들고 들었던 것도 해약하고 했는데, 이후 병들어 저 원망하지 말고 자기 믿음대로 하시란 말입니다. 그리고 교회 다니며 신앙 생활하는 중에 병들었는데 어쩌다가 저의 전하는 말씀을 듣게 되어서 하나님께 자기도 믿음으로 치료받겠다고 하여, 병원 치료받지 않는 무모함은 하지 마십시오. 병이 육체를 지배했다는 것은 그동안 인격적이지 않은 잘못된 믿음 생활을 하면서 하나님과 관계되지 않은 연고로 악한 병균(병을 주는 귀신)이 육체에 들어와 생긴 것이니, 그것은 하나님의 치료가 따르지 않습니다. 그러므로 병원 치료를 받는 것이 마땅하고, 회개해야 할 것들을 하나

하나 찾아서 철저히 회개하여 돌이키고 말씀을 들으면서 영적 사람으로 변화를 받아 믿음의 능력을 갖춰가야 합니다. 그리할 때 그동안 육체에 병을 주던 귀신이 더 역사하지 않게 되는 것입니다. 그러나 어떠한 경우든지 목숨을 죽이는 자를 두려워하지 말고 영혼이 구원받는 것을 위해 끝까지 믿음의 분투를 해야 할 것입니다.

예수님이 십자가에 죄를 못 박았습니다. 그래서 죄가 죽었습니다. 그것이 믿어져 감격으로 믿는 자는 이제 죄인이 아니라 의롭다 하셨습니다. 그러므로 이제는 죄 때문에 지옥 가는 것 아닙니다. '너 죄지었으니 지옥 간다.' '너 하나님께 심판받는다.' 할 권리가 없어졌습니다. 그래서 죄로 인해 들어왔던 질병도 나음을 얻었습니다. 죄가 죽었고 또 예수님이 채찍에 맞으심으로 나음을 얻었기 때문에 질병도 나아버린 것입니다. 이 믿음을 갖고 믿음으로 사는 자는 병이 들어오지 않는 것이지만, 때로는 본성이 올라와 행할 때도 있어, 혹 병이 들어온다 해도 즉시즉시 회개하고 고백하여 믿음에 서는 것입니다. 받아들일 이유가 없는 거예요.

"믿는 자들에게는 이런 표적이 따르리니 곧 저희가 내 이름으로 귀신을 쫓아내며 병든 사람에게 손을 얹은즉 나으리라(막16장)" 하셨으니 손 얹어 나음을 명하는 것입니다. 그러므로 병은 하나님이 주시는 것도 아니요, 병드는 것도 하나님의 뜻이 아닙니다. 예수님이 '라파'로 오셔서 병을 다 짊어지시고 채찍에 맞으심으로 나음을 얻게 하여 병의 마침이 되셨으니, 이제 우리는 죄와도 병과도 상관없습니다. 병에 속지 않아야 예수님의 거룩하신 이름에 영광 돌리는 것이 되는 것입니다. 그래서 예수님은 '라파'로 오셨습니다.

그다음 출17:15에 **여호와 닛시**라 했습니다. 이스라엘이 가나안 땅으로 나아가던 중에 아말렉이 이스라엘에 시비를 걸어와 싸움이 됐습니다. 여호수아가 백성의 진두에 서서 싸움에 나가고, 모세는 하나님이 들려주신 능력의 지팡이를 잡고 산꼭대기로 올라가 손을 들어 올렸어요. 모세가 손을 들면 이스라엘이 이기고 팔이 피곤해 손을 내리면 아말렉이 이기는 겁니다. 그래서 모세의 손을 내려오지 않게 양쪽 다 붙들어 올리고 있어서 싸움에 승리했습니다. 모세가 하나님의 지팡이를 손에 들고 손을 올린 것은, 하나님께서 자기 백성을 위해 싸우시니 승리한다는 승리의 표시였습니다. 하나님께서 우리와 싸워주시니 반드시 승리한다는 표로 손을 들고 있었습니다. 여호수아가 아말렉과 그 백성을 다 파하자 하나님께서 모세에게 **내가 아말렉을 도말하여 천하에서 기억함이 없게 하리라**고 하셨습니다. 모세가 하나님께 번제를 드리고 곧 하나님의 이름을 뭐라고 불렀어요? "여호와 닛시라" 즉 이기는 하나님이시라. 백성 앞에 승리의 깃발이라고 했습니다.

다시 말해 구원을 언약하신 하나님은 대적을 물리치시고 이기시고 멸하시므로 그의 백성에게 승리를 안겨주시는 여호와 닛시의 하나님이라는 것을 알게 되었단 말입니다. **가로되 여호와께서 맹세하시기를 여호와가 아말렉으로 더불어 대대로 싸우리라 하셨**다고 하셨습니다. 아말렉과 그 백성은 마귀와 졸개들을 의미합니다. 하나님을 대적한 마귀는 또한 하나님의 백성을 죽이려고 끊임없이 기회를 보며 쫓아다녔어요.

여호와께서 대대로 싸우신다고 맹세하신 것은 사망 권세를 깨뜨릴 구세주가 오실 때까지 이스라엘을 보호하신다는 말씀입니다. 그러므로 이 닛시, 아주 승리의 깃발이 되신 이름을 가지고 원수 마귀의 사망 권세를 깨시고 이기신 분이 누구입니까? 예수님입니다. 그렇기에 예수님께서 요16:33에 **세상에서는 너희가 환란을 당하나 담대하라 내가 세상을 이기었노라** 하셨다고 했습니다. 원수 마귀가 복음 전하지 못하도록, 예수님 믿지 못하도록 핍박하고, 이제 믿는 자는 사망으로 끌고 갈 수 없으니 핍박하는 겁니다. 믿음을 갖지 못하게 방해하여 속입니다. 그래서 "핍박하고 미워할 것이나 내가 세상을 이겼으니 너희는 두려워 말고 담대하라." 하신 것입니다. 그런데 믿는다고 아무나 이기는 것이 아니라 요일5:4에 **대저 하나님께로서 난 자마다 세상을 이기느니라** 했습니다. 세상을 이긴 이김은 바로 믿음이라고 했습니다.

그다음 삿6:24에 **여호와 살롬**이라고 했습니다. 여호와는 평강이라는 것을 알았다는 말입니다. 백성에게 평강 주시는 '여호와 살롬'이라는 것입니다. 사9:6에서 **이는 한 아기가 우리에게 났고 한 아들을 우리에게 주신 바 되었는데 그 어깨에는 정사를 메었고 그 이름은 기묘자라, 모사라, 전능하신 하나님이라, 영존하시는 아버지라, 평강의 왕이라 할 것임**이라고 이사야가 예수 그리스도의 탄생과 그분의 통치와 전능하신 하나님, 영존하시는 아버지(나를 지으셨다는 뜻에서), 평강의 왕이라고 예언하여 예수 그리스도만이 평강이요, 평안이요, 안식이라고 했습니다. 요14:27에서 예수님이 **평안을 너희에게 끼치노니 곧 나의 평안을 너희에게 주노라** 이같이 평안 주시는 하나님이 예수님이라는 것입니다. 그래서 예수님이 자기 안에 계시면 자기 안에서 평안이 운동하는 겁니다. 자기 안에서 운동이 있어야 합니다. 왜? 곧 평안이신 분이 자기 안에 와계시면 평안함이 당연히 따라야 하기 때문입니다. 자기 안에서 평안함이 늘 주장하고 운동함으로써 그 평안으로 세상을 능히 이기는 것입니다.

그다음 렘23:6에 **그의 날에 유다는 구원을 얻겠고 이스라엘은 평안히 거할 것이며 그 이름은 여호와 우리의 의라 일컬음을 받으리라**고 했습니다. 여호와는 자기 백성의 '의'라고 이름을 알게 하셨습니다. 원어로는 '여호와 찌두케누'로 바로 의가 없는 백성에게 의이신 여호와로 말미암아 구원을 베푸실 것을 말씀한 것입니다. 그러면 우리에게 '구원 얻는 의' '하늘 들어가는 의'가 되신 분이 누구십니까? 예수님입니다. 예수님만이 우리의 의가 되시고 예수님의 의로 하늘에 들어가는 것입니다.

그다음 다윗이 목자였던 자기에게서, 자기의 목자 되신 여호와 하나님을 보았습니다. 여호와가 자기의 목자가 되신다는 것을 하나님의 신에 감동하여 시23:1에 **여호와는 나의 목자시니** 라고 했습니다. 원어로는 '여호와 라하'입니다. 라하, 목자다. 목자는 양을 짐승의 공격으로부터 지키고 보호합니다. 짐승의 입에서도 기어코 뺏어냅니다. 푸른 초장을 찾아서 인도하여 좋은 꼴을 먹입니다. 그래서 목자가 희생적으로 양을 돌보듯이 여호와 하나님도 그 목자와 같으신 분임을 알았습니다. 그러면 양의 목자로 오셔서 하늘 영생으로 인도하신 분이 누구십니까? 예수님입니다. 예수님이 우리를 하늘 영생으로 들어가게 하는, 푸른 초장의 길로 인도하신 목자입니다. 그래서 예수님께서 요10:11에 **나는 선한 목자**라고 자신이 '라하'라고, 목자로 오셨다고 하셨습니다. 하늘로 인도하시는 목자입니다.

그다음 겔48:35에 **여호와 삼마**라고 했습니다. '삼마'는 '하나님이 우리와 함께 계신다.'입니다. 하나님이 자기 백성과 함께 계신다는 것을 이름으로 알려주셨습니다. 구약에서는 여호와가 성전에 이름을 두시고 함께 계셨습니다. '하나님이 우리와 함께 계신다.'가 히브리어로는 '삼마'인데 헬라어로는 '임마누엘'입니다. 그러면 임마누엘의 하나님이 누구십니까? 마1:23에 **보라 처녀가 잉태하여 아들을 낳을 것이요 그 이름은 임마누엘이라 하리라 하셨으니 이를 번역한즉 하나님이 우리와 함께 계시다 함이라** 이같이 예수님이 누구신지 명백하잖습니까? 하나님이 우리와 함께 계시려고 아주 성령님으로 우리 안으로 들어오셔서 함께 계시는 것입니다. 그러니 하나님이 우리 안에 오신 이 엄청난 복이 우리에게 있는 것입니다.

　하나님이 누구이신지 환상 본다고 아는 것 아니에요. 꿈에 봤다고 아는 것 아니에요. 바로 이처럼 이름으로 아는 것입니다. 하나님이 어떤 분이시냐? 이름으로 안다는 말입니다. 하나님은 이름으로 하나님 자신이 누구이신가를 알리셨습니다. 그래서 자기가 믿는다는 것 때문에 구원받았다고 착각하고, 자기의 원하는 복이나 받자는 심사로 믿는다고 하면, 이처럼 이름으로 하나님을 알게 하신 이 영적인 뜻에 대해서는 들리지가 않습니다. 뭔 말인지 머리만 복잡하다고 관심 안 둡니다. 하나님의 이름이 거룩히 여김을 받든 말든 자기와 상관이 없어요. 그냥, 자기는 자기 사는 동안 잘살게만 해주면 됩니다. 영적인 것은 머리만 복잡한 것입니다. 에이그~ 이런 것 생각하면 사실 내 마음만 힘듭니다.
　그래서 결론은 '예수' 그 이름에 여호와 하나님의 모든 이름이 있습니다. 그래서 예수님이 나는 아버지의 이름으로 왔다고 말씀하셨습니다. 요1:3에 **만물이 그로 말미암아 지은 바 되었으니 지은 것이 하나도 그가 없이는 된 것이 없느니라** 하셨습니다. 히1:10에 **주여 태**

초에 주께서 땅의 기초를 두셨으며 하늘도 주의 손으로 지으신 바라고 했습니다. 바로 예수님은 창조주, 엘로힘이라고 분명히 말하고 있습니다. 사람으로 오셨지만, 그분은 하나님이시오. 창조주입니다. 피 흘릴 수 있는 사람으로 오셔야 구원을 이룰 수가 있기에 하나님이 사람으로 구주의 이름 예수 이름을 가지고 오신 것입니다. 출3장에 '나는 스스로 있는 자니라.' 하셨는데 바로 주 예수 그리스도도 또한 히1:11,12에 **주는 영존하실 것이요 주는 여전하여 연대가 다함이 없으리라** 말씀하신 대로 예수님은 바로 스스로 있는 하나님입니다. 끝이 없는 분입니다.

골2:15에 **정사와 권세를 벗어 버려 밝히 드러내시고 십자가로 승리하셨느니라** 해서 예수님이 바로 '여호와 닛시'의 하나님입니다. 마1:21에 **아들을 낳으리니 이름을 예수라 하라 이는 그가 자기 백성을 저희 죄에서 구원할 자이심이라** 해서 바로 '예수' 그 이름이 자기 백성을 그 죄에서 구원할 여호와의 이름입니다. 바로 구원하신다는 이름, 여호와의 이름으로 오신 예수 그리스도라는 말입니다. 또한, 여호와 이레, 번제물로 친히 준비하신 분, 예수님께서 바로 '여호와 이레'잖아요? 그리고 요14:2에 **내가 너희를 위하여 처소를 예비하러 가노니** 하셨습니다. 예수님께서 우리의 있을 처소도 예비하신다는 말입니다. 요5:43에 **나는 내 아버지의 이름으로 왔다** 요10:25에 **내가 내 아버지의 이름으로 행하는 일들이 나를 증거하는 것이어늘** 예수님이 하신 모든 일이 아버지의 이름으로 행하는 일들을 증거하는 것이라는 것입니다.

요17:6에 예수님께서 하늘 아버지께 기도할 때에 **내가 아버지의 이름을 나타내었나이다** 하셨습니다. 바로 구원의 이름이신 여호와를 나타내셨다는 말입니다. 삼 년 반 동안 복음 전파하시고 행한 모든 일이 백성을 죄에서 구원하시기 위한 일들이었다는 말입니다. 바로 저와 여러분을 아버지의 이름으로 오셔서 죄에서 구원하시고 내 모든 병도 가져가 버리시고 목자가 되어 하늘길을 인도하시며 안위하시고, 하늘가는 내 의가 되시고, 나의 평안이 되시고, 원수 마귀를 대적하는 권세가 있게 하시고, 성영님으로 오셔서 함께하시며 믿음을 도와주시고 삶의 지혜를 주시고 생명이 더 풍성케 되는 말씀을 먹이시고, **무엇이든지 아버지께 구하는 것은 내 이름으로 주시리라…… 구하라 그러면 받으리니 너희 기쁨이 충만하리라** 하고 그 이름으로 살라고 주신 이름 예수님, **이름이 거룩히 여김을 받으시오며** 했을 때 그러면 그 이름이 어떤 이름인지 결론지어진 것 아닙니까? 여호와의 모든 이름이 하나로 집중된 이름, 무엇입니까? 예수님! 주님이 아니라 예수님! 아버지의 모든 이름이 예수 그 이름에 다 있는 것입니다.

그렇기에 "이름이 거룩히 여김을 받으시오며"라고 입으로만 외워 올리는 것이 아니라 이름을 알고 이름으로 사는 것입니다. 이름의 능력이 내게서 나타나는 그것이 이름이 거룩히 여김을 받으시게 하는 것입니다. 마귀의 권세를 깨고 승리하신 예수님의 이름이 내게 있으니 나도 승리하는 것이요, 세상을 이기신 예수님의 이름이 내게 있으니 나도 세상을 이기는 것이요, 평안을 주신 예수님의 이름이 내게 있으니 그 평안으로 두려움 없는 것이요, 영·혼·육을 치료하신 치료의 이름이 내게 있으니 치료가 늘 내게서 나타나는 것이요, 의로 사는 능력이 내게 있는 것이요, 나의 목자이신 예수님, 임마누엘 하신 예수님이 나와 함께하시니 이름의 능력이 내게 있는 것입니다.

이름은 하나님을 대신합니다. 이름은 하나님의 명예입니다. 그래서 사람도 죄를 짓고 교도소에 가면 자기 명예를 더럽히고 버렸다 해서 이름을 불러주지 않고 수인 번호를 가슴에 달아줍니다. 하나님께서도 이름은 하나님 자신이요 명예이므로 이름이 거룩히 여김을 받으시기를 원하십니다. 그렇기에 우리는 아버지의 이름이 거룩히 여김을 받으시는 삶을 사는 것입니다. 내가 그 이름으로 살았고, 그 이름으로 생명을 얻었고, 그 이름으로 고침을 받고 치료되었으니 이름을 높여 찬양하고, 그 이름을 사랑하고, 내가 그 이름으로 사는 것입니다. 아버지의 이름이 나를 통해서 영광을 받으시고 거룩히 여기심을 받으시니 내게 저주도 모든 부정적인 것들도 붙어있을 수가 없는 것입니다.

"하늘에 계신 우리 아버지여, 아버지의 이름, 예수님의 이름이 거룩히 여김을 받으시기를 원합니다. 나를 아버지의 자녀로 낳으시고 아버지의 이름을 알게 하시고 그 이름을 내게 주시고 그 이름으로 살게 하시니 감사합니다. 예수님의 그 이름이 얼마나 엄청난 복된 이름인지를 알게 하시고 내게 이루어지게 하셨으니 감사합니다. 그 이름이 나를 통해서 거룩히 여김을 받으시기를 너무나 소원합니다. 가족을 통해서, 교회를 통해서, 구원받기에 합당한 자들을 통해서 이름이 거룩히 여기심을 받으시기를 원합니다." 하고 기도하고 그 이름이 세상 속에서도 나를 통해 영광 얻으시도록 그렇게 살아가는 것입니다.

오늘 우리가 '이름이 거룩히 여김을 받으시오며'에서 아버지의 이름을 깨달아 보았습니다. 우리에게 주신 아버지의 이름, 이 엄청난 이름, 자녀이면 아버지의 이름을 모르면서 아버지를 안다고 할 수 없습니다. 예수 그리스도로 말미암아 나를 낳으시기 위해 수천 년 동안

'나는 누구다, 나는 누구다'를 이름으로 알게 하시더니 비로소 이름의 뜻을 다 이루시고 나를 낳으셨습니다. 이제 자녀인 내게 아버지의 이름, 예수님의 이름을 주시고 이름으로 살게 하시니 영원히 아버지의 이름이 거룩히 여기심을 받으시는 삶을 사는 것이 우리에게 있습니다. '이름이 거룩히 여김을 받으시오며'의 말씀을 여기서 맺으면서 아버지를 아는 자녀로 나를, 우리를 낳으신 아버지의 이름, 예수님의 이름에 무한 영광을 돌립니다. 아멘

너희는 이렇게 기도하라 3
나라이 임하옵시며 뜻이……땅에서도 이루어

지난번에 '이름이 거룩히 여김을 받으시오며' 이어서 오늘은 **나라이 임하옵시며 뜻이 하늘에서 이룬 것같이 땅에서도 이루어지이다** 하신 것을 말씀드릴 것인데, 여러분이 이 기도 말에 대해 바른 이해와 인식이 있어야 합니다. 이 기도 말은 눈에 보이는 인간 일이 아니고 영이신 하나님의 일로써 또한 우리에게도 영적인 일이라는 것을 먼저 인식하기 바랍니다. 그러면 나라가 임하시는 것은 무엇이며, 뜻이 하늘에서 이룬 것과 땅에서 이루어지는 것은 무엇인가 하는 것을 말씀 안에서 받겠습니다. '나라'라고 하는 것은 임금의 통치 영역, 왕의 지배 영역을 말합니다. 그렇기에 **나라이 임하옵시며** 할 때는 하늘 아버지의 나라가 땅에 임하여 오시라는 것입니다. 예수님께서 제자들에게 이 땅에 아버지의 나라가 임하시도록 하늘 아버지께 기도하라 하신 것입니다.

그러면 아버지 나라가 땅에 임하여 왔습니까, 안 왔습니까? 왔습니다. 언제 왔습니까? 예수님이 부활 승천하신 후 열흘 뒤 성영님이 오순절 마가 다락방에 하늘로부터 오신 것이 곧 아버지 나라가 오신 것임을 말합니다. 일차는 예수님이 오신 것이었고, 그다음에 예수님의 죄 용서와 구원과 영생의 생명을 가지고 하늘로부터 성영님이 오신 것이 아버지 나라가 오신 것입니다. 사람들을 회개케 하여 아버지 나라의 것을 얻게 하시려고 하늘에서 아버지 나라가 오셨습니다. 그래서 예수님께서 마16:28에 **진실로 너희에게 이르노니 여기 섰는 사람 중에 죽기 전에 인자가 그 왕권을 가지고 오는 것을 볼 자들도 있느니라**고 하셨습니다. 그러면 나라가 임하였으니 아버지의 뜻이 하늘에서 이룬 것같이 땅에서도 이루어졌습니까, 안 이루어졌습니까? 이루어졌습니다. 그래서 우리가 이 기도를 하려면 이런 차이를 좀 알고 하는 기도가 돼야 합니다.

그러면 이미 이루어졌는데 이 기도를 할 필요가 있겠느냐? 이루어진 것을 이루어 달라고 하는 것은 말이 되지 않는 것 아니냐? 할 수도 있습니다. 그래서 일부 사람들은 이것은 제자들의 기도이고 기도가 이루어졌으니, 더는 이 기도를 해서는 안 된다고 하며, 기도하는 것을 크게 잘못된 것처럼 말하기도 합니다. 그러나 아버지의 뜻은 하늘에서 이룬 것같이 땅에도 이루어졌지만, **뜻이 하늘에서 이룬 것같이 땅에서도 이루어지이다**를 기도하는 우리는 아버지의 뜻이 하늘에서나 땅에서나 이뤄진 것을 감사하면서, 이제 나에게도 아버지 나라가 온전히 임해주시고, 또한 사람들이 이 사실을 믿고 받아들여 그들 속에도 이뤄지기를 원하는 기도가 돼야 합니다. 참으로 사람들 속에 아버지 나라가 임하여 이뤄지기를 원하는, 우리의 가진 소원의 기도가 돼야 합니다. 우리 눈에 보이지 않는 영적인 세계에는 하나님의 나라만 있는 것이 아니라, 세상 권세 잡은 마귀, 즉 사단의 나라가 있습니다. 요12:31에 **이제 이 세상의 심판이 이르렀으니 이 세상 임금이 쫓겨나리라**고 하셨고 엡2:2에 **공중의 권세 잡은 자**라고 해서 마귀가 바로 세상 권세 잡은 자라고, 세상 임금이 되어 있다고 말했습니다.

하나님께서 처음 사람에게 공중의 새와 땅의 모든 생물과 바다의 고기, 즉 창조된 자연계를 다스리라 하시고 땅을 정복하라고 통치권을 부여하셨습니다. 그러나 하나님이 되겠다고 하나님께 반역을 일으켜 하나님의 보좌를 찬탈하려다 그 영광된 지위에서 쫓겨난 사단이, 땅으로 내려와 여자에게 선악과를 먹도록 유혹하는 말을 여자가 받아들여, 먹지 말라 하신 하나님의 말씀을 불순종하였으므로, 땅의 통치권이 사단에게로 넘어간 것이 되었습니다. 눅4장에 보면 사십 일을 금식하여 주리신 예수님을 시험하려고 나온 마귀가 이 세상의 모든 권세와 영광을 주는 자인 것처럼, 세상 나라의 임금이 되어 있는 그 권세를 주장하고 나오는 것을 볼 수 있습니다. 사단은 그렇게 자기가 세운 세상 나라의 임금이 되어 어마어마한 자기의 나라를 구축했습니다.

그래서 하나님을 등지고 사단을 따라 나간 육체가 된 인간은 그 혈통 속에, 즉 피가 사단의 성품을 가지고 타고 나게 되었습니다. 아담 이후의 인간은 하나님에 대하여 완전한 타락 가운데로 나갔고, 사단을 받아들인 인간 속에는 죄악과 탐욕과 살인과 음란과 교만과 거짓이 가득하고 가시와 엉겅퀴가 득실거리고 질병과 탄식과 원망과 미움과 시기와 속임의 이런 부정적인 것들로 가득 차버렸습니다. 그러므로 사단의 사망으로 지배받고 사는 인간의 영혼은 두려워하며 고통하며 사는 영이 되었습니다. 히2:15에 **일생에 매여 종노릇 한다**고 했습니다. 하나님께서는 이같이 세상 임금이 되어 사람들을 세상으로 묶어서 사망으로 끌고 가는 속이는 자 사단을 멸하시고 사람을 그 손에서 구원하여 생명의 나라로 들이시려는 뜻을 이미 하늘에서 세우셨습니다. 그 뜻을 땅에서도 이루시기 위해 무자 한 아브라함을 우상의 도시에서 불러내 아브라함 속에 그 뜻과 언약을 넣으시고, 후손을 통하여 아들이신 구주 예수님을 보내시게 되었습니다.

　성경은 예수님이 오신 것을 천국이 왔다고 했어요. 왜 천국이 왔다고 했습니까? 바로 예수님 자신이 천국이요, 세상 권세를 잡고 있는 임금을 상대해야 하기에, 그 임금의 권세, 즉 사단의 머리, 사망 권세를 깨버려야 하기에 그래서 아버지 나라, 천국의 왕권을 가지신 예수님께서 세상 임금을 쳐서 멸하시려고 오셨다는 것을 말하기 위해 그같이 천국이 왔다고 하셨습니다. 그러므로 히2:14,15에 예수님이 혈육에 함께 속하심은 **사망으로 말미암아 사망의 세력을 잡은 자 곧 마귀를 없이 하시며 또 죽기를 무서워하므로 일생에 매여 종노릇 하는 모든 자들을 놓아 주려 하심이라** 했습니다. 바로 사람을 사망으로 잡고 있는 마귀의 권세를 멸하고, 그 마귀에게서 영혼을 구원해 내시려고 예수님께서 오셨다는 것입니다. 그렇기에 아담의 부여받은 통치권을 도적질하여 자기의 세상을 조직하고 임금이 되어 사람을 잡고 있는 사단이 이제 심판을 받고 쫓겨나게 되었다고 하는 것입니다.

　그래서 예수님이 자기의 제자들에게 **너희는 이렇게 기도하라** 즉 예수님이 오신 뜻, 예수님과 같은 뜻을 가지고 기도하라는 말입니다. 예수님과 뜻을 같이하여서 하나님의 나라가 임하시고 뜻이 하늘에서 이룬 것처럼 땅에서도 이루어지리라고, 너희가 기다리던 메시아가 왔으니 그것은 천국이 온 것이요, 그러므로 이제 하늘 아버지의 뜻이 하늘에서 이룬 것같이 땅에서도 이루어져 아버지의 나라가 너희 안에 임하여 주시라고, 예수님과 뜻을 같이하여 기도하라 하신 것입니다. 땅에서도 이뤄지는 것은 예수님께서 십자가에서 죽는 일입니다.

제자들이 구해야 하는 것, 예수님과 뜻을 같이하여 아버지의 뜻이 이루어지는 것임을 기도하라고 가르쳐주신 것입니다. 그것이 바로 제자입니다.

그러면 **뜻이 하늘에서 이룬 것같이** 하는 것이 뭡니까? 하나님께서는 사람을 짓기 전, 천지창조 이전에 처음 사람의 지은 죗값을 대신 치러 죄에서 구원하시기로 정하셨습니다. 왜냐? 사람을 흙으로 지으신 뒤 아들이신 예수님의 부활 생명을 얻게 하여 그 또한 아들로 나서 영원히 함께하시기 위해서입니다. 그래서 아버지와 아들과 성영이신 삼위 하나님이 우리의 형상을 따라 우리의 모양대로 우리가 사람을 만들어 그 사람을 신영한 몸으로 재창조하여 영원히 함께하자는 뜻을 가지셨습니다. 그 뜻을 이루시는 일은 먼저 물질(흙먼지)로 지음을 받은 사람이 선악과를 먹는 일입니다. 그것은 선이신 하나님을 받아들이는 사람의 뜻도 되지만, 또 한편 사람이 하나님을 대적한 사단을 받아들여 그 사단을 멸하시는 일에 함께 뜻을 같이하는 일이 돼야 하기 때문입니다. 사단을 멸하시는 방법이 바로 사람이 '먹지 말라' 하신 선악과를 먹는 일이요, 먹은 그것을 죄로 정하여 아들(인성)이 오셔서 죗값은 치르고 사단은 멸하는 일이었습니다. 그렇기에 이것을 처음 지음 받은, 처음 사람이 해야 하는 일입니다. 다시 말해 창조에 속하지 아니한 하늘의 영원한 것을 받으려면 창조에 속한 것이 죽어야 하는 일이라는 말입니다. 이것이 뜻이 하늘에서 이룬 것같이입니다. 하늘에서는 이 뜻이 이미 이루어진 것입니다.

그래서 사람은 '죄를 지은 영혼은 죽으리라' 하셨기 때문에 하나님의 이 뜻을 받아 예수님을 믿지 않으면 다 죽는 것입니다. 사람을 지으신 뜻은 예수님으로 살게 하시려는 것이기에, 예수님께 들어오지 않으면 그것은 사단을 따르겠다는 뜻이 되어서, 다 죄의 형벌을 받는 것이란 말입니다. 그렇기에 예수님께서 사람으로 오셔서 사람의 죄를 지고 죽는 일입니다. 그것은 곧 또 사단을 멸하시는 방법입니다. 이제 인성이 오셔서 피 흘려 죄 때문에 죽으나 성영님이 다시 살리시므로 죄는 없이하고 예수님의 부활 생명으로 아들을 얻는 뜻을 삼위 하나님이 사람을 짓기 전에 천지 창조 이전에 이미 뜻을 두셨다는 말입니다. 그래서 처음 사람이 선악과를 먹자 창3:22에 **여호와 하나님이 가라사대 보라 이 사람이 선악을 아는 일에 우리 중 하나 같이 되었으니** 라고 하셨습니다. 하나님이 사람을 구원하시는 일에 지음을 받은 사람도 아는 일이 되었다는 말입니다. 사람도 그 뜻에 동참하여 함께 일하는 자가 되었다 그 말입니다. 바로 이것이 **뜻이 하늘에서 이뤄진 것같이** 입니다. 이미 하늘에서는 아버지의 뜻이 이뤄졌어요. 삼위의 하나님께서 함께 뜻을 정하신 것이 창조 전에 뜻이 하늘에서 이뤄진 것같이 하는 것이고, 이제 그 뜻을 땅에서도 이루시려고 사람을 지으시고, 지으신 사람 속에 예수님을 보내시는 뜻을 넣으시고 또 알리시고 알리시는 일을 계속 진행해오시다 마침내 예수님이 오시게 된 것입니다.

그래서 죄의 형벌을 지고 십자가로 올라가셔서 죽으셨으나 다시 살아나셨으므로 또한 뜻이 땅에서도 이루어지게 되었습니다. 죽으셨으나 죽음에서 일어나 하늘로 승천하여 보좌로 들어가 십자가 위에서 흘리신 피를 하나님께 보이시고, 그 피를 받으신 하나님께서는 하늘 보좌에서 죄를 용서하신 것이 되었습니다. 예수님의 죽으심과 다시 사신 생명의 완전한 법으로 사단의 사망 권세는 철폐되고, 이제 예수님을 믿는 자들에게는 사단이 더는 사망 권세를 펼 수 없게 되었다는 합법적인 선포와 함께 예수님이 만왕의 왕이요 만주의 주로 영광을 얻으신 것이 뜻이 하늘에서도 이룬 것같이 땅에서도 이루어지게 된 것입니다.

그래서 뜻이 하늘에서 이룬 것같이 땅에서도 이루어졌으므로 죽기를 무서워하여 종노릇하는 데서 놓여나기를 원하는 자들에게 그 뜻이 이루어지게 하시려고 오순절 날 하늘로부터 성영님이 이 땅에 오신 것입니다. **나라이 임하옵시며**가 바로 성영님이 오순절 날에 구원의 일을 돕는 천사들과 함께 하늘로부터 강림한 것, 예수님께서 이루신 모든 구원의 뜻을 가지고 성영님께서 이 땅에 오신 것이, 아버지 나라가 임한 것임을 말합니다.

사단은 여자의 후손으로 오실 구주가 세상에 오시는 것을 막기 위해서 그 뜻을 넣은 이스라엘을 열심히 핍박하였고 또 예수님이 오시자 유대인들과 유대교의 지도자들을 앞세워 예수님을 핍박하며 따라다니다 마침내 예수님을 십자가에 달아 죽이는 데 성공했습니다. 그러나 겉으로는 사단의 성공인 것 같으나 예수님은 죽어야 사는 법을 가지신 분이기에, 그래서 죽으러 오셨으니 이 비밀을 알지 못한 사단은 자기가 마침내 하나님의 아들까지 죽였다고 이겼다고 좋아했지만, 예수님은 죽어야 사는 법에 따라서 다시 살아나 버리셨으니 사단이 철저히 패배했습니다. 이제 예수님과의 게임은 사단이 완전히 패배했습니다. 그러므로 사단은 예수님을 사망에 가둘 수가 없게 되었고, 하늘과 땅과 땅 아래 모든 피조물이, 예수님께 무릎 꿇게 되었고, 예수님을 구주로 믿고 따르는 자에게는 사단이 더는 사망 권세를 펼 수 없게 되어버렸습니다. 그래서 이방인들도 구원을 받을 수 있게 되었습니다. 저도 여러분도 아버지께서 구원의 은총을 베풀어주셨다는 말입니다.

그러므로 사단은 무서운 존재가 아니라는 것을 알아야 합니다. 사망의 권세가 깨어졌으니 사단에게 속지 않으면 됩니다. 그런데 "아! 사단에게 속지 않아야지" 한다고 속지 않을 수 있는 것이 아닙니다. '자기'는 속은 자로 사단을 섬기며 살았는데, 자기가 속지 않겠다고 촉각을 세운다고 속지 않을 수 있는 것이 100% 아닙니다. 말씀을 처음부터(창조의 뜻부터) 제대로 알면 속지 않는 것입니다. 전 성경 말씀에 의해서 하나님의 뜻을 제대로 알면 속지 않는 것이요, 말씀이신, 속지 않으신, 빛이신 예수님이 내 안에 계시면 사단은 내 앞에 굴복하는 것입니다. 나에게 굴복하는 것이 아니라 만왕의 왕 만 주의 주이신 예수님이 내게 계시니 그 앞에 굴복하는 것입니다. 사단은 사망의 영으로 어둠이기 때문에 예수님의 빛 앞에는 이제 도무지 설 수가 없습니다.

암흑과 같은 공간에 전등을 켜면 순식간에 어둠이 걷히는 것과 같이, 예수님께 권세가 깨진 사단이 예수님의 빛 앞에는 그와 같은 존재라는 말입니다. 어떻게 어둠이 태양 빛 앞에 있을 수가 있습니까? 이제 예수님과 싸움에서 완패하여 권세가 깨진 사단은 태양 빛 앞에 어둠과 같은 것입니다. 그렇기에 빛이신 예수님이 계신 자 앞에 사단이 굴복하는 것입니다. 빛 앞에 어둠이 있을 수 없는 이치와 같은 것입니다. 하나님의 뜻에 대한 말씀의 지식을 따라 예수님과 말씀으로 믿음이 된 권세 앞에는 사단이 자기의 속이는 전술을 펼 수가 없으니 그 앞에 굴복하는 것입니다. 아셨습니까? 예수님이 내 안에 계시면 예수님의 승리는 곧 내 승리라는 말입니다. 예수님이 내 안에 계시는 것은 '내가 믿습니다.' 한다고 계시는 것이 아니라, 말씀의 지식을 따라 된 믿음에 의해서, 즉 성전의 관계로 내 안에 계시게 되는 것입니다.

 그런데 믿는다는 사람들이 이 엄청난 자녀의 권세를 모르니 바퀴벌레 같은 그 귀신들을 무서워합니다. 귀신을 무서워한다는 것은 자기 안에 예수님이 계시지 않기 때문이요, 예수님이 계시지 않은 것은 곧 앞에서 말씀드린 대로 말씀의 지식을 따라 세워진 믿음이 아니기 때문입니다. 바로 말씀의 능력이 없다는 말입니다. 그러니 자녀의 권세가 무엇인지도 모르니 발밑에 바퀴벌레 같은 그런 귀신들을 무서워하는 것입니다. 그것들은 무서운 존재가 아니라 바퀴벌레 밟아버리면 그거 그냥 죽는 것입니다. 혐오스럽고 징그러운 존재이지 무서운 존재가 아닙니다. 더는 예수님을 믿는 우리에게는 무섭거나 두려운 존재가 아니라는 것을 아는 믿음이 돼야 합니다. 말했던 대로 속이는 것들이니 말씀의 밝음으로 속지 않으면 되는 것이고, 아버지 뜻이 이뤄졌으니 이뤄진 아버지 나라가 우리 안에 이뤄졌다면, 이제는 죽음이 아니라 성영님으로 말미암아 아버지 나라로 들어간다는 것을 분명히 알아야 합니다. 그러므로 예수님과 뜻을 같이하여 기도하던 제자들의 이 기도는 이루어졌습니다.

 앞에서 말한 대로 그러면 이미 이루어졌는데 오늘날 우리가 왜 이 기도를 여전히 하는 것인가? 이처럼 뜻이 하늘에서 이룬 것같이 땅에서도 이룬 것이 되었지만, 그러나 사람들이 이 사실을 믿고 받아들여야만, 죄 용서도 구원도 이루어지는 것이니, 이 모든 뜻이 자신에게와 또한 모든 사람에게도 온전히 임하여 주시기를 원하여 기도하는 것입니다. 우리 속에 마귀로부터 심어져 타고난 악의 성품과 부정적인 것들로 꽉 들어차 있는 것들을 아버지 나라의 것으로 지배해 주셔서 온전히 놓여나게 하여 주시라고 기도하는 것입니다. 이 같은 하나님의 뜻은 사모하여 구하고 찾는 자에게 주시는 것이지 구하지 않는 자의 것이 될 수가 없기 때문에 그래서 예수님께서 이것을 기도하라고 하신 것입니다. 아버지 나라는 어떤 것도 부정적인 것이 없습니다. 부정적인 어둠의 요소가 없는 나라입니다. 의와 평강과 희락이 넘치는 생명과 빛이 충만한 나라입니다. 그래서 사람 속에 있는 사망을 몰아내고 어둠의 부정적인 것들을 몰아내려고 예수님께서 십자가에서 이루신 뜻을 가지고 성영님이 오신 것입니다.

막5장에 거라사인 지방에 그 힘을 아무도 제어할 수 없는 더러운 군대 귀신들린, 돌로 제 몸을 상하며 무덤 사이에서나 산에서나 밤낮으로 소리 지르던 자가 예수님을 만나자 그 더러운 군대 귀신에서 놓여나 정신이 온전케 되었습니다. 천국이신 예수님이 오시자 귀신이 쫓겨나갔고 모든 각색 병에서 놓여나 나음을 얻게 되었으며, 성영님이 오시자 죄에서도 자유를 얻고 병에서도 자유를 얻고 사람 안에 들어오셔서 예수님의 생명과 의와 평안으로 지배하시게 되었습니다.

그래서 우리가 하나님의 나라로 완전히 지배당하기를 원해야 합니다. 진정 소원해야 합니다. 그러나 우리가 직시해야 하는 것이 있습니다. 오늘날 우리는 하나님과 언약을 맺은 하나님의 백성이 아닙니다. 하나님과 언약을 맺었던 이스라엘 밖에 있던, 하나님을 알지 못하던 이방인이었습니다. 그런 우리에게 하나님의 복음이 전파되게 하셨고 듣게 하셨습니다. 인간은 모두가 죄인으로 영원한 멸망에 처했고, 그 멸망에 처한 인간을 구원하실 분은 오직 주 예수 그리스도라는 것을 알게 하셨고, 그 예수님을 구주로 영접하여 믿는 자가 되게 하셨습니다. 그래서 예수님을 자기의 구주로 믿기를 원하고 믿기로 하였으면, 이같이 하나님의 나라가 자기 안에 임하여 온전히 이뤄지기를 원하는 것은 당연하지 않습니까? 그렇기에 기도만 한다고 해서 성품에 심어진 부정적인 어둠의 것들이 죽고, 하나님의 나라가 이루어지는 것은 아니요 '나는 죄인이요, 예수님은 구주가 되시니 내가 예수님을 구주로 믿습니다.' 하는 것으로 온전히 구원이 이루어지는 것도 아닙니다. 하나님의 나라가 나에게 이루어지게 해달라고, 나라가 임하여 지배하시라고 기도한다고 해서 이루어지고 지배하실 수 있는 것이 아니다는 말입니다.

기도는 곧 하나님의 뜻이 자기 안에 이루어지기를 원한다는 뜻이요, 그러므로 예수님과 수준을 같이하기를 원하는 진정의 마음으로 하는 것입니다. 그래서 이 기도가 내게 이루어질 수 있는 것은 바로 말씀으로 말미암아서입니다. 말씀의 가르침을 따라 살기 원하는 온유하고 겸손한 자에게 하나님의 나라가 이루어지도록 성영님이 도우신다고 하는 거예요. 그러므로 하나님의 나라가 자기를 지배해 주시고 온전히 임하여 주시기를 기도했으면 그 일이 자기에게 이루어질 수 있도록 하나님 나라의 말씀으로 훈련을 받아야 합니다. 말씀만이 성영님께서 나를 변화시키는 동력입니다. 성영님께서 나를 변화시킬 수 있는 동력, 바로 말씀이라는 말입니다. 하나님 나라의 빛이신 예수님이 생명으로 내 속사람을 세워나가실 수 있는 것, 그래서 사단으로부터 심긴 어둠의 것들로 충만한 내 겉 사람을 죽음에 온전히 내줄 수 있는 것은 결단코 말씀과 성영님의 도우심으로 된다는 말입니다.

하늘에서 이루어진 뜻을 내게도 이루어지이다 하는 것이면 곧 말씀을 믿는 것이요, 말씀을 순종하여 사는 것입니다. 말씀을 순종하지 않는데 어떻게 하나님의 나라가 자기 안에 임하실 수가 있겠습니까? 말씀도 모르고 말씀에 순종하지 않는데 하나님의 뜻도 모르는데 뜻이 내 안에 이루어질 수는 없는 것입니다. 자기는 전혀 알지 못했고 알 수도 없었던 것을 하나님께서는 말씀하시는 것이니, 말씀이 가르치는 바를 그대로 받아들여 행하고 따르는 것입니다. 이해가 됩니까?

삼상 15장에 사무엘 선지자가 사울 왕에게, **지금 가서 아말렉을 쳐서 그들의 모든 소유를 남기지 말고 진멸하되 남녀와 소아와 젖 먹는 아이와 우양과 약대와 나귀를 죽이라 하셨나이다** 하고 하나님의 명을 전했습니다. 아말렉의 그 어떤 것도 남겨 두지 말고 사람이나 육축이나 다 진멸하라고 했습니다. 왜 그렇습니까? 하나님의 백성이 가나안 땅으로 나갈 때 아말렉이 무고한 백성을 죽이고 길을 훼방했습니다. 그것은 곧 사단에 속한 무리가 하나님을 대적하여 훼방하는 것이었기 때문에 사울이 왕이 되자 하나님께서 그것을 기억하시고 진멸토록 하셨습니다. 그런데 사울 왕이 어떻게 했습니까? 깨끗이 진멸하라 하셨는데 자기 눈에 실하고 좋은 양과 소들을 다 남겼습니다. 또 아말렉 왕 아각을 죽이지 않고 포로로 잡아서 자신의 진영으로 데려온 것입니다.

그것을 하나님께서는 하나님의 말씀을 버렸다고 했습니다. 그러므로 여호와 하나님께서도 사울을 버려 왕이 되지 못하게 하셨다고 했어요. 그가 백성을 두려워하여 그랬다고 변명했습니다. 가장 좋은 것으로 하나님께 제사하려고 취했다고 변명했습니다. 아말렉의 모든 것들을 다 진멸하라 했는데 진멸 당하기로 작정된 그 사단의 것들로 하나님께 제사하려고 했다는 그런 변명을 늘어놓았다는 말입니다. 그러나 하나님의 말씀을 그대로 순종하지 않고 자기의 옳은 대로 행하는 것은 곧 하나님을 거역한 것이요, 그것은 사술의 죄와 같고 사신 우상에게 절하는 것과 같다고 했습니다. 그래서 사울이 어떻게 되었습니까? **여호와의 부리신 악신이 그를 번뇌케 한지라** 했습니다. 여호와의 부리신 악신은 악귀입니다. 번뇌가 뭡니까? 악신이 정신을 욱여싸니 순간순간 형언치 못할 괴로움이 따릅니다. 생각이 헝클어져 산만하고 혼미합니다. 불안에 사로잡힙니다. 두려움이 엄습하여 시달립니다. 누가 자기를 죽일 것 같은 불안과 초조함으로 잠을 잘 수 없습니다. 좌불안석입니다. 그러므로 사울의 불순종은 자신을 사단에게 스스로 내준 것이 되었습니다.

말씀을 순종하는 것은 곧 하나님을 순종하는 것입니다. 말씀 따로 하나님 따로가 아니라, 하나님께서 말씀으로 우리에게 오셨고 말씀으로 말씀하신 것이니, 말씀을 순종하는 것이 곧 하나님을 순종하는 것이라는 말입니다. 그렇기에 말씀을 순종하면 하나님께서 함께 계시게 되어 말씀의 평강이 따르고 기쁨이 따르는 것이지만, 그러나 말씀을 자기가 옳다고 여기는 것들로 변명하여 불순종하면 하나님께 불순종하는 것이 되어서 곧 어둠의 영, 악한 귀신에게 잡혀 점치는 죄와 같다는 말입니다. 변명하는 것은, 곧 거짓된 우상에게 절하는 죄와 같아서 곧 자기 자신을 그런 귀신에게 내주는 것이라는 것을 분명히 말씀하셨고 보이셨습니다.

저는 이 같은 말씀을 준비할 때마다 사실은 제 마음이 갑갑해져서, 말씀을 준비하는 것에 힘이 쭉 빠져 버립니다. 그래서 들었던 펜을 몇 번씩 내려놓곤 합니다. 왜냐? 하나님의 말씀은 거짓이 아닌데 듣는 사람들은 하나님의 말씀이 거짓이나 되는 것처럼 듣기 때문에 그렇습니다. 정말로 얼마나 완고한지 듣는 것도 자기 생각을 절대 바꾸지 않고 자기의 옳은 변명을 하고 듣는 것이 돼 있어서, 그래서 말씀을 준비하다가 말고 하나님 아버지께 나 어떻게 하냐고 두 다리 뻗고 그냥 울어버릴 때가 더러 있습니다. 제가, 두 다리를 뻗고 앉아 그냥 울어 버릴 때가 있어요. 그래서 말씀 준비하는 것이 때로는 마음이 괴롭고 부담이 돼서 괴로울 때가 많이 있다는 것을 솔직히 말하지 않을 수가 없습니다. 사람들이 자기 속에 하나님 두기를 거절한다는 말입니다. 하나님 말씀 순종하기를 원치 않는 태도들입니다. 아예 말씀을 외면하고 있어요. 그래서 정말 너무 두려운 줄 모르고 하나님 말씀이 무시당하고 있는 것 같은 생각에 참으로 화도 나지만, 그래서 화도 나요. 한편으로는 이후에 그 영혼들이 영원한 곳에 가서 당할 일을 생각하면 근심이 되고 근심이 돼서 고민으로 마음이 짓눌리는 것입니다. 짓눌려서 "아버지 나 어떻게 해요. 어떻게 해요……," 그냥 울어 버리고 대성통곡을 하는 거지요.

여러분! 우리가 지음을 받은 뜻은 육의 자아에 있지 않습니다. 성경에서 말하는 죽음은 육체의 죽음이 아니라 죄지은 육(자아)을 말하는 것입니다. 사람이 지음 받은 목적은 육이 죽는 것입니다. 육이 죽어야 하늘 생명을 얻어 하나님 나라로 들어가는 것이기에 그래서 지으신 처음 사람부터 죽음을 다룬 것입니다. 근데 사람 스스로는 죽는 것도 하늘의 생명을 얻는 일도 할 수가 없습니다. 다만 생명을 얻게 하시는 하나님만이 사람으로 오셔서 죽을 수도 있고 다시 살 수도 있기에, 그러므로 하나님이신 예수님께서 사람으로 오셔서 죽으시고 다시 사셨으니, 사람이 예수님의 죽으심은 나도 같이 죽었으므로 받고 예수님의 사심도 나도 같이 살았으므로 받을 때, 하나님의 나라가 임하여 영생하는 생명으로 살게 되는 것입니다. 그래서 하나님의 사람을 지으신 뜻을 성경에 알리시고 예수님이 오셔서 죽으실 것과 사실 것의 생명 얻는 뜻을 자세히 알려주신 것입니다. 그리고 보이셨습니다.

그래도 깨닫지 못할까 봐 성영님이 오셔서 믿음을 도와주시고 계신 것입니다. 사단이 사망 권세로 잡고 있는 육(자아)을 죽음에 내줘 버릴 수 있는 것은, 곧 죽음을 이기신, 피 흘리신 예수님을 모셔 들이고 예수님의 말씀이 영혼의 양식이 돼야 하는 것임을 가르쳐주는 것입니다. 거기에는 '예'만 있다고 했지 '아니요'는 없다고 했어요. 예수님을 믿고 구원받았으면 그 구원받은 증거는 말씀을 순종하여 따르므로 자신에게서 말씀의 능력이 나타나는 것입니다. 이미 멸하기로 작정된 것들, 구약성경 전체를 통해서, 사단으로부터 좇아 난 멸망 받을 것들이 무엇인지 다 보이시며 가르쳐주셨는데, 그런데도 변명하고 자기가 옳게 여기는 것에 마음을 더 두고 있으면서 그것이 통할 것으로 생각한다면, 그것은 사술의 죄와 같다는 것을 말씀하셨다는 것, 반드시 기억하여야 할 것입니다.

아무리 자기 눈에 좋아 보이고 자기 생각에 '설마 이런 것까지?……' 하면서 자기 자신에게와 삶 속에서 멸하기를 즐거이 하지 않으면……. 사울이 즐거이 하지 않았다고 했어요. 그러니 우리 자신도 사울 왕을 통해서 확실히 깨달아야 할 것입니다. 하나님께서는 **뜻이 하늘에서 이룬 것같이 땅에서도 이루어지이다** 해서 다 이루셨는데, 그래서 기도는 먼저 곧 이루신 그 뜻이 나에게도 온전히 이루어 주시기를 원하여서 하는 것임에도, 기도는 하면서 하나님의 뜻을 배워 아는 일에 열심히 없어, 믿음을 세워나가지 않고 말씀으로 살지 않는다면, 거기에 누가 끼어들겠습니까? 귀신들이 집적거리고 끼어드는 것입니다. 그래서 내일 살아갈 일을 염려하게 하고 마음이 늘 불안하여 의심으로 요동하게 하는 것입니다. 의심을 불어넣어 주는 것에 속아서 믿어야 할지 말아야 할지를 고민하고, 말씀을 듣는 것도 거짓으로 들려 듣지 않으려고 하게 된다는 말입니다.

마귀는 내일의 삶이 캄캄해 보이도록 영의 생각을 훼방합니다. 두려움을 주고 근심의 끈을 놓지 않도록 힘을 줍니다. 작은 일에도 상처가 되게 하여 마음에 위축감이 들게 하고 소외감을 들게 합니다. 이 같은 여러 가지 속임의 일로 믿음을 잃게 하려고 분투하여 덤비는 것입니다. 그래서 여기에 속지 않아야 하는 것이요, 속지 않기 위해서는 같이 교제하는 가운데 기도하며 말씀을 배우고 나누는, 믿음을 위한 수고가 열심히 있어야 마침내 성영님이 도우시는 믿음으로 신앙의 사고가 서게 되어서, 속지 않는 바른 믿음으로 세워지는 것입니다. 또한, 예수님을 믿어 구원받은 믿음이 되었으면 과거에 예수님 밖에서 살 때는 원수가 사람인 줄 알았지만, 예수님 안에 들어와서는 이제 원수가 사람이 아니라 바로 그 사람을 지배하고 있는 악의 영들이라는 것을 분명히 알아야 합니다. 그래서 혈과 육으로 다투고 싸우는 것이면 그는 예수님 밖에 있는 사람으로 보시는 것입니다.

믿는다고 이 기도를 하는 사람이 전투의 대상이 사람인 것처럼 자기 속에 미움과 원한을 두고 혈기로 다투고 싸우는 것이면, 하나님은 그것을 악으로 보신다는 말입니다. 성전 밖의 세상 사람으로 보시는 것입니다. 하나님의 나라는 육신의 것으로 다투고 싸우는 나라가 아닙니다. 싸움과 다툼이 어디서 좇아 나느냐? 그것은 육체 중에서 싸우는 정욕으로 나오는 것이 아니냐고 성경은 말했어요. 육신의 정욕에 의해서라고, 그래서 육신의 것 때문에 싸우고 다투고 하는 것 다 하나님께 얻지 못할 것들인데 그것들 때문에 다투고 싸우는 것이면 그것은 야고보서 4장에서 간음하는 여자들로 세상과 벗 된 것이요, 하나님의 원수임을 알라는 것을 말하고 있다는 것 여러분 다 알지 않습니까?

그래서 속이는 것도, 속는 이유도 다 거기에 있기 때문입니다. 속고 다투고 싸우고 분쟁하고 미워하고 하는 이유가 자기 육신의 정욕에서, 자기 지체 중에서 나는 원수이기 때문에, 그러므로 참으로 믿고자 하여 이 기도를 하는 것이면 더는 이 육신의 싸움에 머물러있지 말고 속히 나와야 합니다. 육신에게 져서 육신대로 살면 망합니다. 육신에 속지 말고 지체 말고 떠나 나와야 돼요. 그래서 죽는 것도 사는 것도 다 하나님께 온전히 맡기고 자신에게 하나님의 나라가 임하고 하나님의 뜻이 온전히 이루어지는 성전의 믿음이 되도록 힘써야 합니다. 진짜가 무엇인지 알아야 한다는 말입니다. 무엇이 중요한지 알아야 해요. 육신의 일로 싸우고 다투고 육신대로 살다가 목숨 잃게 되면 그때는 무엇으로도 그 목숨 살 수 없어요. 그 무엇으로 살 수 있습니까? 돌이키려야 돌이킬 수 없습니다. 이제 나라가 임하시라고 내게 이루어지시라고 기도했으면 말씀 앞에 있어야 합니다. 말씀을 붙잡아야 해요. 말씀과 함께 있어야 해요. 말씀으로 사는 것이 되어야 합니다. 그래야 자기 안에 하나님의 나라가 이루어지는 능력이 되는 겁니다.

그리고 불안이 들어오면 두려움이 들어오면 앞날에 어떻게 살까 하는 염려가 들어오면 그런 속이는 것들에 속아서 받아들이지 말고 예수님께서 말씀으로 마귀의 시험을 물리치셨던 것처럼 말씀으로 쫓아버리는 겁니다. 왜 속으면서 고통 합니까? "아유, 난 믿음이 없어. 그것을 어떻게 쫓아내? 그것을 쫓아낸다고 되는 일인가?" 그러니 그것도 속고 있는 거예요. 그 생각조차도 속는 것입니다. 자기 생각 속에 진리의 말씀이 없으니 하나님 나라의 진리가 없으니 속는 거예요. 누구에게 속는 겁니까? 육(자기)에 속는 거예요. 악한 영들이 육의 생각에 넣어주는 것에 속는 겁니다. 계속 속을 수밖에는 없는 것입니다. 그러니 스스로 속는 자이니 어둠의 것들을 어떻게 쫓아내겠습니까? 그런 부정적인 것들로 넣어주는 것을 어떻게 쫓아내겠습니까? 지금까지 자기는 마귀와 짝하며 종노릇하며 살아온 존재인데 그런 자기가 어떻게 물리치겠어요. 그래서 믿음에 자신 없는 자기를 보기 때문에 "나는 못 해. 나는 믿음이 없어." 하게 되는 겁니다.

믿음은 육의 것이 아닙니다. 말씀을 믿으라는 말입니다. 우리에게 말씀을 주셨으니 자기의 말씀으로 받아서 그 말씀으로 물리치라는 말입니다. 예수님의 이름으로 하는 것입니다. 자기 안에 비웃는 소리가 "네까짓 게 감히 날 쫓아낼 수 있어? 아유, 야! 네 꼴 보니 너 믿음 있냐?" 하고 비웃는 소리가 자기 안에서 들려도 그것조차도 속이는 자의 소리니, 속지 말고 예수님의 이름으로 말씀을 믿고 담대히 쫓아내라 말이에요. '나는 그래도 하나님의 자녀다! 예수님의 피로 구원받고 죄 용서받았으니 하나님의 자녀다! 네가 암만 비웃어도 자녀라고 말씀하셨으니 그러므로 예수님이 이루셨으니 승리하신 우리 주 예수님의 이름으로 물리치고 쫓아낸다!' 하고 쫓아내라는 말입니다. 말씀을 믿고 부정적인 생각들을 받아들이지 않으면 되는 것입니다. 병을 몰수해 가신 그 예수님 이름, 저주를 물리치신 그 예수님

이름으로 쫓아내는 겁니다. 예수님 이름 앞에 굴복하고 쫓겨나가게 돼 있는 거예요. 아셨습니까?

그러므로 이런 지식 없이 이런 믿음 없이 아무리 '나라이 임하옵시며' 하고 외쳐도 그것은 중언부언밖에 되지 않는 거예요. **하늘에 계신 우리 아버지여 이름이 거룩히 여김을 받으시오며** 했을 때 그것은 이미 이 기도하는 나를 통해서 '아버지의 이름이 거룩히 여김을 받으십니다. 거룩히 여김을 받으시옵소서.' 하는 고백인데 우리가 하나님께서 여호와의 이름으로 주신 복이 얼마나 엄청난 복이었는지를 다 깨달아보았지 않습니까? **이름이 거룩히 여김을 받으시오며** 다 깨달아 자기 믿음으로 받지 않았습니까? 바로 그 여호와의 이름에 있는 놀라운 하나님의 복을 우리 주 예수 그리스도께서 다 가지고 오셔서 십자가를 통해 다 완성하시고 이제 믿는 자의 것이 되게 하시려고 성영님으로 그 모든 복을 가지고 오신 것 아니냐 말입니다. 죄인인 나를 구원하시려고 구주로 오신 예수님을 영접하여 모셔 들이니, 성영님으로 우리 안에 오시게 되었으니 그러므로 아버지 나라의 능력도 와있는 것이지 않습니까? 그렇기에 내 안에 성영님이 예수님의 이름으로 여호와 이름에 있는 엄청난 복을 가지고 오셨는데, 그 어마어마한 복을 믿고 기도하여 쫓아내면 쫓겨나게 돼 있는 것입니다. '아유, 내가 암만해도 안 돼.' 그러니까 안 되는 거예요. '나에게 오신 예수님의 이름이 하십니다. 나는 못 하지만 말씀이 있으니 말씀을 이루셨으니 예수님이 승리하셨으니 사망 권세를 철폐하셨으니 그 예수님이 나와 함께 계시니 예수님의 이름이 하십니다.' 하고 좀 그 믿음 가지고 자기 속에 올라오는 부정적인 어둠의 요소들을 그냥 쫓아내 버리란 말이에요. 그러면 쫓겨나가게 돼 있습니다.

성영님이 가지고 오신 예수님 이름 속에 여호와의 이름으로 알려 주신 아버지 나라의 것이 다 있는 것입니다. '나라의 임하옵시며' 할 때 이것을 말한다는 것을 알고 기도하는 것이면, '죄 용서의 은혜가 내 영혼에 더욱 넘쳐나게 해주시고, 구원하심의 은혜를 내 영혼에 더욱더 깨달아 그 은혜와 감사가 넘쳐나게 해주시고, 예수님 생명의 은혜가 내 영혼에 차고 넘치게 해주시고, 치료의 은혜가 내 영과 혼과 육체와 생활에 넘쳐나게 해주시고, 아버지 나라의 의로 내가 살기를 원하니 나를 그 의로써 다스려 주옵시고' 이런 소망과 믿음에 의해 하는 기도가 되는 것인데……, 그런데 어떻게 나라가 임하였사오니 하고 기도하는 사람이 자기 속에 부정적인 어둠의 것들을 쫓아내지 않고 "근심하라" 하면 근심에 붙들려 근심하고 앉아 있고, "믿지 마라" 하면 정말 내가 이걸 믿어야 하나 말아야 하나, 말씀을 듣다 보면 믿어야 할 것 같고 말씀 밖에 나오면 믿지 않아야 할 것 같고, 의심하고 앉아서 "두려워해라" 하면 두려워하고 말이죠, 내일 어떻게 살까? 불안에 떨고 있고 말이지요. "하나님이 너 같은 것 관심 없다." 하면 세상 고민 다 짊어진 자세를 취하고, "용서하면 너만 억울하지 얼마나 억울하냐? 하면 '맞아! 내가 용서해 버리면 너무 억울해!" 하고 마음속에 울분을 품고, "하나님이 어디 있어? 너 지금 속고 있는 거야!" 그러니까 "정말 하나님 어디 계시지? 눈에 보이지 않는 하나님 정말 없는 것 아니야? 정말 있다면 날 이렇게 고통스럽게 할 수는 없잖아! 내가 뭘 그리 잘못 했는데!" 하고 속는 것에 열심히 하는 겁니다. 이런 온갖 부정적인 것들로 공격을 받고 있다는 말입니다. 하긴 어둠의 요소를 가진 이런 것을 쫓아낸다고 해서 쫓겨나가는 것이 아닌, 다른 것의 관계가 돼 있지 않은 것이 얼마든지 있을 것인데, 제가 이것을 강조하는 것은 무리인 것 같다는 생각이 듭니다. 참고하십시오.

예수님께서 분명히 너희는 이렇게 기도하라고 기도를 말씀하셨으니 그래서 예수님이 오신 뜻이 바로 이 기도이니, 또한 예수님을 믿는 우리의 뜻이 돼야 하니, 이 기도를 피해서 믿는다고 할 수는 없습니다. 그러니까 아버지와 아들이 뜻이 같아야지 '아버지 뜻하고 나하고 뭔 상관있습니까? 그냥 내 뜻이나 좀 들어주십시오.' 한다면 그 관계는 아버지와 아들의 관계가 아닌 거지요. 아들이 아닌 사단의 아들인 것이지요. 무조건 어림짐작으로 **나라가 임하옵시며** 하고는 이 관계에 관해서 관심 없다면 그것은 인격적으로 믿는 것은 아니지요.

세상 권세 잡은 세상 임금이 되어서 사람을 지배하고 저주로 몰아넣은 그 원수 마귀에서 건져주시고 사망으로 저주로 질병으로 가난으로 근심으로 좌절로 두려움으로 눌렸던 모든 것에서 해방이 되게 하셨으니 예수님의 이루신 것을 믿으면 이제 속지 말라는 것입니다. 그러므로 아버지 하나님의 나라가 지배하여 주시는 것이 얼마나 아름답고 행복한 것인지, 온전히 임하시도록 끊임없이 성영님의 도우심을 입고 말씀으로 세워가라 하시는 겁니다. 또한, 아버지의 나라가 모든 사람에게도 임하여 주시기를 기도하면서 그들을 향해 예수님을 주는 자가 돼야 함을 말합니다.

그래서 오늘 **나라가 임하옵시며 뜻이 하늘에서 이룬 것같이 땅에서도 이루어지이다** 하는 기도내용의 결론은 바로 성전입니다. 모세가 지은 구약 성전, 예수님이 성전, 내가 성전인 이 성전의 관계로써 내가 예수님 안에 들어가고 예수님이 내 안에 오시는 관계를 이루는 것임을 말한다는 말입니다. 그래서 성전을 알지 아니하면 이 관계를 이룰 수는 없는 것이지요? 여러분은 성전을 다 아십니다. 말씀 마칩니다.

　오늘도 이 기도의 내용을 우리에게 깨닫게 하시고 바른 관계로써 기도할 수 있도록 도우신 성영님께 감사하고 모든 영광을 삼위의 하나님께 돌립니다. 아멘

너희는 이렇게 기도하라 4
일용할 양식을 주옵시고

오늘은 마6:11에 **오늘날 우리에게 일용할 양식을 주옵시고**입니다.

기도는 아버지 하나님과의 대화입니다. 기도가 아버지와 대화하는 통로예요. 그래서 기도를 '영적 호흡'이라고 말합니다. 숨 쉬는 것을 호흡한다고 말하듯이 믿음도 호흡을 잘하여야 믿음이 살아있다고 하는 것입니다. 사람들이 기도에 대해서 잘못 아는 것은, 자기 삶의 것들을 하나님께 뭔가 열심히 구하고 응답받는 것인 줄로만 알고 있습니다. 이것은 절대 호흡 장애와 같고 믿는 것을 잘못 알고 있는 것입니다. 그리고 '너희는 이렇게 기도하라' 하신 것은 또 잘 외워드리라는 것이 아니라, 일방적으로 내게 그렇게 해달라는 것이 아니라, 이미 말씀드렸던 대로 예수님과 뜻을 같이하여 따르기 원하는 그 소원이 자기 삶의 전 뜻이 되어 드리는 기도입니다. 예수님과 함께 있기를 원하는 중심을 다 하는 기도입니다. 그러므로 아버지가 나로 하여금 영광 받으시는 것을 말합니다. 그래서 기도는 입으로 외는 것이 아니라 삶을 말한다는 것 이미 말씀드렸습니다. 그것이 호흡을 잘하고 있는 살아있는 기도입니다.

'하늘에 계신 우리 아버지여, 아버지의 이름이 거룩히 여김을 받으십니다. 나라가 임하셨으니 아버지 뜻이 내게 이루어지게 하셨습니다. 내게 이뤄주심 같이 모든 사람에게도 이뤄지게 하여 주십시다' 하는 것이 입술의 기도가 아니라 중심의 기도라는 말입니다. '아버지의 이름이 거룩히 여기심을 받으시오며'라고 기도했으면 아버지의 이름이 거룩히 여김을 받으시는 삶을 살아드려야 하지 않겠습니까? 그것이 삶의 초점이 돼야 받으시는 기도요, 성영님께서 삶에 함께하시면서 영광 받으실 길로 인도하시는 것입니다.

오늘날 우리에게 일용할 양식을 주옵시고 에서 '오늘날'은 '오늘도 내일도 날마다'입니다. 그다음 '우리에게'는 '하나님을 아버지라 부르는 교회에' '예수님으로 살고자 하는 우리에게'입니다. 그다음 '일용할 양식을 주옵시고'는 '아버지의 하늘 양식, 생명의 양식을, 일용할 양식으로 주옵시고'입니다. 아버지께서 밭을 준비하시고 일용할 생명의 양식을 위해 친히 농부가 되어 밭에 곡식을 심어 마침내 알곡이 나왔으니 (이것은 구약 이야기입니다) 그러면 알곡이 되어 나오신 분이 누구예요? 예수님이 오신 것이지요? 지금 그 예수님께서 복음을 전파하시면서 제자들을 부르시고 제자들에게 이제는 이렇게 기도하라고, 이제 오늘날 그 알곡을 일용할 양식으로 주시기를 기도하라고 기도를 가르쳐주신 겁니다.

너희에게 줄 양식이 아버지께 있다는 거예요. 아버지께! 자녀에게 줄 생명의 양식, 자녀가 먹을 일용 양식을 아버지가 준비하셨으니 네가 자녀이길 원하면 그 양식을 구하라는 것입니다. "그러면 있는 양식을 그냥 주시면 되지 뭘 그렇게 구하라고 하느냐? 양식 있는데" 한다면 그냥 먹어지는 것이 아니에요. 그러니까 예수님의 이 기도도 자기 의지가 참으로 원해야 하는 것입니다. 의지의 문제예요. 믿는다고 해서, 믿습니다 한다고 해서 그 양식을 주시는 것도 아니고, 그 양식이 먹어지는 것도 아니라, 자기 의지가 참으로 예수님으로 살기 원하면 일용할 양식을 주시라고 구해야 하는 것을 말씀하는 것입니다. 예수님과 예수님이 십자가에서 이루신 생명의 뜻이, 예수님의 모든 말씀이 영혼의 양식입니다. 받아들여야만 살 수 있는 생명 얻는 양식이요. 날마다 먹으므로 장성한 생명으로 자라가는 양식입니다.

제자들이 이 양식을 우리에게 주시라고 자기 삶과 의지를 온전히 하늘 아버지께 두고 원하여 기도했음으로써 그 양식을 제자들에게 다 내주신 것이 되었습니다. 생명의 떡인 양식을 받아먹으니 생명이 있게 되어 하나님의 아들로 나게 되었습니다. 참으로 신비하고 놀라운 양식, 세상에서는 맛볼 수 없는 맛, 너무너무 행복한, 진정 배부름의 만족한 기쁨을 얻게 한 양식을 주셨습니다. 그러니 자기 목숨을 아까워해야 할 이유가 없었습니다. 그러므로 여러분 모두가 성영님으로 이 말씀을 받게 되기를 진심으로 원합니다. 하나님께서는 예수님께 나오는 모든 자들이 이같이 하늘 생명의 양식을 받아먹도록 하시려고 이 성서 안에다가 진수성찬으로 차려놓으시고 이제 너희가 찾아 먹어라, 받아먹어라, 구하여 먹으라고 하셨습니다.

과거에 제가 예수님이 가르쳐주신 이 기도에 대해서 여러분께 말씀을 드릴 때가 있었는데 그때는 '오늘날 일용할 양식을 주옵시고'에서 일용할 양식이 우리 삶에 필요한 것들을 말하는 것으로 잘못 알고 있었습니다. '일용할 양식'하니까 매일 먹는 것, 이 땅에 사는 동안에도 육체의 양식이 필요한 것이니, 그래서 육체의 양식을 주시라고 기도하라 하신 것인가 생각했고, 또 그때 주석이나 다른 자료들도 보면 다 '우리 육체의 양식을 구하는 것이라'고 되어 있어서, 나도 그렇게 알고 말씀을 드렸는데, 왠지 마음속에서는 확신이 들지 않았습니다. 그래서 해답이 아니면 확실한 답을 깨닫게 해주시라고 마음으로 기도하였었는데, 마음 안에서 그것을 말하는 것이 아니라고 하는 느낌이 계속 있었습니다. 그런데도 그것이 성영님의 사인(sign)인 줄은 알아차리지 못하고 강단에서 일용할 양식이 육체의 양식 구하는 것을 말한다고 말씀을 드리고 있었습니다. 그때 성영님께서 "너는 왜 그것만 말하느냐? 그보다 더 나은, 더 높은 것이라!"라고 버럭 하셨는데, 제가 말씀을 전하는 중이라 어찌할 수 없어서 그냥 준비한 말씀을 그대로 전하고 있으니 또 "네 영혼에 양식을 말하는 것인데 왜 그것을 잘라 먹느냐? 잘라 먹지 말라!" 하셨습니다. 그 말이 무엇을 말씀하는 것인지 내 안에서 다 알게 됐습니다.

그런데 제가 돌려 말씀드리기가 복잡한 생각이 순간 들어서 못 들은 것처럼 그냥 넘어갔습니다. 그랬더니 성영님은 넘어가시지 않고 쫓아다니며 말하듯이 계속 그것을 반복하여 말씀하셨습니다. 내가 대답을 해드려야 하는데 미처 그것을 생각 못 했습니다. 하여 성영님께 "무슨 말씀인지 잘 알게 되었고 그 말씀에 제가 아멘으로 동의합니다. 가르쳐 깨닫게 하심을 감사합니다." 하고 대답을 드렸더니 그제야 잠잠하셨습니다. 그래서 일용할 양식에 대해 바른 뜻을 여러분에게 다시 반복하여 말씀드리는 것입니다. 그 뒤 제가 크게 후회하고 회개하게 되었는데, 그때 왜 강단에서 바로 고쳐 말하지 않았을까? 지금 말씀드린 이것은 일용할 양식의 뜻이 아니라고, 제가 그런가 하여 나의 말을 했다고, 성영님께서 이것을 말씀하셨다고 그때 바로 고쳐서 말하지 않았다는 것이 참 아주 후회스러웠습니다. 바로 고쳤다면 더 나은 유익이었을 것인데 하는 아쉬움이 크게 있었습니다.

제가 이 이야기를 하는 것은 여러분, 일용할 양식에 대해서 내가 알고 있는 상식에다 맞췄던 것은 생명의 말씀입니까 아닙니까? 아닙니다. 그것은 육체에 해당하는 것일 뿐, 예수님 말씀의 의도와는 다른 말씀입니다. 그러나 성영님이 가르치신 뜻은 생명을 얻게 하는 뜻입니까, 아닙니까? 뜻입니다. 그래서 내 상식으로 말씀이 해석되는 것은 여전히 육을 말하는 것일 뿐으로. 또한 육체를 위하고 세상 것을 품게 하도록 하는 것으로 하나님께 불법 하는 일입니다. 그래서 마18:7에 **실족케 하는 일들이 있음을 인하여 세상에 화가 있도다 실족케 하는 일이 없을 수는 없으나 실족케 하는 그 사람에게는 화가 있도다** 하신 말씀이 바로 이 같은 것을 지적하시는 말씀입니다. 무슨 말인지 여러분이 이해되리라 생각합니다.

그래서 성영님과 교제 없으면 절대로 말씀을 잘못 풀이할 수밖에 없습니다. 인간은 그처럼 육체의 떡으로만 사는 줄 알고 그것을 위해 열심히 좇아 사는 것이지마는 그러나 육체의 떡으로 사는 것이 아니라 하나님의 입으로 나온 말씀 즉 레마로 살 것이라고 하나님께서 선지자들을 통해 말씀하셨습니다. 그렇기에 예수님께서도 육신을 위해 살라고 유혹하는 사단에게 **기록되었으되 사람이 떡으로만 살 것이 아니요 하나님의 입으로 나오는 모든 말씀으로 살 것이라 하셨느니라**고 기록된 말씀으로 단호히 물리치셨습니다. 그러므로 여러분이 구해야 하는 일용할 양식은 땅의 것이 아닌 하늘의 것이라는 것 확실히 아셨고 동의하시는 것입니까?

그러면 여러분이 '일용할 양식을 주옵시고'라고 기도하면서 그 양식을 취하여 먹지 않으면 믿음이 진실입니까, 거짓입니까? 거짓 믿음이라는 것이 드러난 겁니다. 여러분 양식이 뭐에요? 육체는 먹을 양식이 없으면 굶어 죽습니다. 죽어! 그래서 양식입니다. 그 양식으로 표현하시면서 너희가 육체의 양식을 먹지 않으면 죽는 것을 아는 것처럼 바로 영의 양식, 영이 사는 양식은 예수님이요, 예수님에게서 나는 것을 먹지 않으면 너희 영이 살 수 없다. 생명이 없다는 것을 가르치시면서 사는 양식, 생명 얻는 그 양식을 구하라고 하신 것입니다. 그러니 먹지 않으면 죽는다는 것 더 설명하지 않아도 모르는 이 없지 않겠습니까? 참으로 말씀을 사랑해서 말씀으로 살지 않으면 여러분의 영혼은 살지 못합니다. 양식이 되는 예수님과 예수님의 말씀을 받아들여 자기 안에서 새김질로 먹는 양식이 되지 않으면 살 수가 없습니다. 새겨듣기 바랍니다.

그런데 일용할 양식을 주시라는 것에는 영혼의 양식만 말하지는 않습니다. 일용할 생명의 양식에는 이 땅에서의 필요한 양식과 쓸 것까지 다 함께 따라있는 것을 말합니다. 생명의 양식으로 사는 능력이 되면 땅에서의 양식은 따라오는 것이니 염려할 일이 아니에요. 그런 것은 아버지가 주시기로 아주 약속되어 있고 이미 주셨어요. 만일 영혼의 양식에 관심 없이 그저 땅에서 사는 것을 구하는 것이면 그것은 종교인이요, 하나님을 귀신 대하듯 하는 것과 같은 것입니다. 세상의 것 때문이면 그것은 사단도 자기에게 절하고 경배하면 얼마든지 가져다주는 것들입니다. 썩지 않는 영생하는 양식을 위한 뜻이 되었다면 사는 동안 필요한 양식은 따라오는 것이니, 그것을 구하는 것이 아닌 이것을 잘 알아야 할 것입니다.

여러분! 믿음은 먼저 세상에서 나와야 하는 것을 말합니다. 그리고 예수님의 나라와 예수님의 의를 구해야 하는 것입니다. 그래서 그 기도의 삶이 되면 아버지께서 그 삶을 완벽히 책임지시는 것이니 그러므로 무엇 먹을까 마실까 입을까 하는 염려는 하나님 없는 이방인이 하는 것이니 너희는 염려하지 말라는 당부 말씀을 하신 것입니다. 그리고 보리떡 다섯 개와 물고기 두 마리로, 또 물고기 두 마리와 떡 일곱 개로 지치고 배고픈 수많은 무리를 배불리 먹이시는 것으로, 육체의 양식을 채우시고 영혼의 양식, 생명의 떡으로 산다는 표적을 보이셨습니다. 그러므로 생명의 떡이 되시는 예수님께서 성영님으로 자기 안에 오셔서 함께 계시면 염려하지 말라. 염려하는 것은 믿음 없는 이방인이 하는 것이다 하셨으니, 여러분 예수님은 그다음에 말씀하실 때, '믿음이 없는 자들아' 하시지 않고 '믿음이 적은 자들'이라고 하셨습니다. 그러면 '적다'는 것은 무엇을 말씀하는 뜻인지 알지 않습니까? 바로 믿음이 없는 자들아! 하나님을 모르는 자들아! 예수님을 모르는 자들아! 라는 것을 말한다고 하지 않았습니까?

세상 쓸 것을 염려하는 것은 '믿음 없는 자다' 하셨으니, 하나님 없는 이방인이 찾는 것은 무엇 먹고 마시고 입을까 하는 것으로 그것은 염려거리가 아니니, 하나님 아버지가 채우시는 것이니, 예수님의 말씀대로 믿고 따라가면 말씀하신 분이 어련히 아셔서 필요한 양식과 쓸 것을 채우시지 않겠습니까? 좀 이 믿음을 갖자는 말입니다. 너희가 예수님을 구주로 영접하여 믿기 원하면 뭐라 하십니까? 그의 나라와 그의 의를 구하라~예수님이 이것을 말씀하신 의도로 들어가면 아주 매이라는 뜻입니다. 그의 나라와 그의 의를 구하는 일에 매여라! 그러면 책임지신다는 약속입니다. 그렇기 때문에 요일5:15에 **그를 향하여 우리의 가진바 담대한 것이 이것이니 그의 뜻대로 무엇을 구하면 들으심이라 우리가 무엇이든지 구하는 바를 들으시는 줄 안즉**

우리가 그에게 구한 그것을 얻은 줄을 또한 아느니라고 했습니다. 땅의 것이든 하늘의 것이든 아버지의 뜻대로 구하면 주신다는 것을 알기 때문에, 아버지의 자녀이면 자기가 안다는 말입니다. 알기 때문에 그래서 아버지께 당당히 구한다고 하는 것 아닙니까? 아버지 뜻대로 구하기만 하면 아버지가 내게 주신다는 것을 당당히 안다 말입니다.

오늘날 이 같은 관계의 믿음이 돼야 하는데 사람들이 오랜 신앙생활하면서도 되지 않았습니다. 자기가 자기의 주인인 채로 자기 생각을 하나님의 말씀 위에 놓고 맞지 않는 것은 잘라내고 가지치기합니다. 그러니 뜻이 하늘에서 이뤄진 것같이 땅에서도 이뤄진 일이 자기 속에는 이뤄질 수가 없어 여전히 두려움과 불안과 염려에 잡혀서 작은 일에도 평안을 갖지 못하고 고통하며 사는 것입니다. 영혼이 구원받지 못했다는 말입니다. 말씀을 믿고 받아들여 사는 것으로 의식 변화가 일어나지 않음으로써 아버지 사랑의 깊이를 경험하지 못하고 있다는 말입니다.

요일4:18에 **사랑 안에 두려움이 없고 온전한 사랑이 두려움을 내어 쫓나니 두려움에는 형벌이 있음이라 두려워하는 자는 사랑 안에서 온전히 이루지 못하였으니**라고 말씀하고 있습니다. 불안과 염려와 두려움에 잡혀있는 이유가 무엇이냐? 자기는 영벌에 처한 존재인데 예수님께서 그 같은 자신을 위해서 사망의 형벌에서 건지시고 저주를 물리쳐주시고 병든 영육을 고쳐주시고 영생을 주시려고 그렇게 십자가 위에서 대신 형벌을 받으셨다는 것에 대한 사랑을 알지 못하기 때문이라는 것입니다. 하나님 아버지께서 예수 그리스도를 십자가 위에 내주신 그것이 얼마나 큰 사랑이요, 자신에게는 얼마나 큰 복인지 알지 못하기 때문이라는 것입니다. 십자가의 사건이 그저 추상적이요, 막연한 것으로 '모든 인류를 위해서'라는 식의 관계로만 되어 있어 그 십자가의 피 흘리심의 사랑이 어떤 것인지 그 엄청난 은혜를 깨닫지 못해 자기 것으로 받아들여지지 않기 때문이란 것입니다.

그러므로 아버지의 온전한 사랑이 자기 안에 이루어지지 않으니 두려움이 있는 것이요, 아버지 하나님의 그 사랑에 대해 믿지 못하기에 생각이 송사로 복잡하고, 생각이 복잡하다는 말입니다. 복잡해! 복잡하고 불안과 염려에 매여서 살 수밖에 없다는 것입니다. 저는 이 말도 사실 입에 담아 하기 참 싫습니다. 아버지의 사랑 안에서의 이 자유의 기쁨이 얼마나 큰지, 이 은혜가 제 안에 큰 만큼 사실 생각이 세상 것으로 복잡한 사람의 이런 것을 말한다는 것도 아주 싫습니다. 하나님께서는 자기의 엄청난 사랑을 예수 그리스도의 십자가에 내어주신 것으로 확증하셨고 성경을 통해 말씀하신 그 사랑을 받는 자에게 성령님께서 경험하게 하시는 것인데, 믿는다는 사람들이 자기 것으로 받아 완전한 자유의 능력을 얻지 못하고 자기 생각을 높이고 두려움을 택하는 것이 되었으므로 자신에게 형벌이 그대로 따른다는 것입니다.

생각이 복잡한 것은 염려에 매였다는 것이요, 염려에 매인 것은 불안과 두려움이 있다는 것이니, 그것으로 마음이 점령되어 그 형벌이 따라온다고 하신 것이라는 말입니다. 사66:4에 분명히 말씀하셨습니다. **나도 유혹을 그들에게 택하여 주며 그 무서워하는 것을 그들에게 임하게 하리니 이는 내가 불러도 대답하는 자 없으며 내가 말하여도 그들이 청종하지 않고 오직 나의 목전에 악을 행하여 나의 기뻐하지 아니하는 것을 택하였음이라 하시니라** 했어요. 무슨 말인가? 육체가 사는 것에 생각이 복잡하여 하나님의 말씀을 들으나 듣지 않은 자같이 하면, 하나님께서도 유혹하는 영들에 마음을 유혹당하여 사로잡히도록 버려두시겠다는 말씀입니다. 어떻게 살까? 무엇 먹고 무엇 입고 무엇 마시고 살까가 염려되어 그 두려움을 껴안고 사는 그들에게 그 무서움들이 임하도록 버려두시겠다는 말씀입니다. 하나님의 말씀을 따르지 않으니 선지자들을 보내고 또 보내었어도 듣기를 원치 않고 자기 생각대로 자기 좋을 대로 살면서, 세상 것을 좋아하고 마음이 매여 쫓는 것을 택하고, 그 생각이 하나님께서 기뻐하지 않는 이방인 같은, 사단이 기뻐할 것들을 택하기 때문이라고 하신 것입니다.

그래서 예수님께서 믿는 자면 세상에서 먹고 마시고 입는 목숨의 것에 염려에 붙들리지 말라 즉 마음을 빼앗겨 있지 말라는 말씀입니다. 그것은 유혹하는 악한 영들에 자기 마음을 내주는 것이기 때문입니다. 그러므로 일생을 책임지고 필요를 채우신다는 약속을 붙잡고 그의 나라와 의를 구하는 데 목적이 되겠느냐? 아니면 염려를 붙들고 모든 생각을 거기다만 소비하며 염려거리를 자꾸 끌어들이겠느냐? 택한 대로 되는 것이니, 그러므로 필요는 믿음으로 구하되 세상 것에 매이지 않아야 한다는 것을 당부하셨습니다. 그래서 **일용할 양식을 주옵시고** 해서 다 주신 것, 구원과 이레와 닛시와 라파와 라하와 샬롬과 찌두케누와 삼마와 에벤에셀……, 하나님의 백성이 받을 이 모든 복이 예수님에게 다 있어 이루셨으니 이것을 믿음으로 받으라는 것입니다. 자유하게 하는 진리의 법이니 그 법으로 지배받으라고 하는 것입니다.

예수님 안에 있는 하늘의 복이 내 것이 되도록 날마다 예수님으로 주시는 생명의 양식을 받아 속사람의 피와 살이 되게 하고 예수님의 분량에 이르는 믿음으로 자라가라는 거예요. 참으로 삼위 하나님과 관계를 이루는 그의 나라와 그의 의를 구하는 일에 마음을 다하고 뜻을 다하는 것이 우리가 취해야 할 일용할 양식입니다. 하나님의 복이 내게 따르는 것을 다른 곳에서 보고 듣고 찾는 것 아닙니다. 성경에 그 모델이 다 있고 저주도 다 있습니다. 믿음의 조상 아브라함이 복을 확실하게 보여주었습니다. 아브라함이 바로 영혼이 잘됨같이 범사가 잘되고 강건한 복을 소유한 사람으로 믿는 자에게 모델입니다. 믿음의 사람으로 복을 받은 모델이에요. 아브라함은 우리와 똑같이 평범한 사람입니다. 어떤 특별한 것도 내세울 것도 자랑할 만한 것도 없는 아주 지극히 평범한 사람입니다. 그러나 그는 진실하였고 진리를 간절히 추구하며 성실로 사는 하나님의 마음과 같은 마음을 가진 사람이었습니다. 그래서 그가 자신이 추구하던 진리의 하나님을 만났을 때는 세상을 초월한 순종으로 말씀을 좇은 것입니다.

아브라함은 하나님께 잘 먹고 잘사는 물질의 복을 달라고 구한 적이 없습니다. 그런데 아버지 하나님은 아브라함에게 땅의 것으로도 복을 주시고 싶으셔서 안달이 나셨던 분입니다. 아브라함의 일대기를 가만히 상고해보면 하나님께서 땅의 복을 주시고 싶으셔서 안달이 나셨던 것을 볼 수가 있습니다. 자기를 찾아오신 그분이 진리이신 하나님이심을 알아본 이상 이유가 없었습니다. 명하신 말씀이 이해가 안 된다고 머리로 헤아리지도 않았고, 안 될 소리 같을지라도 그분이 하나님 되심을 알아본 이상 말씀 앞에 계산적이지도 않았고 순종하여 따랐습니다. 그래서 영혼이 잘됨같이 범사가 잘되고 강건한 복이라고 한 것은 믿음 있는 자의 순종한 복을 말한 것입니다.

여러분! 우리에게 예수님만 계시면 됩니다. 굶으면 예수님과 함께 굶는 것이요, 먹으면 예수님과 함께 먹는 것입니다. 그렇기에 예수님께서 이 원리를 알라는 것을 오늘 마6장으로 당부하신 것입니다. '믿음이 적은 자들아' 하시니 그래도 문지기 자리 정도라도 하나님 나라에 가는 줄로 착각하고 있지만, 예수님의 말씀은 '믿음이 없는 자들아' 하는 것입니다. 그래서 믿음 없는 자 되지 말고 믿음 있는 자가 되어야 함을 오늘 일용할 양식을 주옵시고를 통해서 깨달아야 한다는 말입니다. 그러므로 오늘날 '누가 예수님 믿고 복 받았대' 하면 나도 나도 하는 것 절대 문제 있습니다. 오늘날 교회들이 참으로 위험한 간증들을 많이 하고 있습니다.

누가 아무리 어려워도 십일조 떼먹지 않고 주일성수를 중히 여겨 세상없어도 주일을 잘 지켰더니 하나님께서 그에게 돈 벌 수 있는 아이디어를 주셔서 물질로 복을 받아 세계갑부가 되었다는 둥 세계에서 몇 대 갑부가 되었다는 둥 이런 물질 만능이 하나님의 주신 복인 것처럼 사람들에게 들려줌으로써 물질을 쫓아가도록 은근히 조장하고 있습니다. 그러나 세상 갑부가 되었다는 것이 예수님을 바로 믿지 못하게 막는 역할이 되어 사단의 세상 문화를 개발하고 발전시킨 것이 되었다고 하면 그것은 하나님이 주신 복이 아닙니다. 들을 귀 있으면 들으십시오. 사람이 정신을 거기에 빼앗기고 영혼의 갈증들을 그런 것들로 채워보고자 몰두하고 쫓아가게 하여 세상으로 붙들려 버리게 했다면, 그것은 복이 아니라 큰 저주입니다. 하나님은 사람을 망할 길로 가게 하는 것들을 개발하고 제조하게 해서 돈벼락 맞는 부자 만들어주는, 약 주고 병 주는 일로 영광 받으시는 것 아닙니다.

솔로몬의 부귀영화가 복이 아니라는 것, 그것으로 인해 솔로몬 자신과 이스라엘의 영적인 타락이 들어와 신앙을 잃어버렸다는 것, 솔로몬을 모델로 보여주셨고 그러므로 우리의 복은 어떤 것인가? 아브라함을 모델로 보여주신 것입니다. 그래서 성경은 갈3장에 믿음으로 말미암은 자들은 아브라함의 후사가 된다고 했고 그러므로 아브라함과 함께 복을 받은 자라고 했습니다. 예수님께서 분명히 말씀하셨습니다. 요6:27에 너희가 썩는 양식을 위하여 일하지 말라고 하셨어요. 세상 발전시키는 일로 타락하게 하는 일 말라 말이지요. 목숨의 일로 매여서 붙들려 살지 말라는 말입니다. 그렇게 썩는 양식을 위하여 일하지 말고 영생하도록 있는 양식을 위하여서 하라고 하셨습니다. 그 양식은 인자가 너희들에게 주는 것이니 인자는 아버지 하나님의 인 치신 자니라고 하셨습니다. 그래서 믿음이 무엇이냐? 명백해지지 않습니까?

　예수님을 알기를 힘쓰고 그 예수님을 사랑하고 그 예수님으로 살기 위하여 일하라고 하신 것이라는 말입니다. 무엇으로 우리가 하나님의 일을 할까? 고민하는 우리에게 예수님을 믿는 일, 예수님을 아는 일 그래서 그 예수님으로 사는 일이 하나님의 일이라고 분명하게 답변해주셨습니다. 그런데 인간이 얼마나 교만한지 나도 예수 안다는 겁니다. 나도 예수 믿는다는 것입니다. 그러면 예수님을 알고 믿는다면 믿는 것이 있어야 하는데, 예수님을 알고 믿는 사람이 얼굴에 내천(川) 자 그리고, 한숨이나 푹푹 쉬고, 혈기나 부리고, 자기 성격대로 해대고, 얼굴에 평안의 빛이라고는 보이지 않고, 세상 근심이나 잔뜩 담고 있는 어두운 그늘이나 드리우고 있으면서 안다고 할 수는 없습니다. 예수님께서는 너희가 하나님을 위한답시고 무엇을 하려고 네 열심히 되어 뛰어다니지 말고 먼저 진리를 알라고 했습니다. 바로 예수님을 알라는 말입니다. 그러면 너희가 상상하지 못한 자유의 능력을 얻게 된다 하셨습니다.

　너희가 믿기로 하였으면 네 알량한 교만 다 내려놓고 교회 나오는 자가 되지 말고 예수님께 나오라는 겁니다. 나와서 머리로 아는 것 내려놓고 예수님을 경험하는 자가 되어 오직 그 예수님으로 살라고 하시는 겁니다. 오직 예수님만이 우리가 날마다 받아들여 먹어야 하는 참생명의 떡이요 양식입니다. 땅의 것은 하나님께서 창조 때부터 주셨는데 이미 주신 것에 무엇이 부족해서, 빠진 것이 있어서, 더 주실 것이 있어서 예수님이 십자가에 달려 죽으신 것이 아닙니다. 그래서 우리가 예수님으로 주어진 하늘의 모든 것을 구하는 믿음이면 우리의 필요를 채우시겠다고 하신 겁니다. 우리가 목숨이 사는 일은 열심히 해야 하지만, 그것이 목적이 되어서는 안 된다는 말입니다. 더 중요한 일, 더 나은 일, 더 높은 일, 더 큰 일, 영생하도록 있는 양식을 위해 예수님의 말씀을 매일 받아먹고 영의 사람으로 자라가라는 것입니다.

　'오늘날 우리에게 일용할 양식을 주옵시고'를 제자들이 예수님과 뜻을 같이하여 기도한 대로 그 양식이신 예수 그리스도가 십자가에서 자신을 내주셨고 생명을 쏟아 부었으니, 이제 예수님을 네 소유로 하고 예수님에게서 나온 말씀을 매일 받아들여 새김질하고 새김질함으로써 영생을 잘 세워나가라고 하시는 것입니다. 거기에 아버지의 사랑을 더 깊이 경험하는 능력이 있고, 거기에 용서할 능력도, 거기에 시험 들지 않는 능력도, 거기에 병들지 않는 능력도 있다고 하신 겁니다. 그 말씀을 날마다 양식으로 받아먹는 자, 그 말씀이 생명이 되고 능력이 되고 영생케 하는 살아있는 진리의 말씀이라는 것을 믿는 자, 말씀대로 그 복이 따른다고 하는 것입니다.

복이 다른 곳에 있는 것이 아니라 말씀에 있어서 말씀을 알고 그 복을 소유하기를 원해서 자기 안으로 받아들여 가진 자만이 가질 수 있는 복, 바로 진리로 자유케 되는 복이라고 말씀하신 것입니다. 오늘 우리가 '오늘날 우리에게 일용할 양식을 주옵시고' 하신 것을 깨달아 보았습니다. 여러분이 믿음으로 다 받으신 줄 믿고 오늘 말씀을 여기서 맺습니다. 우리에게 말씀으로 믿음을 양육하시고 하늘의 복으로 복 주신 삼위의 하나님께 모든 영광을 돌립니다. 아멘

너희는 이렇게 기도하라 5
우리가 우리에게 죄지은 자를…… 우리를 시험에 들게… 대개 나라와 권세와… 아멘

¹²우리가 우리에게 죄지은 자를 사하여준 것같이 우리 죄를 사하여 주옵시고 ¹³우리를 시험에 들게 하지 마옵시고 다만 악에서 구하옵소서 대개 나라와 권세와 영광이 아버지께 영원히 있사옵나이다 아멘 ¹⁴너희가 사람의 과실을 용서하면 너희 천부께서도 너희 과실을 용서하시려니와 ¹⁵너희가 사람의 과실을 용서하지 아니하면 너희 아버지께서도 너희 과실을 용서하지 아니하시리라

(마6:12-15)

²¹그 때에 베드로가 나아와 가로되 주여 형제가 내게 죄를 범하면 몇 번이나 용서하여 주리이까 일곱 번까지 하오리이까 ²²예수께서 가라사대 네게 이르노니 일곱 번뿐 아니라 일흔 번씩 일곱 번이라도 할지니라 ²³이러므로 천국은 그 종들과 회계하려 하던 어떤 임금과 같으니 ²⁴회계할 때에 일만 달란트 빚진 자 하나를 데려오매 ²⁵갚을 것이 없는지라 주인이 명하여 그 몸과 처와 자식들과 모든 소유를 다 팔아 갚게 하라 한대 ²⁶그 종이 엎드리어 절하며 가로되 내게 참으소서 다 갚으리이다 하거늘 ²⁷그 종의 주인이 불쌍히 여겨 놓아 보내며 그 빚을 탕감하여 주었더니 ²⁸그 종이 나가서 제게 백 데나리온 빚진 동관(同官) 하나를 만나 붙들어 목을 잡고 가로되 빚을 갚으라 하매 ²⁹그 동관이 엎드리어 간구하여 가로되 나를 참아 주소서 갚으리이다 하되 ³⁰허락하지 아니하고 이에 가서 저가 빚을 갚도록 옥에 가두거늘 ³¹그 동관들이 그것을 보고 심히 민망하여 주인에게 가서 그것을 다 고하니 ³²이에 주인이 저를 불러다가 말하되 악한 종아 네가 빌기에 내가 네 빚을 전부 탕감하여 주었거늘 ³³내가 너를 불쌍히 여김과 같이 너도 네 동관을 불쌍히 여김이 마땅치 아니하냐 하고 ³⁴주인이 노하여 그 빚을 다 갚도록 저를 옥졸들에게 붙이니라 ³⁵너희가 각각 중심으로 형제를 용서하지 아니하면 내 천부께서도 너희에게 이와 같이 하시리라

(마18:23-35)

'너희는 이렇게 기도하라' 하신 기도에 대해서는 오늘로 마치는 말씀이 되겠습니다. 우리가 몇 주 동안 기도에 대해 배우실 때 예수님이 가르쳐주신 기도를 입으로만 달달 외우는 데 있는 것이 아니라 삶을 말한다는 것, 여러분이 다 알게 되었습니다. 입으로는 열심히 하고는 있는데 삶으로 나타나지 않는다면 그것은 자신을 속이는 것이고, 또 하나님께 거짓 기도하는 것이 됩니다. 하나님께 중이 염불하는 것과 다를 바 없습니다. 그의 믿음이 어떠하냐는 것은 곧 기도의 자세가 어떠하냐는 것과 같습니다. 믿음은 기도요 기도는 삶입니다. 그의 삶으로 기도가 나타나고 믿음이 나타나는 것입니다. 이해하셨습니까?

사람이 왜 죄인인가? 하는 것은 여러분이 이제 다 아십니다. 먼저 **우리가 우리에게 죄지은 자를 사하여 준 것같이 우리 죄를 사하여 주옵시고** 하는 것은 이제 우리가 예수님 십자가의 피 흘리심으로 죄를 용서받았음을 믿는 처지에서 하는 기도임을 말합니다. 구약에서는 우리(공동체, 자기)의 죄를 용서해주시라는 것이지만, 예수님 오신 이후 이방인이었던 우리는 구약의 율법을 통해 죄인인 줄 알았고 또한, 회개하였으니 예수님으로 말미암아 죄가 용서되었다는 것을 믿는 것입니다. 그러므로 먼저 우리(자기)의 죄를 용서해주시라고 하는 것이 아니라, 예수님의 피 흘리심으로 용서받았음을 믿는 것인데, 그 믿음은 바로 우리가 우리에게 죄지은 자를 사하여 주는 것임을 말하는 것입니다.

그러므로 죄 용서받았다는 것이 무엇으로 나타난다고요? 자기에게 해 끼친 자들을 마음의 옥에 가두고 용서하지 않고, 원한으로 품고 있던 것들, 미움을 품고 있던 것들을 중심에서부터 다 탕감해버리는 것으로 나타나야 하는 것을 말합니다. 보복하지 않는 것으로 나타나야 합니다. 용서 못 하던 것들을 자기 속에서부터 깨끗이 용서해 주는 것으로 나타나야 합니다. 원수 맺지 않는 것으로 나타나야 합니다. 마음에 이런 어둠의 것으로, 부정적인 것으로 옥을 두었던 것을 다 해제해버리는 것으로 나타나야 한다는 말입니다. 우리(나)의 죄를 용서하여 주옵소서는 곧 '우리가 우리에게 죄지은 자를 사하여 준 것같이'의 기도가 실천되었을 때, 우리(나)의 죄가 사하여진 증거가 됩니다. 그래서 내가 용서받았으니 그들도 하나님의 용서를 받아들여 구원받아야 할 이웃이라는 그 관계로 나아가야 하는 것입니다.

다시 설명합니다. 예수님의 피로 자기의 죄가 깨끗하게 되었다는 것을 믿으면, 그 믿음은 곧 예수님의 피로 내 죄가 깨끗하게 되어 죄 없이 해주셨으니, 나도 나에게 죄지은 자를 깨끗이 사하여 주는 것이란 말입니다. 이 부분을 여러분이 이해를 잘해야 합니다. 하나님께서 내 죄를 용서해주셨지만, 내가 용서받았다는 것을 내가 아는 것은, 곧 나에게 죄지은 자를 내가 깨끗이 다 용서해버리는 것, 내 안에 있던 원한과 미움과 용서 못 하던 그 무거운 모든 담을 다 헐어버리는 것이란 말입니다. 나를 해치던 사람들을 마음에 두고 미워하고 원한을 품고 용서하지 못하던 그 단단한 옥을 두었던 것을 다 헐어버리니 거기에 기쁨이 차고 넘치고, 마음이 산뜻하고 가볍고, 영혼이 얼마나 자유로운지 자기가 그 경험을 통하여 그것으로 자신이 죄에서 용서받았음을 안다는 말입니다. '아! 이것이 천국이구나.' 하고 안다는 말입니다. 이것이 없으면 용서받았어요? 안 받았어요? 용서받지 않은 겁니다.

마18장에 예수님이 이 비유를 말씀하셨는데, 어떤 임금이 일만 달란트 빚진 자를 불러서 빚진 것을 갚게 하려고 보니, 그가 도무지 갚을 능력도 갚을 방법도 없어 그를 그냥 불쌍히 여겨 은혜를 베풀어 주었습니다. 빚 없는 것으로 빚을 다 탕감해주었다는 말입니다. 그런데 이 사람이 자기에게 백 데나리온 빚진 동료를 만나 왜 자기 빚 갚지 않느냐고 목을 잡고 빚 갚으라 한 겁니다. 그 동료가 조금만 참아주면 곧 갚겠다고 사정했음에도 빚을 갚게 하려고 옥에다 가두었다고 했습니다. 그 일을 임금이 전해 듣고 다시 그 사람을 불러들여서 내가 너를 불쌍히 여긴 것처럼 너도 네 동관을 불쌍히 여김이 마땅하지 않으냐? 하고 대노하여 그에게 빚을 다 갚도록 옥졸들에게 그를 붙였다고 했습니다. 바로 자기가 갚지 못할 빚을 탕감받은 그 엄청난 은혜에 대한 보답은 동관의 빚을 탕감해주는 것으로 나타나야 했는데 그러지 않은 것은 은혜의 감사를 모르는 배은망덕입니다. 그것은 곧 사단과 같은 것입니다.

그러므로 은혜를 모르는 배은망덕한 이 사람을 누구에게 붙였다고요? 옥졸들에게! 옥졸들은 마귀를 말합니다. 마귀에게 넘겨버렸다는 것입니다. 그리고 곧이어서 본론의 말씀에서 **너희가 각각 중심으로 형제를 용서하지 아니하면 내 아버지께서도 너희에게 이와 같이 하시리라** 하셨어요. 바로 이것이 우리가 우리에게 죄지은 자를 사하여 준 것같이 우리의 죄를 사하여 주옵시고를 말씀하는 것입니다. 우리가 우리에게 죄지은 자를 사하여 주는 것이 곧 우리의 죄를 사하여 주신 것이더란 말입니다. 알아듣습니까? 오늘 본문에서도 '우리가 우리에게 죄지은 자를 사해준 것같이 우리 죄를 사하여 주옵시고'에 대해 예수님께서 14,15에 부연 말씀을 하셨는데 **너희가 사람의 과실을 용서하면 너희 천부께서도 너희 과실을 용서하시려니와 너희가 사람의 과실을 용서하지 아니하면 너희 아버지께서도 너희 과실**

을 용서하지 아니하시리라고 하셨습니다. 마18:35의 말씀과 같은 말씀입니다.

좀 더 구체적으로 말씀드립니다. 우리는 하나님이 말씀하시는 절대적인 죄인으로 형벌에 놓였던 존재였다는 것을 여러분 모두가 진정으로 인정합니까? 내가 하나님께 죄를 지었으니 나는 죄인입니다 라고 진정으로 고백한 것이 되었습니까? 그러면 그 형벌에서 용서받고 구원받은 것은 예수 그리스도의 피 흘려주신 공로라는 것을 분명히 믿고 그 믿음이 되었습니까? 그러면 예수님이 흘리신 피는 나를 위해서만 흘리신 것이 아니고 나 외에 세상 모든 사람의 구원을 위해서 흘리신 피로 내가 미운 사람도, 싫은 사람도, 원수 맺은 사람도 다 해당한다는 것 인정합니까?

그러면 오늘 '우리가 우리에게 죄지은 자를 사하여준 것같이 우리의 죄를 사하여 주옵시고'와 14,15에 너희가 사람의 과실을 용서하면 아버지도 용서하시고 너희가 용서하지 아니하면 아버지도 용서하지 않으신다고 하셨고, 또 마18:35의 말씀을, 직역하면, 네가 지금 네 이웃과 원수 맺은 것이 있느냐? 미워하는 사람 있느냐? 용서하지 못한 것이 있느냐? 너희가 각각 형제를 용서하지 않음이 마음 중심에 있으면 내 아버지께서도 너희에게 이와 같이 하시리라 즉 용서하지 않으시리라는 말씀입니다. 그러니까 '우리가 우리에게 죄지은 자를 사하여 준 것같이' 하는 것은 저 사람을 위해서 하는 것입니까? 나를 위해서 하는 것입니까? 나를 위해서입니다. 저를 위해서 하는 것이 아닙니다. 예수님은 용서를 위해서 피 흘리셨는데, 나를 살리시려고 물 한 방울 피 한 방울까지도 다 내게 내어주셨는데, 내가 용서하지 않으므로 마음에 옥을 두고 있으면 예수님의 용서를 거절하는 것이 되어 예수님이 내 안에 들어오실 수가 없으니, 그러므로 네가 온전한 용서받은 자가 되려면 바로 너를 위해서 사람의 과실들을 용서하라. 원수 맺은 것 화해하라. 마음에 미움을 헐어버려라. 그러면 하나님의 용서가 네 것이 되어 내가 네 안에 들어가 거하시는 관계가 된다고 하는 것입니다.

또한, 그들도 믿기를 원하면 죄 용서받은 것이니 그러므로 네가 용서받은 그 엄청난 은혜에 감사가 있고 기쁨이 있으면 그 감사를 말하고 그 기쁨을 말하기 위해 그들을 향해 화해를 청하고 복음을 주어 하나님과 화해가 되게 하려는 데 마음을 두게 될 것이라는 것입니다. 그래서 기도는 입으로만 외는 것이 아니라 삶이라고 말씀드렸으니, 예수님의 피는 아버지께서 나의 죄를 용서해 버리신 조건이 되었지만, 그것을 믿는다는 것으로 드러나는 것은 원한의 담, 용서하지 못한 담, 미움의 담 다 용서로 헐어버리고 그들과 깨끗이 화해하고 어떤 것도 마음에다가 담을 갖지 않는 것을 말하는 겁니다.

너희가 각각 중심으로 형제를 용서하지 않으면 하는 것은 용서가 마음속에서부터 깨끗이 일어나서 다시는 마음에 없는 것을 말합니다. 용서하지 않으면 하나님의 용서를 받지 못한다 하니까 그것이 두려워서 억지로 용서하는 것처럼 하는 위선이 아니요, 용서했다가 또 생각해보니 너무 억울한 것 같아 마음속에서 용서하는 것을 꺼리는 이런 요동을 말하는 것 아닙니다. 이 악물고 억지로 용서해보려고 하는 그런 것을 말하는 것 아니에요. 이것은 하나님의 용서에 대해 감각이 없는 자기 애, 즉 십자가 죽음에 내줘야 할 자기 육을 더 애착하고 있는 데서 나오는 것입니다. 일만 달란트를 탕감받은 그 은혜에 대한 감각이 없다는 말입니다. 요일 3:15에 **그 형제를 미워하는 자마다 살인하는 자니 살인하는 자마다 영생이 그 속에 거하지 아니하는 것을 너희가 아는 바**라고 분명히 말한 것 아닙니까?

그래서 마음 중심에서부터 용서의 능력이 깨끗이 일어나지 않는 것은, 하나님이 자기를 용서해주셨다는 그것보다 오히려 저 사람이 내게 잘못하는 과실들이 더 크게 여겨지기 때문입니다. 지옥의 형벌에 놓인 것에서 건짐을 받았다는 그 은혜의 크기보다는 실제로 저 사람이 자기한테 잘못한 것이 더 크게 느껴지는 계산을 하고 있기 때문입니다. 그래서 그 속에 영생이 없는 것입니다. 지옥 형벌에 떨어질 그곳에서 예수님의 피 흘리심으로 용서받은 것에 대해 감각이 없으니, 결국은 용서받지 못한 것임을 말해주는 겁니다. 그것이 바로 13에서 "시험에 들게 마옵시고" 한 그 시험에 들어있는 것입니다. 시험에 들어있는 것이 영원한 지옥 형벌로 들어가는 무서운 일인 것입니다.

그래서 너희는 이렇게 기도하라 하신 기도 말을 그대로 따라 하라는 것이 아니고 '우리가 우리에게 죄지은 자를 사하여 준 것같이 우리 죄를 사하여 주옵시고' 외우라는 것이 아니고, 이것이 무엇을 기도하라는 것인지를 알아서 세세히 진정으로 진심으로 기도하는 것입니다. '뜻이 하늘에서 이룬 것을 땅에서도 이루셨는데' 그 뜻이 자기에게 없으니 그것을 애통하여 기도하고 '나라이 임하옵시며' 하신 나라가 자기 안에 없으니 애통하여 기도하고 하나님의 용서하심의 은혜가 얼마나 크고 행복한 것인지를 깨닫게 해주시고 자기 마음에 경험되게 해주시라고, 진정으로 진심으로 애통하여 기도하라는 것입니다. 내게 이뤄주시라고 성영님의 도우심을 구하라는 말입니다. 그 마음에 용서의 경험이 없으면, 하나님의 용서보다 저 사람의 잘못한 과실이 더 크게 여겨지는 것이면, 이런 것을 놓고 기도하는 것입니다.

무엇을 기도해야 할까? 무슨 기도를 해야 하는지 모르겠다가 아니라 자기의 이런 영적 상태를 놓고 기도하는 것입니다. 용서받은 은혜의 그 크기가 깨달아지기만 한다면, 용서 못 할 능력은 죽고 용서할 능력이 있게 되는 것이니, 그러므로 이런 영적 상태에 대해서 기도하여 능력을 얻어야 하지 않는가 말입니다. 그리고 용서 못 할 사람, 용서할 수 없는 사람이 있었는데 그가 죽었다면 그것도 예수님의 이름으로 깨끗이 용서해버려야 합니다. 죽었는데 무슨 상관이냐? 이것은 영적인 일이기 때문에 절대로 상관있습니다. 죽은 자에게 저주로 있던 귀신이 미움의 한이 있어 용서하지 못하는 그에게 쉽게 들어오기 때문에 그렇습니다. 그래서 지옥을 들어도 감각이 없고 천국을 들어도 감각이 없는 겁니다. 죄에 대해서도 죄 용서받은 것에 대해서도 감각이 없습니다. 귀신이 들어앉아서 오직 자기의 억울함만 집착하게 하기 때문입니다.

그리고 자기를 용서해야 합니다. 어떤 일로 자신을 용서 못 할 자로 여기고 있거나, 또는 자기의 부족하고 무능한 모습들 때문에 자신을 비하하고 저주하는 것, 이런 것은 다 지금 사단의 저주를 품고 있는 속는 일이요, 시험에 든 것입니다. 그러므로 예수님의 이름으로 자기가 자신을 깨끗이 용서하고 회개해야 합니다. 자기를 용서하지 않으면 하나님께서도 용서하지 않으신다 하셨으니, 우선 자기 자신부터 예수님의 이름으로 용서하고 자신을 예수님의 이름으로 축복하는 것입니다. 내가 나를 용서하지 않으면 나를 지으신 하나님과의 관계는 열릴 수가 없는 것입니다. 하나님 아버지께서 나를 용서하신 은혜를 내 영혼이 크게 깨달아 알게 하여 주시고 나 자신과 함께 저들을 깨끗이 용서하는 믿음이 되게 해주시라고 기도하는 것입니다. "하나님 아버지! 내가 죄에서 용서받은 것은 내가 잘해서도 아니요, 내 행위가 좋기 때문도 아니요, 예수님의 피 흘리신 공로 때문이니, 그러므로 내게 잘못한 자를 용서하지 않을 자격은 내게 없는 것을 알아, 내게 죄지은 자를 깨끗이 용서합니다. 내가 용서하지 않으면 나도 용서받지 못한다는 이 진리를 깨닫게 하시니 참으로 감사합니다. 또한, 살면서 나에게 잘못한 자를 예수 그리스도의 피 흘려주신 사랑으로 용서하겠사오니 아버지께서도 그를 용서하여주시고, 저 또한 날마다 아버지의 용서가 필요한 자임을 고백하오니 저의 죄도 예수님의 피로 씻어주시니 감사합니다." 이같이 깨달은 은혜를 기도로 고백하고 그 기도의 삶으로 살기에 성영님의 도우심을 구하며 말씀으로 힘쓰는 것입니다. 그것이 천국을 소유한 증거예요. 아멘입니까?

그다음에 **시험에 들게 하지 마옵시고** 아까 말씀드렸지요? 지금까지 말씀드린 것, 하나님의 죄용서의 가치를 모르고 은혜에 대해 감각이 없는 것, 그것을 시험에 든 것이라고 말합니다. 누가 인사 안 받아서…… 교회 가니 반겨주는 사람이 없어서…… 이래서… 저래서… 시험 들었다 이따위를 시험이라고, 시험에 들었다고 하는 것이 아니라 예수님께서 십자가에서 이룬 죄 용서의 은혜, 피 흘려주신 은혜를 가벼이 여겨 용서받은 것에 대해 감각이 없는 그것이 시험에 든 것입니다. 용서가 없는 것이 시험에 든 것입니다. '우리를 시험에 들게 하지 마옵시고'에서 시험을 헬라어로 '페이라스모스'라고 하는데 이 페이라스모스는 악한 자 사단의 시험을 말합니다.

그러므로 예수님이 오셔서 십자가에 못 박혀 고난받으시며 피 흘리신 그 구원의 뜻을 믿지 못하게 하여 구원받지 못하도록 속이는 자 마귀에게 속지 않도록 보호해주시기를 기도하라는 것입니다. 예수님에게서 떨어져 나가는 가지가 되게 하려고 온갖 감언이설로 속이는 자에게 속지 않게, 즉 시험에 들지 않도록 기도하라는 것입니다. 그래서 십자가 지시기 전 겟세마네 동산에서 기도하실 때, 제자들에게 나와 함께 깨어있으라 즉, 예수님의 말씀을 잊지 말고 말씀을 떠나지 말라 말입니다. 시험에 들지 않게 예수님의 말씀으로 깨어있어 기도하라고 간곡히 당부하셨습니다. 악한 영에 속지 않도록 말씀으로 깨어있어 기도하라 하셨다는 말입니다. 마귀, 우리의 원수, 우리의 싸움의 대상, 우리의 전투의 대상은 똥파리보다 못한 마귀이니, 그 마귀의 감언이설에 속아 시험에 들지 않게 기도하라고 하셨습니다.

제가 예수님을 믿기 전에는 마귀의 정체를 몰랐습니다. 예수님을 믿고 보니까 사람이 원수가 아니라 우리의 원수는 마귀라고 성경이 정확히 가르쳐주고 있더란 말입니다. 그래서 우리의 싸움은 사람과 사람의 싸움이 아니라 배후에서 역사하는 마귀와의 싸움이라는 것을 배우게 되었습니다. 그 마귀와의 싸움에서 내가 승리하는 것은 혈기도 아니요, 내 힘도 아니요, 돈도 아니요, 지식도 아니요, 명예도 아니요, 오직 십자가에서 승리하신 예수님과 예수님의 이름이라는 것을 알게 되었습니다. 예수님이 십자가에서 "다 이루었다" 하신 그 이루심이 곧 사단의 권세를 깨트린 이기신 것이고, 그 이기신 것이 나의 이김이 되었을 때, 마귀를 온전히 내 앞에 굴복케 하는 권세임을 알았습니다. 그렇기에 삼위의 하나님을 알아야 했고, 아버지의 뜻과 마음과 생각을 알아야 했고, 예수님과 함께 있기 원해서 예수님을 깊게 알기를 원했습니다. 그것은 기록된 성경을 아는 일이었습니다. 그러므로 성영님으로 말미암아 성경을 배워 알고 예수님과 함께 있게 되니, 마귀의 정체가 한눈에 다 보여 알게 됐습니다. 이 마귀의 꼬락서니를 보니 똥파리보다 못하더라는 말입니다. 어쨌든지 믿는다는 사람들을 예수님과 함께 있지 못하게 하려고 속이는 일을 하는 자임을 알았습니다. 마귀와 그 귀신들은 무서운 존재가, 두려운 존재가 아니라 속이기에 급급한 똥파리 같은 것들로서 시험에 들게 한다는 것을 알았다는 말입니다. 그래서 말씀을 모르면 다 100% 속는 것입니다. 말씀을 정확히 배워 알면 속지 않는 것이니 시험에 들 일 없는 거예요. 그래서 여러분이 말씀을 몰라 시험에 들어있는 것들에서 건져주시려고, "시험에 들게 하지 마옵시고 다만 악에서 구하여 주시옵소서" 기도한 여러분을 시험에서 건져주시려고 악한 자에게서 구하여 주시려고 이렇게 아버지의 아는 말씀을 보내신 것입니다. 알면 속지 않을 수 있습니다. 알면 시험에 들지 않을 수 있습니다. 아멘입니까?

오늘 마18장의 말씀은 하나님의 용서를 빚진 자로 비유하여서 우리 자신을 깨달아 볼 수 있도록 하셨습니다. 일만 달란트의 빚은 일만의 숫자를 말하는 것이 아니라 사람으로는 100% 갚을 수 없는 빚임을 뜻합니다. 그 빚을 갚겠다고 아내도 자식들도 평생 함께 몸부림쳐본다 해도 갚을 수 없습니다. 그것은 그 아내도 그 자식도 다 같은 일만 달란트의 빚진 자이기 때문입니다. 그러나 반드시 갚아야 하는 빚으로 만일 살아서 갚지 못하면 죽음 뒤에도 그 빚은 그대로 따라가서 갚지 못한 형벌을 받게 됩니다. 오늘 26에 그 종이 엎드려 가로되 내게 참으시면 내가 다 갚겠다고 한 것은, 자기가 빚을 갚을 능력이 있어서 갚겠다고 한 것이 아니고, 자기가 빚진 것은 분명하기 때문에 갚아야 하는 것은 안다는 말입니다. 그래서 궁여지책으로 갚겠다고 한 것입니다.

자기가 하나님께 죄를 지은 죄인임은 아는 거예요. 그러므로 죄를 지었으니 참아주시면 죗값을 갚겠다고 하니, 자신이 갚아야 하는 것을 알기 때문에 갚겠다고 했지마는, 그러나 어떻습니까? 그가 갚을 수 없는 빚임을 아시는 하나님께서는 그를 그냥 불쌍히 여겨서 용서해주셨습니다. 은혜를 베풀어주셨다는 말입니다. 그러니 빚진 자는 상상도 못 할 큰 은혜를 입은 것입니다. 그 빚을 탕감받았으니 얼마나 기쁘고 행복한 일입니까? 자나 깨나 그 빚 때문에 자유 없는 영혼의 고통이 따르는 것이지 않습니까? 갚아야 하는 것은 알지만 갚을 길 없는 그 빚에 눌려, 살아도 사는 것이 아닌 고통을 겪는 것이지 않습니까? 그런데 주인이 "그래 네가 갚을 수 있는 데까지 갚으라." 한 것도 아니고 아예 빚이 없었던 것처럼 깨끗이 탕감해 줘버렸으니 그 상황을 여러분이 상상해보십시오. 주인에게 말로 다 할 수 없는, 무엇으로도 갚을 수 없는 은혜를 입었잖습니까?

그런데 빚을 탕감받은 이 사람이 나와서 자기에게 백 데나리온의 빚을 진 사람을 만났습니다. 여기서 백 데나리온은 하루 품삯 정도나 한 달 치의 품삯 정도나, 일 년 치의 품삯 정도입니다. 백 데나리온이라는 것은 갚을 수 있는 것을 의미합니다. 그런데 참아주면 갚겠다고 했음에도, 빚진 것 갚으라고 옥에 가두어 버렸습니다. 이 말은 내가 당신에게 어떤 일로 손해를 입혔거나 무엇인가 잘못하여 죄를 지었으니 용서해주시라고 빌었음에도 용서해주지 않았다는 말입니다. 주인이 자기의 빚을 탕감해주었으므로 은혜를 입은 이 사람이, 주인에게 자기의 빚을 참아주시면 갚겠다고 말한 이 사람이, 바로 자기에게 빚진 자를 탕감해주는 것이 곧 자기가 주인에게 은혜를 갚는 것이 됨에도 그는 빚 갚기를 원치 않은 것으로 비춰주고 있습니다.

그렇기에 오늘날 죄 용서받은 이 큰 은혜에 대해 감각이 있어야 합니다. 그것은 곧 자기에게 빚진 자들이 있다면 빚을 갚으라고 하는 것이 아니라 다 탕감해버려야 하는 것을 말합니다. 죄 용서받은 은혜에 대한 그 감사를 보답하는 것은 이웃과의 관계에서 용서하지 못한 것들을 다 용서하여 화해의 관계로 나아가는 것입니다. 사람과의 관계의 것들에서 빚을 두지 않아야 하는 것이 하나님께서도 내게 빚 없다고 하시는 일입니다. 누가 내게 잘못한 것이 있으면 깨끗이 용서해버리고 또한 내가 상대에게 죄를 지어서 미움이나 원한을 사고 있으면, 속히 잘못을 인정하여 화해를 청하고 화목을 이루는 것이 하나님께 내가 용서받은 빚을 갚는 일이 되는 것입니다.

"아니 상대가 잘못했으면 그가 내게 잘못했다고 용서를 빌어야지, 왜 내가 무조건 용서하느냐? 그것은 계산이 안 맞다." 한다면 마 18:35에 하늘 아버지께서도 어떻게 하신다는 것입니까? 용서하지 않겠다는 말씀입니다. 마6:14,15에 용서하면 용서하시려니와 용서하지 아니하면 용서하지 아니하시리라 너무나 분명하고 확실한 답변입니다. 그러니까 용서는 누구를 위해서입니까? 자기를 위해섭니다. 죄 용서받은 증거는 용서하는 것으로 나타나는 것입니다. 그것은 복음이 무엇인지를 보여주는 십자가의 사랑을 행하는 것이니 그것이 곧 하나님께 은혜 갚는 것입니다. 용서를 모르면서 은혜 갚겠다고 날 사랑하시는 하나님께, 하면서……, 나를 죄에서 용서하시고 구원해주신 하나님께, 하면서 열심히 무엇을 해보겠다고 뛰어다니는 것으로 은혜 갚는 것이 아니라, 용서라는 말입니다. 그래서 용서는 사랑이에요. 용서로 하나님의 사랑을 나타내는 것, 복음을 주기 위한 것 외에는 다른 계산이 있을 수 없습니다. 예수님의 십자가의 사랑을 나타내는 것이 바로 용서로 화해를 이루는 것이라는 말입니다.

그래서 "난 누구 때문에, 저 사람 때문에 내가 시험 들었어!" 하는 것을 시험이라고 하는 것이 아니라, 이것은 아직 예수님을 믿는 것이 아닙니다. 우리를 시험에 들게 하지 마옵시고 다만 악에서 구하옵소서 하신 여기의 시험은 '페이라스모스'로 바로 용서받은 은혜에 대한 감각이 없는 것, 그것이 시험에 든 거예요. 하나님의 용서를 죄인으로서 경험하지 못하는 것, 시험에 들어있는 거예요. 그러므로 마음에서 깨끗이 용서하지 않은 것 시험에 든 것입니다. 자기가 영원히 형벌 받을 죄인이라는 것, 그러므로 예수님의 피 흘리심으로 용서받은 것이 얼마나 큰 은혜인지 감각이 없는 것 시험에 들어있는 거예요.

18:32에 **주인이 저를 불러다가 말하되 악한 종아 네가 빌기에 내가 네 빚을 전부 탕감하여 주었거늘** 했습니다. 네가 죄인임을 알고 예수님의 피를 의지하여 회개한다고 하여 용서해 주었더니 그러면 33에 **내가 너를 불쌍히 여김과 같이 너도 네 동관을 불쌍히 여김이 마땅치 아니하냐** 네게 잘못한 것들을 가지고 정죄하며 다투고 마음에 미움과 원한으로 가두어놓고 있겠느냐 하신 겁니다. 30에서 옥에 가두거늘 한 것이 바로 마음을 옥으로 비유한 것입니다. 그러면 너는 일생 동안 다른 사람에게 죄지은 일이 없느냐? 네가 다른 사람에게 죄

지은 일은 깨끗이 갚았느냐? 물으시는 겁니다. 만일에 갚지 않은 것이 하나라도 네게서 보인다면 나는 너에게 그 죗값까지도 받아내신다는 것입니다. 34,35의 말씀이 그것을 말하는 것입니다. 그 죗값을 치르도록 사단에게 내준다는 것입니다.

또한, 우리가 사는 동안에도 늘 용서가 따라야 나도 따라서 용서받는 것입니다. 육체의 것들로 싸우고 분쟁하고 붙들고 있으면서 용서해버리지 못한다고 하면, 그래서 사람들에게 예수님을 믿는 모습을 용서하시는 하나님을 비춰주지 않음으로써 그가 하나님을 그렇게 보고 마음을 닫고 실족한다면, 그도 믿지 않는 자기 책임의 심판을 받지만, 그를 실족케 한 책임도 똑같이 물으신다고 하셨습니다. 그것이 오늘 마18장 서두에 말씀입니다. **실족케 하는 일들이 있음을 인하여 세상에 화가 있도다 실족케 하는 일이 없을 수는 없으나 실족케 하는 그 사람에게는 화가 있도다** 라고 하셨습니다.

예수님이 계속 당부하여 말씀하시기를 세상 사랑하지 말라 세상을 따르지 말라 그 속에 하나님의 사랑은 없다. 하나님과 원수가 된다. 육체의 것 때문에 염려하지 말라 목숨의 것은 예수님을 믿지 않는 자들이 염려하는 것이다. 또한, 그런 것으로 원수 맺지 말라. 그런 세상의 것이나 목숨의 것으로 용서하지 못하여 사람을 실족케 하면 그것은 영혼을 구하는 것보다, 영원한 것보다 그것을 더 중히 여긴 것이 되어서 세상과 함께 망한다고 계속 이르셨습니다. 그래서 이런 것이 다 시험에 걸린 것입니다. 아버지 나라가 없는, 아버지 뜻이 그에게 없는 것으로서 시험에 들어있다는 말입니다. 그러므로 시험에 들지 않는 것이 영생 얻는 것이니, 그렇게 살기를 원하여 그 구원과 생명 얻기를 진심으로 원하면 시험에 들게 하지 마옵시고 기도하라 하신 것입니다.

그래서 베드로가 21에 시험에 들지 않아야 하는 일을 심각하게 물어봅니다. **주여 형제가 내게 죄를 범하면 몇 번이나 용서하여 주리이까 일곱 번까지 하오리이까 예수님께서 네게 이르노니 일곱 번뿐 아니라 일흔 번씩 일곱 번이라도 할지니라……** 일곱 번뿐 아니라 일흔 번씩 일곱 번 하시니 칠칠은 사십구 사백구십 번 용서하라는 것인가? 우리 머리는 그런 것에는 재빠르니 그렇게 계산들 하잖습니까? 물론 사백구십 번이라도 용서해야 하지요. 믿음은 용서요 용서는 천국이니 그러므로 용서가 우리 믿음에 얼마나 중요한 것인지를 알게 하시는 것입니다. 중요하다는 것을 가르쳐주는 거예요. 그러나 일곱은 하나님의 수로서 완전수입니다. 일곱 번씩 일흔 번이라도 한 것은, 용서의 완전함을 의미합니다. 용서의 완전한 것, 용서해야지, 안 해야지 하는 그런 계산 따위가 있는 것이 아니라, 나를 용서하시려고 십자가에서 피 흘리신 예수님이 내 안에 오시니, 용서하지 못하는 능력이 죽어 버렸다는 말입니다. 그렇기에 자기 속에서 계산이 있으면 시험에 걸려 있는 겁니다.

어떤 것은 나에게 해 끼친 무게가 무거우니 그거 용서하려면 그래도 시간이 좀 걸리지 않겠느냐? 내가 용서하려면……. 이런 잔머리의 계산은 누가 합니까? 인본입니다. 귀신의 것입니다. 그렇지! 얼마나 억울한 일인데 그렇게 쉽게 용서가 되는 것이냐? 맞장구치며, 용서하면 너만 억울할 뿐이라는 마음으로 힘을 도와서 마음에 옥을 두게 하여 천국이 되지 못하게 하는 것입니다. 그러니 말입니다. 수년 또는 십수 년 또는 몇십 년 동안 신앙생활 열심히 한다고 했지만, 자기 속은 용서하지 못하는 고약함으로 시험에 들어있는 그런 모습들로 믿는다고 하고 있지 않은가 말입니다. 그러니 믿는다는 말은 열심히 하면서 실제로 얼마나 예수님의 말씀을 진실로 대하고 귀를 열고 들으셨는가? 생각해보면 가식이라는 말입니다.

"우리가 우리에게 죄지은 자를 사해준 것같이 우리 죄를 사하여 주옵시고 시험에 들게 하지 마옵시고 다만 악에서 구하옵소서"라고 기도는 열심히 하면서 결국 중언부언하는 것이었고 거짓으로 기도해 왔다는 것이 드러나고 있지 않으냐는 말입니다. 그러니 거짓된 자신을 보십시오. 자신을 속이는 거짓 믿음을 각자 보시자 말입니다. 네가 잘못했으니까 내가 미워하는 것 당연한 것 아니냐? 그것은 자기가 만들어놓은 이야기이지 복음은 아닙니다. 내게 아무리 해를 끼쳤어도 용서 못 할 것이 없습니다.

계시록 2장에 에베소 교회가 시험에 들려있는 것을 예수님께서 지적하여 책망하시면서 그것을 돌이켜 회개하지 않으면 예수님께서 떠나시겠다고 하셨습니다. 그런데 스스로는 자신들이 시험에 들려있는지도 모르고 있습니다. 교회를 위한 그 수고와 인내, 행위, 예배, 봉사, 헌신 등은 수고를 아끼지 않았다. 악한 자들을 용납지도 않았고 거짓 것들을 시험하여 잘 드러내 주었고, 예수님의 이름을 위해서 견디고 게으르지 않고 열심히 잘하고 있다고 칭찬을 하셨습니다. 그런데 책망할 것이 있는데 너의 처음 사랑을 버렸다고 하셨습니다. 그러므로 어디서 떨어졌는지 생각하여 그것을 회개하여 처음 행위를 가지지 아니하면 즉 회개치 아니하면 교회를 떠나겠다. 너를 떠나겠다고 하셨습니다. 에베소 교회의 문제는 처음 사랑을 버린 것입니다. 그렇기에 예수님의 이름을 위해서 열심히 했으나 인간의 열심이 돼버린 것입니다. 그러면 처음 사랑이 무엇입니까?

오늘날 모든 사람이 '처음 사랑을 버렸다'는 것을 왜곡되게 말함으로써 사람들의 영혼을 망할 길로 이끌어주고 있을 뿐만 아니라, 믿는다는 사람들 또한 모두가 한술 더 떠서 스스로 말씀을 자기식대로 꿰맞추어 놓았습니다. 처음 교회 나왔을 때 큰 은혜를 받고 너무 기뻐서 기도도 열심히 하러 다니고, 예배도 열심히 참석하고 봉사 헌금 열심히 하고 목사님 말씀에도 순종 잘하고 새벽기도도 열심이더니 시간이 지나니까 그 뜨거웠던 처음 사랑의 열심이 식어서 새벽기도도 안 나오고 기도 생활도 안 하고 전도도 안 하고 있다. 다시 처음 사랑으로 돌아가야 한다고 말하고 있습니다. 여러분, 이 말이 얼마나 타당하고 맞습니까? 백이면 백, 이 말이 틀렸다고 말할 자 누가 있습니까? 그러면 여러분이 답해보시겠어요? 이 에베소 교인들이 열심도 인내도 모든 것에 부족함이 없었다고 칭찬했습니까, 안 했습니까? 칭찬했습니다.

여러분이 처음 사랑이 무엇을 말씀하는지는 모를 수는 있겠지만, 그러나 이들이 그런 열심이 없다는 뜻에서 처음 사랑을 버렸다고 말씀한 것이 아니라는 것은 알 수 있어야 하지 않겠습니까? 그것이 아니라는 것 이해하셨나요? 그러면 열심이 없으면 구원받지 못합니까? 구원과 상관있어요? 없어요? 열심히 하는 것으로 구원받는 것 아니잖아요? 그런데 왜 예수님께서 관계 두지 않겠다고 하신 것입니까? 그런데 어떻게 처음 사랑이 인간이 처음 교회 나와서 열심히 한 행위라고 말하면서 그것을 잃어버렸으니 회개하고 그 열심을 찾으라고 하는 것으로 연결이 되는 것인가 말입니다.

예수님이 말씀하는 처음 사랑에서의 '사랑'은 원어로 '아가펜'인데 아가펜은 하나님 사랑, 하나님이 자신의 생명(피)을 내주신 것을 말합니다. 예수님께서 죄 용서를 위해서 십자가에 달려 피 흘려주신 것을 말한다 말입니다. 롬5:8에 **우리가 아직 죄인 되었을 때에 그리스도께서 우리를 위하여 죽으심으로 하나님께서 우리에게 대한 자기의 사랑을 확증(確證)하셨느니라** 해서 바로 우리의 죄 때문에 십자가에 달려 피 흘려주셨으므로 우리가 죄 용서받게 되었으니 그것이 하나님께서 우리를 사랑하신 증거요, 나는 그것을 믿고 받아들이니 죄가 용서받고 하나님과 내가 만나게 된, 이것이 처음 사랑이라고 하는 것입니다.

하나님과 내가 만날 수 있는 처음 시작은 바로 예수님의 피로 말미암아서예요. 처음 사람에게 불순종의 죄가 들어오자 수양의 생명 되는 피를 흘려 그 가죽옷으로 죄의 수치를 가려주셨던 그 처음 사랑, 그 사랑을 확증해주시려고 예수님이 오셔서 십자가에서 피 흘리시고, 그 피로 죄를 사하여 깨끗게 하여주시고 만나주신 그 사랑, 그 피 흘린 그것으로 확증해주신 것, 그것이 처음 사랑이라고 하는 것이란 말입니다. 하나님과 내가 만날 수 있는 계기, 만날 수 있는 처음, 만날 수 있는 증거의 처음이 바로 예수님의 피라는 말입니다. 알아듣습니까? 그런데 에베소 교회가 예수님의 십자가에서 흘리신 그 피로 맺은 처음 사랑을 잃어버리고 자기 열심으로 행한다고 경고하셨습니다. 시험에 들려있다는 말입니다. 시험에 들려있다는 것은 예수님과 관계없다는 말입니다.

그러니까 오늘날 "당신 무엇으로 구원받았습니까?" "예수 믿어서요." "뭘 믿어서요?" "아! 예수님이 죄를 담당해주셔서요" "그 죄를 담당하신 조건이 뭐였어요?" 그에게 피로 맺은 언약에 대해서는 없는 겁니다. 예수님의 피 흘리신 그 처음 사랑으로 맺은 믿음이 없습니다. 그래서 자기 열심이 행하는 것이고 자기 열심이 행하는 것은 곧 자기의 어떤 복을 받기를 원하는 마음에서 행하고 있게 되는 종교인 노릇이 되는 것입니다. 그래서 이 같은 모습들이 시험에 걸려 있는 것이요, 버림받게 되는 일인 것입니다. 그래서 우리의 믿음의 증거는 자나 깨나 나를 살리시려고 십자가 위에서 흘려주신 처음 맺은 사랑의 피입니다.

믿음의 증거가 뭐냐? "예! 기도했더니 하나님이 아파트 당첨되게 해주셔서 몇억 남았어요." "하나님이 내 자식을 최고 명예를 얻는 복을 주셨어요!" 하는 이런 것이 증거가 아니라, 예수님을 믿는 것은 받은 증거 많도다. 여러분 받은 증거 뭐에요? 예수님이 나를 살리시기 위해 흘려주신 생명의 피, 그 피가 내게 증거가 되었다고 그 믿음을 말할 수 있어야 합니다. 그러므로 예수님이 왜 피를 흘리셨는지 그 처음 맺은 사랑을 회개하여 찾지 않으면 촛대를 옮겨버린다고 하신 두려운 말씀을 하셨다는 것을 눈을 열어보기를 바랍니다.

그래서 예수님께서는 '시험에 들게 하지 마옵시고 다만 악에서 구하옵소서' 기도하라고 하셨지마는 사실은 참으로 시험에 들지 않기를 원하고 악에, 악한 자에게서 구원되기를 원하는 그 소원이 있느냐? 속지 않기를 원하는 소원이 네게 있느냐는 것입니다. 참으로 하나님 뜻대로 살기 원해서 예수님을 따르기 원해서 그것이 진정이면 자기 속에서 그 소원이 간절하면 이제 하나님의 용서를 모르고 용서할 줄 모르는 것에 속지 않게 해주시라고, 이런 악에서 구하여 주시라고 기도하는 것입니다. 시험에 들린 것이 무엇인지 몰랐던 나에게 말씀으로 깨닫게 하셨으니 이제는 시험에 든 것, 이제부터 예수님의 이름으로 다 회개하고 용서합니다. 이제 악한 자에게서 속지 않도록 도와주시라고 기도하는 것입니다. 기도하는 자가 진심이면 성영님이 분별케 하시고 능력을 주시는 것입니다. 지혜와 능력이 되어주셔서 넉넉히 이기고 승리하게 하실 것입니다.

다만 악에서 구하옵소서는 인간 배후에서 역사하는 마귀에게서 오는 시험을 말합니다. 악의 영들이 믿음이 약한 자들에게 세상을 좋아하도록 세상 것을 좇아가도록 끊임없이 유혹하기 때문에 이런 악에서 구하여 주시라고 기도하는 것입니다. 또한, 믿지 않는 사람들을 통해서 이런 유혹에 빠지지 않게 도와주시기를 기도하는 것입니다. 예수님을 믿기를 거절하는 자들에게 지배당하지 않도록, 그들의 생각과 도모와 꾀를 따르지 않을 수 있도록 보호하시고 도와주시라고 기도하는 것입니다. 사실 예수님을 믿지 않는 자와 생각과 의견이 맞으면 하나님의 용서에 대해서 감각 없게 되어 있습니다. 그래서 멍에를 같이 매지 말라고 당부한 것입니다.

그다음 교회 안에서 당을 짓는 자들에게서 지켜주시기를 기도하는 것입니다. 유다서1:19에 **이 사람들은 당을 짓는 자며 육에 속한 자며 성영은 없는 자니라**고 했습니다. 교회 안에 들어와 당을 짓는다 말입니다. '당을 짓는 자'라는 것은 '지식이 분산된 자'라는 뜻인데 하나님의 뜻에서 빗나간 악한 자, 성영님 없는 자들이다 그 말이에요. 그들이 뭐합니까? 교회 안에서 분쟁 일으키고 질서를 깨뜨리는 것입니다. 분리시키는 일을 합니다. 목사와 성도 간에 성도와 성도 간을 분리시키고 편을 만드는 것입니다. 고린도전서에 나는 아볼로에게, 나는 바울에게, 나는 게바에게 하지 않았습니까? 바울이 그것을 듣고 깜짝 놀라서 너희가 어찌하여 사람을 자랑하느냐고 책망하지 않았습니까?

그러므로 교회 안에서 편 가르는 것, 분리시키는 것, 다른 사람 허물을 자꾸 들추어내는 것, 다 육에 속한 자요, 당을 짓는 자로 성영님이 없는 자라고 말해주는 것입니다. 그래서 자기가 이 같은 악한 자로 있다면 자신을 깨닫고 철저히 회개하여 돌이켜 성영님의 지배를 받기를 원해야 할 것이지만, 또한 이런 자들에게서 속지 않게 해주시라고 다만 이와 같은 모든 악에서 지켜주시라고 기도하는 것입니다. 기도했더니 돈을 벌어 부자가 되었어도 병의 나음을 얻었어도 죄에서 용서받은 그 은혜를 용서로 드러내지 못하는 것 다 성영님이 없는 자인 것입니다. '다만 악에서 구하옵소서'라고 다만 한 것은 세상의 모든 것을 다 잃는다 해도 더 나아가 목숨을 잃는다 해도, 그 무엇보다도 더 중요한 것은 바로 시험에 들지 않아야 하는 것이니, 악에서 건짐 받는 것이니, 악한 자에게 속임과 유혹에 빠지지 않아야 하는 것이니, 다만 나를 그런 것에서 구하여 주시기를 원한다는 뜻입니다. 제가 진정으로 원하니 제가 진정으로 바라니, 오직 그렇게 되기를 온 맘 다해 원하니 저를 그런 것에서 구하여 주시라는 그런 뜻입니다.

그다음 대개 나라와 권세와 영광이 아버지께 영원히 있사옵나이다 여기서 '대개'의 사전적인 뜻은 '대강' '대체로'라는 것인데, 그런 뜻이 아니고 '오직' '절대로'입니다. 지금까지 너희는 이렇게 기도하라고 기도를 가르쳐주신 것, 하늘에 계신 우리 아버지여 이름이 거룩히 여김을 받으시오며 나라이 임하옵시며 뜻이 하늘에서 이룬 것같이 땅에서도 이루어지이다 오늘날 우리에게 일용할 양식을 주옵시고 우리가 우리에게 죄지은 자를 사하여 준 것같이 우리 죄를 사하여 주옵시고 우리를 시험에 들게 하지 마옵시고 다만 악에서 구하옵소서 하신 그 모든 뜻을 이루신 아버지께만 오직 그 모든 영광이 절대로 있습니다. 하는 뜻입니다.

"아버지의 뜻이 나에게 또 온 땅에 이뤄지니 아버지의 나라와 아버지의 권세와 영광이 영원무궁토록 있습니다." 하는 우리의 찬양이요, 영광을 돌리는 것입니다. 오직 영광은 아버지께만 있습니다. 절대로 모든 영광은 아버지께만 있습니다. '아버지만 영광 받으실 분이십니다'라는 말입니다.

이제 너희는 이렇게 기도하라고 하신 말씀을 깨달아 보았고 기도에 대한 말씀을 맺으려 합니다. 지금까지 우리에게 기도를 가르쳐주시고 뜻에 합당한 기도를 하게 하시며 아버지 나라가 임하여 삶이 되게 하신, 그래서 은밀한 중에 계신 아버지께서 갚아주시는 삶으로 큰 은총과 사랑을 베푸시는 우리 아버지와 아들 예수님과 성영님께 오직 절대로 나라와 권세와 영광이 영원히 있음을 고백하며 감사드립니다. 아멘

제 12 장
부활의 생명, 곧 영생 얻는 뜻이라
(거짓 능력과 표적에 스스로 속은 자들)

도적이 오는 것은 도적질하고 죽이고 멸망시키려는 것뿐이요 내가 온 것은 양으로 생명을 얻게 하고 더 풍성히 얻게 하려는 것이라

(요한복음10:10)

오직 이것을 기록함은 너희로 예수께서 하나님의 아들 그리스도이심을 믿게 하려 함이요 또 너희로 믿고 그 이름을 힘입어 생명을 얻게 하려 함이니라

(요한복음20:31)

우리 성경 한군데 찾아 읽어보겠습니다. 고후4:3-6입니다.
만일 우리 복음이 가리웠으면 망하는 자들에게 가리운 것이라 그 중에 이 세상 신이 믿지 아니하는 자들의 마음을 혼미케 하여 그리스도의 영광의 복음의 광채가 비취지 못하게 함이니 그리스도는 하나님의 형상이니라 우리가 우리를 전파하는 것이 아니라 오직 그리스도 예수의 주 되신 것과 또 예수를 위하여 우리가 너희의 종 된 것을 전파함이라 어두운 데서 빛이 비취리라 하시던 그 하나님께서 예수 그리스도의 얼굴에 있는 하나님의 영광을 아는 빛을 우리 마음에 비

취셨느니라

　복음이 가리웠으면 누구에게 가리웠다는 것입니까? 예수님의 죄 용서와 구원과 생명의 복음을 받지 않는 것은 망하는 자들이기 때문이라고 했습니다. 그러면 여러분은 오늘 본문 4에서 **그리스도는 하나님의 형상이니라**고, 바로 예수님이 **하나님의 형상**이라고 한 이것을 하늘이 무너지고 땅이 꺼져도, 누가 뭐라 해도 확실히 믿는 것 맞습니까? 그렇다면 예수 그리스도의 얼굴에 있는 하나님의 영광을 아는 빛을 우리 마음에 비춰셨을 때 우리 자신이 망하는 자들이 아니라, 바로 그 빛을 아는 마음이었다는 것이 얼마나 감사한 일입니까? 지금 예수님이 오신 것은 무엇을 얻게 하려는 것이라고요? 우리가 본문 두 곳을 읽었는데 예수님이 오신 것은 생명을 얻게 하되 더 풍성히 얻게 하려는 것으로서 그래서 이 성경이 기록되었다고 하는 것입니다. 그래서 오늘은 생명에 관한 말씀을 나누므로 큰 은혜에 들겠습니다.

　이 성경은 인간을 죄에서 구원하여 영원한 생명을 주시고자 하는 하나님의 엄청난 사랑의 뜻이 계시되어 있는, 조금도 오류가 없는 절대 무흠한 하나님의 말씀입니다. 우리가 이미 잘 알고 있다시피 성경은 학문적인 것이나 작품이나, 인간에게 지식을 전하고자 하는 것이 아닙니다. 인간의 심사를 위로하기 위해서 주신 것도 아닙니다. 인간에게 어떤 재미를 주는 데 목적이 있지 않습니다. 만일에 재미있느냐를 찾는다면 그것은 저주입니다. 자기 생활이 잘되고 세상 복을 얻기 위해 찾는다면 그것 또한 저주입니다. 성경은 분명한 하나의 내용을 가지고 있고 분명한 목적을 가지고 있는 하늘의 것, 영적인 것으로서 바로 생명입니다. 그러므로 성경의 큰 줄거리는 생명입니다. 죽은 영혼에 부활의 생명을 주시는 하나님의 일을 다루고 있는 것이 성경이요, 내용입니다.

성경은 3,500년 전, 모세부터 기록하기 시작했는데 신구약을 기록한 저자가 약 40여 명입니다. 그런데 참으로 신기한 것은 동시대 사람이 아닌 3,500여 년에 걸쳐서 40여 명이 기록한 것임에도 통일성에 전혀 흠이 없다는 것입니다. 참으로 놀라운 일로써 하나님께서 하셨다는 것밖에는 달리 의심할 여지가 조금도 없습니다. 3,500여 년 기간에 서로 만난 적도 없고 본적도 없지만, 성영님께서 기록하게 하심으로써 통일성을 이룬 것에 전혀 손색없고 흠 없는 하나님의 말씀으로 전달되면서 감동을 주고 생명을 얻는 말씀이 되고 있다는 말입니다. 그렇기에 성경이 하나님의 말씀이라는 것을 믿는 자마다 죄 용서받고 생명을 얻는 기쁨 속에서 또 사람들에게 전파되게 하려고 수많은 순교자가 나오게 되고 기꺼이 고난받기를 마다하지 않는, 많은 사람이 있게 되었습니다. 그래서 오늘날 우리가 이 성경이 하나님의 말씀이라는 것을 믿는다면, 하나님께서 우리에게 무엇을 말씀하시려는 것인지, 그 목적은 무엇인지에 대하여 관심을 기울이고, 성경의 뜻과 말씀을 알기를 힘쓰는 것이 돼야 합니다. 그것이 하나님에 대한 피조물로서의 사람이 할 겸손이요 자세입니다.

성경이 무엇을 말하고 있느냐? 여러 가지를 말할 수가 있지만, 한마디로 요약하면 '인간에게 생명을 주시는 하나님의 뜻이다.'라고 말할 수 있습니다. 성경의 전 뜻이 무엇이냐? '생명 주시는 하나님의 뜻이 들어있다.' 그 말입니다. 그래서 요10:10에 **내가 온 것은 양으로 생명을 얻게 하고 더 풍성히 얻게 하려는 것이**라고 했습니다. 예수님을 목자로 보고 사람을 양으로 보고 말씀한 것이니, 바로 생명을 얻되 더 풍성히 얻게 하려는 것이라고, 그것이 성경이 쓰인 목적이요 내용이라는 말입니다. 구약은 '옛 약속'이라는 말인데 바로 '죽음에 처한 너희에게 하나님께서 은혜를 베풀어 살리신다.'는 생명에 대한 약속으로, 그것이 구약의 전체 내용입니다. '너희가 하나님을 믿고 따르면 살리라.' 그런 '살리라.'는 미래를 향한 생명에 대한 약속입니다. 그리고 신약은 '새로운 약속'이라는 말인데 '너희는 이제 살았다.'입니다. '이제 너희는 생명을 가졌다. 그러므로 이제는 영원히 살리라.'는 약속, 영생한다는 약속입니다. 그래서 구약과 신약의 공통점, 전부가 생명에 대한 약속입니다.

그러므로 하나님의 전 뜻은 사람에게 생명 주시는 것이니, 사람이 말씀에 온 마음을 두고 생명의 충만한 가운데로 나가는 것에 전심하지 않으면 생명에 들어올 수가 없게 되어 망하는 것입니다. 사31:1에 **도움을 구하러 애굽으로 내려가는 자들은 화 있을진저 그들은 말을 의뢰하며 병거의 많음과 마병의 심히 강함을 의지하고 이스라엘의 거룩하신 자를 앙모(仰慕)치 아니하며 여호와를 구하지 아니하거니와** 했습니다. 그런데 로마서가 애굽은 세상을 말한다고 했습니다. 그 세상은 사단이 주관합니다. 그러니까 여호와 하나님을 의지하지 않고 애굽의 말과 병사의 많음과 마병의 심히 강함을 의지하기 때문에, 즉 세상과 세상 사람의 힘과 권력을 의지하기 때문에 그들에게 화가 있으리라는 것입니다. 그 뒤 3에서 **애굽은 사람이요 신이 아니며 그 말들은 육체요 영이 아니라 여호와께서 그 손을 드시면 돕는 자도 넘어지며 도움을 받는 자도 엎드려져서 다 함께 멸망하리라** 했습니다. 하나님을 믿는다면서 하나님을 의지하여 도우심을 구하지 아니하고 하나님보다 더 세상이나 세상 사람들을 의지하면 하나님께서 손을 들어 치실 것인데 그때는 다 함께 멸망한다는 말씀이라는 것, 우리가 충분히 알아듣는 것입니다. 세상의 물질, 세상의 왕, 세상의 문명, 세상의 번영을 의지하면 오히려 그것으로 인해 함께 멸망할 것임을 말씀한 것입니다.

육체는 살 동안에 필요한 떡을 먹고 밥을 먹어야 합니다. 그같이 우리 영혼도 살 동안 끊임없이 말씀을 먹어야 합니다. 우리의 지성과 이성은 필요한 지식을 받아들입니다. 그처럼 우리의 지성과 이성에 말씀을 받아들여 지배받아야 합니다. 우리 영은 삼위의 하나님과 예수님의 부활하신 생명을 받아들여야 하고, 영이요 생명의 말씀을 받아들여야 합니다. 그래서 하나님으로 말미암은 생명의 충만한 가운데로 온전케 세워져야 합니다. 예수님께서 이렇게 기도하라고 하신 기도에 **나라이 임하옵시며** 했는데 여기서 그 '나라'는 바로 천국, 하나님 아버지의 나라, 생명으로 충만하여 차고 넘치는 나라를 말합니다.

그래서 나라가 임하옵시기를 기도할 때, 아버지의 생명의 충만한 나라가 온전히 우리를 지배해주시기를 소원하는 이 뜻을 가지고, 알고 기도하는 것입니다. 그 생명 안에 있는 예수님의 평안으로 기쁨으로 건강으로 지배하여 주셔서, 사망으로 지배받던 근심이 떠나가고 고통과 불안과 가난과 저주가 온전히 떠나가고 불평과 시기와 질투와 원망과 미움과 용서 못 하는 이런 악에서 나를 구해주시라고 하는 기도인 것입니다. 이같이 생명을 구하는 기도를 끊임없이 하도록 기도를 가르쳐주신 것입니다. 그 생명이 지배하는 나라가 우리에게 임하기만 한다면, 우리 각자 각자가 참생명이 무엇인지를 영의 지각으로 알게 되는 것입니다. 그래서 우리에게 아버지 나라 생명의 나라가 임하시고 지배하여 주시도록 계속 기도하면서 생명의 충만을 얻는 뜻을 행하여 나가는 것입니다. 기도한다는 것은 엎드려서 "생명 주세요." 하는 것이 아니라 이미 다 배웠지 않습니까? 기도했으면 그것을 얻기 위하여 그 같은 삶을 사는 것임을 말합니다.

하나님의 절대적인 영원불변의 생명, 사망이 물러가는 생명, 불안과 두려움이 물러가는 생명, 질병이 물러가는 생명……. 그래서 예수님의 이름이 구원이시고 생명의 이름이기 때문에, 예수님의 이름 앞에 귀신이 떠나고 예수님의 생명이 충만하면 병들지 않는 것입니다. 저주가 발 붙이지 못하는 것입니다. 그러므로 아버지의 나라 예수님의 생명으로, 나와 가정과 모든 사람을 지배하셔서 생명으로 살게 해 주시기를 기도하라는 것입니다. 우리가 말씀에서 생명을 깨닫고 생명을 경험하면 그 순간부터 생명을 알지 못하고 살던 때에 자기를 지배하던 근심과 불안, 고통, 질병, 삶의 가난에서 자유를 얻고 그것에서 놓여나는 것입니다.

그런데 오늘 본문이 말씀하는 대로 생명을 얻게 하시는 분은 예수님이라는 것은 우리는 이제 너무나 잘 압니다. 우리에게 생명을 주시는 분, 생명 얻게 하시는 분은 오직 예수 그리스도입니다. 또한, 이것은 하나님이 계신 것을 보이신 유일한 방법입니다. 이렇게 성경은 생명에 대한 약속이 쓰여 있으니 그러므로 모든 사람이 생명에 대한 소망을 가지고 그 생명을 가지기를 원할 때에, 예수님의 생명을 얻게 하신다고 하셨습니다. 그래서 성경 전체가 그 예수님을 증거합니다. 눅24:27에 모세가 전한 구약의 율법도 모든 선지자의 글도 예수님에 대해 쓰였다고 했습니다. 요5:39에 성경이 예수님에 대하여 증거하고 있다고 했습니다. 요5:37에 아버지께서도 친히 예수님을 증거하셨다고 했습니다. 요15:26에 진리의 성영님이 오신 것도 예수님을 증거하시려 오셨다고 했습니다. 요15:27에 성도도 예수님을 증거하느니라고 했습니다. 이같이 성경이 예수님을 만나 생명을 얻게 하는 데에 목적이 있음을 알게 하셨습니다.

그러므로 성경이 쓰인 목적은 생명에 있습니다. 예수님의 부활하신 생명을 얻는 것에 있습니다. 그런데 사람들이 지엽적인 것들에만 붙들려서 믿음에 엄청난 오류에 빠져있습니다. 기독교의 복음이 휴머니즘화가 되고 샤머니즘화가 되어 있어 영생하는 생명을 얻지 못하고 있다는 말입니다. 자기 열심에 의해 구원받은 것인 줄로 스스로 착각하고 있습니다. 그래서 성경이 쓰인 뜻, 창조주 하나님께서 사람을 지으신 뜻을 모르면 이런 엄청난 오류에 빠지는 것입니다. 성경의 주인공은 사람이 아니라 바로 예수님입니다. 성경은 예수 그리스도를 알게 하려는 것에 있습니다. 예수님의 고난받고 죽으신 엄청난 사건이, 세상 사는데 돈 잘 벌게 해주고 안 팔리는 집 팔게 해주고, 사업이나 장사나 잘 되게 해주기 위해서 죽으신 것이 아닙니다.

십자가에 달려 피 흘리고 죽으신 것은, 영원히 형벌에 떨어질 나의 죄를 대신 지고 형벌을 받으신 것입니다. 하나님의 아들로 생명을 얻게 하시려는 하나님의 사랑 때문에 하나님 자신이 친히 오셔서 형벌 받을 자처럼 십자가로 올라가신 것입니다. 그것이 하나님께 죄를 범한 나를 구원하여 아버지의 나라로 들이시기 위한 하나님의 사랑입니다. 그러므로 나를 위해 고난받고 나를 위해 피 흘리신 예수님을 어떻게 사랑하지 않을 수가 있습니까? 내가 죄에서 용서받고 영생의 생명을 얻게 된 이 놀라운 사랑, 십자가에 달려 피를 흘려주신 이 사랑을 무엇으로 갚을 수가 있겠습니까? 나를 예수님의 피로 다시 나게 하시고 하나님이 아버지라는 것을 알게 하신 이 엄청난 사랑을 어떻게 감각 없이 할 수가 있는 것입니까? 하나님이 아버지라는 이것이 너무나 어마어마해서, 사람의 말로는 어떻게 설명이 되지 않는 것입니다. 그러면 여러분이, 기록된 말씀의 뜻을 따라서 이 같은 예수님을 믿음으로 말미암아 하나님의 자녀가 되고, 하나님께서 아버지가 되신 이 엄청난 복을 받게 된 것을 참으로 믿습니까? 여러분의 복이 되었습니까?

그런데 성경은 우리의 원수가 있다고 가르쳐주고 있습니다. 그 원수가 예수님을 바로 믿지 못하게 하려는 온갖 술수(術數 목적 달성을 위해 수단 방법을 가리지 않는 온갖 모략이나 술책)로 방해하고 있다고 했습니다. 그것을 사단이라고 했는데 요8:44에 **이는 저가 거짓말장이요 거짓의 아비가 되었음이라**고 말했고 시78:57에 호7:16에 **속이는 활같이 빗간다**고 했고 골2:8에 **누가 철학과 헛된 속임수로 너희를 노략할까 주의하라** 했습니다. 그래서 고후2:11에 **이는 우리로 사단에게 속지 않게 하려 함이라**고 해서 사단에게 속지 않아야 하는 것이 믿음의 능력이라 말하고 있습니다. 사단은 속이는 자입니다. '사단'은 '반역한 자'라는 뜻입니다. 하나님께 반역했을 때는 사단이라 부르고, 인간과 하나님 사이를 가르는 일을 했을 때는 '디아볼로스' '마귀'라고 합니다. 사단은 자신이 하나님이 될 수 있다고 스스로 속은 자입니다. 자기 영화에 취해서 자기가 하나님이 될 수 있다고 속은 자라는 말입니다. 그래서 속이기도 하고 속기도 하는 자입니다. 속이는 것이 사단의 성품이기 때문에 끊임없이 사람을 속이는 일을 합니다. 하나님께 대적할 수 있다고 스스로 속은 자이기 때문에 지금도 속이는 것을 목적으로 하고 있습니다.

사단은 에덴동산에 속이는 자로 나타나 처음 사람을 속여 하나님께 죄를 범하게 했습니다. 하나님께서는 처음 사람을 통해 속는 것은 죄라는 것을 보이셨습니다. 사단은 성경에서 하나님을 바르게 알지 못하고 성경의 뜻을 깨닫지 못하도록 계속하여 속이는 일을 하고 눈을 가려놓는 일을 하고 있습니다. 또한, 서두에 읽어본 고후4:4에서 말하듯이 사단은 세상 **믿지 아니하는 자들의 마음을 혼미케 하여 그리스도의 복음의 광채가 비취지 못하게 한다**고 했습니다. 다시 말해 세상에 온갖 잡다한 우상들을 만들어 섬기게 하고, 온갖 미신들을 만들어 믿게 하고, 온갖 종교들을 만들어 섬기게 함으로써 하나님의 복음의 빛이 비취지 못하도록 막고 있다는 말입니다. 그래서 복음의 빛을 받은 자가 계속 복음을 전하는 일로 빛을 비춰 줘야 하기에 롬10:14,15에 **그런즉 저희가 믿지 아니하는 이를 어찌 부르리요 듣지도 못한 이를 어찌 믿으리요 전파하는 자가 없이 어찌 들으리요 보내심을 받지 아니하였으면 어찌 전파하리요 기록된바 아름답도다 좋은 소식을 전하는 자들의 발이여** 했습니다. 그렇기에 믿는 자는 속는 것이 죄라는 것을 알고 반드시 말씀을 바로 아는 밝음으로 속지 않는 믿음이 돼야 합니다.

시5:4-6에 **주는 죄악을 기뻐하는 신이 아니시니 악이 주와 함께 유하지 못하며 오만한 자가 주의 목전에 서지 못하리이다 주는 모든 행악자를 미워하시며 거짓말하는 자를 멸하시리이다 여호와께서는 피 흘리기를 즐기고 속이는 자를 싫어하시나이다** 그러니까 죄와 속이는 것은 같다는 말입니다. 죄는 악을 낳고 악은 오만을 낳고 오만은 거짓말을 낳으니 이것이 어디로서 왔느냐? 속이는 자에게서라는 것입니다. 그래서 고전8:1에 **지식은 교만하게 하며** 했습니다. 왜 지식은 교만하게 합니까? 지식에 속기 때문이다. '지식이 있으면 행복을 누릴 수 있고, 지식만 있으면, 이 땅에서 파라다이스(paradise)를 누리고 살 것이다.' 하고 스스로 지식에 속기 때문이라는 것입니다. 지식이 있으면 명예도 누릴 수 있고 지식만 있으면 살 수 있다고 생각하지만, 지식이 인간을 영생케 할 수 없으니 그러므로 '지식이 있으면' 하고 지식에 속은 자는 교만한 자라고 한 것입니다. 그래서 믿는다고 해도 지식이 높으면 성경을 지식으로 대하게 되는 교만에 빠지기가 매우 쉬운 것입니다. 머리가 높아져 있기 때문에 그것이 자기의 이루려고 쫓아간 인생의 목적이었기 때문에 절대로 내려놓을 수가 없는 것입니다. 그렇기에 자신 안에 예수님이 계실 수도 없을뿐더러 자신도 자신에게 열심히 속으면서 다른 사람들을 속임으로 가르치고 뿌리는 일을 하게 되는 것입니다. 하나님을 바르게 이해할 수 없는 곳으로 끌어들이고 예수님을 믿는다는 말은 열심히 하지만, 예수님을 만날 수 없는 다른 길로 이끌어가는 것입니다. 또한, 자기 지식에 속은 사람들은, 사람들에게 보이기 위해 행위로 열심히 행하는 것으로 치우치고, 열심히 봉사로 충성하면 하나님이 자기에게 복 주실 것이라고 스스로 속고 행하는 것입니다.

또한, 오만은 하나님의 말씀보다 자기 경험을 내세우는 것을 말합니다. 자기 지식 가지고 경험하여 이룬 것을 내세우며 높이는 이것이 자기 경험에 속은 것이요, 오만이라고 하는 것입니다. 또한, 물질이 많으면 산다고, 재물이 많아야 복이요 사는 것이라고 하는 그것은 물질에 속은 것이요, 물질에 속은 자를 성경은 거만한 자라고 말합니다. 그다음 성경은 어리석은 것이 죄라고 말했습니다. 잠14:8에

슬기로운 자의 지혜는 자기의 길을 아는 것이라도 미련한 자의 어리석음은 속이는 것이니라고 했어요. 슬기로운 자는 자기의 살길은 오직 하나님께 있다는 것, 하나님의 말씀을 듣지 않으면 멸망이라는 것을 받아들이는 지혜가 있다는 것입니다. 그러므로 사람의 말에 귀 기울이지 아니하고 오직 하나님의 말씀에 귀를 잘 기울여 듣고 그 말씀을 새겨듣습니다. 그래서 마음에 새기고 말씀을 따라서 자기의 나아가야 하는 길이 어떤 길인지를 알고 가는 것입니다. 그같이 하나님의 뜻을 잘 아는 지혜가 있으니 마침내 도우시는 성영님의 믿음이 되어 예수님을 만나 영생하게 되는 것입니다. 이같이 슬기로운 자는 자기의 길을 알고 가는 지혜가 있습니다. 그러나 미련한 자는 어리석음이 앞잡이가 되어서 스스로 속고 속이는 것입니다.

렘5:27에 조롱에 새들이 가득함같이 너희 집들에 속임이 가득하도다 했습니다. 참으로 오늘날 기독교라는 이름 아래 얼마나 속임을 가지고 속임이 가득한지 이루 말로 다할 수 없습니다. 속임인지, 속이는 것인지 자신도 도무지 모르는 어리석음입니다. 그러므로 믿는다는 사람들이 하나님을 바르게 아는 것에 초점을 두지 않고, 하나님과 온전한 관계를 이루지 않은 것은 다 '어리석은 자요' 존귀에 처하나 깨닫지 못하는 멸망하는 '짐승'과 같다고(시49:20) 말했습니다. 하나님을 아는 지혜가 없는 것, 심지어 하나님이 없다고까지 말한다는 것 아닙니까? 그들은 어리석은 자요, 자신이 속은 자요, 다른 사람도 속이는 자(사단)라는 것입니다.

그다음 적그리스도가 속이는 자요 속은 자입니다. 살후2:9,10에 **악한 자의 임함은 사단의 역사를 따라 모든 능력과 표적과 거짓 기적과 불의의 모든 속임으로 멸망하는 자들에게 임하리니 이는 저희가 진**

리의 사랑을 받지 아니하여 구원함을 얻지 못함이니라 했습니다. 악한 자는 자기가 하나님의 일한다고 스스로 속아서 나와 하나님을 거스르는 일을 하는 자들입니다. 사람들의 영혼을 구원 얻지 못할 곳으로 끌어들여 멸망으로 같이 들어가게 하는 자들입니다. 이것은 결국 사단의 역사를 따라, 즉 사단에게 이끌려 나왔다는 말이에요. 그들을 통해 나타나는 것이 뭐라는 것입니까? **모든 능력과 표적과 거짓 기적과 불의의 모든 속임으로** 했습니다.

그러니까 성경에도 없는 성영의 불 받았다는 그런 류의 속이는 거짓 능력과 표적이 지금 얼마나 판을 치고 있습니까? 거짓 기적의 속임이 정말 대단합니다. 병이 낫는다든가 귀신이 정체를 드러낸다든가, 천국을 지옥을 보여준다든가, 음성을 들려준다든가 하는 속임의 일들은 이제 하나님이 주신 것처럼 속는 것이 예사로운 것이 돼 버렸습니다. 심지어 이빨이 금이빨이 되었다든가 금가루가 하늘에서 날린다든가 하는 이런 불의의 모든 속이는 것들에 따라가는 겁니다. 그런데 그런 것들에 왜 속고 쫓아다니느냐? "멸망하는 자들에게 임하리니" 했으니 멸망하는 자들이기 때문이라는 것이 답이잖습니까? 왜 쫓아다니는가? 왜 속는가? 멸망하는 자들이니 그렇다는 말입니다. 이는 저희가 진리의 사랑을 받지 아니하여 이들에겐 진리를 알려주고 가르쳐줘도 안 듣는다는 거예요. 받지 않는다는 것입니다. 왜? 멸망하는 자들이기 때문이라는 겁니다. 자기들도 예수님을 믿고 구원받았다고 성영님이 주시는 특별한 은사요 능력이라고, 그것이 믿는 증거인 줄로 구원받은 증거인 줄로 스스로 속은 자이기 때문이라는 말입니다.

고후11:4에 만일 누가 가서 우리의 전파하지 아니한 다른 예수를 전파하거나 혹 너희의 받지 아니한 다른 영을 받게 하거나 혹 너희의 받지 아니한 다른 복음을 받게 할 때에는 너희가 잘 용납하는구나 했습니다. 위에 열거한 것들이 다 다른 예수 다른 영을 받은 일들입니다. 예수님을 믿는다고 나왔으면 예수님의 길을 따라가야 할 텐데 입으로는 예수님을 믿는다고 분명히 말하는데, 복음 전할 때도 예수님을 믿으라고 하잖아요? 예수 그리스도로 구원 얻는다고, 우리는 죄인이라고 예수님을 믿어 죄 용서받는다고 전하잖아요. 그러면 예수님을 전하여 교회 나왔으면 예수님이 초점이 되고 예수님만이 자기가 들어가야 할 길인 것을 알고 예수님을 찾고 따라야 하는데 이처럼 다른 복음을 전하는 것에 잘도 용납한다는 것입니다.

예수님을 믿는다고는 하지만, 믿는다는 그 속에는 또 함정을 가지고 있더라는 말입니다. 앞에서 말한 대로 그 같은 방향으로 이끌어서, 그들이 예수님을 믿는다고 말은 한단 말입니다. 천주교라고 예수님 안 믿는다고 합니까? 그들이 예수님 믿는다고 해서 구원 있나요? 없어요. 그러니까 다른 영을 받게 한다는 거예요. 예수님은 포장이고 다른 영을 받게 하는 것, 그것이 다른 복음입니다. 그것을 너희가 잘 용납한다고 했습니다. 그때 당시에는 이방인들의 수효가 많지 않았던 때임에도 사도 바울이 이것을 말했던 것인데, 오늘날은 기독교 전체라고 해도 틀리지 않을 만큼 다른 복음을 좇아가고 있습니다. 그중 여러분은 오직 예수님 안에 들어와 생명을 얻고 영생을 얻은 슬기로운 자들로 부르심을 입었으니 얼마나 감사한 일입니까?

사람들이 스스로 속는 것 중의 하나는 정해진 기도 자리가 있어야 한다고 하는 것입니다. 자기의 정해진 기도 자리가 있어야 기도가 된다는 것입니다. 이런 것이 다 성경이 말씀하지 않은 다른 복음입니다. 강대상 바로 밑에 가까이 있어야 기도가 잘 되고, 예수님이라고 하는 초상화 밑에서 하면 기도가 잘 되고 하는 이런 자기 신심에서 만들어진 다른 복음입니다. 그래서 사도 바울이 **다른 복음을 전하는 자는 저주를 받을지어다** 했습니다. 그러니 여러분 안에 예수님이 계시면 장소도 시간도 초월합니다! 새벽기도 따로 없어요. 우린 스물네 시간 예수님과 함께 먹고 자고 동고동락하면서 성영님께 묻고 기도하는 것이고, 내 안에 계시니 다른 사람하고 얘기하는 중에서도 또 내 안에서는 예수님과 얘기하는 거예요. 떨쳐내려 해도 떨쳐낼 수 없는, 내가 예수님 안에 예수님이 내 안에의 관계가 되어서, 시간도 장소도 공간도 다 초월 돼 버린 관계로서 기도한다는 말입니다. 자기 신심으로 행하는, 자기가 만들어 놓은, 자기 양심에 맞는 것들은 다 망할 다른 복음입니다.

하나님께서는 우리가 현상을 믿고 의지하는 것들에서 벗어나 오직 하나님의 아들 예수님이 우리 죄를 용서하신 것을 믿고 구원 얻기를 원하십니다. 그런데 예수님은 믿는다면서 말씀에도 없는 다른 복음을 전하는 것입니다. 성경은 이것은 잘못된 것, 속은 것이라고 말합니다. 기독교는 시간과 장소를 초월했습니다. 궁궐도 좋고 초가집도 좋고 어디서든 함께하십니다. 예수 그리스도를 구주로 고백하는 사람들이 있는 곳곳마다 하나님은 함께하신다고 약속하셨습니다. 예수님이 하나님의 아들이신 것과 죄를 용서하신 구주이심을 믿고 그분을 사랑하고 그분과 함께 있으려고 찾는 자마다 그가 어디 있든지 함께 계시는 것이요, 골방이나 길을 가는 중에나 함께 계시며 들으시고 도우시는 것입니다.

그다음 타락한 자는 '속은 자'라고 했습니다. 타락한 자라니까 뭐 음란한 것, 세상 죄짓고 돌아다니는 것, 술 마시고 방탕한 것을 말하는 것인 줄로만 알면 잘못 아는 것입니다. 성경에서 타락이라고 말한 것은 음란만을 말하지 않습니다. 딛3:3에 **우리도 전에는 어리석은 자요 순종치 아니한 자요 속은 자요 각색 정욕과 행락(行樂)에 종노릇한 자요 악독과 투기로 지낸 자요 가증스러운 자요 피차 미워한 자이었으나** 라고 했고 골2:8에 **누가 철학과 헛된 속임수로 너희를 노략할까 주의하라 이것이 사람의 유전과 세상의 초등 학문을 좇음이요 그리스도를 좇음이 아니니라**고 했습니다. 그러니까 율법도 그리스도를 좇는 생명을 위한 것이 아니면 타락한 것이라고 말하고 있어요. 바로 하나님 앞에 행하는 모든 것이 자기가 원하는 복을 받기 위한 것이면 타락한 자라고 한다는 말입니다. 그것이 사람의 유전이요 헛된 속임수입니다.

율법을 행하는 것도 생명과 연결이 되지 않으면 다 타락한 것이라는 말입니다. 내가 혹시 복을 받으려고 누구에게 칭찬 들으려고 하는 이것들이 다 타락이며 다른 복음입니다. 안식일을 지키고 예배하고 헌금하는 것도 생명을 위하여서, 생명에 관계되어 하지 않으면 타락한 것이요, 헌금도 목사님 보라고 하고, 할 수 없이 하는 생명과 연결되지 않은 헌금, 다 타락입니다. 속은 것이라는 말입니다. 교회 생활도 생명과 연관되어서 하는 것이 아니라 마지못해서 자리 채워야 하고 오늘 안 나오면 나쁜 일 생길까봐 오는 것, 다 타락입니다. 목사의 말씀이 어느 날은 이해가 안 될지라도 자기의 드리는 예배는 오직 생명을 위한 예배가 돼야 합니다.

나를 죄에서, 영원한 형벌에서 구원하신 삼위 하나님을 찬양하고 예배하는 것이, 교회나 목사가 이해되기 때문이 아니라, 자기의 생명을 위해, 생명에다 두고 예배하는 것이란 말입니다. 목사가 때론 상처 주는 말도 할 수 있습니다. 실망감을 줄 수도 있습니다. 그래서 엔간하면 목사의 말씀이 성경의 뜻이요, 진리임을 믿는다면 목사는 보지 말라는 말입니다. 그리고 목사 시험하지 마십시오. 저는 여러분에게 시험당할 자가 아닙니다. 하나님께서 그것 절대 허락지 않으십니다. 절대로! 제가 무엇을 말한 것인지를 이해가 되었으면 합니다.

일주일 동안 하나님 안에서 산 것이 감사하고 앞으로도 자기를 의탁할 분은 하나님이시기에 그래서 하나님을 찬양하고……, 그런데 제가 '하나님' 하면 여러분은 어떻게 들어야 합니까? '아버지와 아들과 성영님'의 삼위 하나님으로 이해하는 겁니다. 하나님이라고 하면 여러분은 삼위가 다 포함된 하나님으로 알고 듣고 자신이 그 믿음이 돼 있는 겁니다. 아멘입니까? 그래서 하나님을 찬양하고 예배드리러 오는 것, 생명을 위해 드리는 것이 아니면 속은 것이라는 것 알기 바랍니다. 모든 관심은 자기에게 생명 주시는 예수님의 생명에 있어야 합니다. 예수님만이 속지 않는 하나님의 참 형상이시므로, 우리가 속지 않을 수 있는 것은 오직 예수 그리스도 안에 있을 때에 속지 않는 것이요, 속지 아니할 예수님의 뜻을 따라야 생명에 있게 되는 것입니다. 오늘날 예수 그리스도 밖의 것들에 속고 따라가는 것을, 여러분이 다 보고 있지 않습니까?

병들어 죽는 것도 그에게 진리가 없어서예요. 예수 그리스도께서 십자가에 달려 피 흘려 우리 죄를 사하셨고, **저가 채찍에 맞음으로 너희가 나음을 얻었나니** 하셨으니 이것이 진리예요. 영도 혼도 육체도 다 새롭게 된 새로운 피조물이다. 새로운 피조물인데 왜 병들어 죽습니까? 하나님은 미쁘시니 믿는 자가 아버지 나라로 들어가는 날까지는 악한 병으로 죽게 하시는 분이 아닙니다. 머리이신 예수 그리스도께 붙은 그의 지체가 되어, 나의 병 때문에 채찍에 맞아주셨고 죄를 다 담당하셨다는 그 믿음에 거한다면, 약속대로 건강한 것이고 속지 않는 것이고 예수님의 재림을 맞는 복이 있는 것입니다. 누군가는 제가 겁 없이 큰소리치는 정도로 듣고 "아, 저러다가 앞으로 병들면 어쩌려고!" 할지도 모르겠습니다. 저는 진리의 사람입니다. 저는 진리를 세우기를 너무나 원하는 사람입니다. 예수님만이 나의 진리이기 때문입니다. 만에 하나 내가 병들어 고생하고 죽을 일이면 그것은 제가 하나님께 죄를 범한 까닭인 것이지 그렇다고 진리가 아닌 것이 아닙니다. 아셨습니까?

우리는 나를 새롭게 하신 속지 않는 진리의 법에 관심을 가져야 합니다. 진리에 관심을 갖게 되면 자연적으로 세상의 것, 마음속에 있던 욕심도, 세상에 두었던 마음도 자연스럽게 떨어져 나가게 돼 있습니다. 죄를 지었어도 고민하고 자포자기하지 말고 회개하면 예수님께는 얼마든지 용서하시는 은혜가 있으니 용서를 믿고 예수님 안에 들어가라는 말입니다. 그래서 '성도'라고 하는 것은 속지 않는 자라는 말입니다. 속지 않은 자를 성도라고 하는 거예요. 죽음에도 속지 않고, 우리는 죽는 게 아니에요. 겉껍데기 벗고 예수님처럼 신영한 몸으로 부활하여 아버지 나라로 들어가는 것입니다. 달걀을 깨서 알맹이만 먹고 껍데기는 쓰레기통에 넣듯이, 우리 육체도 마찬가지입니다. 우리는 속사람 부활의 몸을 입으면 껍질 벗고 영원히 살러 가는 것입니다. 그래서 죄에 속지 않고 불안에 속지 않고 병에 속지 않아야 하는 것, 아멘입니까? 근심에 불안에 속아서 한 달 전부터 미리 당겨서, 몇 년 뒷것을 미리 당겨서 하는 사람들이 있습니다. 내일 것도 염려하지 말라 오늘 걱정 오늘로 족하다 하셨는데 그냥 한 달 후의 것, 십 년, 이십 년 것까지 당겨서 염려하는 것 그러지 말라는 것입니다. 우리는 앞날을 하나님께 맡기고 최선을 다하면 됩니다. 미래의 일들은 아버지께 맡기는 것입니다. 오늘 주어진 현실에서 최선을 다하면 되고 앞날을 책임지신다는 살아 있는 말씀을 믿으면 반드시 이행하시는 것입니다.

하나님께서 원하시는 참 종자는 속지 않은 자입니다. 마1장의 족보는 속지 않은 사람들의 이름입니다. 속지 않은 이들을 통해서 마침내 예수 그리스도께서 태어나셨습니다. 속지 않은 신앙의 계보 속에서 나셨습니다. 히브리서 11장에 노아는 믿음으로 방주를 지었다고 했는데, 바로 속지 않았단 말입니다. 그 시대 사람들이 다 속았지만, 노아는 속지 않았습니다. 광명 천지에 배를 지으라고 하시는 하나님 음성을 듣고, 모든 사람이 손가락질함에도 속지 않고 배를 지었습니다. 참 종자는 속지 않습니다. 속지 않은 계보에서 예수 그리스도는 태어났고, 속지 않은 사람들을 통해서 오늘날도 사람들이 변화를 받는 것입니다. 예수 그리스도만이 우리가 속지 않는 하나님의 아들입니다. 그렇기에 성경은 하나님의 아들 예수 그리스도로 말미암아 속지 않기를 원하십니다.

하나님은 부정적인 것을 인간에게 줄 수 없습니다. 연단과 시험의 구분도 할 줄 모르는 사람들이 하나님이 준 것이라고 함부로 말하면서 스스로 자기에게 속아서 아들딸 하나님께 바치겠다고 내게 이것을 이루어주시면 저것을 해주시면 내 자식 내 아들 바친다고 하는 우습지도 않은 이런 미련에 매인 자가 많습니다만, 다 속이는 것이고 속은 어리석음입니다. 참 종자는 속지 않습니다. 이 세상의 모든 인간은 하나님이 없다고 속아서 살았습니다. 그러나 하나님 곧, 예수 그리스도가 아니면 인간은 살 수 없는 것으로 알게 된 분, 유일한 하나님의 형상이신 예수님만이 속지 않는 하나님의 아들입니다. 우리에게 생명 얻게 하시는 분입니다. 그러므로 우리가 속지 않는 것은 예수님으로 살 때입니다. 성경에 많은 이야기가 있지만, 성경의 중심은 예수 그리스도입니다. 생명입니다. 예수님으로 주시는 생명, 속지 않는 형상, 예수 그리스도만이 하나님의 형상이라는 것, 그래서 생명을 주시는 예수 그리스도에 대한 이야기 중심으로 쓰여 있습니다. 성영님이 속지 않은 사람들로 세우신 속지 않은 사람들의 모임을 교회라고 하고 그래서 이 세상에 속지 않은 곳은 하나님의 형상이신 예수님의 교회밖에 없습니다.

세상에는 많은 모임이 있습니다. 사람들에게 점점 더 온갖 이름의 모임들이 많아집니다. 왜 그렇습니까? 그들 안에 생명이 없기 때문입니다. 사람들은 문화가 발달하면 할수록 문명이 발달하면 할수록 그 속 깊은 곳에서 오히려 고독과 소외감이 몰려들기 때문에 그래서 모여서 외로움과 소외를 극복하고자 하는 것입니다. 다 속이는 것이요, 속는 것입니다. 그러나 하나님께서 우리에게 주신 속지 않은 모임은 예수 그리스도로 인해서 하나 된 성도들이 모인 교회라고 말씀하고 있습니다. 믿는 자의 모임만이 속지 않은 모임이요, 그 속에 생명이 있다고, 그 모임에 복이 있고 하나님께서 함께하시겠다고 약속하신 겁니다. 아멘

제 13 장
흠 없게 보전되기를 원하노라

²³평강의 하나님이 친히 너희로 온전히 거룩하게 하시고 또 너희 온 영과 혼과 몸이 우리 주 예수 그리스도 강림하실 때에 흠 없게 보전되기를 원하노라 ²⁴너희를 부르시는 이는 미쁘시니 그가 또한 이루시리라

(살전 5:23,24)

하나님께서는 자기 자신이 누구인지에 대한 본질을 알기 원하는 자에게 성경을 통해서 분명한 해답을 주셨습니다. 내가 너를 창조했고 너는 이런 존재다. 즉 흙으로 지어 생기를 코에 불어넣으니 목숨 있는 영, 생영이 되었고 그래서 한 부분은 자연이요 한 부분은 하나님의 영이 있는 존재라는 것을 정확히 가르쳐주셨습니다. 그래서 인간은 우주적 존재로 하나님을 모셔 들여 교제하며 살도록 창조되었고 또한 이웃과 자연과 더불어 살도록 창조되었다는 것을 가르쳐주신 것입니다. 다시 말해 창조된 인간은 영과 혼과 몸으로 구성되었다는 말입니다. 오늘 본문에 "평강의 하나님이 친히 너희로 온전히 거룩하게 하시고 또 너희 온 영과 혼과 몸이 우리 주 예수그리스도 강림하실 때에 흠 없게 보전되기를 원하노라" 해서 이같이 인간은 영과 혼과 몸으로 돼 있음을 알게 하셨고 히4:12에 ……**혼과 영과 및 관**

절과 골수를 찔러 쪼개기까지 하며 해서 바로 인간은 혼이 있고 즉 정신이 있고 그다음 영이 있고 또 몸으로 돼 있다는 것을 알게 하셨습니다.

그래서 사람은 영과 혼과 몸으로 구성이 되었고 그에 대한 각각의 기능이 부여됐습니다. 영은 하나님을 인식하고 하나님을 받아들이는 곳이요, 혼은 지·정·의로 지는 하나님을 아는 지식을 갖는 곳이요, 정은 하나님을 사랑하고 하나님께 온 마음을 두는 곳이요, 의는 오직 하나님만 바라고 따르는 데 뜻을 두는 곳입니다. 다시 말해 영과 혼과 몸의 전인으로 삼위 하나님을 경외하며 하나님의 말씀으로 살고 교제하며 살아야 하는 존재로 지음 받은 것이라는 말입니다. 그래서 하나님이 사람을 지으셨다는 것은 자기의 형상을 따라 모양대로 지으셨다고 하는 것이요, 하나님의 영과 인격과 언어와 통치력이 있게 하셨다는 것이요, 그러므로 '하나님을 닮았다'라고 말하는 것입니다. 그리고 자연에 속한 몸(육체)은 자연에서 나는 것을 취하도록 하셨습니다. 그래서 사람은 영과 혼과 몸이 하나님이 지으신 뜻대로 기능을 발휘해야만 그가 하나님이 원하신 진정한 사람입니다.

그런데 하나님께 범죄하고 하나님을 떠난 인간은 하나님을 알 수도 없게 되었고 하나님께 돌아올 수도 없게 돼 버렸습니다. 사단이 주인이 된 자기 본위의 사람, 자기중심의 사람이 돼 버렸어요. 이것을 전적 무능이요 전적 타락이라고 합니다. 그런데 이같이 전적으로 무능하고 전적으로 타락한 인간을 그곳에서 구하여 주시려고 예수 그리스도를 보내 주셨고, 예수 그리스도 안에서 영과 혼과 몸이 하나님의 지으신 뜻대로 기능을 발휘하여 살 수 있도록 은혜의 기회를 주셨습니다. 성경 롬8:6에 **육신의 생각은 사망이요 영의 생각은 생명**

과 **평안이니라** 했습니다. 생명과 평안이 바로 영의 것이라는 말입니다. 그러면 생명과 평안은 누구로 말미암음입니까? 바로 예수 그리스도로 말미암는 것입니다. 예수님 자신이 생명이요 평안입니다. 그래서 사람은 예수 그리스도가 아니면 진정한 생명과 평안은 없는 것입니다.

육신의 생각이 사망이라고 하는 것처럼 예수 그리스도가 아니면 인간은 육일뿐으로 육신의 생각밖에는 할 것이 없습니다. 그러므로 예수님이 아니면 다 사망에 처해 있는 존재로서 지옥의 형벌을 면할 길은 없습니다. 인간은 예수님을 믿지 않아도 지·정·의가 있기 때문에 인격적인 사람이 되기를 원하고, 양심이 있기 때문에 양심적인 사람이 되기를 원하고, 그러므로 인간답게 살고자 하는 그 열망이 있습니다. 열심히 일하고 학문을 닦고 인격을 기르고 양심적인 사람이 되고 도덕적인 사람이 되어서 인간답게 살아 보겠다고 하는 몸부림들이 있다는 것입니다. 또한, 행복을 추구하고 평안을 추구하는 열망을 가지고 있습니다. 그런데 그 같은 열망을 사람들의 칭찬과 존경을 받음으로써 명예와 부귀를 가짐으로써 무엇인가에 최고가 됨으로써 채워보겠다고 하는 것입니다.

그러나 아무리 인간답게 살려고 평안을 얻겠다고 행복을 얻겠다고 그같이 학문을 닦아 세상 최고의 지식을 가졌다 해도, 인격적인 사람이 된다 해도, 양심적인 사람이 된다 해도, 도덕적인 사람이 된다 해도, 그래서 인간답게 살 수는 있을지라도 그러나 그 영혼에 하나님으로 말미암은 생명과 평안이 없으면 그 결국은 영원한 사망으로 들어갈 수밖에는 없는 것입니다. 하나님의 눈에는 타락한 죄인일 뿐입니다. 죄짓지 않았다 해도 자기 양심으로는 거리끼는 것 없다고 큰소리친다 해도 하나님은 너는 타락한 죄인으로 영벌에 들어간다고 하신다는 말입니다. 영의 생각인 예수 그리스도의 생명과 평안이 그에게 없으면 영영한 형벌에 들어간다는 말입니다. 사람의 영혼은 분명히 하나님을 인식하여 하나님을 알고 하나님으로 살도록 지음 받았습니다. 하나님이 사람을 지으실 때 우리의 형상을 따라 우리의 모양대로 사람을 만드셨다고 하셨습니다. 그러므로 사람의 영혼은 분명히 하나님을 인식해야 하고 하나님을 알고 하나님으로 사는 것이 돼야 하는 것입니다.

그럼에도 인간이 하나님께 돌아와 영혼이 하나님으로 채움을 받지 않아 하나님에 대하여 비어있다면 빈 껍질이니 빈 껍질은 불에 넣어 버린다는 것입니다. 하나님은 사람을 영생하게 하려고 지으셨습니다. 그런데 처음에 사람을 만드실 때는 흙으로 만드셨습니다. 흙으로 만드셨다고 하는 것은 흙은 물질이므로 영원할 수 없다는 것을 의미하는 것으로서 자연에 속한 것이기에 다시 자연으로 돌아가야 함을 의미합니다. 물질은 영원할 수 없는 흙이요 약함이라는 말입니다. 그러니까 흙에 속한 사람의 자아는 세상을 바라고 땅의 것을 추구하는 영의 것과 반대되는 성질을 가졌습니다. 흙에 속한 사람의 자아는 땅의 것 세상 것만 추구하게 되어 있습니다. 그러므로 처음 지음 받은 사람의 영혼에 예수 그리스도의 생명과 평안이 있게 하여 영생하게 하기 위해서는 흙에 속한 자아가 죽어야 합니다. 영생하는 생명과 평안은 죽어야 얻게 되어 있습니다. 죽지 않으면 생명을 얻을 길은 없습니다. 자연의 모든 이치가 그렇듯이 즉, 씨가 흙 속에 심어져 죽어야 새로운 생명으로 싹터 자라나 열매를 맺듯이 흙으로 지음 받은 사람도 흙에 속한 자아가 죽어야 영에 속한 예수 그리스도의 생명과 평안으로 열매를 얻는 것입니다. 이것이 창조의 원리입니다.

창조된 자연의 부분과 영의 부분 두 요소로 된 피조물인 사람이 영생하기 위해서 거쳐야 하는 과정입니다. 사람이 흙으로 만들어졌다는 것과 피조물이라고 하는 이것이 바로 흠이라고 하는 것입니다. 그러나 사람의 이 흠이 바로 예수 그리스도로 생명과 평안을 얻게 하여 영생케 하시는 하나님의 방법이요 과정입니다. 그래서 천사라도 창조된 피조물로 만들어졌기 때문에, 변할 수 있고 영원할 수 없고 깨질 수 있고 타락한 자가 될 수 있음을 이미 하늘에서부터 보게 하셨습니다. 천지와 만물과 사람을 창조하시기 전 피조물인 천사들이 두 종류로 나누어졌음을 보게 하셨다는 말입니다. 한 무리는 하나님의 지으신 뜻대로 하나님의 보좌가 있는 하늘에서 하나님을 보좌하여 사명을 수행하는 영이며, 또 한 무리는 타락하여 하늘 보좌로부터 땅으로 쫓겨나 피조물 중에서는 처음 지음 받은 그 권리를 가지고 창조된 세상의 주인처럼 행세하며 신 노릇 하는 사단과 그 무리인 영이 있습니다.

그럼 왜 하나님은 불완전한 존재로 지었냐? 하나님이 그것을 모르시냐? 아십니다. 아시기 때문에 지으셨습니다. 그것이 피조물이라는 것의 한계입니다. 창조된 것의 한계입니다. 만들어졌기 때문입니다. 그러므로 하나님께 창조된 피조물은 절대로 절대적으로 지으신 분의 말을 듣고 자기 위치를 지켜야 합니다. 그것이 창조된 피조물의 본분입니다. 하나님께서 천사나 사람을 지으신 뜻은 타락하라고 지으신 것이 아닙니다. 하나님의 말을 듣고 자기 위치를 지켜야 하는 것이 지음 받은 피조물의 본분입니다. 그러므로 그 본분을 벗어나는 것이 바로 악이요 타락입니다. 그래서 영혼에 하나님의 것이 없는 것이 바로 악이요 타락입니다. 피조물이 자기 본분을 벗어나는 것은 하나님께 책임이 있는 것이 아니고 자신에게 있습니다.

　스스로가 그것을 택하였고 자기가 하나님을 거절한 것입니다. 하나님께 오기를 싫어하는 것입니다. 자기가 나간 것이지 하나님이 쫓아내고 타락하라 하신 것 아닙니다. 그런데 사단은 스스로 하나님의 보좌를 탐했습니다. 자기의 아름다움과 지혜에 도취하여 하나님이 되겠다고 하나님의 보좌를 탐하여 찬탈하려고 했습니다. 자기가 하나님께 지음을 받은 피조물이라는 것을 망각한 교만함으로 자기 지위, 자기 위치를 지키지 않고 하나님께 도전했습니다. 사람도 다 자기 마음에 욕심을 두고 있기 때문에 자기 욕심에 미혹되어 끌려가는 것이지 하나님께 책임 있는 것 아닙니다. 그래서 침례 요한이 회개하라고 하는 것은 예수님을 맞이하려면 너희 속에 가진 욕심을 버려라. 세상의 명예 있으면 세상의 돈이 많으면 세상의 학식이 높으면 산다고 하는 너희 속에 가지고 있는 육에서 난 사상은 다 깨버리고 회개하여 예수님을 맞을 준비를 하라는 말이었습니다.

　자기 마음에 가진 세상 욕심과 탐하는 것을 그리고 자기 사상 다 깨버려야 메시아 구세주를 맞을 수 있다는 것을 말한 것이었다는 말입니다. 창조된 물질로만 살 수 있다고 세상의 명예나 권세와 부귀가 있으면 복이라고 생각하고 거기서 평안과 행복이 있을 것이라 생각하고 쫓아가는 인간에게 그것은 속는 것이니 자기 마음이 가진 그 같은 욕심에 끌려 미혹된 길에서 돌이켜 나오라 하는 외침이었던 것입니다. 인간은 땅에서 어찌하면 더 오래 살 수 있을까에 끊임없이 연구하고 더 살 수 있는 온갖 정보에 귀를 기울여 관심이 집중된 것을 보게 됩니다. 또한, 좋다는 것들을 찾고 심지어 혐오스러운 것까지도 마다하지 않고 먹음으로써 젊음을 유지하고 건강케 하므로 더 살아보겠다고 몸부림을 치는 것을 보는 겁니다. 인간이 죽지 않고 영원히 살기 원하는 그 영혼의 욕구를 그렇게 세상의 방법으로 목숨이 더 살아보겠다고 하는 것으로 정말 처절할 만큼 애쓰는 것을 보는 겁니다.

그런데 사람이 오직 예수님으로 영생한다고 하셨으니 예수님 안에 오래 사는 복이 있고 영원한 복락이 있으니 예수님을 믿고 예수님 안으로 쏙 들어와 버리면 그 같은 복이 다 자기에게 적용되어 얼마나 자유하고 행복한데 예수님 안으로 들어오지 않는 것입니다. 영이 갈한 생명과 평안은 무시한 채 육의 욕구에만 충실한 것입니다. 예수님 외면하면서 하나님 말씀을 무시하고 그렇게 땅에서 애써 힘써 몸부림하며 몇 날 혹은 몇 년 더 산다고 해서 무슨 의미가 있는 겁니까? 목숨 끊어지면 다 영벌에 들어가는데 말입니다. 사람들이 예수님 믿는다 해도 믿음이 안 되니까 믿지 않는 사람들하고 사실은 똑같더란 말입니다.

제가 과거에 알고 지냈던 어떤 권사가 아주 오래 살고 싶은 목숨의 애착이 대단한 사람인데 나와 통화하면서 간혹 거치는 말이 있었습니다. 우리나라가 예수님을 믿는 사람이 많아서 하나님께서 복 주셔서 장수하는 사람이 많다. 우리나라가 장수의 복을 받았다는 말입니다. 그런데 목숨에 연연하지 않는 영생을 가진 제게는 그런 말이 사실 매우 탐탁지 않았지만, 논하고 싶지 않아 그냥 웃음으로 넘기곤 했었습니다. 그러나 사람의 삶이 윤택해지니까 오래 살기 위한 온갖 노력을 기울이고 하니 오래 살 힘을 좀 얻게 되어 그같이 고령화가 된 것이지, 하나님께서 복 주셔서 장수하게 된 것은 아닙니다. 하나님께서는 땅에서 오래 사는 것으로 복이라 하지 않습니다. 구약에서 장수라고 했을 때도 대부분 땅에서 오래 사는 것을 말씀한 것이 아니라 영생케 하시는 것에 의미를 둔 것입니다(신4:40 신6:2 신30:20 시21:4). 영생하게 하신다는 것을 말씀하는 뜻에서 장수를 표현하셨다는 말입니다. 그것이 구약의 표현입니다. 만일에 그리스도인들이 사명감도 없이 땅에서 오래 살려고 인위적으로 노력하고 몸부림치는 것을 보면 그것같이 추해 보이는 것은 없습니다.

예수님께서 **나는 하늘로서 내려온 산 떡이니 사람이 이 떡을 먹으면 영생하리라고**(요6:51) 하셨는데 정말 예수님으로 생명을 얻은 믿음이 되었고 천국을 소유한 믿음이 되었으면 그렇게 목숨에 연연하여 오래 살려고 하는 데다 의지를 두고 힘쓰지는 않습니다. 오늘 가든 내일 가던 나에게 주신 사명, 즉 온전한 믿음이 되려는 힘씀으로 사명 감당하다 아버지 집에 기쁘게 갈 것으로 뜻을 두었을 것이라는 말입니다. 우리가 믿는다 할 때 땅에서의 목숨의 연한은 하나님께 맡겨버리고 오직 영생하는 예수님의 생명을 주시고자 하신 그 뜻, 육은 죽고 영은 살리시는 하나님의 뜻을 마음을 다해 열심히 배우고 분명하고 바르게 아는 지식이 되어서 온전한 믿음의 능력을 갖추는 것이 진정한 복입니다. 목숨 오래 부지하려는 것에 연연할 것 없이 기회가 되는대로 사람들에게 예수님을 전하는 사명 행하다가 오늘 부르면 오늘 갈 것이요, 내일 부르시면 내일 갈 것이라는 그 자유 된 믿음으로 확고히 서야 하는 것입니다.

그래서 복음을 듣고 예수님을 믿고자 하여 예수님께 나온 모든 사람은 예수님의 베푸신 은혜를 굳게 잡아야 합니다. 하나님의 뜻과 하나님의 일하심에 대한 말씀을 열심히 배우고 깨달았으면 자기에게 적용하고 그 말씀으로 살기에 힘써야 합니다. 하나님의 과녁에서 빗나간 것을 죄라고 합니다. 그러므로 참으로 자기 믿음의 과녁을 어디에 두어야 하는지를 분명히 해야 합니다. 육의 것에다가 과녁을 두고 사단을 따라가겠느냐? 영의 것에다 과녁을 두고 예수님을 따라가겠느냐? 분명히 해야 합니다. 만일에 예수님을 믿는다는 사람이 자기 안에 생명과 평안함이 없다면 그래서 무엇인지 초조하고 불안하고 마음이 쫓기듯 하여 뛰는 것이면, 자기 믿음의 과녁을 어디에 두었는가 하는 관계를 살펴봐야 합니다.

사람이 창조되자마자 곧바로 하나님의 안식에 들어가 안식 안에 있었던 것처럼 오늘날도 사람이 예수님을 믿겠다고 교회에 나와 예배 자리에 함께 있으면 왠지 평안한 것을 느끼는 겁니다. 무엇인지 모를 평온함에 휩싸이는 것을 경험하게 됩니다. 평안함에 휩싸이듯 느끼는 것이 있다는 말입니다. 그러니까 하나님께서 사람을 창조하실 때 예수님을 믿고 그 영이 성영님으로 거듭나면 가장 먼저 예수님의 생명과 평안을 얻도록 창조하셨기 때문에, 예수님이 자기 안에 성영님으로 오시게 되면 이때는 자기 안에서 그 생명의 평안함이 있는 것입니다. 이때는 희미한 것이 아니라 자기가 아는 것입니다. 평안함이 자기 안에서 주장하고 운동하고 있음을 자기가 확실히 안다는 말입니다. 그래서 믿음이 있다고 하는 것은 다른 말로 평안함이 있다는 말입니다. 예수님의 생명과 평안을 얻고 그 평안이 더 큰 평안으로 충만하여 간다면 그것은 세상 것과 관계없는 믿음으로 세상을 초월해 버렸기 때문에 나타나는 능력입니다.

무엇 먹고 살까 하는 것에 전혀 염려로 매이지 않습니다. 내일의 염려에 매여 있지 않습니다. 생명의 평안이 충만한 사람에게는 마귀도

접근하지 못합니다. 세상이 아무리 흉흉해도 그 흉흉한 것들이 오다가도 뒷걸음으로 가버리는 겁니다. 하나님의 권세요 능력입니다. 예수 그리스도의 생명의 평안으로 충만한 것만이 진정한 하늘과 땅의 복을 가진 것이라고 하는 것입니다. 마10장에 보면 예수님이 제자들에게 명하시기를 "너희가 어느 집에 들어가든지 들어간 그 집에 평안하기를 빌라 그 집이 이에 합당하면 너희 빈 평안이 거기 임할 것이요 만일 합당치 아니하면 그 평안이 너희에게 돌아올 것이니라" 하셨습니다. 어느 집에 들어가든지 그 집에 물질의 복 있어라. 이 집이 자식이 잘되게 해주시라. 이 집의 형편이 잘 되게 해주시라 이런 것을 빌라 한 것이 아니라. 평안을 빌라 하셨다는 말입니다. 평안을 빌라 하는 것은 그 집이 평안하게 해주시라고 기도하라는 말이 아니고 복음을 말해주라는 말입니다. 예수 그리스도로 말미암아 죄를 용서받고 구원 얻게 되었으니 그 예수님이 우리 가운데 오셨으니 영접해 맞아들일 것을 말하라는 말입니다. 우리를 속박 가운데서 풀어주실 구세주 메시아가 오셨으니 영접해 맞아들이라 하라는 말입니다. 회개하여 복음을 받으라고 전하라는 말입니다.

　사단과 죄와 사망에서 율법의 저주에서 사탄의 참소에서 건져 자유케 하신 구세주 예수님을 맞아 영접해 들임으로 평안의 복을 받으라고 말하라는 말입니다. 그런데 **그 집이 이에 합당하면** 하셨습니다. 합당하면 너희 빈 평안이 거기에 임할 것이요 했습니다. 이 복음의 평안을 아무나 받는 것이 아니라 이에 합당한 자가 받는 것이라는 말입니다. 이같이 전하는 평안의 복음을 사람을 창조하신 창조주 하나님의 구원의 뜻, 사람을 죄지은 육에서 구원하여 영을 살리고 영생케 하시겠다는 하나님의 뜻을 참으로 기뻐서 영접하여 들이는 자는 그에게 예수 그리스도로 말미암은 평안이 임하는 것이지마는 그러나 합당치 아니하면 구원하시는 그 뜻에 하나님의 마음과 같지 않으면, 거절하여 듣지 않으면 심판하시는 날에 소돔과 고모라 땅의 심판보다 더 극렬한 심판을 받게 되리라고 하신 것입니다.

사람들은 어찌하든지 성경의 뜻을 훼방하기 위해 나온 사람들처럼 예수님과 관계없는 말들로 성경의 뜻을 가리는 말을 열심히 하고 있습니다. 그같이 롯의 가족이 의인이나 되는 것처럼 손가락으로 가족 수를 세면서 의인 열 명이 없어서 하나님의 심판을 받은 것이라고 말장난들 하고 있지만, 그러나 롯과 그의 가족을 의인이라 하는 것이 아닙니다. 그들이 의인이면 세상 사람들도 다 의인입니다. 그래서 의인 열 명이 되지 않아서 심판받은 것이 아니라, 롯과 그 가족은 아브라함을 생각하사 그 멸망 중에서 피신케 하셨던 것이고(창19:29), 하나님을 떠나 나가 육으로만 사는 인류는 그같이 하나님께 대하여 음란하며 탐욕 가운데 사는 타락하고 부패한 종자들이 되었기 때문에 의가 되시는 예수 그리스도께로 나오지 않으면 예수님의 의가 없으면 예수님 생명의 평안을 얻지 않으면 소돔과 고모라 성처럼 멸망을 받는다는 것을 예로 보이신 사건이었습니다. 그런데 그같이 복음을 거절하고 듣지 않으면 소돔과 고모라 보다 더 큰 심판을 받을 것입니다.

자 그래서 하나님께서 사람을 흙으로 즉, 물질로 지으신 것에 대하여 확실한 이해가 되었습니까? 그리고 하나님이 사람을 창조하신 뜻은 육은 죽고 즉, 육의 자아는 죽고 영의 자아, 예수 그리스도로 영생케 하시겠다는 것을 전제로 하여 지으셨다는 것 이해되었습니까? 그러면 그 육의 자아가 죽어야 하는데 자기가 스스로 죽을 수 있어요? 없어요? 100% 없습니다. 만들어진 피조물이니 그렇게 지음을 받았으니 스스로 죽을 수가 없습니다. 그것은 먼저 예수님의 죽으심을 내 죽음으로 믿어야 하고 예수님의 부활의 생명으로 살게 되었다는 것을 믿어야 합니다. 그리고 죽고 사는 것의 실제가 되는 것은 그 예수님과 함께 자신이 죽었음을 받아들여야 하고 예수님의 부활의 생명을 받아들여 예수님을 자기 안으로 모셔 들여 자기 안으로 오셔야 죽는 능력이 됩니다. 자기를 죽음에 내줘버릴 수가 있습니다. 사람이 육이 죽기 위해서는 선악과를 먹어야 죄로 걸려서 그 죄 때문에 예수님이 죽으러 오실 수가 있고, 예수님이 죽어야만 부활하여 하늘로 가실 수가 있고, 그 부활의 생명을 성영님이 사람 안에 가지고 오실 수가 있게 되어 사람의 죄지은 옛사람은 죽고, 예수님의 생명으로 부활하여 하늘의 하나님께로 들어갈 수가 있게 되는 것입니다.

  그래서 반드시 하나님의 이 과정은 거쳐야 하고 또한 이것이 하나님의 지혜입니다. 그러니까 사람을 창조하시는 뜻을 세우신 하나님의 마음 안에 들어가 알고 보니까 사람이 선악과 먹고 죄를 지었기 때문에 그 제사야 그 죄 사해주어야겠다고 나오신 것 아니라는 것 여러분의 영적 지각으로 확실히 이해가 되었습니까? 사람이 죄짓기 이전에 이미 하나님의 뜻은 흙으로 지은 사람을 육의 자아로부터 구원하여 영을 살리고 영의 자아를 세워 영생케 하시겠다는 뜻을 두셨다는 것 충분한 이해가 되었는가 말입니다. 여기 청소년들도 이해가 됐습니까? 정신을 집중해서 듣는다면 다 이해가 되는 말씀이고 자기 믿음이 돼야 하는 것입니다. 자기 믿음이 참으로 바르게 가느냐? 못 가느냐 하는 너무나 중요한 것이니 마음을 집중해서 듣고 자기 믿음이 되었으면 합니다. 오늘 말씀이 영적 이해가 돼야 해요. 이 창조의 말씀이 이해가 돼야 뿌리가 깊게 내린 나무처럼 잘 자라게 되는 것입니다. 그래야 세상의 온갖 속이는 말들에 속지 않을 수 있고, 들을 것인지 듣지 않을 것인지 구분하고 분별할 능력이 되는 것입니다. 그래서 하나님의 이 뜻이 창세 전에 이미 하늘에서는 이루어졌습니다. 예수님이 너희는 이렇게 기도하라고 기도를 가르쳐주실 때 뜻이 하늘에서 이룬 것같이 땅에서도 이루어지이다 하셨지 않습니까?

　하나님의 창조의 이 뜻이 하늘에서 이루었는데 땅에서도 이루어졌다는 것을 하나님의 형상과 모양대로 지음 받은 하나님의 뜻을 받은 사람의 영혼이 그것을 인식하여 알고 (이것은 예수님이 그때 제자들에게 가르쳐주신 기도를 말하는 겁니다. 그때 당시 제자들은 이 뜻을 잘 모르지만 예수님이 아신다는 말입니다) 예수님이 아시면 그다음 누가 안다는 것입니까? (제자들이) 성영님이 오시면 성영님으로 하나님의 깊은 것, 깊은 사정을 다 알게 되기 때문에, 그래서 예수님이 예수님의 아는 것을 제자들에게 가르치신 것입니다. 그러니까 하나님과 같이, 하나님과 같은 마음으로 이루시는 그것을 시인하여 기도하는 내용입니다. 그래서 하나님께서 뜻이 하늘에서 이뤄진 것같이 땅에서도 이루시려고 사람을 창조하시고 선악과를 사람 앞에 두신 것입니다. 뜻은 하늘에서 이미 이뤄졌어요. 뜻은 하늘에서 이미 이뤄졌는데 땅에서도 이루시려고 사람을 창조하시고 선악과를 사람 앞에 두셨다는 말입니다. 뜻이 하늘에서 이룬 것같이 땅에 실행하여 나가셨습니다. 제가 여러분에게 참말로 어려운 말을 합니다. 어려운 말을……, 여러분 듣기가 얼마나 힘듭니까? 세상에서 잘살고 복 받은, 여러분이 듣기 좋은 이야기나 해야 하는데…….

　그러나 이제 여러분이 영적 나이가 장성한 때가 되어야 마땅하기 때문에 아버지 뜻에 함께할 수 있는 이런 딱딱한 음식을 제공하는 것입니다. 이 같은 가르침의 음식도 말이에요. 여러분이 받아먹지 못하면, 감각도 없고 거절한다면 이 말씀의 복이 누구에게로 돌아갈까요? 저에게로 도로 돌아오는 것입니다. 한 달란트를 빼앗아 열 달란트 가진 자에게 주시는 영적인 복의 원리가 그대로 적용하는 것입니다. 그래서 무릇 있는 자는 받아 풍족하게 되고 없는 자는 그 있는 것까지 빼앗기고 무익하니 어두운데 내 쫓김 받아 슬피 울며 이를 갈 것이라고 달란트 비유에 말씀하셨지 않습니까? 그래서 사람이 육의 자아는 죽고 영을 살리시는 하나님의 뜻을 이루시기 위해 하나님께서 아담 앞에 선악과를 두시고 네가 먹는 날에는 정녕 죽으리라는 말씀을 주셨습니다. 그러니까 사단이 하나님의 이 말씀을 듣고 선악과를 먹으면 아담이 죽는다는 것인 줄 알고 여자를 유혹하여 먹게 하였고, 여자는 또 아담에게 주어서 먹게 한 것입니다.

그래서 하늘에서 이루신 뜻을 땅에서도 이루시는 것이 확실히 드러난 것입니다. 아담에게 먹으면 정녕 죽으리라 하신 것은 이제 예수님이 오셔서 죽으실 근거가 되었고 또한, 여자에게 죽을까 하노라 하신 것은 사람은 스스로 죽음을 택할 수도 있고 생명을 택할 수도 있는 존재라는 것을 시사해주면서, 그러나 하나님이 사람을 창조하신 뜻은 죽음에 넣으려는 것이 아니라 영생을 주시려는 것인데 사람이 스스로 죽음을 택하여 갈까 염려하시는 하나님의 마음이 내포된 말씀을 하신 것입니다. 그러면 죽음의 영, 사망의 영으로 판결 난 자가 누구입니까? 그래서 사람은 죄지은 자아가 되었으므로 그 죄지은 자아는 하나님께 갈 수 없다는 것 하나님과 원수가 되었음이 사실화됐기 때문에 만일에 사람이 하나님의 말씀을 버리고 자기 뜻대로 살겠다고 하면, 사망의 영인 사단이 들어갈 형벌의 장소로 같이 들어갈 것이요. 하나님의 말씀을 따라 살겠다고 하면, 하나님께로 들어가게 된다는 것을 알도록 하셨습니다.

그래서 아담이 선악과를 먹은 것은 사람이 하나님도 알게 되었고 사단도 알게 된 존재로 사람에게 주신 권리가 성립되었다는 것을 의미합니다. 그리고 또한 아담이 선악과를 먹은 것은 크게 두 가지의 의미를 담고 있습니다. 하나는 죄요 하나는 생명입니다. 죄라 하는 것은 하나님의 말씀을 불순종했기 때문에 그것은 하나님의 말씀을 범한 죄가 되어 예수님이 죄인처럼 오셔서 죄 때문에 형벌을 받으실 수가 있게 된 것이고 정녕 죽으리라 하신 대로 죽으실 수가 있게 된 것입니다. 그래서 **한 사람으로 말미암아 죄가 세상에 들어오고 죄로 말미암아 사망이 왔나니 이와 같이 모든 사람이 죄를 지었음으로 사망이 모든 사람에게 이르렀느니라**고 롬5:12에 말했습니다. 그래서 아담이 지은 죄는 곧 나의 죄요. 내가 아담으로 내가 지은 죄임을 인식할 때에 또한 한 사람 예수 그리스도께서 흘리신 피가 나를 위해 흘려주신 피요. 내 죄를 용서하신 피라는 것을 확실히 알 수가 있는 것입니다.

우리가 잘 알고 있듯이 아담의 죄는 하나님이 친히 육체로 오셔서 십자가로 올라가 죄를 못 박고 죄를 장사지내고 죄짓게 한 죄의 원흉인 사단도 십자가에다 못 박아버리고 그 사망 권세를 깨버리고 예수님이 죽음에서 살아나 버리셨기 때문에 예수님을 믿고 예수님으로 사는 자는 죄가 없는 것이요. 사단의 사망 권세에서 놓여나 생명 얻게 되어 영생으로 들어가게 된 것입니다. 그래서 아담의 선악과 먹은 것은 죄(사단)와 생명(예수님)을 담고 있는 것입니다. 그런데 사람들이 아담이 선악과 먹은 죄에다만 생각이 꽂혀있습니다. 그래서 믿음의 지경을 절대로 넓히지 못하는 악순환을 가진 것이고, 좁은 영적 사고에서 벗어나지를 못하는 것입니다. 아담이 불순종한 죄 때문에 인간이 망하게 된 것처럼 생각하는 것이 인간이 가진 죄의 관점이 돼 있다는 말입니다. 그러나 하나님이 가진 죄의 관점은 아담에게 두신 것이 아니고 아벨과 가인의 제사에 있습니다. 제사에다 두셨습니다.

아담의 선악과 불순종은 하나님이 에덴에서 처음 사람을 내보내서 인류 역사의 시발점이 되게 하셨고, 하나님께서 아담을 떠나신 것도 아니고 아담도 하나님을 떠난 것이 아닙니다. 하나님께 올 수 있는 그 길을 걸어가도록 임재하여 함께 계시면서 하나님의 사람들이 예수님이 오시도록 하는 것과 예수님을 만나려고 걸어오는 길이 되도록 일을 행하신 것입니다. 그래서 하나님이 보신 죄의 관점은 하나님의 과녁에서 빗나간 제사입니다. 하나님이 죄를 사하시고 생명을 주시는 뜻을 가진 피 흘리는 제사가 아닌 제사는 하나님께 가증한 것이요. 그러므로 가인의 제사는 하나님께 열납되지 않을 자기 생각을 따라 행한 제사였으므로 하나님과 관계가 깨어져 하나님을 등지고 원수로 나가게 돼버린 것입니다. 그러므로 오늘날 죄라고 하시는 것은 처음 사람의 죄가 아니라 예수님을 믿지 않기 때문이라고 분명히 말씀하는 것입니다.

아담의 죄 때문이 아니라 피 흘려 생명을 내놓으신, 하나님과 인간 사이의 화목 제물로 드리신 그 예수님의 공로를 입지 않고 예수님을 자기의 구주로 믿고 영접하여 들이지 않음으로써 하나님이 그것을 죄로 정하셨다고 하셨다는 말입니다. 자기 안에 예수님의 생명과

평안함이 없으면 지옥형벌은 면할 길은 없습니다. 그러므로 하나님은
네 안에 예수님이 계시냐? 예수님의 생명과 평안으로 살고 있느냐?
없으면 나와 관계없다고 하시는 것입니다. 오늘 저는 죄지은 옛사람
육의 자아로 살면 사단이 주인이 되고 멸망으로 들어간다는 것을 분
명히 말씀드렸습니다. 사람은 육이냐? 영이냐? 육의 길을 갈 수도 있
고 영의 길을 갈 수도 있는 존재다. 그래서 육의 것을 택하여 갈 수도
있는 것임을 알게 되었지만, 그것은 앞서 말씀드린 대로 복음을 거절
하고 자기가 택하여 가는 것이지 하나님이 가라고 하신길이 아니라
는 것 분명히 알기 바랍니다.

사람의 본분은 절대로 절대적으로 하나님을 전인으로 섬기도록 창
조되었기 때문에, 영과 인격과 언어와 통치력이 있게 하셨기 때문에
우리 온 영과 혼과 몸의 전인으로 삼위 하나님을 경외하며 하나님의
말씀으로 살고 교제하며 살아야 한다는 것을 참으로 명심하기를 바
랍니다. 그것이 거룩하게 하시는 하나님의 뜻이요, 온 영과 혼과 몸
이 흠 없게 보전되는 삶이 되는 것입니다. 우리 영으로는 아버지와
아들과 성영님과 교제하며 우리 혼으로는 하나님을 경외하여 사랑하
며 그 말씀을 받아들여 말씀으로 살고 그 말씀에 지배받고 그 말씀
위에 서는 믿음, 예수 그리스도를 따라 사는 믿음이 되어 그것이 삶
으로 드러나야 하는 것임을 다시 한번 강조합니다.

이같이 우리 영과 혼과 몸에 맺어야 할 말씀, 하나님의 전 뜻을 말
씀하신 이 같은 말씀으로 맺은 믿음이 되지 못하고 그저 귀신 쫓아
내고 어떤 나타나는 현상들이나 쫓는 그런 초등학문 같은 것들에 마
음이 끌려다니고 영의 것은 알지 못하면서 자기 혼이 듣기 편한 알

맹이 없는, 즉, 생명 없는 인간의 말들이나 듣고 끌려다니면 결국 멸망밖에는 받을 것이 없다는 것을 명심하기를 바랍니다. 오늘날 그같이 귀신이 쫓겨나가고 병이 치료되는 것과 같이 나타나는 현상들은 예수님이 십자가 구원을 이루시기 전 예수님께서 땅에 오셨다는 것을 보이신 것들이었습니다. 그래서 이것을 행하면서 사역하는 사람들 치고 대체로 예언이라고 하는 것을 말하지 않는 사람 그리 없을 것입니다. 언제 전쟁 난다. 언제 지진 난다. 언제 무슨 일이 일어난다. 언제 경제가 곤두박질한다. 그러나 우리는 그런 초등학문 같은 그런 것들에 매이거나 쫓아다녀서는 안 된다는 것, 분명히 선포합니다. 전쟁 난다 하는 것도 마음에 매이고 끌려다니면 전쟁 나는 것입니다. 왜? 네 믿음이 그것밖에 되지 않으니 전쟁 나야 마땅하지 않습니까?

아니, 도대체 예수님을 믿고 예수님이 나와 함께 계시고 말씀을 내가 가졌다면 뭐 그리 두려워하는 것입니까? 내가 예수님을 사랑하고 예수님이 나와 함께 계시면 왜 두려워하느냐고요? 두려워하면 그대로 형벌이 따른다는 것 여러분이 명심하고 그런 속이는 것들 듣지도 말고 받아들이지 않는 능력이 되길 바랍니다. 그러나 예수님이 십자가 위에서 다 이루었다 하신 것이 뭐예요? 율법의 저주에서 우리를 속량하셨습니다. 죄로 인해 들어온 모든 질병을 담당하셨습니다. 우리의 죄를 십자가에다 못 박아 담당해버리셨어요. 사단의 사망 권세를 깨버리셨어요. 그래서 우리가 예수님의 말씀을 따라 말씀대로 살면, 우리 영으로 혼으로 삶의 전인으로 하나님을 섬기고 살면 병들어요? 안 들어요? 아니, 예수님이 병을 다 짊어지셨는데 병이 왜 들어옵니까? 그 믿음 안 되니까 너나 나나 보험들 들어서 보험 믿는 것 아닙니까? 그러니까 병들어야 맞는 거지요? 그러니 예수님과 관계없는 거예요. 그것은 예수님을 믿는 것 아닙니다. 예수님 믿는 것 아니야. 사람이 살다 보면 몸이 피곤할 수도 있고, 어디 다쳐서 까질 수도 있고, 음식 잘못 먹으면 식중독 올 수도 있고, 영적으로 좀 약해지면 감기몸살 생길 수도 있긴 한데, 그런 것들은 곧 낫게 되는 것이니 말할 것은 없지만, 제가 말하는 것은 악한 병입니다. 육체 안에 악한 병들 들어서 그 병에 눌려 죽는 것을 말합니다. 아니, 내 안에 예수님이 계시면 악한 병이 왜 들어옵니까? 내 병을 가져가신 예수님 안에 내가 있고 예수님이 내 안에 오셨으면 왜 병이 드는가 말입니다. 이 관계가 되지 않았기 때문이라는 것 말할 필요 없는 말을 제가 하는 것 같습니다. 이제 예수님 안에서 정말 우리 영혼이 삼위 하나님을 사랑하여 교제하면서 말씀으로 사는 능력을 갖추면 병과는 상관없고 죄와도 상관없는 새로운 피조물이니, 하나님의 자녀이니 육은 후패하고 영은 나날이 새로워져서 예수님의 장성한 분량의 믿음을 갖게 되는 것입니다. 예수님의 보좌 우편에 함께 앉은 그 믿음으로 자라가는 거예요.

그러니까 우리의 영과 혼과 몸이 보전되는 놀라운 복이 있는 것입니다. 여러분, 오늘 참으로 하나님이 우리를 창조하시고 우리를 향하여 주신 이 말씀의 뜻을 분명히 알고 '아멘'이 되어야 하고 오늘 본문이 주시는 말씀 영과 혼과 몸으로 삼위 되신 하나님을 잘 섬기는 거룩함으로 우리 주 예수 그리스도 재림하실 때에 흠 없이 만나는 여러분 되기를 바라면서 말씀을 맺습니다. 아멘

제 14 장
살았고 운동력 있는 하나님의 말씀

하나님의 말씀은 살았고 운동력이 있어 좌우에 날선 어떤 검보다도 예리하여 혼과 영과 및 관절과 골수를 찔러 쪼개기까지 하며 또 마음의 생각과 뜻을 감찰하나니

(히 4:12)

²³너희가 거듭난 것이 썩어질 씨로 된 것이 아니요 썩지 아니할 씨로 된 것이니 하나님의 살아 있고 항상 있는 말씀으로 되었느니라 ²⁴그러므로 모든 육체는 풀과 같고 그 모든 영광이 풀의 꽃과 같으니 풀은 마르고 꽃은 떨어지되 ²⁵오직 주의 말씀은 세세토록 있도다 하였으니 너희에게 전한 복음이 곧 이 말씀이니라

(벧전1:23-25)

여러분이 거듭난 것은 썩어질 씨로 된 것이라고 했습니까? 썩지 아니할 씨! 바로 '썩지 아니할 씨'로 되었다고 했습니다. 그러면 하나님의 말씀은 살았습니까? 죽었습니까? 살아 있는 말씀이라고 했습니다. 그 말씀은 세세토록 있다고 했습니다.

말씀 들어가기 전에 먼저 여러분에게 당부가 있습니다. 다름 아닌 강단에서 나가는 말씀으로 각자의 믿음이 시험을 받아야 합니다. 여러분의 믿음이 과연 바른 것인가, 하나님과 관계를 맺고 있는가, 자기가 온전한 믿음의 길을 가는 것인가를 말씀으로 시험을 해봐야 한다는 말입니다. 저의 이 말은 목사가 예수님의 생명으로 살리기 위해서 말씀을 전하는 것이니, 혹 부딪치는 말이 있다면 마음에 상처로 받으면 안 된다는 말입니다. 자기 기분으로 감정으로 받고 불쾌한 감정이나, 또는 상처받은 것처럼 한다면 그것은 하나님 앞에 자기 분수를 모르는 교만이요. 무지입니다. 참으로 영혼을 살리기 위해서, 도무지 말씀에서 벗어난 가증하고 더러운 자기 행위들로 구원받지 못하는 것은 물론이지만, 믿음을 그런 식으로 사람들에게 인식하게 하는 죄가 크니, 그러므로 돌이킬 기회를 주시려고 매를 때리는 것과 같은, 진짜 믿기 원하면 네 믿음을 보라는 매와 같은 말씀, 자기 자존심을 밟는 것과 같은 말씀이 있기 때문에, 그것을 목사의 말로 받지 말라는 말입니다. 하나님께서 목사를 통해서 주시는 채찍이라는 것으로 겸손히 받고, 즉시즉시 돌이키고 회개한다면, 거짓된 자기 믿음에서도 건짐을 받을 것이지만, 이 같은 당부를 외면한다면 여기의 말씀을 들을 필요는 없습니다.

제가 오늘날 목사가 부족해서 이 자리에 선 것 아니라고 분명히 말씀드렸습니다. 간혹 시험 들었다고 하는 경우도 있는데, 목사의 말씀 앞에서 자존심을 세우고 자기의 가증하고 더러운 것들을 감추려고 하니까 시험 들었다고 하는 것이지, 그러나 똑바로 알기 바랍니다. 그것은 이미 그 자신이 시험에 들은 자로 있기 때문에 말씀으로 서기를 거절하는 것이지 믿음이 될 자가 아니라는 것을 말입니다. 암튼 여러분 한 사람 한 사람 빠짐없이 다 예수님의 재림을 맞는, 하나님께 맞힌 신앙이 되기를 참으로 소원합니다. 이것이 하나님 아버지의 우리를 향하신 소원입니다. 아셨습니까?

자, 그래서 우리가 히4:12와 벧전1:23-25의 말씀을 읽었는데 〈살았고 운동력 있는 하나님의 말씀〉이라는 제목으로 말씀을 드리겠습니다. 여러분이 이 말씀을 다 믿음으로 받기 바랍니다. 좀 이해가 어려운 말씀일 수는 있겠으나 성령님의 도우심을 구하십시오. 우리가 태양이 있는 것을 아는 것은 그 태양에서 빛이 나와 세상을 비춰주고 있기 때문입니다. 또한, 그 빛은 모든 자연 만물에 비춰줌으로써 생명이 자라고 결실하게 하고 존속케 하는 일을 하고 있습니다. 이처럼 하나님께서도 하나님이 계신 것을 성경의 모든 말씀으로 비춰주시므로 하나님이 존재하시는 것을 알게 하셨습니다. 자연 만물을 통해서도 하나님 자신을 비춰주셨고 말씀을 통해서도 비춰주셨습니다. 그래서 우리 인간이 하나님을 알 방법, 만날 방법은 오직 이 성서에 기록된 말씀에 의해서입니다. 하나님이 주신 이 말씀은 또한 영생하는 생명을 얻게 하고 그 생명을 존속케 하시는 능력이 되고 있습니다.

그래서 벧전1:23에 우리가 거듭난 것은 썩어질 씨로 된 것이 아니다. 즉, 혈과 육으로 난 그 혈통의 썩어질 죽은 씨로 된 것이 아니고 썩지 아니할 씨, **하나님의 살아 있고 항상 있는 말씀으로 되었다**고 한 것입니다. 그러므로 모든 육체는 풀의 꽃과 같아서 마르고 떨어지지만, 오직 주의 말씀은 세세토록 있는 것입니다. 그래서 오늘 우리가 너무나도 크고 중요한 하나님 말씀에 대한 특징을 알아보고 어떻게 대하고 적용해야 하는가를 말씀드릴 것입니다.

하나님의 말씀은 첫째, 살아 있다는 것 여러분 아멘입니까? 둘째, 세세토록 항상 있는 말씀이라는 것 다 아멘입니까? 그래서 하나님의 말씀은 변함없이 말씀 그대로 이루어지는 것이요, 지속되는 능력임을 말합니다. 예를 들어 창1:3에 **빛이 있으라 하시매 빛이 있었고** 했습니다. 그러니까 빛이 있었고 하는 것은 빛이 있었고만 말하는 것이 아니고, 그 빛이 계속 진행하고 있다는 것, 계속 진행하고 진행해 나간다는 뜻입니다. 또 한 예로 창1:14에 **하늘의 궁창에 광명이 있어 주야를 나뉘게 하라 또 그 광명으로 하여 징조와 사시와 일자와 연한이 이루라** 명하셨잖습니까? 그러니까 하나님께서 명하신 그대로 이 우주가 생겨나 존재하는 것인데, 지구가 공존 자존을 정확히 하고, 유성이 그렇게 많아도 은하계가 그렇게 복잡해도 충돌도 없고 한 치도 어긋남 없이 작용하고 진행해가는 것은, 그같이 하나님께서 **있으라 이루라** 명하신 말씀이 그대로 살아서 붙들고 있기 때문이라는 말입니다.

히1:3에 **이는 영광의 광채시요 그 본체의 형상이시라 그의 능력의 말씀으로 만물을 붙드시며** 라고 분명히 말하고 있습니다. 그러니까 하나님이 만물을 창조만 하고 그대로 두었는데 만물들이 알아서 잘 돌아간 것이 아니고, 만물이 창조된 그대로 존재하고 진행하는 이유가 하나님의 능력의 말씀으로, 과거도 현재도 미래도 살아있는 말씀으로 붙들고 있기 때문이라는 말입니다. 또한, 하나님이 사람에게 죽는다고 하셨으면 그대로 죽는 것이요. 산다고 하셨으면 그대로 사는 것인데 그래서 하나님의 말씀은 영원히 변하지 않는, 세세토록 살아 있는 말씀이니, 그 말씀대로 작용하고 영원히 계속되고 계속되는 것입니다. 그 말씀하신 것은 절대로 변치 않고 그대로 인간 속에 작용하는 것이 되어서 계속된다는 거예요. 그래서 **말씀이 살았고** 하는 것은 영원한 것을 의미합니다. 영원한 것!

셋째, 현재적이라는 것입니다. 현재적은 누구와 상관있습니까? '현재적이니' 바로 그 말씀 앞에 있는 나와 상관있습니다. 여러분 한 사람 한 사람과 상관있는 것입니다. 어제까지만 살아 있던 말씀이 아니라 현재 살아 있는 말씀이라는 말입니다. '살아 있는' 하니 말씀이 꿈틀꿈틀한다는 것이 아니라, 그 말씀을 믿음으로 받으면 믿는 자에게 그대로 역사한다. 믿는 자에게 역사가 일어난다는 말입니다. 그래서 과거의 사람에게도 역사하셨던 것이고, 오늘 나에게도 그대로 역사하는 말씀이기 때문에 그래서 현재적이요, 살아 있는 말씀인 것입니다. 그렇기에 말씀을 대하는 우리의 자세는 반드시 하나님의 말씀은 살아 있는 말씀이라는 것, 말씀을 믿고 받으면 그 말씀이 역사한다는 것을 분명히 믿는 것입니다. 하나님께서 예수님을 통해서 사람을 죄에서 구원하시고 영생을 얻게 하셨다 했으면 그 사실을 온전히 믿어야 하고, 예수님을 믿지 않으면 형벌에 떨어진다 했으면 그대로 믿는 것이라는 말입니다. 현재 내가 믿고 말씀을 받으면 내게 역사한다고 하는 거예요.

그러니까 **하나님의 말씀은 살았고 운동력이 있어 좌우에 날 선 어떤 검보다도 예리하여 혼과 영과 및 관절과 골수를 찔러 쪼개기까지 하며** 하는 것은, 말씀이 살았기 때문에 살아 있는 그 말씀을 믿으면 그 말씀이 영에도 역사하고 혼에도 역사하고 심지어 관절, 관절이 뭐예요? 자유롭게 움직일 수 있는 뼈 마디마디, 또 골수, 골수가 뭐예요? 뼛속까지 역사하신다는 겁니다. 말씀이 살아 있기 때문에 말씀을 믿고 받으면, 영을 고치는 말씀은 영을 고치고 혼을 고치는 말씀은 혼을 고치고 육체를 고치는 말씀은 관절, 골수까지도 말씀이 운동력으로 고친다고 하는 것입니다. 본문 히4:12의 말씀이 그거잖아요? 하나님의 말씀은 살아 있는 말씀이기 때문에 운동력이 있다고 하는 것이지 않습니까? 말씀이 살아 운동력이 있기 때문에 영도 혼도 육체도 침투하여서 고치고 새롭게 하신다는 것입니다.

아주 양날 가진 검보다 더 예리하다 했는데 여러분이 양날 가진 검에 대해서 상상을 좀 해보십시오. 양날 가진 검에 대해서……, 날 하나 가진 검 가지고도 표적에 닿기만 하면 찌르고 자르고 쪼개는 것 문제가 아닙니다. 양날 가진 검보다 더 예리하다는 것은 하나님의 말씀에 대한 확실하고 완전하고 정확한 성격을 의미합니다. 흠이 없는 완전성, 말씀하셨으면 말씀하신 그대로 된다는 확실성 정확성 그것을 의미합니다. 죽는다고 했으면 말씀 그대로 죽는 것, 산다고 했으면 말씀 그대로 사는 것, 용서하신다고 했으면 말씀 그대로 용서하시는 것, 구원하신다고 했으면 말씀 그대로 구원하시는 것, 치료하신다고 했으면, 말씀 그대로 치료하시는 것, 하나님이 말씀하셨으면 말씀하신 그대로 역사하신다는 것을 말합니다.

예를 들어 예수님이 **진리를 알지니 진리가 너희를 자유케 하리라** (요8:32) 하셨습니다. 그러면 이 말씀이 살아 있는 말씀이겠습니까? 죽은 말씀이겠습니까? 모르실 줄 알았는데 아주 잘 아시는 것 같습니다. 그러니까 진리로 자유케 되려면 진리를 아는데 그 목적을 두고 예수님께서 말씀하신 진리의 말씀으로 지배받기를 원해야 하는 것 맞습니까? 원한다면 아는 것에, 믿는 것에 적극적인 태도가 되지 않겠습니까? 그러면 어느 틈엔가 아주 자유해진 것의 그 행복이 자기 속에서 있는 것을 알게 되고 그 능력에 있게 되는 것입니다. 살아 있는 생명의 진리 말씀이 자기 영과 혼과 육체에 침투하여서 자기를 고치고 말씀이 지배하기 때문에 자유를 경험하는 것으로 안다는 말입니다.

막16:17에 **믿는 자들에게는 이런 표적이 따르리니 곧 저희가 내 이름으로 무엇을 쫓아내요? 귀신을 쫓아내며⋯⋯ 병든 사람에게 손을 얹은즉 나으리라** 하셨습니다. 그러면 여러분! 이 말씀이 살아 있는 말씀이겠습니까? 죽은 말씀이겠습니까? 여러분이 예수님을 믿으면, 예수님 이름이 자신에게 오셔 계시면, 예수님 이름으로 귀신도 쫓아내고 자기 몸이 아프면 손을 얹어 병의 나음을 얻어야 믿는 자입니다. 예수님 이름을 가진 증거라는 말입니다. 예수님과 말씀을 진심으로 믿으면 예수님께서 **다 이루었다** 하신 이루신 모든 것을 깨달아서 믿고 자기의 믿음이 되었으면, 귀신은 떠나고 병은 치료되는 것입니다. 성영님께서 말씀으로 일하시니 그대로 역사하는 것입니다. 말씀이 내 안에 들어와 나를 지배하는 말씀이 되는 것입니다. 말씀으로 사는 자입니다. 그러므로 말씀이 영과 혼과 관절과 골수까지 침투하여 쪼개기까지 하신다. 고치시고 치료하시고 온전케 하신다는 것 믿습니까?

그런데 하나님 말씀은 살아 있기 때문에 살아 있는 그 말씀으로 찔러 쪼개기까지 하신다 하시고 이어서 뭐라고 했습니까? **또 마음의 생각과 뜻을 감찰하나니** 했습니다. 여러분은 이 말을 예사로 보는 것에 습관 들어버린 것은 아닙니까? 말씀이 고치기도 하지만, 마음의 생각과 뜻을 감찰한다고 했습니다. 여기서 '감찰'은 원어로 '크리노'인데 마7:1의 비판의 '크리노'와 같은 뜻입니다. 말씀이 마음과 생각과 뜻을 판단하여 그 속이 거짓일 때는, 하나님의 지으신 것이 하나도 나타나지 않음이 없는 것처럼, 거짓이면 거짓으로 참이면 참으로 드러나게 될 것이라는 말입니다. 자기가 진정으로 원하고 사는 뜻이 되었는지, 아니면 하나님을 거짓으로 대한 것인지 말씀이 판단하여 그 말씀으로 심판을 받는다는 말입니다.

신8장에 하나님께서 이스라엘을 사십 년 동안 광야 길을 걷게 하신 것은 백성이 여호와 하나님을 섬기고 말씀을 준행하여 지키겠다고 한 약속을 지키는지 아니 지키는지 알려 하심이었다고 하셨습니다. 그것은 아무나 천국으로 들어갈 수 있는 것이 아니라, 먼저 하나님을 온전히 믿고 말씀을 온전히 순종하는가 하는 믿음의 시험을 거쳐야 하기 때문입니다. 이것이 없이는 하나님의 백성이 될 수가 없습니다. 오늘날 믿는다는 사람들치고 "내가 하나님 말씀대로 살겠습니다. 하나님 뜻을 알게 하여 주십시오. 내가 뜻대로 살겠습니다." 하지 않은 사람은 그리 없을 것입니다. 그러므로 하나님께서는 소원처럼 말한 것을 들으시고 진짜 뜻대로 살 것인지 그 말이 참인지 거짓인지 시험해보십니다. 그 시험은 바로 믿음의 반대되는 것들에서 떠나 나오게 하시는 것으로서 바로 육신의 정욕 싸움, 안목의 정욕 싸움, 이생의 자랑 싸움의 것들입니다. 이런 욕심들에서 나와야만 예수님을 믿는 것이고, 구원받는 것이 되기에 그래서 믿는다는 누구나 한 사람도 예외 됨 없이 이 믿음의 시험이 있습니다. 그곳에서 나와야만 구원으로 들어가는 문을 들어가기 때문에 그렇습니다. 그런데 그 시험 앞에 다 걸려서 대부분은 다 광야에서 죽습니다. '하나님의 뜻대로 살겠습니다.' 하는 속마음은 결국 육신의 정욕의 싸움에서 이겨보려고 그것을 더 채우려고 하나님을 거짓으로 믿는 것이 되었기 때문에, 감찰하시는 말씀 앞에 심판받을 자로 판단 돼 버려서 영적인 광야를 돌아다니다가 죽는 겁니다.

어떤 경우는 하나님께서 그 사람을 고난을 줘서라도 자기가 입으로 기도하여 말한 대로 이끌어 가기도 하시는데, 자기 것 안 뺏기려고 하니, 놓지 않으니, 마음이 떠나 나오지 않으니 마음 편할 날 없는 고통의 세월을 사는 겁니다. 그러니 하나님 살아 계십니까? 안 살아 계십니까? 어쩌면 이렇게도 고통을 주십니까? 나를 좀 잘 되게 해주시라고 내가 하나님을 믿은 것이지, 믿는 것이 이렇게 힘든 것이라면 누가 믿으려고 하겠습니까? 자기 입으로 분명히 '하나님 뜻대로 살게 해주시라고 하나님의 뜻대로 믿게 하여 주시라'고 해놓고 늘 탄식하며 원망하는 것입니다. 하나님께서는 그를 살길로 이끌어 가시려는 것인데, 자기는 자기 것 포기할 수 없다고 고집부리는 것입니다. 자기가 하나님께 한 말은 잊어버린 겁니다. 자기 한 말은 다 잊어버린 거예요. 그러니까 사람들이 자기 자신이 한 말에 대한 책임감도 없이 어제는 이랬다가 오늘은 또 저랬다가 하고 다니는 것 말로 다 할 수 없습니다. 그래서 하나님께서는 그 마음이 진심으로 하나님을 따르는지 보려고 사십 년 동안 광야 길을 걷게 했다고 하셨어요. 진짜 하나님 편에 있는 것인지 보려고 시험하셨다는 겁니다. 그러나 그렇게 믿음이 되게 하시려는 그 시험에서도 기어코 깨닫지 못하면 자기에게서 돌아 나오지 않으면 천국은 들어가지 못하는 것입니다.

사람이 떡으로만 사는 것이 아니요 여호와의 입에서 나오는 모든 말씀으로 사는 줄을 너로 알게 하려 하심이니라고 이같이 곧 말씀으로 사는 믿음이 되게 하시려고 믿음이 연단 받게 하셨다고 하셨습니다. 너를 낮추시며 너를 시험하사 마침내 너에게 복을 주려 하려 하심이었느니라 하셨습니다. 마4:3,4에 마귀가 사십 일 동안 주리신 예수님께 나와서 **네가 만일 하나님의 아들이어든 명하여 이 돌들이 떡덩이가 되게 하라고** 유혹했습니다. 그때 예수님께서 **기록되었으되 사람이 떡으로만 살 것이 아니요 하나님의 입으로 나오는 모든 말씀으로 살 것이라 하였느니라**고 신8장의 말씀을 인용하여 말씀하심으로써 바로 사람은 육체만을 위해 사는 존재가 아니라 곧 하나님의 말씀으로 사는 존재라는 것을 알게 하셨습니다. 그리고 또 한편 예수님은 육체로 사는 세상 것을 채우시려고 오신 것이 아니라는 것을 분명히 하셨습니다. 아셨습니까?

오늘날 믿는다는 사람들이 구약 백성에게 여호와 하나님의 입에서 나오는 모든 말씀으로 사는 줄을 너로 알게 하려 하심이라 하신 말씀을 피할 수 없습니다. 그것이 하나님의 뜻으로서 예수님을 만날 수 있는 조건이기 때문입니다. 그런데 네가 참으로 믿음으로 살겠느냐? 하나님 나라에 들어오기를 원하느냐? 그러면 여호와 하나님의 입에서 나오는 모든 말씀으로 사는 줄을 아는 것부터 배우고 순종하라고 하시는 것에 다 걸려 넘어졌다는 말입니다. 예수님께서 **하나님의 입에서 나오는 모든 말씀으로 살 것이라** 하신 말씀의 뜻은 레마를 말합니다. 레마! 그러니까 말씀으로 살 것이라 하는 것은 하나님의 '레마'로 살 것이라는 말씀입니다. 예수님으로 말미암아서 주신 영이요 생명의 말씀을 말하는 것입니다.

그래서 레마의 첫째는, 여러분! 성경 66권을 로고스라고 하지요? 레마는 그 기록된 로고스에 들어있는 계시, 기록된 말씀 속에 들어있는 하나님의 영적인 뜻을 말한다고 했습니다. 이 로고스 말씀으로는 우리 영혼에 생명은 얻되 씨로는 얻게 되지만, 로고스가 성영님으로 깨달아 하나님의 계시와 뜻이 온전히 열린 레마가 되면, 그 레마로는 생명을 얻되 더 풍성히 얻는 역사가 계속되는 것입니다. 살아 있는 말씀이 운동력으로 영혼에 계속 역사하니 생명과 권능과 능력이 작용하고 작용하여 풍성케 되는 것입니다. 로고스는 하나님께서 하시는 일이 무엇인지, 하시는 일에 대해서 파악하여 알 수 있고 또한 하나님의 역사의 모든 과정으로 내가 누구인가? 우리 자세는 어떠해야 하는가를 알 수 있습니다. 레마는 그같이 로고스 믿음에서 말씀 속에 하나님의 영적인 생명의 뜻을 계속 깨닫는 것입니다. 하나님의 마음을 보고 생각을 보는 말씀으로 깨달아서 그 말씀으로 지배당하고 사는 능력이 되는 것입니다.

　레마의 말씀이 우리 안에 들어오면 생명과 능력이 되므로 누가 뭐라 해도 확실히 믿어집니다. 그 말씀이 분명하고 선명하게 믿어지고 그 말씀 때문에 기쁨이 샘솟고 믿음의 힘이 생겨나고, 말씀이 살아 있다는 것을 확실히 경험하게 되는 것입니다. 그래서 살아 있고 운동력 있는 말씀이 내게 레마로 들어와 나를 지배한다면, 여러분 한 사람 한 사람이 영원히 변치 않고 항상 있는 말씀으로 지배받기만 한다면, 그 말씀이 나를 영원까지 이끌어 갈 것이요, 병이 들어와도 내 안에서 치료의 말씀이 운동하는 것이기에 곧 치료가 따를 것이요, 불안이 들어와도 **평강이 있을지어다** 명하신 예수님의 말씀이 내 안에 들어와 성영님과 함께 운동력으로 역사하니 곧 평안의 복종이 일어나 평안이 주장할 것이요. 혹 죄지었을지라도 예수님의 피가 내 안에서 깨끗이 씻어주실 것이요. 어떤 문제에도 당황하지 않고 성영님이 계시니 해결할 수 있는 지혜로 가르치시고 승리하게 하실 것이니 얼마나 큰 복을 가진 것입니까? 정말 너무나 큰 복을 가진 것 아닙니까? 진리로 사는 자가 되었으니 자유다 말이죠. 엄청난 자유예요.

우리가 레마로 말씀을 받으면 그 말씀은 살았고 운동력이 있어서 자기를 살리고 성공시키는 말씀이 되는 것입니다. 예를 들어 '저가 채찍에 맞으므로 너희가 앞으로 나음을 얻을 것이다.'입니까? 아닌 것 분명해요? **너희는 나음을 얻었나니** 완료입니까? 미래형입니까? 완료입니다. 사53:4에 마8:17에 **우리 연약한 것을 친히 담당하시고 병을 짊어지셨도다 함을 이루려 하심이더라** 우리 연약한 것, "아! 내가 온 종일 일해서 피곤하고 힘들어서……." 이런 것을 말하는 것이 아니라 '연약한 것'은 죄를 말합니다. 우리가 처리할 수 없는 죄, 감당할 수 없는 죄와 죄 때문에 들어온 저주, 죄와 저주를 예수님이 친히 담당하시고, 병을 짊어지셨다는 것입니다. 예수님께서 이미 다 담당하셨습니다. 완료된 것입니다.

지금 죽을병으로 고통을 당하고 있다 해도 이 말씀이 자기에게 레마가 된다면, 즉 성영님이 주시는 믿음이 되어 믿음으로 들어와 버리면 치료되는 겁니다. 하나님이 보실 때는 감기나 암이나 아무것도 아닙니다. "아! 예수님이 내 병을 가져가셨구나! 나는 병에서 놓여난 자구나!" 하는 믿음이 자기 속에 들어와 버리니, 믿음이 그대로 역사해서 병은 그냥 떠나가는 것입니다. 그래서 제가 어떤 것도 두려워하지 않는 것은 저 자신이 세상에 그 어떤 것도 두려워하지 않아요. 두려워하지 않는 것은, 바로 나의 사랑하시는 성영님이 이 믿음을 내 안에다가 부어주셨기 때문입니다. 레마가 내 안에 들어 와버렸다는 말입니다. 레마로…….

그래서 살았고 운동력 있는 말씀이 레마가 되어 믿어지고 자기의 말씀이 되면 병이 들어올 수가 없는 겁니다. **하나님의 말씀은 살았고 운동력이 있어 좌우에 날 선 어떤 검보다도 예리하여 혼과 영과 및 관절과 골수를 찔러 쪼개기까지 하며** 하신 이 엄청난 말씀을 누가 뭐라고 해도 레마로 받은 말씀이 된다면 하나님의 모든 말씀으로 몸과 영과 혼이 다 새로운 피조물의 변화가 일어나는 것입니다. 새롭게 하시는 것을 경험함으로써 권세 있는 믿음이 되는 겁니다. "너는 새로운 피조물이다 이전 것은 지나갔다"고 고후5:17에 말했잖아요. 말씀이 영혼에 확 밀고 들어와 큰 믿음으로 받아지는 것입니다. 그러므로 자기 존재 가치를 알게 되고 지금까지 옛사람으로 살던 그것이 얼마나 가치 없는 것인지 속으며 살아온 것에 대해서 깨달아져서 속이던 모든 것들이 떨어져 나가는 것입니다. 자기를 주장하는 말씀에 의해서 날마다 변화가 일어나게 되는 것입니다.

살전2:13에 **너희가 우리에게 들은바 하나님의 말씀을 받을 때에 사람의 말로 아니 하고 하나님의 말씀으로 받음이니 진실로 그러하다 이 말씀이 또한 너희 믿는 자 속에서 역사하느니라**고 했습니다. 말씀이 역사한다. 일하신다는 말입니다. 요10:35에 **하나님의 말씀을 받은 사람들을 신이라 하셨거늘** 하셨습니다. 말씀을 받은 인간이 신이라는 말이 아니라 하나님의 말씀을 받아 가졌음으로써 그 말씀의 권세가 있게 되었다고 하는 말이에요. 말씀의 권세가 있으면 어때요? 예수님께서 열매 없는 무화과나무를 저주했잖아요? 열매 없는 무화과나무가 어떻게 되었다고 했습니까? 성경은 아주 뿌리로부터 말라버렸다고 말씀했어요. 뿌리로부터! 그리고 너희도 믿음이 있으면 이런 일이 나타난다고 했어요. 너희도 믿음이 있으면 이런 일이 나타난다!

바로 살아 있는 레마를 받으니 그 말씀의 역사, 곧 신이 하신 일과 같은 역사가 나타나니 그래서 말씀을 받은 자를 신이라 한다는 말입니다.

열매 없는 무화과나무가 뭡니까? 물론 예수님의 이 말씀은 믿는다는 사람들이 예수님으로 맺어지는 열매가 없으면, 즉 성영님으로 맺어지는 열매들이 없으면 그는 이 무화과나무처럼 저주를 받을 수밖에 없다는 뜻입니다. 또한, 예수님을 믿는다 하면서도 하나님과 원수 관계인 인본 사상, 말씀의 의도와는 반대되는 자기중심에서 나는 것들로 말씀을 대하는 것을 말합니다. 그렇기에 여러분이 참으로 예수님을 믿기 원하면 아십시오. 여러분이 예수님을 믿는다고는 말해도 하나님의 뜻대로 믿는 것이 무엇인가를 이해하지 못해 믿음을 바르게 갖지 못해서 예수님이 그 안에 계실 수가 없는 그 같은 인본에 있을 수가 있습니다. 그래서 잎사귀와 같은 것들을 붙잡고 그것이 믿음인 것처럼 속는 일들이 있습니다. 그러나 저에게서 말씀을 듣고 믿음이 무엇인가에 대한 정신이 들었다고 하면, 그래서 이 레마의 말씀으로 산다는 것을 믿는다면, 말씀을 듣고 또 듣는 노력의 대가를 지불해서 예수님으로 믿음의 뿌리가 내려지고 예수님으로 자라가고 예수님으로 열매를 내야 합니다. 하니 자기 속에 이런 열매 맺지 못하게 하는 것들을 하나하나 예수님의 이름으로 저주하고 이미 예수님이 죽으실 때 함께 죽음에 내줘버린 인본을 품고 있으면서 하나님의 말씀을 대적하고 거절하지 말고, 예수님 이름으로 열매 맺지 못하게 하는 것들을 하나하나 죽음에 내줘버리는 것입니다. 말씀 앞에 서 있는 인본을 하나하나 뿌리로부터 말라버리도록 명하는 것입니다.

참으로 자기가 누구인가, 사람에 대한 하나님의 뜻이 무엇인가를 알고 이제 진정으로 예수님의 은혜로만 살아야 한다는 것, 예수님만이 목적이고 가치고 그래서 그 예수님으로 살기 원하는 것이 믿음입니다. 사람이 가야 할 길이라는 말입니다. 자기에게 바리새와 사두개가 있다면 그것은 잎사귀만 무성한 저주받은 무화과나무일 뿐이니, 이런 저주의 요소들을 예수님의 이름으로 명하여 계속 저주하여 자기에게서 말라져 버리도록 해야 할 것입니다. 그렇지 않으면 믿음 생활 충성하고 열심히 했어도 하나님의 말씀으로 바리새 서기관 사두개가 감찰 당하면 저주받은 무화과나무와 같게 되는 것입니다.

마귀가 바다를 건너려고 배를 타고 가시는 예수님과 제자들을 죽이려고 풍랑을 일으켜 배를 바다에 처넣으려고 했지만, 예수님께서 풍랑을 향해 '잠잠 하라.' 명하시니 즉시 복종이 일어나 잠잠해졌습니다. 우리도 또한 믿음이 산 믿음이면, 예수님이 자기 안에 계시면 마귀가 가져다주는 풍랑을 명하여 잠잠케 할 수 있는 겁니다. 그리고 필요를 채우신다 하신 말씀, 또한 예수님의 모든 말씀을 믿으면 내게 역사하실 말씀으로 입으로 시인하고 풀어놓으면 그 말씀이 내 삶에 운동함으로써 채움을 받는 역사, 말씀대로 하나님의 이적을 보게 되는 것입니다. 그래서 우리는 말씀으로 살아야 합니다. 말씀은 살아 있기 때문에 그대로 운동한다는 것입니다. 말씀이 내 안에 레마로 들어와 버리면 창조가 일어나고 하나님의 지혜와 생명이 약동하는 것입니다. 그래서 참으로 엄청난 권세인 것입니다.

그러니까 반복합니다만, 살아 있는 하나님의 말씀이 **마음의 생각과 뜻을 감찰하나니** 했잖아요? 그런데 우리가 '예수님을 믿는다. 말씀을 믿는다. 믿음이 있다.'라고 말하면서도 믿음의 능력이 나타나지 않는 이유가 뭐냐? 하나님의 말씀은 어제는 살았는데 오늘은 죽은 말씀이 아니고 항상 있는 변치 않는 말씀인데 말입니다. 그것은 하나님과 원수 된 자기에게서 나온 자기 생각, 자기 지혜, 자기 방법을 말씀 위에다가 두기 때문에 그렇습니다. 말씀을 듣고 그 말씀이 마음에 뿌려지기는 했어요. 그런데 말씀이 자기 마음과 생각을 감찰할 때 도무지 그 말씀이 생명을 발휘할 수도, 운동력으로 역사하실 수도 없는 것입니다. 운동할 수가 없는 담을 아주 잘 쳐놓고 무너질까 봐 붙들고 있기 때문에, 생명의 역사가 나타나지 못하는 겁니다. 견고한 자기 진을 가지고 있기 때문에 치료의 말씀도, 생명의 말씀도, 자기 속에서 운동할 힘을 갖지 못하고 말씀이 자기 속에서 계속 거부를 당하는 것입니다. 하나님의 말씀이 마음의 뜻을 살펴볼 때에 예수님으로 살겠다는 그 믿음을 위해 힘쓰는 것이 아니라, 사라질 것에 변질될 것에 마음을 두고 의지하려고 하는 것으로 감찰이 되니 믿음의 능력이 있을 수가 없는 것입니다.

"글쎄요, 예수님을 믿어도 왜 그런지 불안해요!" 한다면 그것은 지금 자신이 무엇을 의지하고 있는지 검토해 봐야 합니다. 자신이 무엇을 의지하고 있는지, 무엇으로 살고 있는지 검토해 봐야 합니다. 변하는 것들을 의지하고 그것을 좇아가기 때문에 죄에 적용이 되어 있음으로써 자유도 없고 어두우니 불안하다고 하는 것 아닙니까? 생명의 진리 말씀이 마음에 뿌려지기는 했는데 세상을 따라 살려는 것을 마음에서 놓지 않으니 마귀가 즉시 빼앗아 가는 것 아닙니까? 욕심이나 세상은 내려놓기는 했는데 말씀을 자기 머리로 대하고 계산하고 저울질하니 말씀이 역사하실 수가 없게 하는 것이지 않습니까? 고후10:5에 **모든 이론을 파하며 하나님 아는 것을 대적하여 높아진 것을 다 파하라고** 했습니다. **생각을 사로잡아 그리스도에게 복종케 하**

니 했습니다. 하나님을 알려면 먼저 네가 하나님을 안다고, 성경 말씀 안다고 높이는 모든 이론을 다 파하는 것부터 하라. 그것은 하나님 아는 것을 대적하는 것이니 네가 안다고 하는, 너 스스로 높이고 있는 네 생각을 다 파하고 생각을 그리스도께 복종케 하라는 것입니다. 하나님과 원수가 돼 있는 하나님에 대해 자기 생각과 말을 제하라는 겁니다. 만일에 자기 마음의 생각과 뜻을 감찰하시는 하나님의 말씀 앞에, 여러분! 믿는다면서 자기 마음의 생각이 무엇에 있으며 뜻을 무엇에 두었습니까? 자기 생각이 자기주장이 자기중심이 서 있으면 말씀은 그 속에서 역사하시지 않습니다. 말씀이 마음에 뿌려지나 즉시 마귀가 빼앗아버립니다.

제가 몇 달 전부터 인터넷에서 무엇을 발견했는가 하면 (제가 이 말 하니 또 인터넷 들어가도 되는 말쯤으로 이용하지 않기 바랍니다) 여자들이 그러더란 말입니다. 여자들이! 목사라는 것들이, 자기가 믿음에 있는지 성영님으로 자기를 도무지 볼 눈이 되지 못한 것들이 믿음인 것처럼, 믿음 있는 척, 믿는 척은 끔찍이도 하는 것들이, 그러니까 북한이 계속 호시탐탐 전쟁 도발의 위협을 끊임없이 하고 있지 않습니까? 그런데 이것들이 하나님이 주신 계시라 하면서, 전쟁 일어난다고 호언장담을 하는 짓들을 하고 있더란 말입니다. 완전히 자기 하나님인 귀신이 충동질하고 꿈으로 보여주고 환상으로 보여주고 그런 속이는 것들을 받아서 전쟁 난다고 아주 귀신의 개 노릇을 하고 있더란 말입니다. 그런 간사한 주둥아리들이 전쟁 일어나라고 불러들이는 겁니다. 믿는다는 이름 가진 그런 주둥아리들이 말입니다. 불러들여! 꼴값을 떨면서 예언한다고 말입니다. 그 예언을 지금 누가 주는지도 모르면서 주님이 말씀하셨다고 전쟁은 반드시 일어난다고 지

절거리는 것들이 인터넷상에 많더라 말입니다. 그런 것은 자기 주님(귀신)이 주는 것은 맞습니다.

그러니까 북한이 힘을 더 받아서 더 위협적으로 나오는 것입니다. 똑같이 꼴값 떠는 거예요. 똑같이! 같은 귀신의 종노릇 하는 것들이기 때문에 같이 장단을 맞춘다는 말입니다. 제가 '주둥아리,' '꼴값' 이런 말 썼다고 해서 인격적이지 않다고 또 이 교회에서 떠날 사람 있지 않으려나요? 귀신의 종노릇하는 것들을 인격으로 대하고 싶은 생각 눈곱만큼도 없으니까 그럴 자는 제발 빨리 떠나는 것이 좋습니다. 주둥이 가지고 전쟁 일어나라고 전쟁 오라고 아주 주문 외듯이 불러들이고 있는 것입니다. 그러니까 악한 영들이 힘이 나서 더 기승을 부리고 가지고 놀면서 사람들에게 더욱 불안감을 조성하는 겁니다. 여러분, 북한의 하는 짓들 배후에는 누가 있겠습니까? 여러분이 대답해보세요. 북한의 하는 짓들 배후에 누가 있어요? 사단이 있는 것 분명해요? 그 배후에서 하나님이 조종하시겠어요? 아닌 것 맞아요? 만일에 하나님이 북한 배후에서 조종하시면 당연히 전쟁은 일어나야지요.

그러나 그 배후에서 역사하는 것이 마귀면 그 마귀의 궤계에 속지 말고 좀, 하늘과 땅과 땅 아래 것들에게 무릎 꿇게 하신 예수님의 이름을 가진 하나님의 자녀면 말이지요, 그 자녀의 권세로 결박해버려야지 어떻게 그들의 속임수에 따라서 예언한다고 꼴값을 떨고, 그 말에 따라다니면서 불안해하느냔 말이에요. 꼴값을 떠느냐 말입니다. 그런 이야기입니다. 그러니까 저는 뭐하겠습니까? 그 주둥아리들을 결박하는 겁니다. 여러분! 하나님이 죽은 하나님입니까? 그러면 하나님이 사단보다 약합니까? 하나님 자녀이면 아버지께서 지키고 보호하시는 겁니다. 약속하셨습니다. 그런데 왜 약속을 깨뜨려요! 왜 그 약속을 엎습니까? 자기들이 뭔데 왜 불러들여 도대체가! 아, 자녀가 아니니 그런 것인데 제가 괜한 흥분을 하는 것 같습니다.

여러분, 듣기 좀 거북한 말 좀 하겠습니다. 하나님은 한국도 미국도 일본도 북한도 이런 나라들에 관심 없습니다. 각 인간 나라들에 관심 없습니다. 하나님의 관심은 어디에 계시느냐? 자기가 하나님께 돌아와 하나님의 말씀대로 죄인인 것을 알고 예수님을 믿는 자들에게 있습니다. 지금은 이방인의 시대입니다. 이방인의 시대! 그렇기에 인간 나라들에 관심 없고 바로 "네가 예수님을 믿느냐? 네가 죄인인 걸 알고 네가 지옥 갈 걸 알고 정말 예수님을 믿고 구원받기를 원해서 예수님을 믿고 예수님을 사랑해서 믿는 하나님의 아들 되었느냐?" 그러면 그에게 관심 있는 것입니다. 그래서 하나님의 자녀들이 기도하는 것을 하나님은 들으시고 그대로 함께, 나와 함께 믿음과 함께 일하여 주시니, 전쟁은 자녀가 일 마치고 아버지께 가는 그날까지 나게 하지 않으십니다. 좀 이 믿음 좀 가지라고, 이 믿음 좀! 여러분이 자녀면 이 믿음으로 그들이 꼴값 떨면 '예수님의 이름으로 내가 결박한다. 꼴값들은 물러가라!'고 좀 명하고 아주 자유한 믿음을 가져야 예수님은 오셔서 "네 믿음이 구원하였다." "네 믿음대로 될지어다." 하셨는데 예수님과 따로 노는 짓들을 하느냐는 말입니다.

우리가 말씀에 지배받으면, 말씀에 지배받아야지요? 그러나 혹 순간 불안이 들어올 때가 있을 것입니다. 아직 육이 있으니 그러나 "너는 평안 할지어다." 하신 예수님의 말씀을 가졌으니 그 말씀이 자기 안에 있으면 성영님께서 불러일으킵니다. '평안할지어다.'의 말씀 불러일으켜 주십니다. 그러니까 "아차, 나는 어떤 일이 있어도 평안할 자이지 불안할 자가 아니다. 나는 어떠한 상황에도 기뻐할 자이지 불평할 자 아니다. 그러니 평안을 명하신 살아 있는 예수님의 말씀이 내게 있으니 죽음에 들어간 불안은 물러가라! 죽은 것인 불평은 떠나가라!" 하면 곧 평안의 복종이 일어나는 것입니다. 곧 기쁨이 올라오는 거예요. 그래서 이 훈련을 계속하다 보면 이제는 성영님이 끌어올려 주지 않아도, 처음에는 믿음이 약하니까 성영님이 끌어올려 주십니다. 그러나 훈련이 되면 성영님이 끌어주지 않아도 영혼에 평안이 아주 지배해버리기 때문에 평안으로 꽉 차 있는 것입니다. 뭐 어떤 말을 들어도 어떤 상황에서도 요동하지 않아요. 자유하단 말이에요.

그런데 세상 방법을 자기 머리에다 쌓아놓고 "아니, 평안하란다고 평안해지나? 내가 평안할 수 없는 그 문제가 해결되어야 평안한 거지." 자기가 막는 겁니다. 자기가! 예수님의 명하신 말씀을 내 것으로 받아들여 평안해져 버리면 "예수님께서 말씀하셨으니 평안해지겠습니다. 대신 이 문제는 예수님께서 맡으시니 감사합니다." 하고 믿음을 가져버리면 그때부터 문제의 해결 방법이 보이든지, 아니면 어느 틈엔가 해결이 되게 되는 것인데 자기 방법 자기 생각으로 계산하고 말씀을 스스로 버리는 행동을 하면서 "아이고, 하나님 저 좀 도와주세요." 하고 있으니 말씀이 감찰하시는 것에 걸려서 역사하실 수가 없습니다.

또한, 성영님이 임하여 계신 새로운 피조물이 되었음에도 '나는 그렇고 그런 존재라고, 나는 별 볼 일 없는 존재'라고 늘 자신을 비관으로 그 저주에 묶어놓고 그 생각으로 지배하고 있으니 어떻게 말씀이 역사하실 수가 있겠습니까? 어떻게 해서든지 자신을 아주 열등감로 붙들어놓고 생명 없는 망할 길로 끌어들이려고 하는 악한 영들에 속아서 잘도 자신을 거기다가 그냥 묶어놓는 거예요. 자기를 내주는 거예요. 자기를! 그러니 생각과 마음을 감찰하시는 말씀이 역사하실 수가 없는 겁니다. 자기를 자기가 축복하는 믿음 있는 자가 되어야지, 그리고 말씀으로 지배받도록 자신을 말씀에다 풀어놓아야지 자기가 자기를 부정적인 것으로 꼭 묶어놓고 있으니 복이 될 수가 없습니다.

경제가 어렵다. 살기 힘든 세상이다……. 여러분! 예수님 믿는다고 하면서 자기 말로 자꾸 경제 어렵다. 살기 힘들다는 말을 왜 풀어놓습니까? 세상 경제학자들이 말하는 것 듣지 말란 말입니다. 제가 믿음이 될 자는 말 안 해도 되는 것이고, 믿음이 안 될 자는 말한다 해도 안 되는 것인데 이런 말까지 왜 해야 하는지 답답합니다만 여러분, 우리는 하나님의 자녀야! 하나님이 함께하시면 걱정 없어요. 하나님 앞에 갈 때까지 부끄러움 당하지 않게 하시는 것이 하나님 자녀의 복입니다. 아버지가 죽은 것 아니에요. 그러니까 경제가 어렵다. 살기 힘든 세상이다. 이런 것으로 묶어놓지 말란 말입니다. 이런 것으로 자기를 묶어놓지 말란 말이에요. 자기 생활을 묶어놓지 말란 말이에요. 세상의 소리 듣고 거기에 지배받지 말란 말이에요. 이 능력 안 되는 것은 자녀가 아니기 때문이잖아요? 자녀가 아니니 우왕좌왕하는 것이 아니겠어요. 자녀가 아니기 때문에!

마태복음 22장에 예수님께서 **가이사의 것은 가이사에게 하나님의 것은 누구에게? 하나님께 바치라** 했습니다. 그런데 여러분 왜 계속 가이사에게 붙어있습니까? 세상은 가이사의 것이니까, 가이사가 누구를 상징해요? 사단을 상징해요. 세상은 사단의 것이니까 가이사의 것이니까 경제 운운하는 것은 세상의 것이니 세상의 것으로 돌려 버리고 너 하나님의 것이면 하나님께 돌아오라 말이지요. 하나님의 것을 가지라는 것입니다. 하나님의 것으로 돌아오라는 것이에요. 하나님께 너를 드리라는 것입니다. 예수님께서 마16장에 **내가 천국 열쇠를 네게 주리니 네가 땅에서 무엇이든지 매면 하늘에서도 매일 것이요 네가 땅에서 무엇이든지 풀면 하늘에서도 풀리리라** 그러니 여러분, 어떡하시겠습니까? 땅에서 매야 할 것은 매고 풀어야 할 것은 풀겠습니까? 또 땅에서 우리가 묶으면 하늘에서도 묶인다 했는데 내 생활에, 나 자신에 이 하나님의 복된 말씀이 역사하지 못하도록 자꾸 막는 것, 묶어놓는 것 하겠습니까? 자기가 말씀이 역사하지 못하도록 자꾸 매고 있다면 하나님께서 그것을 푸실 수가 없으니 하나님 앞에도 그대로 묶여있다는 것입니다. 우리가 참으로 우리 믿음을, 말씀을 가진 믿음이 되어서 하나님께서 열어놓으신 이 어마어마한 잔칫상처럼 잘 차려놓으신 이 복을 여러분의 것이 되도록 하자는 것입니다. 하나님의 복을 보지 못하는 소경이 되어서 자기 자신을 그렇고 그런 존재로 스스로 제한하고 있으면, 하나님도 여러분을 그렇게 제한하신다는 말입니다. 알아들으셨나요? 말씀이 여러분의 마음의 생각과 뜻을 감찰하신다는 것 깊이 깨닫기를 바라면서 말씀을 맺습니다.

우리에게 살아 있는 말씀을 보내시고 믿는 자에게 역사하시는 말씀이 되게 하신 하나님 아버지께 감사와 영광을 올려드립니다. 아멘

제 15 장
이름으로 사는 자의 권세

²¹아들을 낳으리니 이름을 예수라 하라 이는 그가 자기 백성을 저희 죄에서 구원할 자이심이라 하니라 ²²이 모든 일의 된 것은 주께서 선지자로 하신 말씀을 이루려 하심이니 가라사대 ²³보라 처녀가 잉태하여 아들을 낳을 것이요 그 이름은 임마누엘이라 하리라 하셨으니 이를 번역한즉 하나님이 우리와 함께 계시다 함이라

(마1:21-23)

    하나님의 이름에 대해서 재차 말씀을 나누고자 합니다. 아마 여러 번 들어서 다 아는 것인데 하시겠습니다만, 그런데 안다고는 해도 사실은 자기 안에 오신 이름으로 아는 것이 아니라, 자기 영혼에 성령님이 가지고 오신 영혼에 맺은 이름으로서 이름을 아는 것이 아니라, 그저 들었기 때문에, 들어서 아는 정도를 가지고 안다고 말하는 모습이 되어 있는 것입니다. 하나님께서는 자신이 분명한 존재이시고 절대적인 유일한 신이라는 하나님 자신을 사람에게 보이고 알려주시기를 원하셨습니다. 그리고 그 하나님이 사람을 향하신 목적과 뜻이 무엇인지 하나님이 아시는 것과 같이 사람도 알기를 원하셨습니다.

그래서 먼저 하나님께서 성서의 말씀을 세상에 보내시고, 보내신 말씀의 시작 **태초에 하나님이 천지를 창조하시니라**로 하나님이 창조주이심을 알리셨고, 창조주 하나님이 어떤 분이신지 행하시는 일이 무엇인지 이름으로 자신을 계속 알려주셨습니다. 하나님이 창조주 신이시면서 이름을 가진 분이라는 것을 창세기부터 계시록까지 알려주시고 그 이름에 대하여 인간이 관심을 기울여 알도록 하셨다는 말입니다. 그래서 사람은 하나님의 이름으로 하나님을 구체적으로 알게 되었습니다. 이같이 구약에서는 하나님의 이름으로 뜻을 알리시면서 또한, 한 사람 한 사람 안에 이루어지게 하실 뜻이라는 것을 알게 하셨고, 마침내 그 모든 뜻을 예수 그리스도께서 오셔서 다 이루신 것입니다. 그래서 오늘날 신약의 믿음은 예수님이 이루신 이름으로 주신 뜻이 자신 안에 가진 믿음이 돼야 합니다. 하나님의 이름의 능력이 자기에게서 나타나야 하나님의 뜻에 합당한 믿음이라는 말입니다. 믿음은 하나님의 이름을 아는 것입니다. 이름을 알고 그 이름을 모시고 이름으로 사는 즉, 이름으로 주신 뜻이 믿음이 되어서 능력으로 당당히 나타나야 그것이 진정한 하나님의 뜻대로 된 믿음이라는 말입니다.

성영님이 자기 안에 오셔서 계신 증거는 하나님의 이름이 와계신다는 것이요, 이름의 능력으로 세워진 믿음이 되었음을 말합니다. 저는 우리 믿음은 하나님이 제시하신 방법대로 계시된 지식을 따라 믿는 것이 되어야 믿음에서 이탈되지 않는다고 말씀드려왔습니다. 그 믿음은 반드시 이름을 알고 만난 믿음이 돼야 하므로, 그래서 하나님의 이름에 대해 성경의 근거를 대주면서 입에다 아주 가져다 넣어주듯이 하였고, 귀가 뻥 뚫리고 뚫릴 수 있을 정도로 말씀을 드려왔습니다. 그런데도 사실은 여전히 자기 안에서 그것을 받아들이지 않는 벽을 두고 있는 안타까운 모습들을 보는 것입니다. 성영님이 그 안에 계시지 않음이 여실히 보인다는 말입니다. 그러니까 이름으로 주신 분명한 뜻이 자기 안에 능력이 돼 있지 못하니 하나님을 어떻게 불러야 하는지 헷갈리고, 그저 주여 주님 했다가 하나님 했다가 여호와 했다가 예수님 했다가 성영님이라고 했다가 정신없는 겁니다.

그 관계가 어떻게 되는 줄도 모르고 자기와의 관계는 어떻게 가져야 하고 맺어야 하는지 여전히 이해 불가가 되어 갈피를 잡지 못하고 막연하고 오리무중입니다. 귀담아듣지도 않고 흘려버리며 마이동풍이 돼 있습니다. 안다고 해도 실제로 영으로 맺은 관계로 앎이 아니라 머리로 아는 것, 자기 머리가 가진 지식으로 안다고 말하고 있다는 말입니다. 사람들이 구약과 신약의 차이를 구분할 눈이 되지 못하니 대체로 구약에 머물러 구약적인 믿음이 돼 있음을 제가 많이 접합니다. 구약 말씀이 자기 삶에 자기양심에 자기 기분에 자기심사에 자기 형편 자기감정 등에 맞는 부분들이 많이 있기 때문에 하나님의 뜻에 대하여 눈을 열기보다는 그 같은 자기 뜻에다 맞는 말씀으로 주신 줄 알고 구약을 친근히 여겨 마음과 눈을 거기에 두고 있는 것입니다. 영의 믿음으로 들어오지 못하는 육의 것들을 위한 말씀으로 삼고 있다는 말입니다.

또 한편으로는 지적인 자기 머리를 만족시켜주는 말씀으로, 자기감정을 만족시켜주는 말씀으로 삼고 있음을 봅니다. 그러니까 시편이나 잠언이나 전도서 욥기 같은 말씀들을 문학서로 보는 것입니다. 인간애환을 시로 쓴 멋있는 시구로만 보는 것입니다. 그래서 시라고 문학서라고 말합니다. 하나님이 사람을 죄와 사망에서 구원하시는 인간 영이 겪고 있는 고통과 하나님의 구원의 뜻을 가진 계시의 말씀을 지적으로 또는 감정으로 보면서 시라고 문학이라고 말하지만, 시처럼 기술되었긴 하나 시가 아닙니다. 문학서가 아닙니다. 그러니까 성경이 그저 뛰어난 문학서고 높은 수준의 시가 들어있는 시의 책으로밖에는 보지 못하는 것입니다.

그곳에는 하나님의 백성이 예수 그리스도가 오시기 전 사단에게 끊임없는 죄의 참소를 받으며 엄청난 핍박 속에 죽임을 당하기도 하고 영과 혼과 육체로 당하는 그 환난의 고통에서 건져주시기를, 원수 갚아 주시기를 원하는 영혼의 간절한 호소가 들어있습니다. 애통과 간구가 들어있습니다. 원수에게서 건져주시기를 보수해주시기를 신원하여 주시기를 애통하여 간구하는 그 호소가 가득 들어있는 것입니다. 또한, 창3:22에 **선악을 아는 일에 우리 중 하나 같이 되었으니** 하신 그 선악을 아신 인성이신 독생자가 이스라엘 신앙 속에 언약으로 와 계시면서 구하는 호소요. 죄인처럼 사람으로 오실 그 독생자 메시아의 계시가 가득 들어있는 것입니다.

말씀 방향이 옆으로 갔습니다만, 답답한 마음이 있어 성경을 어떻게 대하고 봐야 하는 가를 좀 알았으면 해서 말씀드린 것이니 이해가 안 되면 못 들은 것으로 하십시오. 이것은 영적인 이야기이기 때문에 말씀에 관심 없는 이들이야 뭐 불편한 이야기밖에 더 되겠습니까? 그러니 성경 보는 눈이 그같이 자기의 사정과 형편에 맞춘 것이면 하나님과는 전혀 상관없습니다. 성경은 하나님을 아는 지식이 없으면 망한다고, 하나님의 백성이 하나님을 아는 지식이 없어서 망한다고 분명히 말씀하셨습니다. 그런데 사람들은 하나님을 알아야 한다니까 하나님이 누구시냐 할 때 '아 하나님은 영이시고 영원히 존재하시는 분이시고(창21:33) 어디나 계시는 무소부재이시고(시139:7-10) 능치 못 할 일이 없는 분이고 전지하시고(마24:36) 전능하신 분이고(창17:1) 변역치 않는 분이고(말3:6) 그래서 영원불변하신 분이고 공의로운 분이고, 사랑이시고(요4:8,9) 거룩하신 분이라고(사5:16) 그 하나님은 안다고 말합니다.

그러나 하나님은 누구시냐? 하나님은 어떤 분이시냐? 할 때 하나님을 이름으로 알지 아니하고 이 같은 하나님만 아는 것이면 하나님은 너무 엄청난 분, 대단한 분이라는 생각이 저절로 들게 되어서, 하나님 하면 왠지 자기와 거리가 너무 멀게 느껴지게 되고, 그래서 하나님을 높은 자리 높은 곳에 계신 분으로만 올려놓고 스스로 하나님과 막연한 관계를 만들어 놓게 되는 것입니다. 하나님은 우리가 이름으로 하나님을 알도록 이름을 구체적으로 알려주셨고 그 이름으로 우리 안에 오셔서 함께 거하기를 원하셨습니다. 그래서 우리가 하나님을 알고 하나님이 우리 안에 와계셔야 하는 것, 함께 계셔야 하는 것 바로 이름이라는 것을 반드시 알아야 합니다.

이름을 히브리어로 쉠(shem)이라고 합니다(대하2:1). 명예도 똑같이 쉠이라고 했습니다(사55:13). 또 명성도 똑같이 쉠이라고 했어요. 바로 하나님의 이름은 하나님 자신이요, 하나님의 명예입니다. 사람은 자기 이름대로 살지 못합니다. 이름의 뜻이 아무리 좋아도 그 뜻대로 살 수도 없고 희망이라는 이름을 가졌어도 불행을 안고 살 수도 있습니다. 그러기에 하나님의 이름을 인간의 이름 정도로만 생각한다면 죽었다 살아난다 해도 하나님과 상관이 없습니다. 하나님의 이름은 하나님의 명예요, 하나님의 존재요, 하나님 자신입니다. 하나님의 이름은 하나님의 권위요, 권세요, 능력입니다. 이름으로 구원과 생명 얻는 능력이 되게 하십니다. 하나님 자신을 드러내신 것이 바로 이름이란 말입니다. 하나님이 누구시냐? 이름으로 알려주셨다는 말입니다. 그래서 이름을 알면 하나님을 아는 것이요, 이름으로 사람 안에 오실 수 있는 것이요, 이름이 오시면 예수님이 오신 것입니다. 이름이 오시면 삼위 하나님이 오신 것입니다. 그래서 하나님께서는 눈에 보이지 않는 분, 무소부재 전지전능하신 창조주 하나님이라는 너무나 엄청난 분, 도무지 사람이 하나님을 알 길이 없는데, 하나님께서 하나님 자신이 누구이신가? 어떤 분이신가를 알리실 때에 그같이 하나님의 이름을 하나하나 알려주시면서 알 수 있도록 하셨습니다. 그래서 우리가 복을 소유하게 되는 것은 하나님의 이름을 알고, 그 이름으로 주시는 복을 알고 받아들였을 때를 말합니다.

그러므로 하나님께서는 자기의 이름을 스스로가 얼마나 귀히 여기시고 얼마나 존중히 여기시고, 자신의 이름을 스스로 위하시고 스스로 높이신다는 것을 반드시 알아야 합니다. 그렇기에 하나님의 이름을 망령되이 일컫지 말라는 계명을 주셨고 또한 사42:8에 **나는 여호와니 이는 내 이름이라 나는 내 영광을 다른 자에게 내 찬송을 우상에게 주지 아니 하리**라고 하셨습니다. 다시 말해 하나님의 이름이 여호와이신데 사단에게 하나님 영광 즉, 여호와의 이름을 주지 아니하신다. 여호와의 이름의 영광을 주지 아니하신다. 여호와의 이름이 받을 찬송을 우상에게 주지 아니하신다고 하신 겁니다. 그래서 예수님을 믿지 않는 자는 물론이지만, 예수님을 믿는다 해도 그에게 예수님이 계시지 않으면 다 사단에게 있는 것이니, 그런 자에게 여호와의 이름으로 주시는 하나님의 영광된 그 모든 복은 주지 않으신다는 것을 분명히 하셨습니다. 여호와의 이름으로 주시는 그 영광된 복으로 만나시고 찬송 받으시겠다고 하셨다는 말입니다.

그래서 그 이름은 하나님의 영원한 이름으로 대대로 기억해야 하는 하나님의 칭호라고(출3:15) 하셨습니다. 여호와의 이름은 너희가 영영히 기억해야 되는 너희 자손 대대로 섬기고 사랑하고 기념해야 되는 이름이라고 하셨다는 말입니다. 그런데 사람들이 믿는다 하면서 참으로 어리석으리만큼 하나님의 이름에 관해 관심을 두지 않습니다. 그래서 그들 속에 이름이 없어요. 하나님은 이름으로 우리에게 찾아오시고 이름으로 만나주시고 이름으로 영광된 복을 주시고, 그 이름을 하나님이 스스로 귀중히 여기시며 보호하시는 이름이라는 것을, 이름으로 믿는 자 안에 오시기를 얼마나 원하시는지에 대해 너무나 모르고 있습니다. 그러니까 주여 주님을 이름인 것처럼 부르면서 주여 주님만 찾고, 여러분 주여 주님으로는 우리 안에 오실 수 없어요. 분명히 알고 이해하기를 바랍니다.

하나님 부르는 것으로도 오실 수 없습니다. 주여 주님 하는 것으로 귀신이 떤다고 했습니까? 떨일 없어요. 자기도 사람들에겐 주님인데, 자기도 사람들의 하나님인데. 사단이 지금 하나님처럼 속여 사람들을 지배하고 있는데, 주여 주님, 하나님 한다고 귀신들이 대답하고 나오는 것이지 그것으로 떨 것이라 착각하지 말라는 말입니다. 전능하시고 자비하시고 사랑이 많으시고 해도 오실 수 없습니다. 이름을 알고 이름을 영접하는 자 안에 이름으로 오시겠다고 하셨어요. 오늘날

지도자들이 하나님도 이름이라고 말하고 있고 심지어 아버지도 이름이라고 말해주고 있습니다. 그러면 여러분은 어떻습니까? 하나님이 이름이라고 했습니까? 아버지가 이름입니까? 하나님 하는 것은 천지와 만물을 창조하신 유일한 신이라는 것 창조주라는 것을 말하는 뜻에서 부르는 부름이에요. '아버지' 하는 것은 예수 그리스도의 생명으로 말미암아 하나님의 자녀로 다시 났기 때문에 자녀와 아버지의 관계로서 부르는 호칭 아버지입니다. 그러므로 하나님을 이름이라고 아버지를 이름이라고 말함으로써 사람들의 믿음이 혼돈을 겪도록 방해자의 역할들을 하고 있는 것입니다. 그래서 이런 관계에 대해서 혼동하지 않는 것이 자기의 믿음을 바르게 가질 수 있는 지름길입니다.

그러면 구약에서는 하나님이 자기의 이름이 무엇이라 알려주셨습니까? 여러분이 구약에서 하나님이 자기 이름을 여호와라고 가르쳐 주신 것을 여러 곳에서 만났을 것입니다. 출3장에 하나님께서 이스라엘을 애굽의 노예에서 해방시키기 위하여 모세를 불러 "그 백성에게로 가라 이르실 때에, 백성이 묻거든 스스로 있는 자가 나를 너희에게 보내셨다 하라 그리고 나를 너희에게 보내신 이는 너희 조상의 하나님 아브라함과 이삭과 야곱의 하나님 여호와라 하라 이는 나의 영원한 이름이요 대대로 기억할 나의 표호다." 라고 하라 명하셨습니다. 그러면 왜 하나님이 여호와의 이름으로 가라 하셨습니까? 출6:2-7까지의 말씀을 보면 하나님이 자기 이름을 여호와라 하신 것은 구원하시는 하나님이시다 하는 것을 알게 하시려고 여호와라 하셨다는 것을 정확히 알게 하셨습니다.

여호와는 하나님의 이름이신데 구원하시겠다는 뜻을 가졌다는 말입니다. 그러나 구원하시는 하나님을 거역하는 자는, 듣지 않는 자는 심판하신다는 뜻도 가졌습니다. 우리 출6:2-8까지 말씀을 보겠습니다. 하나님께서 모세에게 말씀하실 때 **나는 여호와로라** 라고 이름을 계속 강조하셨습니다. 또한 나는 여호와로라 하셨다고 백성들에게도 반포하라고 계속 이르셨습니다. 나는 여호와로라 즉 아브라함과 이삭과 야곱에게 가나안 땅을 주기로 언약한 대로 그 자손을 애굽 사람의 무거운 짐 밑에서 빼어내며 그 고역에서 건지며 편 팔과 큰 재앙으로 구속하여 하나님의 백성으로 삼고 하나님은 그들의 하나님이 되고 아브라함과 이삭과 야곱에게 주기로 맹세한 땅으로 들여 그 땅을 그들의 기업으로 삼게 함으로써 바로 여호와 하나님은 자기 백성을 구원하시는 하나님이라는 것을 백성으로 알게 하시겠다는 것을 말씀하신 내용입니다.

아브라함과 이삭과 야곱에게는 그들이 여호와의 이름을 부르기는 했지만(창12:8 창28:12), 전능의 하나님 즉 창조주 하나님 엘로힘으로만 나타났고 여호와 이름의 뜻은 그들에게 알리지 않았다는 것입니다. 6에서 그러나 이스라엘 자손에게 말하라 나는 여호와라 나는 구원하시는 하나님이라는 말입니다. 하나님이 구원하시는 하나님이라는 것을 알게 하신다는 말입니다. 그래서 구약에서 이스라엘의 하나님이셨던 여호와 하나님은 자기 백성을 사단의 속박에서(애굽은 세상, 사단을 의미) 구원하시겠다고 언약하신 이름이구나 하는 것을 여러분이 분명히 알아야 합니다. 그런데 하나님께서는 창세기 2장에서부터 여호와의 이름을 알리셨습니다. 그러면 이때는 사람이 선악과 먹는 죄를 짓기 전에 말씀입니까? 먹는 죄를 짓고 난 후의 말씀입니까?

이 질문은 창세기 말씀에서 수 번 했습니다. 창세기 말씀뿐 아니라 다른 말씀에서도 여러 번 질문했습니다. 너무 중요하여서 반복한 것입니다. 그러니까 전능하시고 자비하시고 하는 이런 것만 알려고 하지 말고 이름을 알라는 말입니다. 이름을! 이름을 알아야 성영님이 이름으로 오셔서 자기 안에 계시고 그 이름으로 사는 능력이 됩니다. 전능하신 것 아무리 알아도, 그래서 전능하신 하나님! 해도 그것 가지고는 자기 안에 오시는 것 아닙니다. 그러니까 선악과 먹는 죄를 짓기 전에 이미 하나님께서 여호와로 등장하셨습니다. 왜냐? 지음을 받은 사람은 구원을 필요로 하는 존재라는 것을 먼저 알려야 하기 때문입니다. 그러니까 저와 여러분이 다 죄를 지었든 안 지었든 상관없이 구원이 필요한 존재라는 말입니다. 그러면 우리는 여호와 하나님의 이름으로 구원받는다는 것일까요?

여호와는 이스라엘 자기 백성에게 구원을 약속하신 이름입니다. 출3:15에 …… **이는 나의 영원한 이름이요 대대로 기억할 나의 표호니라** 했습니다. 시편135:13에 **여호와여 주의 이름이 영원하시니이다 여호와여 주의 기념이 대대에 이르리이다** 했습니다. 호12:5에 **저는 만군의 하나님 여호와시라 여호와는 그의 기념 칭호니라** 했습니다. 여호와는 이스라엘이 언제나 영원히 기억할 이름이라는 말입니다. 사람(죄인)을 구속하시겠다는 약속의 이름이므로 그 이름을 영원히 대대로 기억해야 한다는 말입니다. 그러므로 여러분이 여호와의 이름에 대해 분명히 아셨습니까? 그러면 이스라엘이 대대로 기억하여 기념할 이 이름을 오늘날 우리가 영접해 들이면 우리 안에 오시는 이름일까요? 아닙니다. 여호와는 구약시대 자기 백성에게 언약하신 이름입니다. 이것이 구분돼야 합니다. 만일에 오늘날 '여호와여' 하면 그 사람은 어디 사람입니까? 구약 사람일 수도 없으면서 구약 사람에 있겠다고 하는 무지입니다.

그다음 창22:14에서 '여호와 이레'의 하나님을 알게 하셨습니다. 이 것은 여러분이 다 아는 일이니 더 설명하지 않고 생략하겠습니다. 이레는 무엇을 의미한다고요? 준비하시는 하나님. 구원을 언약하신 하나님이 죽음에 처한 백성을 죽음에서 구하시려고 제물로 드릴 양을 친히 준비한다는 뜻입니다. 친히 준비하시는 하나님이라는 말입니다. 이처럼 하나님은 구속사의 사건들을 통해 하나님의 이름을 알리시고 하나님의 하시는 일을 알도록 하셨습니다. "아! 구원을 위해서 제물을 친히 준비하시는 하나님이시구나." 하고 알게 하셨다는 말입니다. 그다음 출17:15에 하나님을 '여호와 닛시'라고 불렀습니다. 닛시는 우리말로 승리라는 말입니다. 모세가 아멜렉과 싸워야 하게 되었습니다. 그런데 모세가 산꼭대기에서 손을 들면 이스라엘이 이기고 손을 내리면 아멜렉이 이겼습니다. 그래서 계속 손을 들고 있었더니 이스라엘이 깨끗이 이겼습니다. 모세가 그곳에서 단을 쌓고 그 이름을 '여호와 닛시'라 하고 가로되 여호와께서 맹세하시기를 아멜렉으로 더불어 대대로 싸우리라 하셨다 하였더라 했습니다.

무슨 말인가 하면 구원을 언약하신 하나님이 자기 백성을 구원하시기 위해 사단과 대대로 싸우실 것인데, 그 싸움은 누구의 승리로 끝난다는 말입니까? 하나님이 승리하신다는 말입니다. 그런데 사람들이 이 사건을 보고 '모세가 산꼭대기에 올라가서 하나님께 싸움에서 승리하게 해달라고 부르짖어 기도했다. 그래서 승리하게 하셨다. 손을 든 것은 기도했다는 것이고 손을 내린 것은 기도를 멈췄다는 것인데 기도를 그치면 이스라엘이 지는 일이 생겼다. 그래서 우리가 승리하려면 쉬지 말고 부르짖어 기도해야 한다.' 라고 거짓 증언을 하고 있습니다. 그러니까 사람들이 기도하러 산으로 올라가는 거잖아요? 그것도 산 아래서 하면 안 들릴까 봐 산꼭대기로 올라가는 겁니다. 그러니 이것이 얼마나 무지한 일입니까? 그런데 모세가 기도하러 올라간 것이 아니에요. 기도한 것이 아니고 손을 올린 것입니다. 손을 올려서 하나님이 승리하게 하신다는 승리의 표시를 나타냈습니다. 손을 높이 들어 올려서 하나님이 승리하신다는 것을 표시했다는 말입니다. 그러니까 사단과 싸움에서 누가 깨끗이 승리하셨습니까? 하나님(예수님) 그래서 '아 하나님은 여호와 닛시구나!'를 알게 되었습니다.

그다음엔 렘23:6에서 '여호와 찌드케누'라고 해서 바로 여호와 하나님은 의가 되신다는 것을 알게 하셨어요. 우리 인간은 의가 있다고 했습니까? 하나님께 들어가는 의가 없습니다. 죄지었기 때문에 의가 없다고요? 처음 지음을 받은 때부터 하늘 가는 의가 없습니다. 하늘에 들어갈 의는 없습니다. 그래서 의가 없는 사람 즉, 자기 백성의 의가 되어 주신다는 것을, 하늘에 들어갈 의가 없는 백성의 의가 되신다는 것을 언약하신 하나님이라는 말입니다. 그다음 출15:26에서 하나님은 '여호와 라파'라고 하셨습니다. 라파는 우리말로 무엇입니까? 치료하시는 하나님, 치료를 약속하신 하나님, 고치시겠다고 언약하신 하나님이라는 말씀입니다. 우리 영을 고치시고 혼을 고치시고 육체의 병을 치료하시는 하나님이라는 말입니다. 그다음 삿6:24에 '여호와 샬롬'이라고 했습니다. 여호와는 평강이다. 평안 주시는 하나님이다. 하늘 안식이 없는, 평안이 없는 자기 백성에게 안식 즉, 평안을 주시는 하나님이라는 것을 알게 하셨습니다.

그다음 겔48:35에 '여호와 삼마'라고 했습니다. 삼마는 임마누엘, 하나님이 거기 계시다. 즉 우리와 함께 계시는 하나님이라는 말입니다. 나와 함께 계신 하나님, 내 삶에 함께 계시겠다고 언약하신 하나님이심을 알게 하셨습니다. 함께하는 것은 옆에 와계신 것을 말합니까? 아니요. 성전 삼고 우리 안에 오시는 것을 말합니다. 그리고 시편23편에 여호와는 나의 목자시니 해서 목자는 '여호와 라하' 바로 하나님이 목자가 되어 자기의 백성을 어떻게 돌보시는가를 잘 표현해 주고 있지 않습니까? 이것이 예수 그리스도 안에서의 복입니다. 이 복이 따르는 것이라면 도대체 염려가 웬 말이겠습니까? 바로 예수님이 우리의 목자라는 말입니다.

그래서 창49:24에 보면 야곱이 '이스라엘의 반석인 목자가 나도다'라고 예언했습니다. 예수 그리스도의 나실 것의 예언입니다. 여호와 하나님이 언약하신 모든 복이 바로 하나님의 아들 예수님이 오셔서 온전히 이루셨다는 말입니다. 제가 여호와 하나님을 말할 때마다 왜 언약하셨다고 하는지 아십니까? 바로 구약은 이루신다는 언약이기 때문입니다. 여호와 하나님이 언약하신 모든 복이 바로 하나님 아들 예수님이 오셔서 온전히 이루셨습니다. 하나님의 아들 독생자가 아버지로부터 물려받은 이름 예수님 이름으로 오시더니 여호와 하나님의 언약의 뜻이 그 이름에 다 들어왔습니다. 우리를 죄에서 사단에게서 죽음에서 구원하셨습니다. 예수님이 우리의 죄를 대신 지고 제물이 되어 주신 하나님이 친히 준비하신 양입니다. 제물입니다. 바로 우리 예수님이 우리의 목자가 되어 영원한 아버지 나라로 인도하십니다. 날마다 우리에게 말씀의 꼴로 먹이시고 생명의 충만을 얻게 하시는 목자입니다. 바로 우리의 예수님이 사단의 사망 권세를 깨트리고 죽음에서 살아나 깨끗이 승리하셨습니다.

그래서 골2:15에 예수 그리스도께서 십자가로 승리하셨다고 했습니다. 의가 없는 우리에게, 의가 없어서 하늘에 들어갈 수 없는 우리에게 의가 되신 분이 바로 예수 그리스도입니다. 우리는 예수 그리스도의 의로 말미암아 하나님께 의롭다 함을 받은 자가 되었습니다. 이제 예수님의 의로 얼마든지 의롭게 살 수가 있게 되었습니다. 우리의 예수님이 우리의 영을 고치시고 혼을 고치시고 육체의 질병을 치료하여 나음을 얻게 하셨습니다. 그러므로 우리는 날마다 더욱 고침을 받으면서 나아가고 있지 않습니까? 또한, 우리의 예수님이 우리에게 평안을 끼쳐주셨음을 모르는 이가 있습니까? 예수님은 우리의 안식입니다. 예수님이 우리의 평안입니다. 샬롬! 한다고 해서, 평안하라고 한다고 해서 평안한 것이 아니라, 예수님이 우리 안에 오시면 우리 안에 평안이 있는 것입니다. 하나님이 친히 준비하신 어린 양, 친히 제물이 되신 예수님은 또한 우리를 위해서 "내가 너희를 위하여 처소를 예비하러 가노니" 하시더니 우리의 마지막 가야 할 처소를 예비해 주셨지 않습니까?

너희와 함께 있겠다고 언약하신 여호와 삼마로 오신 분이 바로 우리 주 예수 그리스도입니다. 부활하여 승천하시면서 성영님을 보내시고 우리 안에 오셔서 함께 먹고 자고 일어나는 연합한 삶으로, 너는 나로 더불어 먹고 나는 너로 더불어 먹는다고 하신 이 함께하신 분이 바로 우리의 예수님이지 않습니까? 오늘 본문 23에 예수님의 또 다른 이름이 뭐라고요? 임마누엘. 너희에게 와서 함께 있겠다고 하신 그 약속대로 우리 안에 오셨습니다. 오늘 21에 **아들을 낳으리니 이름을 예수라 하라 이는 그가 자기 백성을 저희 죄에서 구원할 자이심이라** 예수 그 이름은 하나님의 이름으로 우리를 구원하시는 이름이라는 것입니다. 그런데 하나님께서 우리 안에 하나님의 이름을 두시고 만나신다고 성전을 통해서 말씀하셨습니다. 그 이름을 믿는 자들에게는 하나님의 자녀가 되는 권세를 주셨다고 하셨습니다. 예수님이 예수님의 이름으로 보내실 성영님이 우리에게 오실 때, 예수 그 이름을 가지고 오신다고 했습니다. 그래서 성영을 받으라 하신 것입니다.

예수님의 이름은 창조주의 이름입니다. 사단의 권세를 깨트리신 승리의 이름입니다. 우리 영과 혼과 육체가 고침을 받고 치료되는 이름입니다. 죄인인 내가 용서받는 이름입니다. 그 이름으로 생명을 얻는다고 했습니다. 그래서 생명의 이름이요, 용서의 이름입니다. 우리와 영원토록 함께하시는 이름이요, 우리에게 평강 주시는 이름이요, 우리에게 의가 되는 이름이요, 우리의 기도를 들으시는 이름이요, 나를 영원토록 보호하시고 지키시고 보증하시는 이름이요, 귀신이 쫓겨나는 이름이요, 이같이 여호와 하나님의 이름으로 언약하셨던 그 모든 영광의 복이 예수님 이 이름에 다 들어왔습니다.

너무나 엄청난 이 귀한 이름을 하나님께서 우리에게 주시고 기업으로 받게 하여 이 이름의 엄청난 뜻이 우리에게 그대로 이루어지게 하셨습니다. 하나님께서는 하나님의 이름과 하나님 자신을 동등한 것으로 여기십니다. 하나님의 이름은 하나님의 권위와 같습니다. 하나님의 이름과 권위는 조금도 차이가 없이 똑같습니다. 그래서 우리가 하나님의 이름을 가질 수만 있다면 하나님의 권위를 갖는 것과 같습니다. 바로 그 하나님의 이름 '예수님', 그 이름을 아들에게 주셨는데 그 이름의 권세가 어느 만큼이냐? 빌2:9-11에 **하나님이 그를 지극히 높여 모든 이름 위에 뛰어난 이름을 주사 하늘에 있는 자들과 땅에 있는 자들과 땅 아래 있는 자들로 모든 무릎을 예수의 이름에**

꿇게 하시고 모든 입으로 예수 그리스도를 주라 시인하여 아버지 하나님께 영광을 돌리게 하셨느니라 이같이 예수님 이름 앞에 천사도 사람도 악한 영도, 모든 피조물이 모든 무릎을 꿇게 했다고 말씀하고 있습니다.

엡1:17-23에 우리 주 예수 그리스도의 하나님 영광의 아버지께서 지혜와 계시의 정신을 너희에게 주사 하나님을 알게 하시고 너희 마음 눈을 밝히사 그의 부르심의 소망이 무엇이며 성도 안에서 그 기업의 영광의 풍성이 무엇이며 그의 힘의 강력으로 역사하심을 따라 믿는 우리에게 베푸신 능력의 지극히 크심이 어떤 것을 너희로 알게 하시기를 **구하노라** (저도 물론 여러분이 이 예수님 이름 알기를 참으로 원하는 겁니다) 그 능력이 그리스도 안에서 역사하사 죽은 자들 가운데서 다시 살리시고 하늘에서 자기의 오른편에 앉히사 모든 정사와 권세와 능력과 주관하는 자와 이 세상뿐 아니라 오는 세상에 일컫는 모든 이름 위에 뛰어나게 하시고 (그 이름의 권세가 바로 하나님의 큰 능력임을 말하고 있습니다) 또 만물을 그 발아래 복종하게 하시고 그를 만물 위에 교회의 머리로 주셨느니라 교회는 그의 몸이니 만물 안에서 만물을 충만케 하시는 자의 충만이니라 해서 세상 임금인 사단을 정복하신 이름이 이 세상뿐 아니라 오는 세상, 앞으로 있을 그 세상까지도, 천년 시대 그 세상까지도 이 이름이 뛰어나게 하셨다는 말입니다

골2:9에 그 안에는 신성의 모든 충만이 육체로 거하시고 했습니다. 저는 과거에 이 말씀에 크게 충격을 받았습니다. 예수님 이름이 이렇게나 큰 것이구나! 이렇게 어마어마하구나! 그래서 저는 이 이름 알기로만 작정했어요. 그래서 예수님의 이름에 큰 복을 받은 자가 되었

습니다. 하나님의 모든 것을 가지신 그 신성이 육체로 거하시고, 하나님의 신성의 모든 것이 예수님께 충만하다는 것입니다. 예수님의 이름은 자기 백성을 죄에서 구원하시는 이름이신데, 구원하시는 것뿐만 아니라 신성의 충만한 것이 다 있다는 것입니다. 창조의 이름이고 닛시의 이름이고 이레의 이름이고 라파의 이름이고 샬롬의 이름이고 이 하나님의 충만한 것이 다 있다고 하셨다는 말입니다.

그래서 골2:10에 **너희도 그 안에서 충만하여졌으니** 했습니다. 너희도 예수 그리스도의 신성의 충만이 충만하여졌다는 것 아닙니까? 우리에게까지 충만으로 이루어졌다는 것입니다. 그러므로 예수님의 이름에 있는 이 복이 우리에게 충만하여야 하지 않겠어요? 이렇게 엄청난 복을 우리가 상속받았다는 것을 알고 예수님의 이름으로 사는 믿음이 돼야 하지 않습니까? 이것을 여러분이 참으로 믿습니까? 정말 믿어요? 예수님의 이름의 신성의 충만한 것이 여러분의 것이 되어서 그 능력으로 살자는 말입니다. 앉은뱅이가 그 이름으로 일어났어요! 장님이 그 이름으로 눈을 떴습니다. 귀먹은 자가 그 이름으로 듣게 되었어요. 물론 영적 눈먼 것, 영적 귀먹은 것 등을 의미하지마는 육체의 눈먼 것, 육체의 귀먹은 것도 다 그 이름으로 성하게 되었습니다. 천사들도 인간들도 마귀 귀신들도, 하늘에 있는 것이나 땅에 있는 것이나 땅 아래 있는 것들이 무릎을 꿇는 이름입니다. 구원과 영생과 생명과 능력과 부유의 복이 예수 그 이름에 다 들어있습니다. 그러므로 예수님을 믿는다면 하나님은 전지전능하시고 무소부재하시며 하는 그 하나님을 안다고, 그 하나님을 믿는다고 하기 전에 먼저 진짜 무엇이 믿음인지를 좀 알고 믿으라는 얘기입니다.

믿는다는 사람들이 승리하지 못하는 것은 이 이름에 대해 믿음이 없기 때문입니다. 예수님의 이름에 대해 믿음만 확실하다면 누구든지 승리하게 되어 있습니다. 왜냐? 이름을 주신 하나님의 약속이기 때문입니다. 예수님의 이름은 도깨비방망이가 아니에요. 마술 부리는 것도 아닙니다. 예수님의 이름은 하나님의 능력이에요, 능력! 영생케 하는 능력입니다. 승리케 하는 능력입니다. 치료하는 능력이에요. 부유케 하는 능력이에요. 기쁨의 능력입니다. 평화의 능력이에요. 예수님의 능력의 크기는 예수님의 가치의 크기와 똑같은 것입니다. 그래서 그 이름이 있으면 각설이 타령하는 사람들처럼 사는 것이 아니에요. 이 이름의 권세를 안 바울은 고전2:2에 **내가 너희 중에서 예수 그리스도의 십자가에 못 박히신 것 외에는 아무것도 알지 아니하기로 작정하였음이라**고 했어요. 저도 물론입니다. 이것을 깨달은 저도 물론이에요.

세상은 다 배설물과 같더란 말이에요. 정말 세상에 아무것도 알지 아니하기로 작정했어요. 세상 것은 아주 무식하기로 작정했어요. 그러니까 지금 배웠다고 머리가지고 나온 사람들 보면 정말 한심해서 말이지, 아니, 예수님 아는 데에 온 초점을 둬야지 머리로 나와서 성경 지식 쌓는 학문 하고 있습니다. 학문처럼 연구하고 있어요. 그러니까 많이 배운 것이 자랑이 아니에요. 제가 보니 그렇단 말입니다. 그런 사람일수록 머리로 성경을 대하고 있어서 하나님의 의도와 빗나간 것들로 풀어서 자기도 죽고 남도 죽이는 일을 하더란 말입니다. 솔직히 말하면 성경은 글 읽을 줄만 알아도 성영님이 계시면 성영님으로 성경의 뜻을 아는 거예요. 성영님께서 알게 하시면 아는 거예요. 그러니까 성영님 의지하면서 내가 좀 못 배웠다 할지라도 탄식할 것도 없고 내가 좀 못 가졌다 해도 탄식할 것 없습니다. 왜냐? 누구에게나 문을 열어놓고 네가 예수님을 알고 예수님 이름을 알고 예수님을 영접하면 내가 들어가서 너로 더불어 먹고 마시고 함께하겠다고 약속하셨기 때문입니다. 아셨습니까?

너무 이 이름의 권세가 크니까, 너무 이 이름의 복이 크니까 세상 것 몰라도 좋더란 말입니다. 세상 것 문 닫아버리니 예수님만 알고 보게 되지 않습니까? 예수님만 알게 되니 예수님 안에 있는 하늘의 모든 것을 소유하는 것입니다. 걱정, 염려, 두려움 없어요. 오늘날 세상 바깥에 얼마나 흉흉한 소식들이 불안에 떨게 하고 있습니까? 그들 속에 예수님의 이름이 있어서 그렇게 말하는 것인 줄 아세요? 그들 속에 주님이 있습니다. 자기 주님! 그래서 그런 것 가지고 사람들 미혹하고 하나님 말씀인 것처럼 하나님이 주신 것처럼 속이는 것입니다. 이제 우리는 우리 안에 모실 수 있는 것 바로 이름입니다. 정말 세상 것 아무것도 몰라도 좋은 거예요.

그래서 빌3:7에 **무엇이든지 내게 유익하던 것을 내가 그리스도를 위하여 다 해로 여길뿐더러** 했습니다. 왜냐? 그리스도를 아는 것이 가장 고상하기 때문이라는 겁니다. 저도 고상한 것이라는 것을 알아버린 사람입니다. 예수님을 아는 것, 예수님을 사랑한다는 것 우리 영혼이 얼마나 기쁘고 행복한지……. 사람을 사랑하는 것은 늘 배고프고 목마르고 갈증만 납니다. 나를 향하게 하려고 애써야 하고 조금만 소홀하면 불만하고 얼마나 갈증 나는 것이냐고요. "내가 너를 위해서 피 흘렸다. 너를 영생하게 하려고 몸 찢었다." 하신 예수님을 내가 사랑하면 사랑하는 만큼 내가 행복한 것입니다. 내가 기쁜 것입니다. 그래서 예수님을 아는 지식이 가장 고상하기 때문에 내가 그를 위해서, 아니 나를 위해서 모든 것을 다 배설물로 여겨 잃어버려도 좋다고 하는 것입니다. 그래서 저도 일찍이 이것을 깨달았기 때문에 이것이 저의 고백이 되었습니다.

여러분이 참으로 예수님을 믿으면 이 말씀이 여러분 안에 들어와야 합니다. 하나님이 우리에게 약속하신 모든 것, 구약의 이름으로 언약하신 그 뜻을, 창조주 하나님이 누구이신지 이름으로 나타내 자신을 알리신 그 모든 이름의 뜻을 예수님께서 다 이루셨습니다. 그러므로 예수님 이름에 다 있습니다. 이제 우리는 예수님 이름으로 사는 것입니다. 우리의 삶 속에서 이름을 사용함으로 매일 매일 평안을 경험하고 치료를 경험하고 승리를 경험하므로 하나님을 경험하고 사는 것입니다. 예수님 믿는 자를 왜 성도라고 합니까? 하나님의 이름, 예수님의 이름이 와있기 때문입니다. 그 이름은 거듭난 자 안에 오시기 때문에 성도라고 하는 거예요. 불신자라고 하는 것은 세상 것, 세상 문화에 속한 것을 갖기 원하는 자들을 말합니다. 하나님께서 우리에게 주시는 것은 형상 같은 것들, 환상 같은 것들이 아닙니다. 하나님이 우리에게 주시려는 것은 형상 같은 것, 환상 같은 것이 아니에요. 어떤 이상한 신비적인 것들이 아니에요. 바로 하나님의 명예가 걸린 그 하나님의 이름을 주시기 원하셨습니다.

그리고 그 이름을 믿는 자, 하나님의 명예이신 그 이름을 믿는 자들에게 주셔서 구원과 부유와 권세와 능력이 있게 하신 것입니다. 그래서 믿음이라고 하는 것은 예수님의 이름을 아는 것입니다. 믿음이라고 하는 것은 예수님의 이름을 소유하는 것입니다. 믿음이라고 하는 것은 예수님의 이름을 경험하는 것입니다. 믿음이라고 하는 것은 예수님의 이름을 사용하는 것입니다. 하나님은 영이시니 너무 무한하고 커서 막연할 수밖에 없고 추상적일 수밖에 없었던 그 하나님이 누구이신지 인간에게 이름으로 주시더니 그 이름을 바로 예수라는 이름에 모두 넣어서 아들을 보내시고 그 아들 예수님은 또 그 이름을 가지고 성영님으로 오셔서 우리 안에 아주 넣어주셨습니다. 그러므로 여러분이 믿는 자에게 능치 못하심이 없다고 하셨으니 이 복이 있기를 바랍니다.

그러니까 천국 죽어봐야 가는 것입니까? 지금 내가 천국에 있어야 합니다. 예수님은 천국이신데 천국이신 예수님이 내 안에 있으면 내가 이미 천국인데, 사람들이 뭘 꼭 죽어봐야 안대, 죽어봐! 천국인지 아닌지 죽어봐야 아는 것은 그때도 천국 모르는 것입니다. 자기에게 천국이 없으니 죽어서도 천국이 아니라는 말입니다. 지금 살아서 모르면 죽어서도 모르는 것이요. 지금 천국 없으면 죽어서도 없는 것입니다. 그러니까 죽어야 천국이 아니라 내가 이 땅에서 천국을 가져야 하는 거예요. 가져야 천국이지 갖지 못하면 어떻게 천국입니까? 자기 것이 아닌데……. 그러니까 이것을 여러분이 분명히 아시고 예수님의 그 이름을 모르면 더욱더 깊이 아는 이름으로 자기 안에 오신 이름이 되고 '내가 이 이름을 사랑합니다. 내가 예수님의 이름으로 살기를 원합니다. 예수님의 이름으로 승리하며 살기를 원합니다.' 하고 이름을 사랑하시고 이름 때문에 사는 능력 있는 성도가 되기를 예수님의 이름으로 축복합니다. 말씀을 맺습니다.

우리에게 천국의 이름 엄청난 그 예수님의 이름을 주시고 그 이름으로 사는 하늘의 복 주신 아버지께 예수님의 이름으로 무한 감사드립니다. 아멘

제 16 장
하나님, 생영, 이 뜻을 아십니까?

오늘 창 1:1의 말씀을 읽겠습니다. **태초에 하나님이 천지를 창조하시니라** 오늘은 따로 말씀을 전하는 것이 아니라 그동안 여러분이 듣고 배운 말씀으로 각자 자기 믿음을 위해서 얼마나 말씀에 관심을 가지고 들었는가! 그래서 자기에게 적용하는 믿음이 되었는가를 살펴볼 것입니다. 여러분에게 질문하여 여러분 믿음을 좀 점검하겠다는 말입니다. 그동안 삼위 하나님과 바른 관계를 이루는 데 있어서 반드시 알아야 할 중요한 부분들은, 여러분이 듣기가 부담스러울 만큼 반복하여 강조하고 강조하면서 말씀을 드려왔습니다. 그리고 차후에 그것을 여러분에게 질문할 것이라고 말씀드렸던 것 여러분이 기억하리라 생각합니다. 기억하지요? 제가 말씀을 드리지 않은 것은 질문하지 않습니다. 그동안 누차 다뤄드렸던 것 중에서인데, 먼저 '하나님'에 대해서입니다. 여러분! 우리가 천지를 창조하신 그분을 부를 때 뭐라고 부릅니까? 하나님이지요. 그래서 창세기 1:1의 말씀을 가지고 이야기를 나누기로 합니다. 천지 창조하신 그분을 원어로는 '엘로힘'이지만 지금 읽은 대로 우리말로는 '하나님'이라고 합니다. 그러면 하나님을 다른 말로는 뭐라고 부른다 했습니까? 예수님? 유일신? 이것은 너무 앞서나갔어요. 하나님을 다른 말로는 '신'이라고 합니다. 그래서 '신이 천지와 만물을 창조하셨다' '신의 창조물이다'라고 하는 것이지요. 그러면 우리가 '하나님' 하고 부를 때 그 '하나'는 숫자, 수를 말하는 수사이잖습니까? 그리고 뒤에 '님'이라 했으니 '님'은 존칭어잖아요? 그러면 어법상으로는 이 수사에다가 높임을 나타내는 존칭어를 붙일 수 있어요, 없어요? 붙일 수 없습니다. 존칭어는 명사에만 붙이게 되어 있습니다.

그래서 천주교(가톨릭)에서는 '하나'라고 하는 그 수사에다가 존칭어를 붙일 수 없다 해서 하나님이라고 하지 않고 뭐라고 부르고 있습니까? '하느님'이라고 합니다. 원래는 '하늘님'이라고 했는데 나중에는 하늘님을 그냥 하느님이라고 부르게 되었습니다. 하나님을 다른 말로 뭐라고 부른다고 했습니까? '신'이라. 그러면 하늘님 할 때 하늘은 명사예요? 수사예요? 명사지요. 그래서 창조주의 신은 하늘에 계시다 해서 천주교가 그렇게 하늘님이라고 하는 뜻에서 하느님으로 부르고 있는 겁니다. 창조주 신에게 하늘님 하는 것은 전혀 무리가 없는 것이지만, 그러나 하나님은 하나둘 하는 그 수사를 말하기 때문에 님이라는 존칭어를 붙일 수 없으니 그렇게 부를 수 없다고 말하는 겁니다. 그러면 그들의 이 논리가 맞습니까, 맞지 않습니까? 맞는 것입니다.

그래서 신을 부를 때 하늘님이라고 부르는 것이 맞는 것이기 때문에 그러면 우리 기독교가 왜 같이 하늘님이라고 부르지 않고 어법에도 맞지 않는 하나님이라고 부르고 있느냐? 라고 할 때, 만일에 자기가 부르는 그 하나님에 대해서 왜 하나님이라고 하는지 그 의미를 확실히 알고, 자기의 가진 지식과 믿음에 의한 것이 아니면, 그냥 '성경에 하나님이라고 쓰여 있으니까 부르는 것이다.' 하는 정도면, 그것은 자기의 부르는 하나님과 확실한 인격적 관계가 될 수 있을까요? 될 수 없습니다. 성경을 깨달은 것이라고 할 수는 없는 것입니다. 그러면 천주교가 하늘에 계신 신을 부를 때, 그렇게 '하느님' 한다면 여러분 하늘에는 참 하나님만 계시다고 했습니까? 하늘에는 자기가 창조주 하나님인 것처럼 하나님 노릇 하는, 주님 노릇 하는 신처럼 가장하여 흉내 내는 거짓의 아비인 사단과 악의 영들이 있는 곳이기도 한다고 했습니다.

그래서 그것을 엡2:2에서는 **공중의 권세 잡은 자**라고 했고 고후 4:4에서는 **이 세상 신**이라고 했고 요12:31에서는 **이 세상 임금**이라고 했고 고전8:5에 **하늘에나 땅에나 신이라 칭하는 자가 있어 많은 신과 많은 주가 있으나** 라고 했습니다. 또 살후 2:4에 **저는 대적하는 자라 범사에 일컫는 하나님이나 숭배함을 받는 자 위에 뛰어나 자존하여 하나님 성전에 앉아 자기를 보여 하나님이라 하느니라**고 했습니다. 이것은 여러분이 사단의 정체에 대해서 알도록 말씀드린 것입니다. 그래서 하나님이나 하느님이나 신을 말하는 것은 같지마는, 그러나 하느님이라고 하는 것은 일반 신적인 의미가 강한 것입니다. 말의 의미를 아시겠습니까? 그래서 성영님이 영적 세계, 즉 하나님을 볼 수 있고 사단을 볼 수 있는 영의 세계에 대해 눈을 열어 보이시지 않으면, 그래서 성경에 기록되어 있는 문자적인 것, 그 얕은 지식에만 머물러 버리게 되면, 사단에게 속을 수밖에는 없고 종교인에 머물러 있을 수밖에는 없는 것입니다.

그러니까 이처럼 여러분에게 종교인이 되지 않도록 하려고 마음을 다해 계속 열어 가르쳐 드리는 것입니다. 여러분의 것이 되어 믿음이 되도록 말입니다. 그런데도 여러분이 대답 못 하잖아요. 지금, 그리고 그때그때마다 이후에 질문하겠다고 분명히 말했음에도……, 그 부분에 대해 여러분이 얼마나 관심을 가졌어요? 그러니까 여러분이 성영님의 사람에게 말씀을 바르게 배운다 해도, 말씀에 관심을 두지 않으면 똑같이 종교인이 될 수밖에는 없습니다. 우리가 하나님에 대해 지식과 믿음이 되어서 부르는 관계가 되는 것 굉장히 중요한 일입니다. 이것이 자기에게 남겨야 할 달란트요, 남기는 자만이 또한 다른 사람에게도 남길 수 있도록 도와줄 수가 있는 것입니다. 그래서 우리가 '하나님' 할 때 그 '하나'라는 수를 말하는 것이 아니에요. 하나둘 이런 수를 생각하면 안 되는 것입니다. 우리가 '하나님' 하고 부르지만, 수사법으로 부르는 것이 아니에요. 여러분이 잘 이해하고 들어야 합니다. 여러분이 다 아시잖아요?

그러면 여러분은 하나님을 부를 때 자기 믿음은 어떤 의미를 두고 부르고 있습니까? '유일하신 하나님' '유일신'이라는 의미에서 부르는 것이 맞습니다. 우리의 믿음은 자기에게 분명한 지식을 가지고 불러야 하는 것으로서, 하나님 할 때 그 하나님은 '오직 유일하신 분' '유일한 신'이라는 뜻에서 부르는 것입니다. 또 참신이신 창조주라는 의미를 가지고 부르는 것이 되어야 한다는 것 이제 확실히 아셨습니까? 우리 믿음은 '오직 유일하신 한 분 창조주 신'을 부르는 것에 의미를 두어야 한다는 말입니다.

그리고 또 반드시 구분돼야 하는 것은, 하나님이 이름이라고 했습니까? 하나님은 이름이 아닙니다. '유일한 창조주의 신'이라는 것을 말하는 것입니다. 그렇기에 이름으로 착각하시면 안 됩니다. 그런데 하나님은 이름이 아님에도 말씀을 말하는 사람들이 자꾸 하나님을 이름인 것처럼 왜곡 되게 말해주고 있어서 사람들의 믿음에 혼란을 주고 있다는 것을 아십시오. 하나님은 하나님만이 가지신 자기의 이름이 있습니다. 사단도 누구도 절대로 가질 수 없고 범할 수 없는 이름, 구원과 심판의 뜻을 가진 이름으로 자기 백성을 만나주신 하나님 자신의 고유의 이름이 있습니다. 그래서 하나님의 이름을 알고, 그 이름을 사랑하고, 이름을 가진 자를 하나님이 구원하는 것입니다. 그 하나님의 이름이 구약에서는 '여호와' 이셨지만, 신약에 와서는 바로 '예수'입니다. 이름 속에 있는 모든 약속과 복을, 이름을 믿는 자에게 이름으로 주시는 복, 여러분이 이름을 한번 말씀해보겠어요? 여호와 닛시, 이레, 라파, 라하, 치두케누, 샬롬, 삼마 등 이 모든 복이 예수님 이름 안에 다 들어있다고 말씀드렸지요? 여러분이 다 믿음으로 받으셨지 않습니까?

그러니까 이름 속에 들어있는 모든 약속과 복을 이름을 믿는 자에게 성취해 주시는 겁니다. 이름에 대해서는 충분히 말씀드렸으니 더는 말씀 안 해도 되지만, 하나님께서 자기 백성을 이름으로 만나 주신다는 것을 재차 말씀드리기 위해서입니다. 오늘 말씀드린 하나님에 대하여 알고 그 하나님의 이름을 자기 속에서 알고, 믿고, 이름이 있는 자에게 구원이 있고 그 이름의 복이 있는 것이지, 그 이름이 그에게 없으면 구원도 복도 없다는 것을 알아야 한다는 말입니다. 하나님의 이름에 대하여 아는 바 없이 즉 이름으로 하나님을 만나지 못하고 이름을 알지 못하면서 그저 '하나님, 하나님' '주여, 주님'만 하는 것, 다 하나님의 뜻대로 믿는 것도 믿음도 아니다 하는 것 이미 다 말씀드렸습니다.

그리고 두 번째는 하나님을 부를 때 그냥 단순히 '하나님' 하는 것이 아니라, 하나님을 부르는 우리 믿음은 무엇 무엇이 포함된 것을 부르는 것이어야 하는데, 그러면 여러분은 '하나님' 할 때 어떤 하나님을 부르는 것인가 입니다. 그냥 아무 뜻 없이 단순히 '하나님' 하는 것입니까? 우리가 하나님 할 때 단순히 '하나님' 하는 것이 아니라 무엇 무엇을 포함한 하나님을 부르는 것이 되어야 하는데, 그것이 무엇인가를 질문하는 것입니다. 말씀해보세요? 다시 똑바로! 우리 믿음은 '아버지와 아들과 성영님'을 포함한 하나님입니다. 우리가 '하나님' 하고 불러도 우리 가진 믿음은 '아버지와 아들과 성영님'을 포함한 하나님을 부르는 것이 돼야 합니다.

어찌할까요! 이 창1:1에서 말씀하는 '엘로힘'의 원어가 그것을 분명히 가르쳐주는 것인데, 지금 몇십 년 예수님을 믿는다고 믿으면서 뭐 배우셨어요? 무엇을 믿는 것입니까? 지금! 도대체 하나님 하나도 모르면서 예수님을 믿는다고 하는 것입니까? 이런 기본적인 것조차도 알지 못하고 또 누차 말씀드렸었던 것임에도 불구하고, 기존에 있던 성도님들도 말입니다……. 우리 믿음은 하나님 하는 것에 아버지와 아들과 성영님을 포함한 것을 알고 믿고 부르는 것입니다. 그냥 단순히 하나님 하는 것이 아니라 말이에요. 그러니까 '하나님' 하면 그 하나님은 아버지와 아들과 성영으로 계시는 삼위의 하나님입니다. 하나님을 히브리 원어로는 '엘로힘'이라고 하지 않았습니까? '엘로힘' 하는 것은 '복수 인칭대명사'라고 말씀드렸잖아요.

한 분 하나님이시지만 그 안에 예수님께서 '아버지와 아들과 성영'이라고 말씀하셨으니, 그 삼위의 하나님을 우리가 볼 수 있는 것이라고 말씀드렸습니다. 그래서 하나님은 유일하지만, 그 하나님에게는 삼위로 계신다는 것을 나타내주고 있다. 그러므로 우리가 하나님을 부를 때 우리 믿음은 반드시 아버지와 아들과 성영님을 포함한 하나님을 부르는 것이 돼야 하는 것 다 말씀드렸습니다. 다시 말해 '하나님' 하고 부르면 우리 믿음은 삼위가 포함한 하나님을 부르는 것이 되어야 가짜 하나님 노릇 하는 사단에게 속지 않는 믿음이 되는 것입니다. 그래서 기본적으로 하나님에 대해서 이같이 아는 것이 되어야 하고, 그 하나님이 자기 하나님이 되어야 바른 믿음으로 나아갈 수 있는 발판이 되는 것입니다.

그래서 삼위로 계신 하나님은 아버지와 아들과 성영이시고, 아버지 하나님은 모든 창조와 함께 구속의 일을 위하여 예정하셨고, 그렇게 예정하신 창조의 일은 삼위가 함께하신 것이고, 그다음 구속의 일은 아들 하나님이 오셔서, 아들 하나님이 누구예요? 예수님이시죠? 예수님이 이루신 것이고, 이뤄놓으신 일을 이제 성영 하나님이 오늘날 오셔서 예수님을 죄인의 구주로 믿고 회개한 사람들 속에 이루어지게 하셨다는 것, 여러분 모두 다 믿는 것이 되었고 그 하나님이 자기의 하나님이 되어 계시지 않겠습니까? 그러면 오늘 말씀드린 하나님에 대해서 지금까지 알지 못해 관계되어 있지 않았음으로써 하나님과 틈이나 있었던 분 있다면 오늘 확실히 메우시고 자기 하나님이 되는 복이 있기를 바랍니다.

그다음에 창2:7로 갑니다. 너무 중요한 부분들이기 때문에 기본적인 것들을 바로 가지고 있어야 거짓 것들에 속지 않는 것이고, 오늘날 그렇게 말씀이라고 하는 것들이 어마어마하게 쏟아져 나오고 있으니 혹 듣더라도 속지 않을 수 있는 것입니다. 창 2:7 **여호와 하나님이 흙으로 사람을 지으시고 생기를 그 코에 불어넣으시니 사람이 생**

영이 된지라 그러면 생영이 된지라의 '생영'을 알아봅니다. '생영이 된지라' 이것은 우리 인간, 즉 저와 여러분이 어떻게 지음 받았는지에 대한 이야기입니다. 저와 여러분이 어떤 모양으로 지음 받았는가 하는 것을 잘 가르쳐주는 말씀입니다. 저 창조 때 처음 사람들이 아니라 저와 여러분들이라 말이에요. 여러분 각자 한 사람 한 사람 이야기란 말입니다.

창조 때 있었던 아주 먼 옛날이야기, 육천 년 전의 있었던 일이고, 그때 말씀이라 하여 자기와는 거리가 먼 것이라고 치부하고 관계를 두지 않습니다. 사람들의 생각이 이렇게 좁고 어리석습니다. 그러나 믿음은 시 공간을 초월한 현재성입니다. 현재 내게 주어지는 나와 관계되는 말씀으로 들어야 그것이 믿음입니다. 여러분이 '생영이 된지라' 하신 '생영'에 대해서 많이 듣게 되었고, 창조 때의 말씀을 수도 없이 들었다 하니, 뭐 또 창세기 말씀뿐입니까? 다른 말씀 곳곳 중간에 설명이 필요할 때마다 지금까지 생영에 대해서 말씀을 드려왔고, 그래서 여러분에게 분명히 질문한다고 했던 부분입니다. 그러므로 생영이 무엇인지 자기에 대해서 잘 알게 되었을 것이라는 말입니다.

생영이 되었다는 것은 흙으로 지은 사람의 형체 안에 코에 생기를 불어넣으시니, 살게 하는 기운을 불어넣으시니 피가 흐르는 육체와 함께 혼이 발생한 영의 사람이 되었다. 그것을 한마디로 '생영이 되었다' 하는 겁니다. 영과 혼과 육체를 가진 사람이 되었다는 말입니다. 목숨을 가진 영의 사람, 호흡이 끊어져도 그 영은 영원히 존재하는 영적 사람이 되었다는 것입니다. 그런데 이 생영이 되었다 하는 것을 고전 15:45에서 산 영이 되었다고 했고, 예수 그리스도는 살려 주는 영이 되었다고 했습니다. 그러니까 인간은 산 영이고, 예수 그리스도는 살려 주는 영이고, 그렇기에 산 영, 생영이 된 사람은 살려 주는 영이 살려 줘야만 살게 되었다고 하는 것입니다.

다시 말해 산 영이 되었다는 것은 사람은 먹어야만 살게 되었다는 것을 말합니다. 받아들여야만 사는 영이라는 말입니다. 영이 먹어야 사는 것으로서 곧 하나님의 말씀을 받아들여야 영의 만족이 있고, 그 하나님의 생명을 얻어야 살게 되었다는 말입니다. 육체도 계속 먹어야만 살 수 있게 되었고 그래서 계속 먹을 것을 찾고 밥을 먹어야 만족을 얻습니다. 혼도 먹어야만 살 수 있게 되었고, 그래서 끊임없이 지식을 추구하고 먹음으로써 정신이 만족을 느끼는 겁니다. 제가 추가하여 말씀을 좀 드립니다. 우리는 받아들여야만 살게 된 정신의 만족을 얻으려고 끊임없이 알기를 원하고 지식을 추구했습니다.

예수님 밖에서 살면서 세상 것에 대한 지식을 취하느라고 열심히 살아왔습니다. 그렇지요? 그러나 이제는 그 세상 것을 다 내려놓고 어떤 지식을 취하여야 하겠습니까? 하나님의 말씀입니다. 먼저 말씀을 알아야 합니다. 우리 정신은 하나님을 알게 하기 위해서요. 하나님을 아는 일에 충만해야 하는 것이요. 그러므로 말씀으로 우리 혼이 지배받고 그 말씀으로 살아야 하는 것입니다. 영도 혼도 육체도 다 말씀에 지배를 받고 살아야 합니다. 우리 혼의 지성도 감정도, 의지도 다 예수님께 두어야 하고 예수님의 말씀을 받아들여서 그 말씀으로 살아야 하는 것입니다.

받아들여야 살게 된 우리 영에 있어야 하는 것 그것은 예수 그리스도의 부활 생명입니다. 우리 영이 받아들여 먹어야 살 수 있게 되었는데 그것은 바로 죽음에서 부활하신 예수 그리스도의 생명을 말한다는 말입니다. 그러므로 영원히 영생하는 것입니다. 그래서 '생영, 산 영' 하는 것은 받아들여 먹어야만 살게 된 영적 존재라는 것을 의미한다는 것, 살려 주는 영이 살려줘야만 살 수 있는 영적 존재로 지음 받았다는 것을 고전15:45의 말씀으로 분명히 알 수 있게 하셨습니다.

그래서 살려 주시는 예수님의 생명을 얻게 하시려고 아담 앞에 선과 악을 아는 실과를 두고 너희가 먹는 날에는 '정녕 죽으리라' 하신 것입니다. 아담이 선악과를 먹음으로 '정녕 죽으리라'를 받아들였습니다. 아담이 '정녕 죽으리라'를 받아들여야 예수님께서 육체로 오셔서 그 바통을 받아 죽으실 수가 있기 때문입니다. 예수님은 죄가 없는 하나님이시니 죽지만, 다시 사신 그 부활하신 생명으로 사람의 영을 살려 주시는 것이기 때문입니다. 여러분이 이것을 잘 이해하십시오. 하나님께서 아담에게 '먹지 말라' 하셨는데 먹었음으로써 하나님의 말씀을 불순종했습니다. 그 죄 때문에 예수님이 육체로 오실 수가 있게 되었고 죄 아래 오셨으니 죄인처럼 십자가의 형벌을 받을 수가 있게 되었습니다. 정녕 죽으리라 하신 대로 죽으실 수가 있었습니다.

여러분이 여기서 또 이해를 잘해야 합니다. 그래야 정확한 자기 지식이 되어서 흔들리지 않고 속지 않고 누가 뭐라 해도 확신에 거할 수 있습니다. 그러니까 기록된 대로라면 아담이 죄짓기 전에 하나님이 지으신 때부터 창2:7에 여호와 하나님이 흙으로 사람을 지으셨을 때부터 살려 주는 영이 필요했습니까? 아니면 아담이 불순종해서 죄를 짓고 나서부터 살려 주는 영이 필요하게 되었다고 하는 것입니까? 죄짓기 전부터 살려 주는 영이 필요한 존재로 지어졌습니다. 그런데 오늘날 다 아담이 죄지은 후부터 살려 주는 영이 필요한 존재가 되었다는 것처럼 거꾸로 전해주고 있습니다. 그렇기에 속지 말라는 말입니다. 사람이 지음을 받기 전부터 살려 주는 영으로 살려 주시는 뜻을 두시고 지으신 것이지 죄를 지었기 때문이 아닙니다. 분명히 알기를 바랍니다.

여호와 하나님이 흙으로 사람을 지으시고 생기를 그 코에 불어넣으시니 사람이 생령이 된지라 말씀대로 받아들여야만, 먹어야만 살게 된 그릇과 같은 존재로 지음을 받았다는 것, 그래서 인간이 지음 받은 것은 죄짓기 전부터 살려 주는 영이 되시는 예수님의 생명을 받아 살게 하시기 위한 목적이었다고 하는 것, 분명히 알 수 있는 것입니다. 그리고 죄를 지었든 짓지 않았든 흙으로 된 우리 육체는 영원할 수 없다는 것, 그래서 흙으로 된 육체는 흙에서 난 것을 먹어야 하고 또한 흙이니 흙으로 돌아갈 것이니라는 육체의 본질을 말씀하신 것입니다. 그래서 고전 15:47에 **첫 사람은 땅에서 났으니 흙에 속한 자이거니와** 라고 했고 **둘째 사람은 하늘에서 나셨느니라**고 말해줌으로써 사람이 온 곳이 어딘가를 분명히 가르쳐주었습니다. 지금도 여전히 깨지 못한 사람들이, 모든 사람이 말이지요. 모든 사람이라고 해도 과언이 아니에요. 다 한결같이 아담이 하나님의 말씀을 어기고 선악과를 먹었음으로써 죄가 들어와 인간이 죽게 되었다고 즉 육체가 죽게 되었다고 그러므로 죄가 세상에 들어와 이렇게 고통받고 괴로운 세상에 살게 된 것이라고 큰 발견이나 한 것처럼 그 무지를 열심히 드러내 전해주고 있는 것입니다.

그러나 사람은 예수님을 만나 살도록 지음을 받았기 때문에 죄를 지었다고 하나님께서 사람을 버리신 것이 아닌데, 죄를 지었든 안 지었든 하나님 앞에서 살아야지, 왜 떠나 삽니까? 죄와 관계없이 하나님 앞에서 하나님 말씀대로 살아야 할 존재들이에요. 지금도 죄와 관계없이 하나님께서는 하나님께로 돌아오라고 계속 부르고 계시는데, 그런데도 하나님 앞에 돌아오지도 않으면서 뭘 그렇게 '하나님이 인간을 지어놓고 선악과 놓고 죄짓게 한 것이냐' 하는 무지한 소리들로 하나님을 거역할 것이 뭐 있습니까? 또 믿는다면서도 그런 무리가 많이 있다는 말입니다.

우리 한번 가정(假定)해봅시다. 그러나 하나님의 계획과 일하심에는 절대로 가정이라는 것은 없습니다. 하나님이 사람을 지으신 목적이 무엇인가를 잘 깨달아서 각자 자신이 누구인가? 알아보기 위해 그냥 가정법을 생각해보는 것뿐입니다. 그렇게 흙으로 된 육체는 무너지게 되어 있는데, 인간의 육체는 선악과를 먹으나 안 먹으나 무너지게 돼 있는 것은 분명한 사실인데, 창조 때의 사람들이 뭐 구백세, 천세까지 살았지만, 죄와 상관없이 오래 살았든 오래 살지 못했든 간에 언젠가는 다 육체가 무너지게 되는 날이 있는 것입니다. 그런데 만일 선악과를 따 먹지 않고 사람이 죽음을 맞게 된다면, 그 영혼은 영원히 존재해야 하기에 그대로 육체에서 떠나면 영원히 떠도는 영혼이 될 수밖에는 없습니다. 갈 곳 없는 떠도는 영혼, 갈 곳을 모르는 떠도는 영혼이 될 수밖에는 없는 겁니다.

그래서 이 논리는 절대로 있을 수도 없고, 그러니까 하나님 앞에는 가정이 없다 했지요? 말씀하셨으면 말씀 그대로 진행하여 이루시는 것이지, "아! 선악과 먹지 않았으면 죄도 없었으니 영원히 살 수 있었을 것 아니냐?" 이 논리는 절대로 없는 겁니다. 하나님께는 이런 가정법은 없다는 말입니다. 이 논리는 절대로 있을 수도 성립될 수도 없으니, 우리는 영생케 하는 하나님의 방법과 그 지혜를 아멘으로 받고 나 자신에게 적용한 믿음이 됨으로써 그 말씀으로 나를 운영하여 믿음을 성장시켜 나가야 하는 것입니다. 아셨습니까?

오늘은 여러분에게 하나님에 대한 것과 생영에 대한 것만 질문하는 것으로 하고 여기서 맺겠습니다. 이 부분을 그동안 다 말씀드려왔지만, 다시 정리해 드렸으니까 각자 여러분 믿음으로 받아서 단단한 믿음의 기초를 세워가기 바랍니다. 모든 영광을 삼위 되신 하나님께 돌립니다. 아멘

제 17 장
오직 성영의 충만을 받으라

엡5장18의 말씀이 오늘 본문 말씀입니다. 술 취하지 말라 이는 방탕한 것이니 오직 성영의 충만을 받으라 했는데 〈오직 성영의 충만을 받으라〉가 오늘 말씀의 제목이 되겠습니다. 우리 믿음은 성영님의 충만을 받지 않으면 헛것입니다. 교회를 열심히 왔다 갔다 헌금 열심히 드리고 목사님 말씀 순종하면 복 받는다 하니까 목사님 말씀 순종 다 잘한다 하더라도 믿는다는 것은 헛것입니다. 우리의 믿음은 절대로 성영님의 충만함을 받아야 합니다. 성영님의 충만을 받아야 한다는 것은 곧 예수님으로 충만해야 한다는 말입니다. 예수님으로 충만해야 하는 것은 예수님의 말씀으로 충만해야 하는 것을 말합니다. 하나님의 뜻대로 믿는 신앙이 되기 위해서는 말씀을 알아야 하고 말씀을 아는 일은 오직 성영님의 도우심으로만 됩니다. 그래서 **성영님의 충만을 받으라** 말한 것입니다. 오늘 성영님의 충만을 받는 것에 대한 말씀을 드려보겠습니다.

예수님께서 십자가를 지시기 전날 제자들에게 분부하시며 말씀하시길, 요14:15-21에 "내가 아버지께 구하여 성영을 너희에게 보내 영원히 너희와 함께 거하실 것이라 내가 너희를 고아와 같이 버려두지 않고 너희에게로 오리라 성영을 보내어 나를 나타내리라"고 하셨습니다. 또한, 부활하신 후에도 제자들에게 오셔서 **성영을 받으라**고 하셨고 부활 후 세상에서 40일 동안 계시다가 승천하시기 직전에도 **예루살렘을 떠나지 말고 내게 들은바 아버지의 약속하신 것을 기다리라 너희는 몇 날이 못 되어 성영으로 침례를 받으리라**고 분부하여 명하셨습니다. 그래서 제자들이 모여 기도하며 약속하신 성영님을 기다렸는데 예수님이 승천하신 뒤 열흘 후 오순절 날이 이르렀을 때 홀연히 하늘로부터 성영님이 오셨고 제자들이 그 성영님으로 충만함을 받고 예수님의 증인으로 나가 담대히 예수 그리스도를 증거했습니다.

요14:17에 **너희 속에 계시겠음이라** 20에 **내가 너희 안에 있는 것을 너희가 알리라** 21에 **그에게 나를 나타내리라** 23에 **저에게 와서 거처를 저와 함께하리라**고 말씀하셨던 것처럼 예수님께서 성영님으로 제자들에게 오셔서 거처로 삼으시고 말씀대로 제자들을 통해 예수님 자신을 친히 나타내셨습니다. 예수님의 제자들에게서 오직 예수님의 영이신 성영님의 충만한 역사가 나타났습니다. 성영님으로 충만함의 상태가 된 제자들은 이제 더는 겁쟁이들이 아니었습니다. 하나님의 아들 예수 그리스도의 십자가의 죽으심과 제삼 일에 부활하신 것을 담대히 전한 것입니다. 그들로 인해 온 세상에 복음이 퍼져 나가게 되었고 복음 전하는 곳마다 예수님의 능력이 그들을 통해 나타나 죽은 자가 살아나고 귀신이 떠나가고 병든 자가 고침 받고 눌린 자가 자유함을 얻는 역사가 나타났습니다.

이처럼 성영님의 역사는 온 땅에 충만히 운행하십니다. 그래서 성경은 예수 그리스도를 믿는 자들에게 "성영의 충만함을 받으라." 명합니다. 그러므로 예수님을 참으로 믿기 원하는 사람은 성영님의 충만함을 받으려고 자기를 말씀에 굴복시키고 순종하는 훈련을 기꺼이 합니다. 예수님을 믿는 자는 누구나 성영님의 충만으로 나아가야 그 신앙이 성공입니다. 행2:39에 "성영 충만의 약속은 유대인들로부터 시작하여 먼 데 사람 곧 우리 주 하나님이 얼마든지 부르시는 자들에게 하신 것이라." 했습니다. 이같이 믿는 자에게 성영 충만하게 하신다고 했습니다. 그런데 대다수의 그리스도인들이 이 약속이 있음에도 성영님의 충만함으로 나아가지 못하고 나약한 신앙생활을 하고 있습니다. 사람들이 믿는다고는 해도 성영님의 충만함으로 나아가기 위한 자기 훈련을 하지 않고 있으므로 내외적으로 충만함을 갖지 못하고 있습니다. 그래서 어떠한 장벽이 있더라도 성영님으로 충만함을 받아야 할 권리와 책임이 있음을 알아야 합니다.

'성영님의 충만'이란, '차고 넘치는 대로 나아간다.'라는 것이며, 성영님으로 온전히 지배받는 것을 말합니다. 그래서 '성영 충만'하면 곧 나는 없고 성영님의 지배를 받아 능력으로 채움을 받는다는 말입니다. 오늘 본문이 **술 취하지 말라 이는 방탕한 것이니 오직 성영의 충만을 받으라** 이지 않습니까? 사람이 술에 취해 사는 것은 그 술에 지배받고 있다는 것으로서 결국 방탕이지 그것은 믿음의 일이 아니니 멸망에 들어갈 수밖에 없습니다. 그러므로 성영님으로 충만을 받으라는 것입니다. 술은 그 사람을 지배하여 멸망으로 들어가게 하지만, 성영님으로 지배받는 것은 영생으로 들어가는 것이니, 그러므로 술 취하는 어리석은 자가 되지 말고 성영님의 충만을 받으라고 한 것입니다. 내 마음대로, 내 하고 싶은 대로, 내 본성대로 하는 지혜 없는 어리석은 자가 되지 말라는 것입니다. 주의 뜻이 무엇인가 이해하고 지혜 있는 자같이 하여 성영님으로 충만을 받으라는 겁니다. 성영님으로 충만을 받으면 이제 성영님께서 온전히 주장하고 이끌어 가십니다.

예수님 십자가의 죽음에 나도 함께 죽었음을 알고 그 믿음이 되어 예수님의 말씀을 받아들여 사는 능력을 갖추는 그것이 곧 성영님으로 충만을 받는 것임을 말합니다. 말씀으로 살기를 원하는 뜻을 가지고 사모하여 말씀을 늘 가까이하고 말씀을 취하면 그 말씀이 자기 정신이 되고 사는 능력이 되고 자신을 지배하고 경영해 가는 것입니다. 성영님은 예수님을 영화롭게 하시려고 오셨음을 요16:14에 말씀하셨고, 롬8:9에 성영님은 그리스도의 영이라고 하셨습니다. 그래서 성영님의 충만함을 받는 것은 말씀으로 산다는 것이며, 예수님의 삶을 나도 산다는 말입니다. 예수님의 인격과 성품으로 사는 자라는 말입니다. 그래서 '오직 성영님의 충만함을 받아라.'는 것은 오직 예수님으로 충만한 삶을 살라는 말입니다.

그다음 성영님의 충만을 받으라는 것 중의 하나는 죄를 이기는 자가 돼야 함을 말합니다. 우리가 예수님을 믿는다 해도 죄를 짓게 되는 경우가 있습니다. 사도 바울도 롬7:22-24에 고백하기를 **내 속사람으로는 하나님의 법을 즐거워하되 내 지체 속에서 한 다른 법이 내 마음의 법과 싸워 내 지체 속에 있는 죄의 법 아래로 나를 사로잡아 오는 것을 보는도다** 라고 했습니다. 이같이 우리의 부패 된 본성에 져서 자꾸 죄를 짓고 마는 약함이 있음을 탄식했습니다. 갈5:17에 **육체의 소욕은 성영을 거스리고 성영의 소욕은 육체를 거스리나니 이 둘이 서로 대적함으로 너희의 원하는 것을 하지 못하게 하려 함이니** 라고 했습니다. 이처럼 육체의 소욕은 성영님을 거스리고 성영님의 소욕은 육체를 거스리는 갈등이 끊임없이 일어나기 때문에 그 육체의 소욕을 이기려면 성영님의 능력을 입어야만 합니다.

성영님으로 능력을 입지 않으면 우리 노력으로는 죄를 이길 수가 없기에 신앙생활이 힘들 수밖에 없습니다. 무기력해질 수밖에는 없는 것입니다. 그래서 성영님의 충만을 받아야 죄의 소욕을 이기는 겁니다. 롬8:13,14에 **너희가 육신대로 살면 반드시 죽을 것이로되 영으로써 몸의 행실을 죽이면 살리니 무릇 하나님의 영으로 인도함을 받는 그들은 곧 하나님의 아들**이라고 했습니다. 하나님의 영 곧, 자기 안에 오신 성영님의 인도를 받아야 하나님의 아들이라는 것입니다. 또한, 성영님의 사람만이 영혼을 사랑할 능력이 되고, 예수님을 믿고 구원받기 원하는 간절한 마음을 갖게 되어서, 구원받게 하는데 희생이 따르더라도 마음을 쏟게 되어 있습니다.

행10:38에 **하나님이 나사렛 예수에게 성영과 능력을 기름 붓듯 하셨으매 저가 두루 다니시며 착한 일을 행하시고 마귀에게 눌린 모든 자를 고치셨으니 이는 하나님이 함께하셨음**이라고 하셨습니다. 이처럼 예수님께서도 뜻을 이루시기 위한 사역을 성영님으로 행하셨습니다. 성영님으로 일하셨고 기뻐하는 것도 성영님으로 기뻐하셨고 감사도, 기도도, 성영님으로 하셨다고 했습니다. 또한, 눅24:49에 예수님의 죽음과 부활을 직접 목격한 제자들이라도 약속하신 성영님, 즉 위로부터 능력을 입히울 때까지는 가만히 있어야 한다고 분부하셨습니다. 복음의 일은 영적인 것이니 영이신 성영님의 충만함을 입지 않고는 할 수 없기 때문입니다. 그래서 믿음은 자기를 성영님께 맡기고 성영님을 기꺼이 따르는 것을 말합니다. 성영님으로 충만함을 받는 믿음이 된다면, 삶 속에 놀라운 평화와 기쁨과 만족함이 흘러넘치고 성공된 인생을 사는 사람이 되는 것입니다. 세상에서 잘 먹고 잘살기 위한 목적이 되지 않을 수 있는 것도 성영님으로 충만할 때만이 가능합니다. 성영님으로 충만할 때 하늘 영광이 보이기 때문에 그렇습니다.

오늘날 교회들이 성영을 받기를 기도하라고 가르칩니다. 제자들이 마가 다락방에 모여 기도에 힘쓸 때 오순절 날 성영이 강하게 임하여서 그들이 권능을 받아 복음 사역에 엄청난 이적을 행했다고 하며 그처럼 우리들도 능력 있는 그리스도인이 되려면 성영 충만 받아야 하고 성영을 받으려면 그같이 기도에 힘써야 한다고 가르치고 있습니다. 그래서 성영 충만하게 해달라고 매달려 몸부림하며 기도들을 하는 겁니다. 물론 기도도 해야 하지만, 기도만 하는 것이 아니라 먼저 제자들이 성영님으로 충만 받을 수 있었던 그 과정을 반드시 살펴보고 그 길을 배워야 하고 함께 따라가야 합니다. 오순절 성영님의 강림 사건만 보고 성영 충만하게 해달라고 기도하라고 하는 것은 결국 하나님을 하나님으로 알지 아니하는, 하나님을 도무지 인격적으로 대하지 않는 귀신의 가르침과도 같습니다. 제자들이 성영님의 충만을 받을 수 있었다면 먼저 그 충만을 받을 수 있었던 자격, 그릇으로 준비된 과정부터 보고 배우는 것이 돼야 합니다. 제자들은 예수님과 동고동락 하며 삼 년 반을 같이 지냈고 예수님께서 천국 복음을 전하시며 너희는 내게 배우라 하시고 제자로서 갖춰야 할 예수님의 일을 다 가르치셨습니다.

예수님의 말씀을 이해하지 못하는 것이 많았지만, 예수님께서 이제 성영님이 오시면 그 모든 것을 가르치시고 생각나게 하실 것을 말씀하셨고, 그때는 예수님보다 더 큰 일을 행할 것이라고 하시며, 성영님이 오시면 충만히 받을 수 있는 자들로 가르쳐 훈련하셨습니다. 제자들도 신나고 행복한 마음으로 배우고 묻고 함께 먹고 자고 생활을 같이했습니다. 예수님께 배우고 듣고 보고 행하며 철저히 제자의 훈련을 받았습니다. 바로 오늘날 그리스도인들도 제자들의 길을 예수님과 함께 먹고 자고 배우고 묻고 깨달으면서 나아가야 함을 보인 것입니다. 이것이 없이는 성영님의 충만은 있을 수 없습니다. 불 받았다. 뭐했다 하는 것은 다 사단의 것들입니다.

하루는 예수님께서 제자들에게 물었습니다. "사람들이 인자를 누구라고 하느냐?" "예 선지자 중의 한 사람으로 보고 있던 데요" "그럼 너희는 나를 누구라고 하느냐?" 그때 베드로가 즉시 나서서 "주는 그리스도시오 살아 계신 하나님의 아들이시니이다" 너무나 멋진 정확한 답변(신앙고백)을 한 것입니다. 그러자 예수님께서 베드로를 칭찬하시며 아버지가 알게 하신 그 예수님에 대한 신앙 고백 위에다 내 교회를 세우리라 하셨습니다(마16장). 그리고 마26:31-35에 예수님께서 십자가에 달리시기 전날에 제자들에게 **오늘 밤에 너희가 다 나를 버리리라** 하시자 베드로가 또 즉시 나서서 "다른 사람이 다 버릴지라도 나는 절대로 예수님 안 버릴 것입니다"라고 자신의 찬 말을 서슴지 않자 예수님께서 **내가 진실로 네게 이르노니 오늘밤 닭 울기 전에 네가 세 번 나를 부인하리라**고 하셨습니다. 그러자 베드로가 또 답하기를 **내가 주와 함께 죽을지언정 주를 부인하지 않겠나이다 하고 모든 제자도 이와 같이 말하니라** 했습니다. 절대 주님 부인하지 않겠다고 하자 제자들 모두 똑같이 베드로처럼 자신만만한 대답을 하고 나왔다는 말입니다.

그런데 예수님이 말씀하신 대로 그 현실에 직면하자 어떻게 했습니까? 군병들이 예수님을 잡으러 오니 모두 예수님을 버리고 도망했고 베드로는 예수님이 대제사장 앞에 끌려와 고초와 모욕을 당할 때 멀찍이 있다가 그 결국을 보려고 예수님 가까이 가서 그 하속들과 함께 앉았더니 그중에 하나가 예수님의 제자인 것을 알아보자 모든 사람 앞에서 부인하며 "네가 뭔 말을 하는 것인지 나는 알지 못하겠다." 하고, 또 나아가 "나는 그를 알지 못한다."라고 맹세하고 부인했다고 했고, 또 나아가 "저주하며 맹세하며 부인했다"고 했습니다(마26장). 그리고 곧 닭이 울더라고 했습니다. 그때야 베드로가 "네가 오늘밤 닭 울기 전에 세 번 나를 부인하리라" 하심이 생각나서 밖에 나가 심히 통곡한 것입니다. 베드로는 여기서 철저히 자아가 깨어질 수밖에 없었습니다. 어떻게 자기가 예수님을 저주하고 예수님을 부인하고 저주를 맹세할 수가 있었는지, 비굴하고 악한 자기의 모습, 자신의 연약성, 자기 신뢰가 얼마나 어리석고 무서운 것인지 처절히 자신에게서 보게 되었고 그래서 깨져야 했던 것입니다. 자기 마음이야 예수님 죽는 데까지 따라가겠다고 했지만, 자기의 의지는 수치요. 예수님의 그 전지성과 예수님과 눈이 마주쳤을 때 눈빛으로 연민의 정을 쏟으신 그 사랑 앞에 밖으로 뛰쳐나가 통곡할 수밖에 없었습니다.

이 사건은 우리에게 무엇을 깨우쳐 줍니까? 바로 성영님이 붙잡아 주지 않는, 성영님의 내주하심이 없으면 자기 의지는 나약하고 무력해서 무너질 수밖에 없다는 것을 말해줍니다. 인간 자기 사랑이라는 것, 인간 자기 의지라는 것은 죄를 가졌기에 죄를 가진 인간 자기 사랑, 자기 의지로는 죄 없으신 예수님을 사랑할 수도 없고, 의지를 세울 수도 없는 것임을 여실히 보게 하셨습니다. 인간이 실지로 영적으로 들어가면 예수님과는 원수 관계이기 때문에 절대로 인간으로는 예수님을 사랑할 수도 없고 따를 수도 없습니다. 그래서 베드로가 그 관계로 들어가서는 예수님을 부인했고 저주했고 맹세로 저주한 것입니다. 그러므로 이 같은 인간의 처지를 알고 인간으로 믿는다 하면 망할 것밖에 없는 것이니, 오직 성영님으로 예수님을 믿기를 소원하고 성영님의 믿음이 되기를 원해야 하고 성영님의 충만으로 나가기를 힘써야 하는 것입니다.

그래서 예수님께서 죽으시고 부활하신 후 자기를 철저히 경험하고 자아가 깨진 베드로를 찾아오셨습니다(요21:15-17). 그리고 물으시기를 요한의 아들 시몬아 네가 이 사람들 보다 나를 더 사랑하느냐 하시니 가로되 주여 그러하외다 내가 주를 사랑하는 줄 주께서 아시나이다 가라사대 내 어린 양을 먹이라 하시고, 또 두 번째 가라사대 요한의 아들 시몬아 네가 나를 사랑하느냐 하시니 가로되 주여 그러하외다 내가 주를 사랑하는 줄 주께서 아시나이다 가라사대 내 양을 치라 하시고 세 번째 가라사대 요한의 아들 시몬아 네가 나를 사랑하느냐 하시니 주께서 세 번째 네가 나를 사랑하느냐 하시므로 베드로가 근심하여 가로되 주여 모든 것을 아시오매 내가 주를 사랑하는 줄을 주께서 아시나이다 예수께서 가라사대 내 양을 먹이라고 하셨습니다.

요한의 아들 시몬아! 즉 혈과 육으로 난 사람아! 라는 말입니다. 혈과 육으로는 마음은 원이로되 나를 사랑할 능력이 없다는 것을 네가 알았느냐는 예수님의 물음입니다. 베드로는 정말 예수님을 사랑했습니다. 베드로가 참으로 예수님을 사랑했지만, 인간으로는 사랑할 수 없는 분이라는 것, 자기로는 사랑할 수 없는 분이라는 것, 마음은 원이로되 육신이 약하도다(마26:41)를 철저히 경험케 하시고,

인간으로는 예수님을 진정으로 사랑하여 죽는 데까지 따라가겠다고 했지만, 인간 사랑으로는 무너지는 것을 경험케 하셨습니다. 그래서 그것을 네가 알았느냐고 하시는, 베드로가 자기 경험으로 알게 된 질문을 하신 것입니다. 그리고 예수님을 진정 사랑한 베드로에게 영적 사랑으로 회복케 하시려고 네가 이 사람들보다 나를 더 사랑하느냐 물으셨습니다. 혈육보다는, 혈육으로 맺은 이 모든 사람들보다는 참으로 네가 나를 더 사랑하느냐? 즉 진짜 죽는 데까지 나를 사랑하여 따르겠느냐는 물음이셨지만, 이 물음의 의도는 네가 죽는 데까지 나를 사랑하여 따르는 자가 되었다는 말입니다. 내가 주를 사랑하는 줄 주께서 아십니다. 연거푸 세 번째 물으시는 것에 "베드로가 근심하여 주여 모든 것을 아시오매 내가 주를 사랑하는 줄을 주께서 아시나이다." 깨어진 자아, 예수님과 함께 죽은 자아가 된 베드로가 예수님을 사랑하는 것을 예수님이 다 아시면서 왜 계속 물으시는지 근심이 됐습니다. 이렇게 세 번을 물으신 것은 우선은 삼위 하나님과의 관계를 이룬 뜻이 되었고, 내 양을 먹이라 하신 것으로, 이제 예수님의 남은 일을 하라는 사명을 말씀하셨습니다. 내가 너를 사랑한 것같이 네가 나를 사랑하니 그 사랑으로 곧 내 양을 먹이라는 것입니다.

베드로가 세 번 부인했던 것은, 인간의 영, 혼, 육이 하나님과 철저히 원수가 되어 있다는 것을 그래서 육으로는 하나님을 사랑할 수 없다는 것이 베드로에게서 드러난 것입니다. 그러므로 제자들이 자신을 철저히 보았습니다. 이처럼 제자들은 성영님이 오시면 충만함을 받을 수 있는 그릇이 되었습니다. 성영님이 그들 속에 임하여 오실 수 있는 준비된 그릇이었다는 말입니다. 그러므로 무조건 기도만 하면 다 성영님으로 충만해진다고 한다면 큰 착각입니다. 그것은 하나님에 대해서 알지도 못하고 자신에 대해서도 알지 못하는 무지요, 아주 오만이요, 교만입니다. 자기가 누구인지 자기의 실체를 보지 않으면, 보지 못하면 자아가 깨어지지 않으면, 예수님과 함께 죽음에 넣지 않으면 성영님의 충만으로 나갈 수는 없습니다. 예수님과 함께 먹고 자면서 예수님을 따라 말씀을 듣고 그 말씀을 순종하여 사는 훈련을 통하지 않고는 성영님의 사람은 될 수 없습니다.

정말 성영님으로 충만한 능력 있는 자가 되기 위해서는 성영님의 충만을 받을 만한 합당한 대가, 제자들처럼 예수님과 함께 먹고 함께 자고 하는 훈련의 대가를 지불할 수 있어야 합니다. 물론 예수님과 함께 가는 그 길을 위해서는 먼저 예수 그리스도의 이름으로 죄사함을 얻어야 하는 것, 이제는 모르는 이 아무도 없을 것입니다. 행 2:38에 **회개하여 각각 예수 그리스도의 이름으로 침례를 받고 죄 사함을 얻으라 그리하면 성영을 선물로 받으리니** 했습니다. 자기를 지으신 하나님에 대하여 죄인인 것을 인정하고 그러므로 자기 본성이 죄요 사망에 처하여 지옥에 떨어질 존재임을 알아 죄를 처리하신 예수님을 알고 믿는 것이 돼야 합니다. 하나님의 아들 예수께서 나의 죄를 친히 몸에 지시고 머리에는 가시관 쓰시고, 채찍에 맞으시고, 손과 발에 못 박히고 옆구리는 창에 찔려 피 흘리시고, 나의 죄 때문이며 내 죄를 대신 지셨다는 것을 진정으로 믿는 것입니다. 그러므로 이제 내게 죄의 책임을 묻지 않으신다는 그 은혜를 믿고, 예수님을 오직 나의 생명, 나의 능력, 나의 기쁨, 나의 행복, 나의 생의 목적으로 삼고 죄에서 돌이키고 세상에서 돌이켜야 합니다.

회개하여 예수 그리스도의 이름으로 침례를 받고 죄 사함을 얻으라 하는 것은 죄를 버리고 세상에서 나오는 것입니다. 피로 죄를 씻어 의롭다고 하셨음에도 죄인의 죄를 여전히 짓는다면 성영님이 함께하실 수가 없습니다. 세상 것에 대한 욕심, 이기심, 교만, 탐욕 등 죄라고 하는 것들을 다 버려야 합니다. 죄들과 인연을 끊어야 합니다. 창4:7에 …… **죄의 소원은 네게 있으나 너는 죄를 다스릴지니라** 말씀하셨지 죄에 지배받고 죄에 끌려다니라고 하지 않으셨습니다. 성영님은 거룩한 영이시고 성결의 영이시니 죄가 있는 곳엔 계실 수가 없습니다. 더러운 곳에는 언제나 파리나 쥐들이 모이는 것처럼, 여전히 죄의 더러움에 있으면 더러운 것의 지배를 받는 것입니다. 죄인의 옛 생활을 버리고 사람들에게도 예수님을 구주로 믿는 것을 떳떳하게 드러내는 사람을 성영님께서도 믿음을 도우시는 것입니다. 체면 불고하고 믿어야 합니다. 예수님을 믿는 것을 부끄럽게 여기고 쑥스럽게 여기는 사람은, 성영님이 함께하실 수도 없고 역사하시지 않습니다.

　요14장에 예수께서 **너희가 나를 사랑하면 나의 계명을 지키리라 나의 계명을 가지고(간직하여) 지키는 자라야 나를 사랑하는 자니 나를 사랑하는 자는 내 아버지께 사랑을 받을 것이요 나도 그를 사랑하여 그에게 나를 나타내리라** 하셨습니다. 그리고 반복적으로 **사람이 나를 사랑하면 내 말을 지키리니 내 아버지께서 저를 사랑하실 것이요 우리가 저에게 와서 거처를 저와 함께하리라 나를 사랑하지 아니하는 자는 내 말을 지키지 아니하나니** 하셨습니다. 예수님을 사랑하는 증거가 무엇인가? 예수님의 말씀 하신 계명을 지키는 것인데 그런 자 속에 예수님께서 성영님으로 오셔서 함께 동거하며 모든 일을 같이하리라 하신 것입니다. 그러니 예수님의 말씀을 모르고 어떻게 예수님을 사랑한다고 할 수 있겠습니까?

행5:32에 **하나님이 자기를 순종하는 사람들에게 주신 성영**이라고 했습니다. 그러면 하나님의 말씀을 누가 순종합니까? 순종은 아무나 하는 것이 아니라 하나님이 계신 것을 믿는 자가 순종하는 것이요. 순종하는 것이 곧 하나님을 사랑하는 것이라는 말입니다. 예수님은 제자들이 사람으로서는 할 수 없는 예수님의 하신 일을 이어받아야 했으므로 성영님으로 충만을 받게 하시려고 가르침을 받은 대로 준수하도록 명하셨습니다. 그렇기에 성영님으로 충만하기 위해서는 예수님의 가르침을 반드시 따라야 합니다. 사람이 예수님의 말씀에 관해 관심과 훈련을 외면하면서 그냥 성영 충만하게 해달라고 온 힘을 다해 기도해놓고 밖에 나가서는 세상 사람과 똑같이 살고 옛 습관에 젖어있다면, 그것은 성영 충만으로 나아가는 것이 아니라, 오히려 마귀의 참소와 삼킬 대상이 되는 것일 뿐입니다.

우리가 성영님으로 충만한 믿음이 되고자 하는 것은 우리 의지에 있습니다. 우리가 참으로 예수님의 사람이기를 원하면 온 마음을 예수님께 두고 예수님의 피 값으로 저를 사셨으니 이제 저는 오직 예수님의 소유로 살기 원하니 나로 믿음의 합당한 사람이 되게 하여 주시라 기도하면서 자기의 의지를 맡기고 성영님이 이끄시는 그 훈련을 잘 받아가야 합니다. 잠8:17에 **나를 사랑하는 자들이 나의 사랑을 입으며 나를 간절히 찾는 자가 나를 만날 것이니라** 하셨고 약4:8에 **하나님을 가까이하라 그리하면 너희를 가까이하시리라** 했습니다. 요14:23에 **사람이 나를 사랑하면 내 말을 지키리니 내 아버지께서 저를 사랑하실 것이요 우리가 저에게 와서 거처를 저와 함께하리라고** 했습니다. 예수님의 말씀을 따라 지키는 것은 곧 예수님을 사랑하기 때문이요. 하나님 아버지께서도 사랑하시는 것입니다. 믿는다는 사람들이 다 이 조건에 걸려 있기 때문에 성영님의 충만을 받지 못하고 있습니다. 자기가 시퍼렇게 살아서 믿는다 하고 있기 때문에 성영님의 충만은 있을 수가 없습니다.

그렇지 않으면 하나님을 위해서 가정도, 친구도, 세상 즐거움도, 재산, 모든 명예를 다 희생하고 충성은 하는데, 그 일의 중심이 자기가 되어서, 자기를 죽음에 내주지 못하고 자기가 살아서 하는 일이라서 성영님의 충만을 받지 못하는 것입니다. 아무리 오랫동안 신앙생활을 했어도 사랑, 희락, 화평, 온유, 오래 참음, 자비, 양선, 충성, 절제의 이 같은 성영님의 열매가 없는 것입니다. 예수님의 진액인 말씀으로 영의 양식이 되지 않으니 성영님으로 맺는 열매는 있을 수가 없습니다. 육의 자아를 날마다 자기 십자가에 못 박고 성영님의 인도함을 받기를 소원해야 합니다. 성영님으로 충만하기를 목말라 해야 합니다.

요7:37-39에 예수께서 **외쳐 가라사대 누구든지 목마르거든 내게로 와서 마시라 나를 믿는 자는 성경에 이름과 같이 그 배에서 생수의 강이 흘러나리라 하시니 이는 그를 믿는 자의 받을 성영을 가리켜 말씀하신 것이라**고 하셨습니다. 자기의 처지를 알고 영혼의 목마름으로 갈증을 느껴 아주 목말라하는 자에게 성영님을 주신다는 것입니다. 성영님을 받지 않아도 잘 믿을 수 있다고 잘살아갈 수 있다고 생각하는 사람에게 성영님은 오시지 않습니다. 그러므로 성영님의 지배를 받기를 소원하고 갈망하며 성영님을 좇아 행해 나갈 때 비로소 충만한 자가 되는 것임을 알기 바랍니다. 오늘 말씀을 맺으면서 여러분에게 다시 또 당부하기는 여러분 술 취하지 말고 즉, 세상에 취하지 말고 오직 성영님의 충만을 받으십시오. 그것이 여러분이 이 땅에서나 영원한 나라에 가서나 사는 길입니다.

　오직 성영님의 충만을 받으십시오. 우리에게 성영님이 오신 것에 대하여 아버지께 말할 수 없는 큰 감사로 영광을 돌립니다. 아멘

제 18 장
믿음은 오직 성영님으로만 되는 것

17선지자 이사야의 글을 드리거늘 책을 펴서 이렇게 기록한 데를 찾으시니 곧 **18**주의 성영이 내게 임하셨으니 이는 가난한 자에게 복음을 전하게 하시려고 내게 기름을 부으시고 나를 보내사 포로 된 자에게 자유를, 눈먼 자에게 다시 보게 함을 전파하며 눌린 자를 자유케 하고 **19**주의 은혜의 해를 전파하게 하려 하심이라 하였더라 **20**책을 덮어 그 맡은 자에게 주시고 앉으시니 회당에 있는 자들이 다 주목하여 보더라

(눅4:17-20)

요1:14에 **말씀이 육신이 되었다**고 하셨는데 말씀이 육신이 되었다고 하는 것은 너무나 큰 신비입니다. 어떻게 말씀으로 계시던 분이 육신이 되어 올 수가 있는가? 바로 '성영으로'라고 분명히 가르쳐주고 있습니다. 영원 전에 하나님 안에서 말씀으로 계시던 분, 즉 신성과 인성이신 로고스를 성영님이 마리아의 몸에다 잉태케 하여 태어나게 하시고, 그래서 인간이 눈으로 보고 손으로 만질 수 있는 하나님으로 오셨다고 하는 것입니다. 아버지와 아들과 성영님은 한 분 하나님이시지만, 사람을 위해서 구원의 일을 행하여 역사하셨을 때는, 아버지 하나님이 뜻을 주관하시고, 세우신 뜻을 아들 예수님이 마리아

의 몸에 성영님으로 잉태되어 육신이 되어 오셔서 하나님의 뜻을 이루어 놓으시고, 이루신 그것을 오늘날 모든 믿는 자 속에 오셔서 증명하시고 증거하시는 분은 성영님이십니다. 그렇게 예수님은 성영님으로 잉태되어 나시고 하나님의 뜻을 이루시는 일도 성영님으로 하셨습니다.

우리는 예수님도 하나님이고, 성영님도 하나님인데 왜 예수님께서 성영님으로 나시고 일하셔야 했는지, 성경이 강조하고 있는 것을 생각해 봐야 합니다. 또한, 예수님이 하나님의 아들이신 것을 사람이 알 수 있었던 것도 성영님에 의해서입니다. 마3:16에 **예수께서 침례를 받으시고 곧 물에서 올라오실 새 하늘이 열리고 하나님의 성영이 비둘기같이 내려 자기 위에 임하심을 보시더니** 했습니다. 눅3:22에 **성영이 형체로 비둘기같이 그의 위에 강림하시더니 하늘로서 소리가 나기를 너는 내 사랑하는 아들이라 내가 너를 기뻐하노라 하시니라** 하셨습니다. 이처럼 예수님은 성영님이 임하심으로 하나님의 아들이라는 것이 증명되었고, 하나님께서 그것을 또한 증거하셨습니다. 그래서 예수님께서도 성영님이 임하시지 않고는 하나님의 뜻을 행하실 수 없었다는 것 여러분이 알아야 합니다. 하나님의 뜻, 독생자가 오셔서 사람을 죄에서 구원하는 일을 행하심은 성영님으로 하신 것이요, 사람에게 구원이 이루어지게 하신 것도 성영님으로 말미암아서입니다.

오늘 본문에 예수님께서 주의 성영이 내게 임하셨으니 이는 내게 기름을 부으시고 했습니다. 그것은 곧 가난한 자에게 복음을 전하게 하시려고 포로 된 자에게 자유를 눈먼 자에게 다시 보게 함을 전하며 눌린 자를 자유케 하고 주의 은혜의 해를 전파하게 하려는 것이라고 하셨습니다. 이같이 성영님이 임하시자 하나님의 아들임이 증명이 되고 또한 복음을 전하시고 하나님의 뜻을 행하실 수가 있었습니다. 예수님의 다니심도 성영님의 이끌림을 받으셨다고 했습니다. 예수님 임의대로 행하신 것이 아니라 성영님께 이끌림을 받았습니다. 구약의 모든 예언의 말씀을 응하는 일이었습니다. 눅4:1에 **예수께서 성영의 충만함을 입어 요단강에서 돌아오사 광야에서 사십 일 동안 성영에게 이끌리시며** 하셨고 마4:1에 **그 때에 예수께서 성영에게 이끌리어 마귀에게 시험을 받으러 광야로 가사** 라고 말씀하셨듯이 하나님의 뜻을 행하는 일에 성영님의 이끄심을 따라 나가셨습니다. 이렇게 예수님도 성영님의 이끄심을 따라 행하셨듯이, 바로 그리스도인들의 신앙도 반드시 성영님의 이끄심을 따라야 합니다.

그런데 성영님의 이끄심을 따르는 데는 성영님께서 자기에게 오셔야 하는데 무조건 성영님을 오시라 한다고 해서 오실 수 있는 것이 아닙니다. 반드시 성영님이 오실 수 있는 조건이 돼야 합니다. 우리가 믿을 때에 성영님을 받아 따르지 않으면 그 믿음은 잘못 믿는 것이 됩니다. 아무리 인간이 열심히 교회를 왔다 갔다 하고, 헌금 드리라 하니 헌금 열심히 드리고 목사님 말씀 순종하면 복 받는다 하니 목사님 말씀 다 순종한다 하더라도 성영님으로 믿는 것이 아니면 헛것입니다. 우리가 하나님의 뜻대로 믿음이 돼야 한다는 것은 여러분 다 아는 것이잖습니까? 절대로 하나님의 뜻대로 믿는 믿음이 돼야 한다는 것 말씀드렸습니다. 우리 신앙을 인도하는 분은 성영님이신 것은 아는데 그러면 성영님이 내 안에 오실 수 있는 조건이 무엇인가? 행 2:38에 **너희가 회개하여 각각 예수 그리스도의 이름으로 침례를 받고 죄 사함을 얻으라 그리하면 성영을 선물로 받으리니 이 약속은 너희와 너희 자녀와 모든 먼 데 사람 곧 주 우리 하나님이 얼마든지 부**

르시는 자들에게 하신 것이라고 했습니다. 성영님을 받는 조건이 뭐라고요? '너희가 회개하여' 했습니다. 그다음 마3:6에 **자기들의 죄를 자복하고 요단강에서 침례를 받더니** 했습니다. 바로 회개하고 죄를 자복한다는 말입니다. 회개를 헬라어로 메타노에오(metanoevw)라고 합니다. 죄로부터 세상으로부터 인본으로부터 나와 하나님께로 완전히 돌아선다는 말입니다. 입으로 '하나님 나 죄지었습니다. 용서해주세요.' 이런 것을 말하는 것이 아닙니다. 하나님 말씀에 비춰 메타노에오(metanoevw) 한다는 말입니다. 자기가 가지고 있던 삶의 기준을 버리고 행동까지도 바꾼다는 것으로서 이것은 감정의 변화나 양심의 가책 이런 것을 말하는 것이 아니라 확실하게 돌아서는 것을 말합니다. 하나님께로 돌아와 하나님의 말씀을 따라 살면서 회개에 합당한 열매를 맺는 것입니다. 그래서 성영님이 자기 안에 들어오실 수 있는 조건은 먼저 자기가 죄인임을 깨닫고 고백하는 것이요, 그다음 자신의 삶이 잘못되었음을 알고 하나님께로 돌아서서 말씀을 따라 사는 것이요, 그다음 예수님께서 자기의 죄 용서를 위해 생명의 피를 흘려주셨다는 것을 믿고 고백하는 것입니다. 이같이 회개함으로써 성영님께서 임하실 수 있고 오실 수 있는 조건이 되었습니다. 회개하여 말씀을 따라 살고자 하는 믿음을 가졌으니 죄 사함을 확실히 받은 것입니다. 예수님의 피로 죄가 깨끗하게 되어 이제 성영님이 오실 수 있는 조건이 되었습니다. 그러므로 성영님을 알고 성영님을 모셔 들여야 합니다. 물론 예수 그리스도를 자기의 구주로 믿고 영접하여 들이면, 예수님 영접하는 것은 곧 성영님을 영접하는 것이 되고 성영님을 영접하면 예수님을 영접하는 것이 되기에 성영님이 임하시기는 합니다. 그러나 성영님을 알고 성영님을 의지하는 믿음으로 나아가지 않으면 신앙은 힘이 없고 즉, 생명력도 없고 능력도 없습니다.

그런데 사실은 사람들이 회개가 안 돼 있습니다. 정말 너무너무 회개가 안 되어 있습니다. 세상에서 더 잘 먹고 잘살려고 하는 목적, 육체의 정욕에 이끌려서 믿는다 하고 있기 때문에 성영님이 그 사람과 관계를 두실 수가 없습니다. 자기가 편리한 대로 믿는 것이 되어서 항상 타협적이고 합리적입니다. '사람이기 때문에……, 인제 믿으러 나와서 뭘 알겠어? 그냥 몰라서 그러지……' 하고 갖가지의 변명을 내세웁니다. 이 같은 변명은 자기가 알려는 수고와 노력이 없기 때문이고, 자기 아집으로 믿는다 하는 것이기 때문입니다. 하나님 앞에서는 이 같은 변명들이 통하지 않습니다. 그러니 정말 믿으려면 성영님을 의지하여 기도하는 것입니다. 다른 기도 할 필요 없어요. 자신의 구원(생명) 문제이니 이보다 더 중한 일은 없습니다. 오늘 밤에라도 호출받으면 가야 할 곳이 분명히 있어야 하지 않습니까? 지옥 갈 것으로 한다면 모를까 영생의 나라에 들기 원한다면 믿음을 바로 해야 하지 않겠습니까? 영의 눈을 열어주시고 죄인임을 보게 하시고, 천국이 있고 지옥이 있다는 확신의 믿음, 예수님이 하나님의 아들이요 구주라는 성영님으로 믿는 확고한 믿음을 주시라고 간절히 기도하는 것입니다.

그런데 여러분 지금 뭘 기도하는 것입니까? "아이고 내 자식 좀 잘되게 해주세요. 나는 못 돼도 좋으니 내 자식 좀 잘되게 해주세요." 하는데 뭘 잘되게 해달라는 겁니까? 내가 구원받아야 자식도 구원으로 이끌 수 있는 것 아니겠어요? 자기 자식 잘되게 해서 세상이나 늘 마음에 품고 살라고요? 세상에서 잘 먹고 잘 입고 명예 얻는 대로 가라고 나는 못 돼도 괜찮으니 우리 자식 주님 잘 믿게 해주시고 복 받게 해주세요, 하는 것입니까? 믿음은 그런 것 아닙니다. 하나님께서는 네가 멸망 받게 되었으니 그곳에서 구원받게 하려고 예수님을 십자가 저주의 형틀에 내주셨고 예수님 공로로 구원 얻는 그 믿음을 주시려고 성영님을 보내셨다고 하는 것입니다. '내 자식 잘되게 해주세요. 우리 가족 잘 먹고 잘살게 해주세요.' 하는 것 하나님께서 듣지도 않으시고 절대로 용납하시지 않습니다. "아! 나는 정말 죽을 죄인이로구나!" 하고 자신 속에서부터 죄인인 것을 깨달아 볼 수 있어야 합니다. 그래서 우리가 성영님에 대하여 분명한 지식을 가지고 성영님을 따르는 신앙이 돼야만 합니다.

그런데 자기는 성영님을 영접해드리긴 했는데 실제로 자기에게 오셨는지 느낌도 없고 현상도 없으니 답답하다 어떻게 알 수 있느냐? 하실 수도 있습니다. 먼저 "성영님이 누구신지를 알았습니다. 성영님이 내 믿음을 도우시는 하나님이심을 믿기에 내게 계시기 원하고 성영님의 인도를 받기 원하는 간절함으로 기도하니 성영님 내 안에 오시옵소서. 내 믿음을 도와주시옵소서." 하고 진정으로 기도하였다면 이제 성영님이 자기 안에 오셨다는 것을 확실히 믿는 것입니다. 이 믿음이 굉장히 중요합니다. 그리고 성영님이 자기 안에 임하셨는지 느낌을 받지 못하면, 이제 성영님을 경험하기 원한다고 성영님의 나타남을 주시라고 계속 중점적으로 사모하고 기도하는 것입니다. 뭐 환상 보여주라 음성을 들려주라 이런 것이 절대 아닙니다. 누가 뭐래도 절대로 무너지지 않는 믿음을 보증해주시는 것이 돼야 합니다.

그래서 자기에게 성영님이 계신 것을 경험하게 해주시라고 중점적으로 간절히 기도하면 자기 안에서, 말씀을 듣거나 기도를 하거나 찬송을 하거나 일상생활 중에서도, 자기가 그동안 느껴보지 못했던 어떤 기쁨이 샘솟아 올라오는 것입니다. 자기 속에 뭔지 행복하기도 하고 기쁜 것이 있음을 느끼게 되는 겁니다. 평안함이 느껴지는 거예요. 이것이 바로 성영님이 영에 오셔서 계신 증거로서 성영님이 자기 안에 오셨음을 알 수가 있습니다. 그리고 말씀이 알고 싶고 말씀을 따라 살고자 하는 소망이 일어나고 예배를 드리러 올 때도 소망으로 나오게 되는 것입니다. 이런 현상이 자기 안에 있다고 하면 성영님이 내주하셨다는, 죄 사함 받고 구원받았다는, 그러니까 거듭나서 하나님의 자녀가 되었다는 것에 대한 증거입니다. 배 속에서부터 평안이 올라오고, 기쁨이 올라오는 것이 바로 증거라는 말입니다.

그런데 우리 믿음에서 반드시 구분돼야 할 필요가 있어서 참고로 말씀드립니다. 이것은 누구나 다 그렇다는 것은 아니지만. 사람에 따라서 나타날 수도 있고 나타나지 않을 수도 있어요. 그러나 앞에 방금 말한 성영님이 내주하신 증거가 되는, 속의 평안과 기쁨이 있는 것은 믿는 자 누구든지 나타나야 합니다. 정도의 차이는 있어도 당연히 나타나야 합니다. 그것은 거듭났다는 증거이기 때문에 성영님의 기쁨과 평안이 있어야 합니다. 그런데 지금 이 말은 거듭났어도 나타나는 것이고 거듭나지 않았어도 나타날 수 있는 것으로서 성영님이 옆에 계신다는 것을 표적으로 방언을 하게 하십니다. 그리고 하나님과 관계되는 꿈을 꾸기도 하고 환상을 보기도 하고 몸에 병이 치유되는 이적이 나타나기도 합니다. 그러나 이 같은 현상이 있는 것은 자기에게 와 계신다는 것을 확증시켜주는 일입니다.

그런데 이것으로 거듭났다. 구원받았다는 확실한 증거가 된다고 했습니까? 아니라고 했습니다. 거듭난 증거는 자기가 겪어보지 못한 평안과 기쁨이 자기 안에 있는 것입니다. 요7:38,39에 **나를 믿는 자**

는 성경에 이름과 같이 그 배에서 생수의 강이 흘러나리라 하시니 이는 그를 믿는 자의 받을 성영을 가리켜 말씀하신 것이라 하셨으니 그 배가 어디에요? 마음, 심층부에 있는 영을 말합니다. 그 배에 성영님이 오시면 생수의 강이 흘러난다는 것입니다. 바로 성영님이 영에 들어오시면 그 속에서부터 생수가 흘러나리라. 성영님의 평안과 기쁨이 흘러나리라. 예수님의 생명 안에 있는 기쁨이 평안이 즉, 영적 행복이 흘러나리라고 하신 것입니다. 이것이 거듭남의 현상입니다. 그러나 방언, 꿈, 환상 이런 외적 현상은 거듭나지 않았어도 나타날 수 있다. 그러기 때문에 구원받았다고 하는 것 착각입니다. 이렇게 성영님이 옆에 계신 것을 표적으로 주셨으니 참으로 좁고 협착한 길 갈 것으로, 핍박받을 것으로, 성영님을 따라 살 것으로 원하고, 그 소원을 가지고 성영님을 영접하여 들이면 성영님이 내주하시는 것입니다.

그리고 사도들 시대에 보면 사도들의 안수로 성영님을 받기도 했습니다. 그런데 오늘날은 목사들에게 안수나 기도를 통해 성영님을 받는다는 것은 대단히 위험합니다. 사도들은 예수님께서 부른 제자들이지만, 오늘날은 거짓 선지자들의 시대이기 때문입니다. 이방인 중에서 고넬료라는 사람이 있었습니다. 그가 얼마나 겸손한 사람인지 그 마음에 사모함이 커 하나님의 말씀을 하나님의 종에게서 들을 수 있다는 것이 너무 기쁘다 보니 베드로를 맞이하는 것을 하나님을 맞이하는 것처럼 했습니다. 베드로가 말씀을 말할 때에 성영님이 말씀 듣는 모든 사람에게 내려 방언을 말하여 하나님을 높였다고 했습니다. 그렇기에 성영님은 아무에게나 임하시는 것이 아니라 고넬료와 같이 삶에서 하나님을 경외하며 말씀을 존중하여 사는 겸손한 자가 말씀을 듣는 중에도 받는다는 것을 알 수가 있습니다.

여러분! 기회는 언제나 있는 것 아닙니다. 이 땅에서 가면 끝이에요. 뭘 자꾸 내일로 미룹니까? 세상 사람과의 관계를 왜 끊지 못하고 뭣 때문에 사람을 따라? 뭣 때문에 사람을 두려워해? 뭣 때문에 먹고 사는 문제를 두려워합니까? 먹이시면 먹을 것이요, 죽이시면 죽을 것이요, 예수님을 믿으니 오늘 죽는다 해도 천국인데 좀 담대하라는 말입니다. 왜들 믿는다는 것이 그렇게 그냥 똥 싸서 뭉개고 앉아 있는 것처럼 합니까? 지금이 어느 때인데요? 하나님이 자기 하나 살릴 힘 없을까 봐서요? 마음에 욕심 탐욕 다 내버리고 하나님께 내 삶을 맡겨드리면 이른 비 늦은 비를 주셔서 다 살게 하십니다. 뭐를 위해서 그렇게 살고 있습니까? 뭘 그렇게 세상의 것 못 가져서 안달하냐고요? 우리는 천국을 가져야 합니다. 예수님께서 '천국은 사람이 자기 밭에 갖다 심은 겨자씨 한 알 같으니' 하셨습니다. 자기 밭이 뭐에요? 자기 마음, 자기 심영이에요. 자기 마음에 예수님이 심겨져서 계셔야 합니다. 다른 것 다 없어야 합니다. 자기 안에 예수님이 계셔야 하는 것이지, 다른 온갖 잡다한 것들 다 두고 있으면서 예수님 믿는다고 할 수 없습니다. 오직 믿음은 성영님으로만 되는 것인데 성영님이 계실 수가 없습니다.

자기 밭에다 별것을 다 심어놓습니다. 티브이나 스마트폰은 아주 자기 목자가 돼 있고, 명예도, 돈도 있어야겠고 저 집을 보니 좋은 차 샀던데 나도 더 좋은 차로 사야 하겠고, 그런 것들로 심어져 있으니 겨자씨가 생명을 싹터서 자라겠냐는 말입니다. 싹은 나는데 그런 것들로 치여 죽는 겁니다. 오늘 제가 이런 말 하려고 강단에 올라온 것 아닙니다. 그런데 왜 이렇게 마음이 안타깝고 괴로워서 말이죠. 이렇게 불편한 말 하려고 올라온 것이 아닌데……. 지금 믿는다는 것 마음속을 보면 다 거짓입니다. 예수님을 예수님으로 믿고 대접해드립니까? 자기 대접하려고 믿는다고 하는 것 아닙니까? 하나님을 정말 경외합니까? 존중하나요? 아니면 뭐 하러 예수님 믿는다고 하는 것입니까? 믿기 원하면 똑바로 믿자고요. 천국을 소유했다면 오늘 죽어도 큰 기쁨입니다.

땅에 사는 동안 아버지께서 다 먹이고 입히고 마시우는 것으로 사는 것입니다. 오늘날 사람들이 경제가 최고로 어렵다고 그렇게 노래 부르듯 말들을 하던데, 여러분 경제가 그렇게 어려운데 해외여행들을 다닙니까? 요사이 해외여행객들의 숫자 통계를 보니까 우리나라 사람이 제일 많다고 제가 어느 식당에서 뉴스 보도를 들었습니다. 경제요? 제가 볼 땐 너무 넘치고 있습니다. 너무 넘쳐나니 더 쌓으려고 더 가지려고 하는 욕심, 탐욕에 아귀다툼하느라고 경제 어렵다 어쩐다 하는 겁니다. 믿는다는 사람들도 똑같다는 말입니다. 그러나 믿는다면 세상 따르는 것 아닙니다. 세상 보는 것 아닙니다. 자기 안에 예수님만 계시는 성전이 돼야 합니다. 그래서 오늘 부르더라도, 어떻게 알아! 지금 이때가 오늘 오실지 내일 오실지 모르는 때 살고 있는데…….

부한 자들아 너희에게 임할 고통을 인하여 울고 통곡하라고 했습니다. 부한 자들이 뭐예요? 세상 것으로 채우려고, 채워지니 거기에 취해서 사는 그들에게 너희는 울고 통곡하라고 하는 것입니다. **죄인들아 손을 깨끗이 하라 두 마음을 품은 자들아 마음을 성결케 하라 슬퍼하며 애통하며 울지어다 너희 웃음을 애통으로, 너희 즐거움을 근심으로 바꿀지어다** 했습니다. 우리가 세상 것 좀 모자라도 좋습니다. 자녀들도 세상 공부시키려고 얼마나 부부가 거기에 매달려 세상 따라가느라 수고하고 있습니까? 아주 세상 것 잘 갖춰보겠다고 어린 자식 저 유치원에다 내맡기고 맞벌이한다고 합니다. 그러려면 자식 왜 낳아요? 양육을 부모가 하는 것이지 어떻게 세상 근본도 모르는 그런 곳에다 자식 내놓고 돈을 벌려고 한다는 말입니까? 자기 믿음도 물론이거니와 자녀들의 믿음도 함부로 세상을 심어주어서 멸망으로 가게 하는 일이 없어야 할 것입니다.

자, 그래서 성영님을 받는 것에 대해 알아보았고 그다음 내주하신 성영님으로 충만하게 되는 것은 말씀 안에서 예수님을 알고 예수님으로 살고자 하는 믿음의 노력과 말씀을 따라 움직여 갈 때에 충만해지는 것입니다. '성영 충만하게 안수기도 좀 해주라.' 고 하기도 합니다만, 기도해주고 안수한다고 성영님으로 충만해진다면 제가 예수님을 믿겠다는 사람들에게 기도 팍팍 해주겠습니다. 절대로 성영 충만은 이런 경로로 되는 것이 아니라는 것, 분명히 알기 바랍니다. 성영님을 귀히 여겨 사모하고 성영님이 원하시는 목표를 나의 목표로 삼고 이끌려 갈 때 성영님으로 충만해지는 것입니다. 그래서 성경이 계속 얘기하는 것은 말씀을 듣고 그 말씀을 따르는 자들이 성영님으로 충만했다고 말하고 있습니다.

여러분이 예수님을 전하거나 말할 때 마음에서 기쁨이 있는 것을 경험하지 않습니까? 그런데 세상 쓸데없는 잡담이나 하고 나면 뭔가 쓸쓸하고 개운치 않고 마음에 불편함을 느끼지 않습니까? 그것은 성영님이 거부하시기 때문에 그렇습니다. 성영님과 배치되는 것이기에 불편한 것입니다. 그래서 죄가 되는 것은 성영님께서 그때그때 양심에 불편으로 지적하시니 즉시 깨달아 알 수가 있습니다. 그런데 사람들이 성영님으로 충만하지 못한 것은 자기 안에 성영님을 모셔놓고는 골방에 가두어놓듯이 하기 때문입니다. 가르치시기를 시작하신 성영님이 하나님의 뜻대로 행하는 믿음이 되도록 행할 일에 양심에다 말씀의 뜻에 따라 기도하라. 말씀을 보아라. 예배의 생활이 돼라. 죄를 버리라는 등등으로 간섭하시며 가르치십니다. 그러니까 자기 마음에서 '기도해야 하는데 기도해야지' 하게 되고 '말씀을 좀 읽어야 하는데' 하는 등으로 믿음에 관련된 생각이 강하게 드는 것입니다.

그런데 아주 재빠르게 따라붙는 것들이 있습니다. 자기 본성에서 나오는 성영님의 뜻을 막는 인간 생각들입니다. "에이 귀찮다. 오늘은 이런저런 일로 시간이 안 되겠고 내일 하자" 하고 오늘의 핑곗거리가 눈앞에 나열되는 겁니다. 또 내일 되니 또 무슨 일이 생겨버립니다. 내 일이 내일 되고 하다 보니 사단이 아예 할 수 없는 형편이 되도록 그 힘을 잘 밀어줍니다. 그러니까 "성영님 잔소리 말고 한쪽에 가만 계세요" 하는 꼴이 된 것입니다. 그러니 성영님이 근심하시니 자기 영이 답답함을 느끼고. 평안의 힘을 잃고 문제를 만나니 힘들고 마음에 불평이 일어나는 것입니다. 그러나 내 감정 내 뜻을 버리고 성영님의 가르침을 따르니 성영님이 기뻐하시니 내 영이 기뻐서 나도 모르게 콧노래가 저절로 나오는 겁니다. 그러면서 사는 것이 즐겁습니다.

성영님께서는 반드시 믿음에 있어 행할 것을 가르치십니다. 믿음을 도와 예수님 잘 믿게 하시고 영·혼·육을 살리시는 일이시니, 성영님께서 감동케 하시는 것을 행하여 가면 영혼이 잘되고 범사가 잘되는 것 당연합니다. 범사가 잘된다니까 직장 잘되고, 회사경영 잘되고 세상 것이 잘된다는 말 아닙니다. 영·혼·육이 잘된다는 말이에요. 당연히 삶도 보호하시고 필요에 따라서 채우시는 것을 경험하는 것이니 얼마나 즐거운 삶이 되느냐는 말입니다. 오직 예수님만 따라 산다고 하면 필요를 채우신다는 말입니다. 저를 보니까 나보다도 아버지가 더 급하시더란 말입니다. 굶을까 봐 미리 채우시고, 돈도 필요를 구하도록 미리 채우시는 겁니다. 저도 자식 있는 부모이니 아버지의 심정을 조금 알 수 있었습니다. 자식이 늘 행복하기를 원하고 자식 마음이 즐거워서 웃는 삶을 살기를 원하고, 참으로 예수님으로 말미암아 기뻐하며 살기를 소망하는 겁니다. 자식이 기뻐하면 나도 기쁘고 자식이 슬퍼하면 나도 슬픈 겁니다.

하나님 아버지께서도 자녀가 행복하기를 원하고 기뻐하기를 원하시더란 말입니다. 예수님의 생명으로 낳은 자기 자녀가 기뻐하며 행복해하는 것을 보기를 원하셔서 그렇게 자녀의 행복을 위해 돌보시더라는 말입니다. 그런데 사람들이 성영님의 감동 주시고 가르치시는 것을 눌러버리는 것입니다. 그리고는 "왜 이렇게 믿는 것이 힘든 것이냐? 괜히 믿었나봐!" 하면서 자신을 보지 못하고 두려운 말을 하고 나옵니다. 성경은 성영님과 다투라고 하지 않았고 성영님을 근심케 하지 말라고 했습니다. 사람이 말입니다. 성경이 참으로 하나님이 주신 말씀이라는 것을 진짜 믿는다면 엄청난 긍지가 생겨 좋아서 말씀 보기를 너무나 사모할 텐데, 근데 하나님의 말씀인 것은 안다고 하면서도 사실은 하나님의 말씀이 아닌 것처럼 생각이 드니까 그렇게 "보기 싫다. 읽기 싫다. 몇 줄 보면 졸린다." 하는 것이지 않겠습니까? 그러나 여러분! 우리 믿음은 오직 성영님으로만 되는 것임을 분명히 아십시오.

오늘날 하나님의 음성이라고 듣는 것 정말정말 심각합니다. 귀신의 음성을 듣고 쫓아다니는 사람들 많습니다. 여러분은 음성을 듣겠다고 애쓰지 마십시오. 음성 들으려고 마음이 애쓰면 결국 귀신이 얼씨구나 하고 갖다 주는 것입니다. 필요하다면 성영님이 말씀하시기도 하지만, 자기 스스로가 자신의 믿음이 바른 것인가를 아는 것이지, 사실은 말씀으로 바로 서지 않은, 믿음이 바르지 않은 경우가 대부분이라 영적인 측면에서는 성영님이 말씀하실 수가 없는 것입니다. 그렇기에 아무거나 듣고 우왕좌왕 따라다니지 말고 말씀을 통해서 하나님의 뜻대로 믿음이 되기를 힘쓰는 것이 우선입니다. 그러다 보면 영적인 밝음으로 나아가기 때문에 그때는 자연스럽게 성영님과 교재가 되는 것입니다.

우리 홈피에 어떤 회원이 글을 올렸는데 '양신역사'라는 말을 했습니다. 이 말은 한 사람에게 두 신이 역사한다는 말이 됩니다. 두 신 중 한쪽은 성영님을 말하고 한쪽은 귀신을 말하는 것이지요. 바로 이런 것이 귀신의 가르침이라고 하는 것입니다. 감히 하나님과 하찮은 귀신을 동등, 동격으로 두고 하는 하나님을 모독하는 말입니다. 이런 가증하고 더러운 말들을 하는 것은 귀신의 음성을 듣고 귀신에게 가르침을 받기 때문입니다. 하나님 한 분 외에는 다른 신은 없습니다. 그 외에는 다 하찮은 피조물의 귀신들입니다. 여러분 중에도 혹 자기도 모르면서 이런 표현을 함부로 사용하지 말라는 뜻에서 참고하라고 말씀드렸습니다.

저는 가끔 저 자신을 돌아볼 때마다 성영님의 이끄심을 받지 않았다면 어떻게 되었을까? 내가 내 인생의 짐을 지고 갈 땐 얼마나 곤고하고 마음 편할 날이 없었는데 그런 존재로 살았다면 과연 어찌 되었을까를 생각하면 얼마나 끔찍한지 모릅니다. 그래서 성영님의 이끄심을 따라 사는 이 복을 생각하면 얼마나 감사한 일인지 말로 다 할 수가 없습니다. 여러분! 하나님의 독생자 예수님께서도 성영님의 이끄심을 따랐습니다. 복음을 전파하시고 병자를 고치시고자 갈릴리에 들어가셨을 때도 성영님의 권능에 의해 가셨다고 했습니다(눅4:14). 하나님의 성영을 힘입어서 귀신을 쫓아낸다고 했습니다(마12:28). 예수님은 이같이 생애를 온전히 성영님으로 행하셨습니다. 기뻐하는 것도 성영으로 기뻐하셨다고 하셨어요(눅10:21). 칠십 인의 제자들을 둘씩 짝을 지어 복음을 전하라고 각처로 보냈는데 그들이 기뻐 돌아와서 그동안 있었던 일을 다 보고합니다. **주의 이름으로 귀신들도 우리에게 항복하더이다** 하자 예수님께서는 **귀신들이 너희에게 항복하는 것으로 기뻐하지 말고 너희 이름이 하늘에 기록된 것으로 기뻐하라** 하시고 성영님으로 기뻐하셨다고 하셨습니다.

귀신은 예수님 이름 앞에 항복한 것이지 귀신이 항복했다고 해서 기뻐할 일은 아니다. 왜냐? 귀신이 항복하는 것은 천국이 가까이 왔다는 것을 알게 하는 것일 뿐, 그것으로 천국에 들어가는 일은 아니라는 것입니다. 그러므로 너희가 기뻐할 것은 예수님으로 말미암아 생명 얻게 되었으니 너희 이름이 하늘에 기록된 것으로 기뻐하라고 하신 것입니다. 또한, 예수님은 행하시며 가르치시기를 시작하심부터 그의 택하신 사도들에게 성영님으로 명하셨다고 했습니다(행1:2). 십자가에서 피 흘리신 것도 성영님으로 흘리셨다고 했습니다(히9:14). 예수님이 다시 사심도 성영님이 살리셨다고 했습니다(롬8:11). 그리고 부활하신 뒤 제자들에게 오셔서 숨을 내쉬며 가라사대 "성영을 받으라" 하셨습니다(요20:22). 사람을 흙으로 지으시고 생기를 그 코에 불어넣으시니 사람이 생영이 된지라 한 것처럼 바로 부활하신 예수님께서 그 생영 안에 부활의 생명을 불어넣으시듯이 그같이 제자들을 향해 '후' 하시고 숨을 내쉬며 성영을 받으라 하셨던 것입니다. 그래서 첫째는 성영을 받으므로 예수님의 생명을 얻게 되었습니다.

예수님은 성영님이 아니고는 나실 수도 없었고 삼 년여의 공생애 사역을 하실 수도 없었고 성영님으로 아니하고는 죽으실 수도 다시 사실 수도 없었습니다. 예수님과 성영님의 관계는 떼려야 뗄 수 없는 절대적 관계입니다. 그래서 일체요, 하나요, 또 일하실 때는 따로 분리되어 나오실 수도 있는 분이요, 그래서 삼위일체라고 하는 겁니다. 그다음 두 번째 숨을 내쉬며 가라사대 '성영을 받으라'고 하신 것은, 예수님께서 하나님의 뜻을 성영님으로 다 이루시고 하늘로 가셔야 했습니다. 이제 제자들이 예수님의 이루신 그 뜻을 그대로 바통(baton) 받아 예수님의 일을 행하여야 하기에, 그같이 '성영을 받으라' 하신 것입니다. 그래서 제자들이 예수님께 듣고 본 바를 행하고 그대로 사람들에게 가르쳐 지키게 하라는 명을 받고 성영님의 충만함을 받아 예수님을 증거한 것입니다.

오늘날 너무나 잘못된 가르침들로 인해 예수님께서 내게 듣고 본 바를 행하고 가르쳐 지키게 하라 하신 말씀으로 할 말이 참 많은데, 때가 늦은 말 이제 말하면 뭐하겠습니까? 예수님께서 행1:4,5에 **저희에게 분부하여 가라사대 예루살렘을 떠나지 말고 내게 들은바 아버지의 약속하신 것을 기다리라 요한은 물로 침례를 베풀었으나 너희는 몇 날이 못 되어 성영으로 침례를 받으리라**고 하신 대로 오순절 날에 성영님이 하늘로부터 임하여 오셨습니다. 바로 믿음은 성영님으로만 되는 것이기에 예수님께서 '성영을 받으라' '성영으로 침례를 받으리라' '성영님을 보내리라' '너희 속에 계시겠음이라'고 강조하고 강조하여 성영님을 받아 믿음이 되어야 함을 말씀하셨던 것입니다. 그래서 믿음은 성영님이 누구신지를 분명히 알고 성영님으로 되어야 합니다.

사람은 혈과 육으로 태어납니다. 혈과 육은 하나님 나라를 유업으로 받지 못합니다. 신앙이 좋은 부모에게서 태어난 자식이라도 그 신앙은 유전될 수 없습니다. 여전히 혈과 육으로 나는 것입니다. 그런데 사람들이 자기를 소개할 때 모태신앙이라는 말을 참 서슴없이 하는 것을 많이 듣습니다. 사실 '모태신앙' 하는 것은 거짓말이요. 자기기만입니다. 어떻게 배 속에서부터 신앙이 있습니까? 배 속에서 분명히 구주 예수님을 알고 구원받아 나온 것이 아니니 100% 틀린 말입니다. 신앙은 구주요 생명이신 예수님을 신앙하므로 죄를 용서받고 구원받은 것, 인격적인 관계가 된 것, 예수님을 구주로 믿고 영접하여 거듭난 것을 말합니다. 그래서 예수님을 인격적으로 믿는 것이 아님이 드러나는 것입니다. "어머니가 예수님을 믿어 교회를 다니셨기 때문에 그 영향을 받았고, 자신이 예수님을 구주로 영접한 것은 언제다."라고 말하는 것이 맞는 말이 될 것입니다.

예수님께서 성영님으로 잉태되어 나신 것처럼 우리도 성영님으로 다시 나는 것입니다. 성영님으로 나지 않으면 하나님께 들어갈 수 없습니다. 성영님으로 다시 나서 성영님으로 사는 것입니다. 요16:13에 **진리의 성영이 오시면 그가 너희를 모든 진리 가운데로 인도하시리니 그가 자의로 말하지 않고 오직 듣는 것으로 말하시며 장래 일을 너희에게 알리시리라** 했습니다. 장래일이 뭘까요? 가난한 자기를 하나님께서 잘살게 해주신다는 것을 알게 하신다는 것일까요? 자녀들을 훌륭한 인물이 되게 하실 것을 알게 하신다는 것일까요? 좋은 집에서 살 수 있도록 어느 때 좋은 집을 주신다는 것을 알게 하신다는 것일까요? 장래 일을 너희에게 알리시리라 하신 이 말씀을 성영님께서 제게 깨닫게 해주셨습니다. 천국을 보게 하시고, 눈앞에 왔다 갔다 보이는 것을 말하는 것이 아니라 내 안에 계신 성영님으로 천국을 확실히 본다는 것이고 하나님이 아버지이심을 확실히 알게 하여 주시고, 예수님께서 재림하신다는 것을 확실히 알려주시고, 영생한다는 것을 확실히 알려주신다는 말입니다.

제가 목사라는 사람들에게 "장래 일에 대해서 알리심을 받으셨느냐?" 물으니 대답이 없었고 단지 어안이 벙벙해하는 모습만 보았습니다. 물론 그 외 믿는다는 사람들에게서도 마찬가지입니다. 이제 여러분은 저의 이 말씀을 성영님으로 듣고 "제게 이 믿음을 갖게 하시니 감사합니다. 천국은 이제 내 것입니다. 천국을 내 안에 품고 분명하게 보게 하시고 꿈을 갖게 하시니 감사합니다. 천국은 이제 내 안에 있습니다."라고 장래 일을 기쁘게 고백하는 여러분이기를 바랍니다. 자기에게 천국이 이뤄져야 천국이지 자기에게 천국이 없으면 천국은 없는 것입니다. "가봐야 알지!" 이미 그것은 틀렸습니다. 가보면 지옥입니다.

어떤 목사라는 사람이 "천국이 있는지 가봐야 알지" 했습니다. 저만 이 말을 들은 것은 아닐 것입니다. 도대체 왜 목사를 하는지 불쌍합니다. 그의 주관자가 저와 같은 성영님이 아닌 다른 존재이니 말할 필요는 없지요. 여러분 또한 그런 막연함으로 귀신에게 농락당하는 그런 자리 있지 말고 육체에서 떠나면 천사들이 받들어 아버지 나라에 들어가는 여러분 되기 바랍니다. 이렇게 성도는 성영님으로 진리를 알고 진리 가운데로 인도를 받아야 하나님의 뜻대로 믿는 것이요, 신앙입니다. 오직 성영님께서만이 말씀을 깨닫고 바로 알 수 있게 하는 것이지 다른 어떤 것으로 되는 것이 아닙니다. 온 세상 수십억의 인간 머리의 지혜를 모아도 깨달을 수 있는 것 아닙니다. 이처럼 성영님은 예수님과 뗄 수 없는 관계이신 것처럼 성도 또한 성영님과 뗄 수 없는 관계입니다.

실제로 자신이 성영님의 이끄심을 알지 못하면 그것은 아직 바른 관계의 믿음이 되지 못했습니다. 행16:6,7에 **성영이 아시아에서 말씀을 전하지 못하게 하시거늘 …… 비두니아로 가고자 애쓰되 예수의 영이 허락지 아니하시는지라** 했습니다. 바울은 아시아에 사람이 많으니까 거기 가서 복음을 전하려는데 성영님이 막으셨다는 것입니다. 자기 머리, 자기 생각 내려놓고 성영님의 이끄심을 받아야 한다는 말입니다. 행1:8에 "성영이 임하시면 너희가 권능을 받고" 하는 이 '두나미스, 권능'은 말에도 행동에도 권능이 있다는 뜻입니다. 영에 권능이 있어 죽음도 질병도 저주도 다 물리친다는 뜻입니다. 바로 예수님도 제자들도 사도 바울도 이 같은 권능으로 말하고 행하니 바리새인 서기관 유대 종교지도자들이 얼마나 핍박하고 방해했습니까? 이들이 하나님의 일을 망가뜨리고 모독하니 하나님을 위해서 죽이자 했습니다. 마찬가지로 오늘날도 성영님 없는 성경 박사라는 사람들이 오직 예수님을 증거하러 오신 성영님을 얼마나 방해하고 있는지 모릅니다. 성영님은 예수님을 증거하러 오셨습니다. 그런데 성경 말씀 가지고 세상사나, 정치나, 문학이나, 윤리나, 도리나, 도덕이나 논하면서 성영님의 뜻을 방해하는 것입니다. 여러분이 알아듣습니까?

또한, 성도는 예수님과 같이 성영님으로 기뻐하는 것입니다. 요16장에 내가 아버지께로 간다 하시니 제자들이 근심이 되었습니다. 조금 있으면 나를 보지 못하겠고 또 조금 있으면 나를 보고, 너희를 고아와 같이 버려두지 않고 다시 오고, 내가 죽으나 다시 제삼 일에 살아난다 하시고 도무지 알아들을 수 없는 말씀을 하신 겁니다. 율법은 부활을 말하고 있지 않으니 제자들이 알아듣지를 못했어요. 내가 가면 슬퍼하여 애통하지만 오히려 기뻐할 것이라고, 성영님이 오시니 너희 마음이 기쁠 텐데 너희 안에 성영님이 오시면 기쁨을 아무도 빼앗을 자가 없으리라고 말씀하신 대로, 제자들이 성영님으로 기쁨이 충만했기 때문에 어떠한 고난도 핍박도 넉넉히 감당했습니다. 그래서 우리 자신도 이같이 성영님의 기쁨으로 기뻐하는 신앙인지 자신을 살펴봐야 합니다.

그다음 가르치는 것도 배우는 것도 성영님으로 가르치고 배워야 합니다. 요14:26에 **보혜사 곧 아버지께서 내 이름으로 보내실 성영 그가 너희에게 모든 것을 가르치시고 내가 너희에게 말한 모든 것을 생각나게 하시리라** 하셨고 고전2:13에 **우리가 이것을 말하거니와 사람의 지혜의 가르친 말로 아니하고 오직 성영의 가르치신 것으로 하니 신영한 일을 신영한 것으로 분별하느니라** 했습니다. 바울도 신영한 하나님의 말씀을 가르치는데 성영님으로 가르친다고 했습니다. 또한, 성영님으로 분별한다고 했어요. 그래서 많은 학문을 했고 성경을 꿰는 박사라 하더라도 성영님 없이 말씀을 가르치는 것은 생명 얻지 못하는 껍데기일 뿐입니다. 성경 안다고 하는 혼의 만족은 있을지언정 영의 것은 될 수가 없습니다. 성경을 배우는 것도 읽는 것도 성영을 의지하여 배우고 읽어야 하고 가르치는 것 또한 반드시 성영님의 능력과 지혜로 하는 것입니다. 여러분이 예배드리러 올 때도 "예수님의 피가 내 죄를 씻어주시고 의롭다 하셨으니 이 은혜 입고 감사로 나아갑니다. 삼위의 하나님께 영광되게 하심을 감사합니다. 아버지의 말씀을 들을 때 성영님으로 듣고 새김질하여 영혼에 살이 되고 피가 되는 복이 있게 해주옵소서."라고 믿음을 고백하고 성영님 의지하여 나올 수 있어야 합니다.

그리고 성도의 언어 자원은 누구입니까? 성영님입니다. 막16:17에 **내 이름으로 귀신을 쫓아내며 새 방언을 말하며** 마10:20에 **말하는 이는 너희가 아니라 너희 속에서 말씀하시는 자 곧 너희 아버지의 성영이시니라** 했습니다. 이처럼 성영님께서 그 마음과 생각을 사로잡아 입의 말이 예수님 복음의 말 아버지 나라의 말을 말하게 하신다는 것입니다. 그러므로 성영님은 신앙과 생활과 언어에 있어서 절대적 요소가 되고 자원이 되십니다. 그래서 이것을 사모하고 기도하는 겁니다. 성영님께서 내 마음도 생각도 지배하여 주시고 내 언어도 사로잡아주셔서 성영님의 말이 되게 해주시라고 하는 거예요. 그러니까 예수님께서 "구하라 주실 것이요 찾으라 찾을 것이요 두드리라 열릴 것이니라" 하신 것은 바로 이런 것을 구하고 찾고 두드리라 하는 것인데, 여러분 뭘 기도합니까? 먹고 사는 문제요? 이생의 자랑의 것들이요? 기도할 것이 없다고 하는 말도 들었는데 예수님 믿는 것을 그렇게 이웃집 사람 대하듯 하는 것은 진짜 믿는 것은 아니지요.

성도의 부활도 예수님처럼 성영님이 일으키십니다. 롬8:11에 **예수를 죽은 자 가운데서 살리신 이의 영이 너희 안에 거하시면 그리스도 예수를 죽은 자 가운데서 살리신 이가 너희 안에 거하시는 그의 영으**

로 말미암아 너희 죽을 몸도 살리시리라 했습니다. '성도'라고 하는 것은 성영님으로 다시 난 사람을 말합니다. 성영님의 이끄심을 받고 성영님의 권능으로 하나님 나라의 일도 하고 성영님으로 기뻐하고 성영님으로 또 배우고 가르치고 말하고 일하다가 마침내 성영님으로 부활하여 삼위일체 하나님과 영원히 복락 가운데 사는 것입니다. 그래서 교회도 절대적으로 성영님이 세우시고 성영님께서 이끌지 않으면 교회가 아닙니다. 교회의 머리는 예수님입니다. 교회는 그리스도의 몸이라고 했습니다. 성도는 몸에 붙은 지체입니다. 지체들이 모인 것을 교회라 하고 교회를 예수님의 몸이라고 합니다.

예수님이 성영님으로 잉태되어 나셨고 또한 성도가 성영님으로 다시 났으니 성영님으로 난 성도의 모임이 교회입니다. 멋지게 세운 예배당 건물을 교회라 하는 것 아니고 하나님께서는 건물에 관심 없습니다. 오늘날 건물 놓고 성전이라 하는 그런 사기꾼들이 있는데 그것은 자기도 속고 또 속이는 거짓 종자들입니다. 건물을 성전이라 한다면 구약으로 가서 모세처럼 지시받아야 합니다. 그러나 구약시대는 끝났어요. 지금 건물을 성전이라 하는 것, 그래서 사람들 마음에 건물을 신성시하도록 조장하는 것, 그것은 성영님을 훼방하는 것으로서 도무지 사함 받지 못할 죄에 속합니다. 그래서 건물을 성전이라 하는 것들은 거짓 종자라는 것을 밝혀드렸습니다. 교회는 헬라어로 '에클레시아'라고 하는데 뜻은 '영적으로 불러냄을 받은 자들의 모임이다. 성영님으로 난자(성도)들의 모임이다'입니다. 그래서 교회는 성영님에 의해 세워지는 것입니다.

오순절에 성영님이 임하시니 교회가 되었습니다. 예수님께서 성영님이 임하셔서 공생애를 시작하셨던 것처럼 교회도 성영님으로 세우시고 예수님의 제2의 공생애를 따르게 하셨습니다. 그래서 예수님이 교회의 머리이시니 지체는 자기 머리가 아닌, 머리이신 예수님을 머리로 가져야 하고 따르는 것입니다. 머리가 원하시는 것을 지키고 따라야 그것이 지체입니다. 그런데 오늘날 참으로 징그럽고 무서운 것이 머리이신 예수님은 없고 중풍에 걸린 것과 같은 지체들만 넘쳐납니다. 머리 따로 지체 따로 노는 중풍 병자 같은 모습들로 넘쳐나고 있다는 말입니다. 그러니 그 모습이 눈으로 보인다면 얼마나 징그럽겠습니까? 영의 눈을 떠서 볼 수 있다면. 징그러워서 보지 않으려고 할 것입니다. 그것을 보는 저로서는 진짜 징그럽습니다. 쳐다보기 싫습니다.

성영님께서 교회를 세우시고 이끄시며 예수님의 남은 고난을 채우게 하셨습니다. 예수님이 가신 길을 교회가 바통을 받아서 가는 것입니다. 그래서 예수님의 제2의 공생애라고 하는 것입니다. 교회가 성영님을 알지 못하고 성영님으로 일하지 않고 성영님을 따르지 않으면 죽은 교회입니다. 제자들이 삼 년 반 동안 예수님을 따라다니면서 예수님이 복음을 전하시며 죽은 자도 살리고 병든 자도 고치시고 귀신도 쫓아내고 풍랑도 잔잔케 하시고 오병이어로 표적과 함께 많은 이적을 행하여 나타내시고 자신이 하나님의 아들이라 말씀하신 것도 다 보고 들었습니다. 베드로는 '주는 그리스도시오 살아 계신 하나님의 아들이십니다.'라고 고백도 했습니다. 그럼에도 이들에게 성영님이 계시지 않으니 예수님이 왕이 되면 누가 좌의정이 되고 누가 우의정이 될까, 누가 더 크냐? 하며 서로 경쟁의식을 가지고 예수님을 따랐습니다(막9-10장). 당시 유대가 로마의 지배를 받고 있었기 때문에, 예수님께서 유대 나라를 로마에서 해방시켜 하나님의 나라가 되고 예수님이 왕으로 등극하여 나라를 다스리실 것으로 착각했던 것입니다.

그러니까 예수님 따라 죽는다고 자신에 찬 소리 하더니 따라 죽기는커녕 죽을까 봐 배반하고 예수님을 저주했습니다. '주는 그리스도시오 살아 계신 하나님의 아들입니다.' '예수님 죽는 데까지 따라가 같이 죽던지 예수님 죽게 버려두지 않습니다.' 하던 베드로가 죽을까 봐 겁나서 배반하고 부인하고 모른다고 맹세까지 하며 저주했다고 했어요. 제자들이 자기 목숨 위태로우니 다 도망가 숨었습니다. 이같이 성영님 모르고 성영님으로 믿는 것이 아니면 인간 자기 믿음, 자기 사랑으로는 이 제자들과 같습니다. 인간으로는 예수님을 따를 수 없다는 것을 여실히 증명한 것입니다. 어떻게 제자들이 그럴 수가 있을까? 하지만 성영님으로 믿는 것이 아니면 인간 자기는 하나님과 원수를 맺은 것이기 때문에 다 무너지는 것입니다.

자기가 뭔가 잘되면 '할렐루야!' 하고 '하나님 사랑합니다. 찬양합니다. 하나님을 위해서 목숨도 아끼지 않겠습니다.' 합니다. 그러다 밑바닥에 떨어지거나 목숨의 위협 앞에 서면 '하나님이 어디 있느냐? 하나님 계시면 어떻게 이럴 수가 있느냐? 하고 나옵니다. 그러나 믿음이 성영님으로 되면 밑바닥이든 위에 있든 풍부에 처하든 빈궁에 처하든 환경에 좌우하지 않습니다. 그 속은 천국을 소유했기 때문입니다. 그래서 진짜 믿음인지 아닌지 고난 때 아는 거예요. 믿음인지 아닌지! 제자들이 성영님으로 침례를 받으니 목숨을 내놓고 핍박과 고난도 두려워하지 않고 예수님을 증거하지 않았습니까? 예수님께서 맡기신 하나님 나라의 일을 성영님과 함께 동역하여 확장해 가잖아요? 그래서 성영님 모르고 주의 일 한다고 하는 사람, 믿음 생활한다고 하는 사람, 성영님 없이 일한다면 무엇이 될지 뻔한 것입니다.

그러므로 믿음은 오직 말씀과 성영님으로만 되는 것을 이제 우리가 너무나 확실히 잘 알게 되었으니 오직 믿음을 도우시는 성영님께 아뢰고 의지하고 따르면서 성영님으로 믿고 성영님으로 일하고 성영님으로 가르치고 성영님으로 복음 전하고 성영님으로 살다가 성영님으로 들려 올라가는 여러분이 되기를 간절히 바라면서 말씀을 맺습니다. 우리에게 성영님으로 말씀을 알고 믿는 믿음이 되게 하신 삼위의 하나님께 감사와 영광을 돌립니다. 아멘

제 19 장
너희가 내 안에 있는 것을 너희가 알리라

나는 아버지 안에 있고 아버지는 내 안에 계신 것을 네가 믿지 아니하느냐 내가 너희에게 이르는 말이 스스로 하는 것이 아니라 아버지께서 내 안에 계셔 그의 일을 하시는 것이라

(요14:10)

그날에는 내가 아버지 안에, 너희가 내 안에, 내가 너희 안에 있는 것을 너희가 알리라

(요14:20)

여러분! 오늘 우리가 읽은 이 본문 말씀 너무나 기대되고 흥분되고 기쁨에 벅차지 않습니까? 예수님이 아버지 안에 계시고 아버지는 예수님 안에 계시고 나는 예수님 안에 있고 예수님은 내 안에 계신 이 관계를 말씀하셨으니 이 얼마나 놀라운 이적이 일어난 일입니까? 너무나 어마어마한 큰 이적이 우리에게 일어났습니다. 캄캄한 중에 헤매고 다니다 그대로 유황불 못으로 들어갈 우리에게 밝은 햇빛과 같은 빛이신 예수님 안으로 들어오게 하시더니 이 같은 삼위의 하나님과 엄청난 복된 관계를 이루게 하셨으니, 이 엄청난 이적이 우리

에게 일어났으니 이것을 어떻게 말로 설명하고 표현하겠습니까? 그러면 "나는 아버지 안에 있고 아버지는 내 안에 계신 것을 네가 믿지 아니하느냐" 하셨으니 여러분이 예수님은 아버지 안에 있고 아버지는 예수님 안에 계신 것을 믿습니까? 참으로 믿습니까? 그러면 "너희가 내 안에, 내가 너희 안에 있는 것을 너희가 알리라" 하셨으니 여러분이 예수님을 진짜 믿는다면 믿는다는 진짜 증거는 뭐예요? 자기는 예수님 안에 있고, 예수님은 자기 안에 와계신 것을 자기가 자기 안에서 아는 것이지 않겠습니까? "너희가 알리라" 하셨으니 이 관계가 되었음을 자기가 아는 것이지 않으냐 말입니다. 저는 예수님과 한 몸을 이룬 것을 너무나 확실히 아는 사람입니다. 예수님께서 내 안에 오셔서 나로 더불어 먹고 나는 예수님으로 더불어 먹는 관계가 되었음을 너무나 잘 아는 관계가 되었습니다. 그러므로 저는 실제에 대해서 여러분에게 말씀을 드리는 것이지만, 듣는 여러분은 또한 성영님에 의해 자기의 실제가 돼야 합니다. 그 관계의 믿음이 돼야 한다는 말입니다.

그래서 오늘 본문 요14:20의 이 한 절 말씀이 하나님의 전 뜻으로 완성된 것을 말하는 구절이기도 합니다. '그날에는' 한 것은 어느 날입니까? 오순절에 성영님이 하늘로부터 오신 것을 말합니다(행2장). 예수님의 영이신 성영님이 오시면 그같이 예수님이 아버지 안에 계시고 또 너희가 예수님 안에 있고 예수님이 너희 안에 있는 것을 알게 된다는 말입니다. 눈에 보이지 않은 이 영적인 관계가 보혜사 성영님이 오셔서 사람 안에 오시면 예수님이 아버지 안에 계신 것을 눈으로 보듯 다 알게 되고 내가 예수님 안에 있는 것과 예수님이 내 안에 오신 것을 확실히 본다는 말입니다. 예수님의 사람인 우리가 예수님 안에 있으니, 예수님 안에 있는 우리가 또 어디 안에 있는 것이 됩니까? 아버지 안에 있는 것입니다. 또 예수님이 "너희 안에 있는 것을 너희가 알리라" 하셨으니 그러면 우리가 참으로 예수님을 믿은 예수님의 사람이면 말씀대로 예수님이 내 안에 계시고 내가 예수님 안에 있는 것을 아는 것일까요? 모르는 것일까요? 안다고 하셨으니 알아야 합니다. 그것이 믿음이요, 구원받은 것입니다.

믿음은 자기 안에 오신 성영님으로 아는 것이란 말입니다. 그러니까 오늘 말씀이 여러분의 것으로, 기쁘고 '아멘'이 절로 복창 되는 말씀으로 아주 친한 것이 되어 "그렇습니다. 예수님! 이 관계를 이루어 주셔서 영광되게 하셨으니 감사일뿐입니다." 라는 고백이 절로 나오는 말씀이 돼야 하는 것입니다. 우리는 모두 다 예수님을 믿는 사람입니다. 여러분! 예수님이 여러분의 예수님이 맞습니까? 그러면 예수님을 믿는 여러분은 자기의 믿는 예수님에 대해 어느 만큼 말할 수 있습니까? 오늘 이 예수님의 말씀이 여러분에게 이루어진 관계가 되었으므로 아멘의 기쁜 감격으로 예수님께 대답이 되었습니까?

이제는 여러분이 예수님을 자기 안에서 알기 때문에 믿는다고 하는 것일 것입니다. 예수님을 자기 안에서 알지 못하면 어떻게 믿는다고 할 수 있습니까? 우리가 눈으로 보지 못한 그분을 믿는 것인데, 믿을 만한 분이라는 것을 자기가 알지 못한다면 어떻게 믿는 것입니까? 예수님을 믿는 것은 경우에 따라선 순교도 해야 하고 예수님과 함께 고난을 받으며 가야 하는 협착한 길이라 하는 것인데, 믿을 수 없다면 어떻게 죽음도 각오하고 고난받겠다고 할 수는 없습니다. 내 생명이 되신 분, 하나님이시며 내 구주이신 분, 우리 안에서 분명히 믿는 분이기에 좁고 협착한 길을 기꺼이 기쁘게 따르는 것입니다.

만일에 자기가 자기 안에서 알고 믿는 예수님이 아니면, 어떤 모습들로 나타나는지 아십니까? 예를 들어 어느 누가 자기 교회 목사 따라서 신앙생활을 아주 잘합니다. 목사님! 목사님! 하면서 뭐 맛있는 것만 봐도 목사님 생각나고, 좋은 것만 있어도 목사님 갖다 드리고 싶고, 그래서 귀하다는 것은 다 가져다가 대접합니다. 그런데 목사가 자기에게 눈길을 안 주고 다른 사람을 가까이하고 친해 보이듯 하니 목사에게 배신감을 느끼는 것입니다. 그러니 그동안 자기도 안 먹고 정성으로 갖다 먹여주던 것을 도로 빼앗고 싶을 정도로 섭섭한 마음을 갖는 것입니다. 바로 이 같은 모습들이 예수님을 알고 예수님을 믿은 것이 아니라, 목사를 믿고 목사를 따랐기 때문에 나오는 행동입니다. 그렇기에 예수님을 아는 바 없고 예수님을 믿는 바 없는데, 만일 어떤 상황에 처한다면 어떻게 믿음 때문에 죽을 수가 있겠습니까? 예수님을 위해 죽음은 두고라도 자신의 구원이 문제이지 않습니까?

성경은 오직 예수님을 말씀하려고 기록된 것이기 때문에 그래서 예수님을 모르면 성경 모르는 것입니다. 아브라함의 삶을 이야기하고, 모세의 삶을 이야기하고, 성경에 등장하는 온갖 인물들과 뭐 요셉이 총리가 됐고 나라를 구했고 이스라엘을 기근에서 구했고 야곱이 큰 떼를 이뤄 부자가 됐고, 별소리 다 알고 말해도 그 속에서 예수님을 만나지 않거나 모르면 성경도 모르는 것입니다. 그러니까 예수님 모르고 전도하면 또 자기 같은 사람 만드는 것입니다. 예수님 모르고 주의 종하면 예수님의 양을 치는 것이 아니라 자기 섬기도록 자기를 따르도록 자기 양을 만드는 것입니다. 그래서 사람을 붙들고 늘어지는 것이 이런 데서 나오는 것입니다. 예수님 모르고 성경 가르치면 그 속에서 철학이 나와요. 정치 얘기나 하고 정치 가르치고 윤리 도덕, 인간의 계명으로 만들어 가르치는 것입니다. 사람의 도리 가르치고 사람을 섬기도록 하는 것입니다.

부부간에 싸우지 말고 사랑하고 잘살아라. 며느리는 시어머니 공경 잘해라. 시어머니는 며느리 좀 대우해주고 시집살이시키지 마라. 이런 인간의 도리 가르치는 것입니다. 그러니까 예수님을 믿으러 나와서 예수님을 말씀으로 잘 배우고 관계를 이뤄가야 하는데 그런 가르침을 받지 못해 예수님을 모르니, 자기 목사에게 딱 꽂혀버립니다. 그 목사가 지금 성경의 뜻대로 바른말을 하느냐? 하지 않느냐? 하는 것은 전혀 모릅니다. 그에게는 중요하지 않습니다. 왠지 목사가 하나님하고 가까운 것 같고, 신비한 사람으로 보이기 때문에 눈에 보이는 목사를 믿는 것이 하나님 잘 믿는 것같이 돼 버리는 겁니다. 그래서 목사를 신처럼 대우하고 떠받들고 그 교회에서 떠나면 저주받을 줄로 알고 떠나지도 못하는 것입니다.

그러니까 예수님을 자기 안에서 모르고 자기 안에 계시지 않으니 예수님(주님)을 믿는다는 것이 교회 안에서 하나의 명예가 되어 있습니다. 그래서 집사님이세요? 권사님이세요? 하면 자랑스럽게 그렇다고 대답합니다. 지금 집사로 권사로 직분 받아 하나님을 잘 섬기는 본이 되어 예수님을 드러냄으로써, 사람들이 예수님을 믿는 것이 무엇인지를 보고 있느냐? 하나님이 인정하시는 것이냐? 하는 것은 관계없습니다. 그냥 자기 스스로 자랑스러워하는 것입니다. 어떤 사람들이 말하기를 자기가 이사를 여기저기 다니다 보니 집사를 못 땄다고 했습니다. 직장생활 하느라 교회일 열심히 못 해서 권사를 못 받았다고 했습니다.

제가 아는 어떤 분이 자기의 출석 교회에서 권사 직을 받기 위해서 권사는 얼마, 장로는 얼마라고 정해놓은 규정에 따라 돈을 내야 한다고, 그 금액이 기백 만 원이라고 하는 이야기를 듣게 되었습니다. 도대체 교회가 직분을 줄 때 왜 돈을 받는지 저는 이해가 안 됩니다. 물론 감사헌금이라는 명목을 내세우지만, 직분을 돈 주고 사는 것과 같은 생각밖엔 들지 않습니다. 이 양반이 생활이 어려워서 근근히 살아가는 입장인데 교회 생활 오래되다 보니 권사라는 위치에서 교인들에게 인정을 받고 또 어른 노릇을 하고 싶은 마음이 있게 되니 기어코 돈을 내고 권사 직을 받았습니다. 그런데 그 돈을 벌어서 갚느라고 잘 보이지 않는 눈에 돋보기를 쓰고 부업을 하여 일생 갚아나가는 겁니다. 직분이 자기 마음에 명예가 돼 있더란 말입니다. 여러분! 자기 마음에서 예수님 모르면 이같이 직분이 명예가 되어서 자기 마음에 자랑이 되는 것입니다.

내가 예수님을 바로 알고 예수님의 말씀으로 살게 되면 자연적으로 윤리 도덕의 사람이 되는 것입니다. 그렇기에 교회는 예수님으로 살도록 하는 것에 초점이 돼야 합니다. 도덕적인 사람이 돼서 예수님을 잘 믿어라가 아니에요. 어느 날 성영님께서 너는 오직 예수님만 자랑하고 말하라고 하셨습니다. 우리는 예수님을 알려는 열심을 가져야 하고 예수님으로 살려는 소망을 두어야 합니다. 오직 예수님 알기를 힘써야 합니다. 저도 예수님 때문에 행복한 사람입니다. 밤새도록이라도 예수님 이야기하라면 할 수 있습니다. 왜냐? 예수님 이야기하는 것이 제게는 너무나 즐겁고 행복하기 때문입니다. 예수님을 말하면 성영님이 기뻐하시니 그 기쁨 때문에 육체도 피곤한 줄 모릅니다. 우리가 성영님으로 충만하여 영적인 사람이 되면 늘 마음에 평안과 기쁨이 있으니 정말 행복합니다. 제가 과거에 예수님도 잘 모르고 천국도 지옥도 듣기는 하지만 크게 와 닿지는 않아 지옥 간다는 것도 천국도 잘 몰랐습니다. 그러니 제게 오로지 소망이 무엇이었겠습니까? 세상 것이었습니다. 세상 사는 것에 마음이 다 쏠려 있었습니다. 그리고 제 귀는 예수님을 믿으면 복 받는다는 말이 많이 들렸습니다.

그래서 그 복 좀 받으려고 나름 열심히 교회생활했습니다. 설교 또한 예수님은 희미하고 복에 대해서는 크고 하니까 제가 도무지 육체를 위한 것에서, 자아를 죽음에 내줘야 하는 것에서 나올 힘이 없는 것입니다. 나도 알지 못하는 중에 말씀으로 힘을 얻지 못하니 얼마나 오랫동안 어둠의 터널에서 뻥뻥이 돌았는지 모릅니다. 얼마나 헤매고 다녔는지 모릅니다. 그러니까 세상과 육체의 것에다 소망을 두었을 때는, 하나님께서 절대로 기뻐하지 않으셨습니다. 하나님께서 기뻐하지 않으신 것을 제가 무엇으로 알 수 있었냐면 심영에 평안이 도무지 없었음으로 아는 것입니다. 말씀 들을 때는 행복한데 돌아서면 한없는 구렁으로 떨어지고 마음이 그렇게 곤고할 수가 없었습니다. 환경 때문에 마음의 곤고함이 더 컸습니다.

지금의 믿음은 아니지요. 그때 저의 처한 환경이나 어려움이나 정신적 고통이 지금의 믿음이었다면 그것은 아무것도 아니지요. 너무 어두웠고 생명이 없으니 빛이 없으니 영적으로 캄캄한 어둠이었기 때문에 그렇게 곤고하고 고통을 받았던 것이지 지금 믿음이었다면 그런 것은 내게 문제 될 것이 아니지요. 지금은 주시면 먹고 주시지 않으면 아버지가 나 부르시려는가 보다 합니다. 죽이시면 죽고 살리시면 사는 것이지 이제는 이유가 없습니다. 그러니까 아버지가 더 급하십니다. 내게서 돈 떨어지는 것 원치를 않으십니다. 아버지께서 절대로 원치 않으십니다. 여러분이 이 같으신 아버지를 아십니까? 이렇게 좋은 아버지를!

그런데 영적 성장을 이루고 아버지 편에 서버리니까 이제 사람들에게 비판을 받는 겁니다. 처음에 여러 비판을 받았습니다. 그런데 그런 그들이 불행을 겪는 겁니다. 그래서 '아! 아버지께서 자기의 보증하시는 말씀은 반드시 지키시는구나. 제가 그것을 분명히 알게 되었습니다. 또 한편으론 삼위 하나님과의 관계 속에서 행복에 취해 사는 반면에 사람과의 관계에서는 신앙과 말씀에 대한 이야기가 통하는 사람이 없어서 제가 배척을 받는 신세가 되었다고 할까요? 저렇게 믿음 생활하면 안 되는데 싶어서 말씀을 이야기하고 믿음을 이야기하려고 하면, 소 닭 보듯이 하고 딴짓을 하며 세상 이야기로 말문을 막아버립니다. 어디서든지 배척을 당하는 신세였습니다. 지금이야 여러분하고 이야기해도, 말씀을 나눠도 얼마든지 통하니 아주 기쁘지요. 그런데 그때 당시엔 통하는 믿음이 없으니 그 점에는 쓸쓸했었습니다. 참 마음이 슬플 때가 많았습니다. 정말 좋으신 예수님, 너무나 좋으신 아버지에 관해서 얘기하려고 입 벌리면 듣지 않으려고 엉뚱한 말들을 늘어놓아 버립니다. 생활이 어떻고 요새 무엇이 유행이고, 뭐 자식이 어떻고 등등의 세상 돌아가는 소식을 열심히 주워섬기는 겁니다. 건강식품이 어떻고 무슨 음식이 어떻고, 예수님 이야기 듣지 않으려고 화제를 돌려버린다는 말입니다.

그래서 제가 가장 기쁘고 좋을 때가 언제냐 하면 누가 예수님에 관해서 관심을 가지고 알려고 할 때입니다. 그럴 때는 아주 너무 기쁘고 좋아서 그 사람이 그렇게 사랑스러울 수가 없습니다. 내가 그를 찾아가서 '내가 당신을 사랑합니다.' 말 안 해도 그를 사랑의 대상으로 두고 '아버지 그를 사랑합니다. 아버지께서 기억하시고 사랑하여 주옵소서.' 하고 기도합니다. 기도가 마음에서 절로 된다는 말입니다. 제가 과거에는 내 의지로 다른 사람을 다 기도해줄 대상으로 알고 무조건 기도를 했지만, 지금은 그런 기도하지 않습니다. 마음에 동함이 일어나는 사람만 기도합니다. 그러니까 여러분이 목사가 자기를 위해 기도해주느냐? 안 해주느냐? 따질 것 없습니다. 성령님께서 마음에 불러일으켜 주시면, 마땅하다면 기도가 되는 것이니 성령님께서 자기를 위해 기도하실 수 있는 자가 되면 당연히 기도하게 하시지 않겠습니까? 정말 우리들은 영적으로 수준 높은 성도, 참으로 예수님을 사랑하는 성도, 그래서 예수님께서 약속하시고 말씀하신 그 모든 복을 소유하는 성도가 되기를 진심으로 바랍니다.

그래서 성서가 쓰인 목적이 뭐냐? 바로 예수 그리스도를 알게 하는 데 목적이 있다. 눅24;27에 **모세와 및 모든 선지자의 글로 시작하여 모든 성경에 쓴바 자기에 관한 것을 자세히 설명하시니라** 하셨습니다. 요5:39에 **너희가 성경에서 영생을 얻는 줄 생각하고 성경을 상고하거니와 이 성경이 곧 내게 대하여 증거하는 것이로다** 성경이 예수님 자신에 대하여 증거하는 것이라고 하셨습니다. 이같이 예수 그리스도를 알게 하는 데 성경의 목적이 있는 것입니다. 요일 2:14에 사도 요한이 **아이들아 내가 너희에게 쓴 것은 너희가 아버지를 알았음이요 아비들아 내가 너희에게 쓴 것은 너희가 태초부터 계신 이를 알**

앉음이니 했습니다. 그러니까 사도 요한이 이 편지를 써서 보낸 대상들이 다 아버지를 알았고 태초부터 계신 이, 즉 세상에 보내기로 언약하신 그분을 알고 있기 때문에 이 글을 썼다고 했습니다. 자, 그러니 예수 그리스도를 믿으려면 먼저 성경이 왜 쓰였는지를 알아야 하겠지요? 그리고 성경에서 누구를 알아야 해요? 아버지를 알아야 합니다. 구약에 창조주로서의 아버지를 알고, 그다음 예수 그리스도로 말미암은 아버지를 알아야 합니다.

요17:3에 **영생은 곧 유일하신 참 하나님과 그의 보내신 자 예수 그리스도를 아는 것이니이다** 하셨으니 영생은 누구를 아는 것이라고요? 예수님을 보내신 참 하나님과 그 예수님을 아는 것, 그러면 어디서 알 수 있습니까? 바로 성경입니다. 성경을 알아야 하는 일입니다. 우리의 일생 해야 하는 일이 성경으로 예수님을 아는 일입니다. 알기 위해 힘쓰고 알려고 하는 소망을 가져야 합니다. 요14:17에 **저는 진리의 영이라 세상은 능히 저를 받지 못하나니 이는 저를 보지도 못하고 알지도 못함이라 그러나 너희는 저를 아나니 저는 너희와 함께 거하심이요 또 너희 속에 계시겠음이라** 그러면 진리의 영이 누굽니까? 성영님이시지요? 세상은 능히 받지도 보지도 알지도 못한다. 그러나 너희는 안다 하셨으니 여러분 성영님 아십니까? 들어서 아는 것이 아니라, 말로 아는 것이 아니라, 이제는 자기 속에 오셨음으로써 관계로 아는 것입니다. 이제 내 안에 와계신 것으로 아는 것입니다. 성영님이 하시는 일과 성영님을 모르면 그는 여전히 세상 사람입니다. 자기 안에 오신 성영님과 관계로 알지 못하면 믿지 않는 세상과 같습니다.

그러니까 성경이 쓰인 목적이 분명히 있는데 그 목적이 원수 사랑하는 것부터 하라는 것이 아니라, 구제부터 가서 하라는 것이 아니라, 예수님 전한다고 뛰어다니는 것부터 하라는 것이 아니라 먼저 무엇부터 알아야 하는가? 바로 예수 그리스도의 아버지를 알고 예수 그리스도를 알고 성영님을 알라는 것입니다. 아버지와 아들과 성영님을 알라 말입니다. 이것이 성경이 쓰인 목적이요, 우리가 먼저 알아야 하는 일이 바로 이것입니다. 성경을 알 때 아버지와 아들 예수 그리스도와 성영님을 알면 삼위일체의 하나님을 아는 것입니다.

그래서 '예수 그리스도' 하면 예수 그리스도 안에 이 삼위일체가 다 들어있는 것이요, 다 들어있는 것을 아는 것입니다. 여러분이 '예수님' 하면 그 안에 누가 같이 계셔요? 아버지와 성영님이 같이 계시는 것입니다. 예수님만 불러도 거기에는 아버지도 계시고 성영님도 계신다는 말입니다. 그러면 아버지를 부르면 거기에 또 누가 같이 계시는 것입니까? 예수님과 성영님이 계시는 것입니다. '아버지!' 하면 그 속에 예수님도 성영님도 같이 계시는 것입니다. 그러면 '성영님' 부르면 거기에는 또 누가 같이 계실까요? 바로 아버지도 예수님도 같이 계시는 것입니다. 그러니까 오늘 본문의 말씀이 그것을 말씀하는 것이기 때문에, 우리가 예수님을 부를 때 아버지도 성영님도 같이 계시는 것을 알고 부르는 믿음이 돼야 하는 것입니다. 알아듣습니까? 그래서 삼위의 하나님이라 하고, 하나님은 삼위일체라고 말하는 것입니다. 여러분이 하나님에 대해서 이것부터 분명히 알고 세워지는 믿음이 돼야 하지, 하나님을 알지 못하면서 뭐나 된 것처럼 하나님 일한다고 하는 것은 결국 귀신에게 붙들려서 쓰임 받는 일이 될 뿐입니다.

'성영님'하면 삼위일체가 다 들어있는 것이요, '하나님' 해도 '아버지' 해도 삼위일체가 다 들어있는 것이니 그래서 너희가 아버지를 알아라, 예수 그리스도를 알아라, 성영님을 알아라, 그러면 이 셋은 따로따로 계신 것이 아니라 삼위로 계신 하나님이라는 것을 알게 된다고 하는 것입니다. 성경이 예수 그리스도를 알라는 것은 이웃집 사람의 얼굴을 봐서 안다는 정도, 예수님이 구주이신 것을 안다는 이런 정도의 앎을 말하는 것이 아닙니다. 이웃집 사람을 아는 것과 같은 그 앎을 말하는 것이 아니라 함께 경험으로 아는 관계를 말합니다. 제가 서두에 설명해 드렸던 것, 그것을 말하는 거예요. 아버지를 경험하고 예수님을 경험하고 성영님을 경험하는 것입니다. 내가 예수님 안에 예수님이 내 안에 오셔서 함께 먹고 자고 일어나는 관계입니다. 실제로 경험하는 관계입니다. 그래서 이것을 이성 간의 경험과 같다. 부부간의 경험과 같다고 말하는 겁니다. 부부는 살다 보면 서로를 너무나도 잘 알아버립니다.

내가 예수님을 알고 예수님께서 나를 아시는 그 관계이면 이 세상 사는 것 뭐 염려입니까? 내가 예수님 안에 있고 예수님이 내 안에 계신 관계면 죽음이 두렵지 않습니다. 예수님이 계신 보좌 우편, 그곳에 이미 함께 들어가 있으니 목숨의 죽음은 문제가 되지 않습니까? 우리는 혈과 육의 자아가 죽기 위해서 왔습니다. 지음을 받은 혈과 육의 자아는 죽고 영으로 사는, 예수님의 생명을 받아들여 예수님의 자아로 사는 자 되기 위해서 왔습니다. 그래서 예수님의 생명이 내게 오시는 것은, 혈과 육 즉, 옛사람 자아가 죽어야 하기에 예수님 십자가의 죽으심을 내 죽음으로 받아들여 온전히 죽음에 넣어버려야 합니다. 예수님의 생명으로 사는 자 되어 이제 쇠하여가는 육체를 벗으면 새로운 몸으로 부활하는 것입니다. 제가 이런 이야기를 들은 적이 있습니다. 어떤 계기로 인해서 자기가 육체에서 나와 자기 육체의 모습을 보았다는 겁니다. 그것을 육체이탈이라고 하더군요. 육체는 큰 고통을 겪어야 하는 상황인데 그 육체에서 빠져나온 자기는 너무너무 편안하고 좋은데 자기 육체 옆에 앉은 가족들은 울고불고하더라는 것입니다. 그러니까 육체의 죽는 것은 무서운 것이 아니라는 말입니다. 헌것을 벗어야 새것을 입을 것이 아니겠습니까? 바로 이 신비가 예수님이 내 안에 오신 우리 영혼에 있게 되었습니다. 이 엄청난 신영한 신비가 우리 영혼에 있다는 말입니다.

이 같은 신비한 영혼의 몸으로 온전케 하려고 예수님 아는 일과 예수님과 함께하는 믿음이 되는 일에 열심을 품어야 할 것입니다. 그러니 여러분이 죽음에 대해 두려움을 가지고 살겠습니까? 아니지요? 죽음을 두려워하는 것은 믿음이 아닙니다. 달걀이 부화하여 병아리가 되기 위해서는 껍질이 필요합니까, 안 필요합니까? 껍질이 반드시 필요합니다. 그러나 부화된 후에도 필요합니까? 필요치 않습니다. 그냥 쓰레기통에 버리거나 땅에 묻어버립니다. 생명을 품은 씨앗들도 흙에 뿌리면 생명이 겉껍질을 뚫고 싹이 터서 올라와 껍질은 쓸모없게 되고 싹터 올라온 그곳에서 새로운 열매를 맺습니다. 그것처럼 우리 육체 또한 새로운 부활의 몸을 입기 위해 있는 겉껍데기이니 육체의 죽는 것에 두려워해서는 안 되는 것입니다.

"아! 알고 보니 죽음 뒤에 오는 이 엄청난 영광을 위해 이렇게 멋진 준비를 하셨구나!"를 생각한다면 죽음에 대해서 자유 얻을 수 있지 않습니까? 성영님께서는 우리가 이 믿음이 되기를 원하십니다. 이 믿음이면 세상도 관심 두지 않을 수 있어요. 세상의 소문이 흉흉해도 거기에 관심 두지 않을 수 있습니다. 자기 안에 예수님의 기쁨이 있으니 무슨 삶에 두려움이 있을 것이며 무슨 안타까움이 있을 것이며, 미움이 있고 속상한 것이 있고 삐죽할 것이 있고 싸움할 것이 있고 그러니 뭘 육체의 삶에 연연하겠습니까? 제가 영적인 세계를 점점 알게 되면서 삼위 하나님과 관계를 이루게 되니 너무 기쁨에 겨워서 사는데 남편과는 두 아들로 인해 다툼이 있는 겁니다. 정말 다툼이 싫은데 해야 했습니다. 진짜 다투는 것이 너무 싫은데 내 맘을 너무 힘들게 하고 불안하게 했습니다.

나는 두 아들의 실족된 믿음 문제 때문에, 어떻게 믿음으로 돌아오게 할 것인지 구원 안으로 돌아오게 해야 할 그 일은 내게 있어 내 목숨을 내놓으라 하면 내놓을 만큼 중요한 일이었기에, 두 아들에게서 세상의 것으로 잘되기를 바라본 적이 단 1%도 없었습니다. 그렇기에 성영님께서 주시는 감동을 좇아 행하면서 또한 그 과정에서 성영님께서 나로 믿음의 온전함으로 서게 하시는 영적인 것과 믿음의 훈련을 하고 계셨는데, 남편은 세상 방법에 너무 충실하다 보니 성영님의 역사를 계속 막고 방해하는 역할을 하는 것입니다. 자식들이 자기 마음, 자기 기준에 안 든다고 해서 한숨으로 어둠을 뿌리고 얼굴에 화색 있는 날이 없는 겁니다. 남의 집 자식은……, 누구는 몇 살밖에 안 됐는데 무엇이 됐고… 하는 등등의 비교하는 일은 그칠 줄 모르고, 비난은 물론이고 저주를 쏟아내는 것이 아주 습관이 되었습니다. 자식을 자기가 믿음에서 실족하게 했음에도 그 책임 의식이 없었습니다. 물론 제 입장에서는 수십 년을 믿는다 했어도 구원이 없는 남편을 구원받게 해야 했기에, 설득을 하고 사정을 하고 간청도 하고 호소도 하고 다짐도 받고 자식은 내가 알아서 구원으로 들어오게 할 것이니, 사는 일 염려치 말고 차라리 자식 없다고 생각하고, 자기 자신의 믿음만 바로 세우는 일에 충실해 달라고 그것이 자기에게 복이라고 애원도 했지만, 여전히 반복되다 보니 긴 세월 동안 다투지 않을 수가 없었습니다. 이것이 자식이 구원받을 수 있도록 이끄시는 하나님의 방법이라고, 성영님께서 역사하시도록 좀 제발 지켜봐 주라고, 구원받는 것이 중하지 세상으로 나가 세상 것에 온 마음 다 쓰고 사는 것 나는 원치 않는다고, 권고와 당부를 수없이 했습니다. 남편으로 인해 들어오는 사단의 끈질긴 곤혹의 시험은 사실 내게는 너무 무거운 짐이었고, 고통받는 일이었고 자식이 점점 더 마음을 닫아 버리는 일이었고, 집안을 어둠의 기운을 드리우고, 성영님의 역사하심을 막는 일이었기에 사단과의 이 전투에서 내가 능력을 갖추어 승리하는 것은 그 자식의 아비(남편)의 영혼을 사랑하여 끝까지 품고 긍휼함을 갖는 일이었습니다. 어떤 이유를 빌미 삼아 기어코 영혼을 잡고 놓지 않으려는 사단에게서 남편의 영혼을 건져내야 하기에, 그 영혼을 싸안고 기도하며 긍휼히 여기는 것이 돼야 했습니다. 자식의 영혼을 사랑하니 원수로 행하는 남편의 영혼도 사랑해야 했습니다.

사단과의 이 전투는 길고도 긴 것이었기에 때로는 내가 지치기도 했고 어느 순간 육에게 지고 있는 나를 발견하기도 했습니다. 그럴 때는 성영님께서 "능력을 갖추라"라고 명하시니 즉시 회개를 하고 온전한 사랑의 능력을 채워가는 훈련을 나도 하는 것입니다. 그런 와중에 남편이 뒷감당하지 못할 말로 자기의 구원을 막는 두려운 말을 간혹 하는 일이 있었기에 그것을 내가 두려워하여 늘 마음이 조바심했었는데 그것도 사단의 흉계임을 알게 되어 속은 것을 회개하고 그런 것에서 두려움을 깨끗이 버리고, 남편에게 내 태도를 바꿔 극단의 조치를 취하게 되는 일을 몇 번 하게 되었습니다. 그러자 남편의 그 기세가 점차 힘을 잃게 되고 많이 조심을 하는 일이 나타나게 되어 이제 정말 우리 다투지 말자고, 정말 다투는 것 너무 싫다고 네가 잘했냐? 내가 잘했냐? 그런 것 좀 하지 말자고 약속을 하고 그런 것에서 그치니 얼마나 마음이 좋은지 모르겠는 겁니다. 남편이 습관처럼 하던 한숨을 쉴 때는 왜 한숨을 하느냐? 즉시 회개하라고 그때그때 회개할 것을 이르면 즉시 회개를 하게 되니 점차 그런 것에서 놓여나게 되었습니다. 그래서 남편이 따라주니 집안에서도 친구처럼 때로는 농담도 하고, 때로는 코미디도 하고 아무튼 정말 친구처럼 대하고 사니 마음이 유쾌하고 좋게 되게 되었습니다. 여러분도 다투고 싸우는 일에 힘쓰지 않기를 바랍니다.

여러분 오병이어의 이적 아시지요? 그 이적이 성경에만 있고 예수님 당시만 있었던 것으로 알면 안 됩니다. 예수님이 나의 삶 속에 들어와 계시기만 하면 예수님 안에서 그 이적은 보장되는 것입니다. 생명의 충만으로 이끄심과 함께 삶을 이끄시며 채우시는 것을 경험하는 것입니다. "앞으로 어떻게 살아야 할지 막막해요." 염려할 것 없습니다. "당장 문제가 닥쳐서 어떻게 할 줄 모르겠어요." 어떻게 할 줄 걱정할 것 없습니다. 참으로 예수님이 나와 함께 계시는 경험의 관계가 된 믿음이면 걱정할 이유 없습니다. 성영님께 나를 맡겨드리고 오병이어의 이적과 같은 삶으로 이끄실 것을 확실히 믿는 믿음을 고백하고, 예수님이 평안을 명하셨으니 말씀대로 평안하겠습니다 하고 평안해져 버리면, 그같이 성영님께서 오병이어의 이적과 같이 채우시는 것을 경험할 것이요, 문제 또한 자연스럽게 해결되는 것을 경험하게 될 것입니다. 참으로 예수님과 확실한 관계를 이루기만 한다면 아무 것도 염려할 것 없습니다.

제가 오늘 말씀과 관계없는 이야기 좀 할까 합니다. 어느 날 예배 중에 성영님께서 제게 무엇을 말씀하셨는가 하면 부부가 예수님으로 하나가 되어야 함에도 되지 않았다고 하셨습니다. 예수님을 믿는 것이면 예수님으로 믿음이 하나가 되어 가정이 예수님 중심이 돼야 하는데 각각 자기중심이 되어서 분쟁하고 덕스럽지 못하고 본이 되지 못하여 가정에 구원이 다 막혔다고 하셨습니다. 그것은 자녀들의 구원까지 다 막혀버렸다는 것입니다. 이것은 누구를 대상으로 하여 말씀하셨던 것인데 제가 그들에게는 이 말을 안 했습니다. 그러나 어느 누구만을 대상으로 말씀하신 것만은 아닙니다. 부부가 예수님 중심으로 연합하지 않으므로 그 자녀들이 다 구원이 막혔다고 하는 것은 누구에게나 해당하는 것입니다. 부부가 오직 예수님으로 기뻐하고 구원을 기뻐하며 예수님을 사랑함으로써 그 사랑을 나타내는 것이었다면, 그의 자녀들도 예수님을 사랑하는 그 사랑을 배우면서 자라 예수님 안으로 들어오는 힘이 되었을 것인데, 믿는다 하면서도 다 자기가 살아서 자기주장대로 행하였으므로 도무지 구원받는 것과는 거리가 멀게 되었다는 것입니다. 예수님에게 들어올 힘을 얻지 못한다고 하셨습니다.

참으로 이것을 여러분이 두려움으로 들어야 할 것이라 생각합니다. 지금이라도 부부가 회개하고 회개함으로써 자기중심, 이기적인 교만을 다 버리고 정말 예수님을 사랑하는 그 사랑으로 하나가 되는 것에 마음과 뜻을 다할 수 있어야 하지 않겠는가 생각합니다. 왜 그렇게 잠시 사는 세상을 위해 사는 것이 목적이나 되듯이 두려운 줄 모르고 그렇게 힘을 쓰면서 영원한 복락의 나라를 버리는 용기들이 좋은 것입니까? 자기 기분, 자기중심, 자기 욕심의 것들을 세우면서 다투고 싸우고 하는 것들은 이제 좀 그치십시오. 그렇게 사는 것이 구원받는 길이라면 얼마든지 열심히 힘써 그렇게 사십시오. 그러나 육체에서 떠날 때 영원한 불지옥이 있다는 것은 반드시 기억하고 그렇게 사는 것에 용감하기를 바랍니다. 그리고 자녀들에게 절대 부정적이거나 저속한 언사는 하지 않아야 합니다. "저게 도대체 언제 깨달아 저것, 아우 저것 때문에 내가 미치겠어, 저 새끼 저것 나이를 어디로 쳐 먹은 거야 저거……, 이런 투의 저속하고 상스런 욕설과 말들, 인격적이지 않은 저주의 말들 좀 하지 말라는 것입니다. 말로 자기 자신을 저주에 묶어놓고 자녀들은 부모들의 부정적이고 상스런 그런 말들로 올무가 되어서 발걸음 하나하나가 저주에 묶인다는 것입니다. 부모인 자기들은 도무지 변하지 않으면서 예수님을 믿는다는 말만 있는 거짓 믿음으로 자녀들이 따라오지 않는다고 하는, 성경이 가르친 바 없는, 그런 악은 그치고 그 입부터 닥치는 것이 하나님께서 역사하실 수 있는 최소한의 일이라 했습니다. 그러니까 당신부터 예수님 앞에 꿇어 엎드려 좀 말씀이 가르치는 바를 따라 제대로 변하는 것부터 처절히 하라는 것입니다.

호세아 4:6에 말씀하시길 이 백성이 하나님을 아는 지식이 없어서 망한다고 했습니다. 그런데도 사람들은 자기가 하나님을 아는 지식이 없어서 망하게 생겼다고 하는 것이 아니라, 아무개가 자기를 속 썩여서 망한다고 말하는 겁니다. 이놈의 사회가 맘에 안 들어서 자기가 망한다고 하고, 정치가 그래서 망한다고 하는 것입니다. 아~ 정말 웃겨요! 모든 기준이 모든 판단이 자기로부터가 되어서 자기가 누구 때문에 망한다고 말하는 것을 듣게 되면 참 신기한 겁니다. 그러면서 어떻게 믿는다는 말을 하는지 참 신기하다는 말입니다. 망하는 것은 하나님을 알지 못하는 자신에게 있는 겁니다. 하나님은 망하는 분이 아닙니다. 망하지 아니하시는 하나님을 똑바로 알고 하나님과 함께 살면 망할 일 없는 것입니다.

정치 이야기나 대통령 이야기하는 것도 말입니다. 성경에 보면 위정자들을 위해 기도하라 했습니다. 네가 편안하려면 위정자들을 위해 기도하라고 했습니다. 정치를 잘하냐? 못하냐? 그런 말로 비판하고 정죄하여 재판관 노릇 할 것이 아니라, 그들이 바른 정치를 할 수 있도록 축복하여 기도하는 것입니다. 그래야 내가 땅에 사는 동안에 국가의 안녕과 평안과 질서가 있어야 편하니까, 그리고 대통령 이하 위정자들을 존중하는 것이 곧 나도 존중받을 수 있는 것이기 때문에, 하나님으로부터 온 권위의 질서를 지키는 것이 마땅한 것입니다. 그렇기에 성경은 하나님을 모르는 대통령이라도 그를 위해 기도하라고 말했지 그를 비방해라, 대통령 때문에 못 살겠네, 정치 못 해서 못 살겠네, 하라고 하지 않았습니다. 자기가 망하는 것은 하나님을 아는 지식이 없어서 망하는 것이지, 정치가 잘못돼서 사회가 잘못해서 망하는 것 아니라고 분명히 말해주고 있습니다. 저 사람 때문에 내가 망한다고 망해간다고 그러지만, 여러분! 망하는 이유는 하나님을 아는 지식이 없어서 망하는 것입니다. 사회가 그래서, 정치가 그래서, 대통령이 잘못해서 하는 따위에 책임을 돌리는 힘이 있다면 그 힘 그런 죄짓는 데다 소비하지 말고 하나님을 아는 데 그 힘을 쓰십시오.

그것이 자기가 망하지 않는 진리입니다.

　호세아 6:6에 하나님께서 제사를 원치 않는다고 하셨습니다. 예배만 무조건 드리면 하나님께 할 일 한 것처럼 하는 것 원치 않는다. 너희가 하나님 알기를 원한다고 했습니다. 오늘날도 하나님을 깊이 알지 못하면서 무조건 열심히만 하면 되는 줄 알고 있습니다. 열심히 기도하면 되는 줄 알고 있습니다. 예수 그리스도를 알지 못하면서 부지런히 예배 참석 잘하면 되는 줄로 알고 있습니다. 예수님에 대해 한 시간도 말할 줄 모르면서 성경 이야기를 잘하면 되는 줄로 알고 있습니다. 그러나 하나님은 제사는 싫다. 너희가 나를 알기를 원한다고 말씀하셨습니다. 그래서 요16;3에 저희가 그리스도를 핍박하는 것은 하나님을 알지 못하기 때문이요, 또한 나를 알지 못하기 때문이라고 예수님이 말씀하셨습니다. 예수님을 믿지 못하는 것, 예수님을 핍박하는 것, 예수님을 액세서리로 생각하는 것, 예수님을 모르기 때문입니다. 예수님을 안다면 필요할 때만 찾고 필요 없으면 뒤로 제쳐놓을 수 없는 것입니다.

　요일 4:5,6에 **저희는 세상에 속한고로 세상에 속한 말을 하매 세상이 저희 말을 듣느니라 우리는 하나님께 속하였으니 하나님을 아는 자는 우리의 말을 듣고 하나님께 속하지 아니한 자는 우리의 말을 듣지 아니하나니 진리의 영과 미혹의 영을 이로써 아느니라**고 했습니다. 참으로 정답입니다. 어떤 말을 듣고 어떻게 살고 있느냐로 하나님께 속했는지 속하지 않았는지 분명하게 구분되는 것입니다. 네가 세상에 속한 말을 듣고 있다면 아직은 세상에 속했고, 네 입으로도 세상에 속한 말을 한다면 너는 세상에 속한 자다. 그러나 하나님께 속한 사람은 하나님의 말을 듣는다는 것입니다. '듣는다.'는 것을 히브리어로 '쉐마'라고 합니다. 그런데 '복종'도 '쉐마'입니다. 왜 같은 단어냐 하면 들으면 복종이 일어나야 하는, 복종하는 것이 하나님의 말씀이기 때문에 듣는 것과 복종을 같은 것으로 말한 것입니다. 그래서 듣는다=복종입니다. 예수님을 알면 예수님 이야기를 좋아합니다. 예수님을 사랑하면 예수님 이야기하는 사람을 사랑합니다. 예수님을 경험하면 예수님 이야기하는 사람끼리 모이는 것입니다. 그렇지 않습니까? 술 좋아하면 술꾼과 어울리게 돼 있고, 도박 좋아하면 도박꾼끼리 모이게 돼 있고, 남 흉보기 좋아하면 그런 사람끼리 모여서 흉볼 것 없나 찾습니다. 자기와 생각이 맞으면 열심히 흉보는 일 합니다.

호2:19,20에 내가 네게 장가들어 영원히 살되 의와 공변됨과 은총과 긍휼히 여김으로 네게 장가들며 진실함으로 네게 장가들이니 네가 여호와를 알리라고 했습니다. 우리에게 하나님 자신을 어떻게 경험하게 한다는 말입니까? 아주 결혼한 사이가 되겠다는 것입니다. 내가 너희에게 나를 알게 하는데 내가 너에게 아주 장가들어 주겠다고 하신 겁니다. 그래서 예수님은 우리의 신랑이고 우리는 그의 신부라고 말하잖습니까? 그냥 '아! 예수님은 우리 구주임을 믿습니다.' 그런 정도로만 끝나도 된다면, 내가 너에게 장가든다는 그런 표현 안 하셨습니다. 바로 부부가 서로를 잘 알게 되듯이, 부부가 서로를 아는 것보다 더 하나님을 알고 경험하는 것이어야 한다는 것입니다.

'예수'라는 이름은 누구의 이름이라고 했습니까? 아버지가 가지고 계셨던 이름 하나님의 이름이에요. 예수님 당시에 예수라는 이름을 가진 사람들이 있었습니다. 어떤 사람이 제게 "아니, 예수님 이름은 예수님만 사용했던 이름이 아니라 예수님 당시 때 다른 사람들도 사용하던 이름이었는데 꼭 이름을 알아야 하는 것인가요? 그럼 그 이름은 어떻게 생각해야 합니까?" 하는 질문을 했습니다. 질문이야 좋지만, 그런데 사람들이 예수라는 이름을 사용했다는 것은 알면서 왜 아버지의 의도나 뜻은 모르는가? 하나만 알고 둘은 모르는 질문을 하니, 아니, 몰라도 되는 것은 알고 알아야 할 것은 모르니 아주 답답한 것이지요. "하이고 이 사람아! 혈과 육체의 사람들이 가진 예수 이름이 중요한 것이 아니라, 하나님이 보내셨느냐? 하늘에서 오신 분이냐는 것이 중요한 것이고, 십자가에 달려 피 흘려서 몸 찢어 우리에게 생명을 주신 그 예수님, 하나님이 가지셨던 그 예수님의 이름을 알라는 것이다."라고 말해주었습니다만, 여러분도 이런 답답한 구석이 없기를 바랍니다.

하나님의 아들 예수 그리스도, 피 흘려주신 분, 우리에게 생명을 내주신 분, 하나님 아버지 안에 있던 구주의 이름, 하나님의 이름이라는 이것이 생명이요, 구주요, 능력의 이름이라는 것을 알라는 말입니다. 이것을 모르니 예수님의 그 이름의 능력을 모르는 겁니다. 그러니까 '주'만 찾잖아요. '주'로는 구원 얻는 이름도 아니고 그렇기에 '주'로는 영적 능력은 없는 것입니다. 주는 우리의 주인이라는 것밖에는 맺을 것이 없습니다. 똑바로 잘 알아듣기 바랍니다. 그래서 속사람(성영님이 오셔서 거듭난 것)도 없고 능력 없습니다. 다 벌거벗었어요. 그래서 하나님의 아들 '예수'님의 이름이 하나님의 이름이고 또 누구의 이름이라고요? 아들의 이름, 또 그 이름을 누가 가지고 왔어요? 성영님이, 그렇기에 '예수님' 하면 모든 하나님의 역사가 다 들어있는 이름이고 하나님의 뜻을 통틀어 말하는 이름인 것입니다. 그렇게 엄청난 이름이에요. 그러기에 '예수' 이름으로 구원을 받고, '예수' 이름으로 귀신이 쫓겨나가고, 병든 자가 치료되고, 기도를 받으시고, 응답해주시고, '예수' 이름으로 부활하는 것입니다.

그다음에 예수 그 이름을 하나님의 아들에게 주어서 아들의 이름이 되고 그 이름으로 성영님이 오셔서 성영님의 이름도 되었는데, 그다음 성영님이 그 이름을 누구에게 주었어요? 우리에게, 이름을 아는 우리 안에 아주 이름이 들어오셨는데 성영님이 예수님의 이름을 가지고 내 안에 들어오셨다면, 이 원리를 알아야 해요. 이름이 오셨으니 그러면 누가 오신 것입니까? 예수님이 내 안에 들어오신 것입니다. 성영님이 오셨으니 예수님이 오신 것이고 예수님이 오셨으니 아버지도 오신 겁니다. 그래서 예수님이 오늘 본문 말씀에 "아버지가 내 안에 너희가 내 안에 내가 너희 안에 있는 것을 너희가 알리라" 하셨지 않습니까? 그러니 예수님이 자기 안에 계신 것을 알고 이 관계를 알아야 하지 않습니까?

여러분! 예수님의 이름이 내 안에 오시니 이름이 얼마나 좋은지 몰라요. 사랑하는 나의 주 예수님의 이름, 이름을 생각하면 너무나 친근하고 너무나 능력이고 너무나 감사입니다. 그러니 주 부르려 해도 안 불려요. 이미 예수님은 나의 주님이라는 것을 알기 때문에 기를 쓰고 당신은 내 '주'입니다 안 해도 제가 알기 때문입니다. '예수' 그 이름은 주 하나님이라는 것이요, 구주라는 것이요, 치료라는 것이요, 생명이라는 것이요 부활이라는 것이요 우리의 닛시라는 것입니다. 그래서 이 예수님 이름이 얼마나 사랑스럽고 좋은지 자다가도 예수님 이름 앞에 마음의 무릎을 꿇는 거예요. 오늘 이 말씀을 듣는 여러분이 진정 이 믿음이 되기 원하면 예수님 이름 앞에 무릎을 꿇으세요.

그리고 말씀에 비춰 회개하고 자복함으로써 이 관계의 믿음이 되는 것을 소원하여 기회를 얻기를 원하십시오. 성영님을 의지하고 사모하세요. 그리고 어디서든지 말씀을 듣다가 성영님께서 회개의 감동을 주시면 그 자리에 그냥 무릎 꿇으십시오. 그 자리에 무릎 꿇고 "성영님이 내게 회개케 하시니 감사합니다. 회개의 영으로 오셨으니 감사합니다." 하고 성영님께 자신을 맡기고 기도하라는 얘기에요. 그것이 역사가 일어나는 기회 주시는 때이니 즉시 순종하여 행하는 것입니다. 사람 눈치 볼 것 없습니다. 사람이 내게 구원을 베푸는 것이 아니니 사람 의식할 것 없습니다.

마22:20-22에 예수님을 시험하는 자들이 와서 가이사에게 세금을 내야 하느냐, 내지 않아야 하느냐? 물었습니다. 그러자 예수님께서 어찌하여 나를 시험하느냐 하시며 '그 셋돈을 내게 보이라 하시고 이 형상(가이사)과 이 글이 뉘 것이냐?' 물으시니 '가이사(로마 황제)의 것입니다.' 했습니다. 그러면 가이사의 것이면 가이사에게 주고 하나님의 것은 하나님께 바치라 하셨습니다. 세상의 것은 세상에 주고 네가 하나님의 것이 맞는다면 하나님에게 돌아오라. 네가 시험코자 하는 그가 곧 하나님이니 하나님의 것이면 내게 오라는 말씀입니다. 세상 것은 세상에 돌려버리고 하나님의 것은 하나님에게 돌아오라는 것으로 바로 네가 세상 것 가이사의 것이냐? 하나님의 것이냐? 세상 것이면 세상 것으로 가고 하나님의 것이면 하나님께 분명히 돌아오라는 것을 말씀하는 것입니다. 여러분은 누구의 것입니까? 세상 것입니까, 하나님의 것입니까? 하나님의 것이면 하나님께 확실히 나와서 예수님께서 '내가 아버지 안에 있고 아버지가 내 안에 계시고, 너희가 내 안에 있고 내가 너희 안에 있는 것을 알리라' 하신 관계가 돼야 하지 않습니까? 바로 성전 관계입니다. '내가 아버지 안에 있으니 너희가 내 안에 있으면' 하신 이 관계가 되면 아버지를 보는 것입니다.

율법으로는 아버지 볼 수 없습니다. 심판하시는 무서운 하나님만 보이는 겁니다. 사람들이 율법에 있으니 거룩하시고 자비하시고 전능하시고 무소부재하시고…, 기도할 때 그러잖아요? 율법에 있으니 그 하나님만 보이는 겁니다. 그러나 예수님이 오셔서 너희가 내 안에 거하면 하나님은 아버지시다. 예수 그리스도로 말미암아 십자가에서 해산의 고통으로 피 흘려서 낳아주신 관계로서의 아버지다. 여러분 아기 낳을 때 피 흘리잖아요. 예수님은 피 흘려 그 생명을 우리에게 주셨으므로 우리가 양자의 영을 받았고, 이같이 하나님께서 예수님으로 우리를 낳으셨으니 하나님은 우리의 아버지시더라는 말입니다. 하나님께서 예수님께 피 흘리게 하사 우리를 낳으셨으니 하나님은 우리의 아버지라는 말입니다. 이해됐습니까? 그래서 율법으로는 하나님을 심판의 주로밖에 만나지 못합니다. 예수님으로는 우리를 낳아주신 아버지를 만나는 것입니다. 그렇기에 이제는 예수님 안에서 아버지를 만나는 믿음, 아버지와 아들과 성영님을 경험하는 믿음이 되어 영생으로 들어가 버리는 저와 여러분이 되기를 간절히 바라며 말씀을 맺습니다.

우리에게 믿음이 되도록 도우신 성영님, 피 흘려 우리에게 죄용서와 생명 주신 예수님, 우리를 예수님으로 낳아주신 아버지께 감사와 찬송으로 영광을 돌립니다. 아멘

제 20 장
삼위의 하나님과 관계를 이룬 것이 믿음

¹³그러하나 진리의 성영이 오시면 그가 너희를 모든 진리 가운데로 인도하시리니 그가 자의로 말하지 않고 오직 듣는 것을 말하시며 장래 일을 너희에게 알리시리라 ¹⁴그가 내 영광을 나타내리니 내 것을 가지고 너희에게 알리겠음이니라 ¹⁵무릇 아버지께 있는 것은 다 내 것이라 그러므로 내가 말하기를 그가 내 것을 가지고 너희에게 알리리라 하였노라

(요16:13-15)

오늘 본문은 누가 말씀하신 것입니까? 예수님이지요? 그러면 예수님께서 누구를 소개하셨습니까? "진리의 성영님이 오시면" 해서 성영님이시지요? 15에서는 누구를 소개하셨습니까? 바로 '아버지'입니다. 그래서 아버지와 아들 예수님과 성영님이신 삼위로 계시는 하나님, 다시 말해 한 하나님이 아버지와 아들과 성영님의 삼위로 계시는 것을 확실히 알 수 있게 하셨습니다. 이것을 삼위일체라고 말합니다. 그래서 오늘 〈삼위의 하나님을 알고 관계되는 것이 믿음이다〉라는 제목을 가지고 말씀의 은혜를 나누겠습니다.

그런데 제가 본문의 말씀을 들어가기 전에 먼저 간혹 질문을 받는 것이 있어서 그것을 좀 이야기를 하고 본문으로 들어가겠습니다. 다

름 아니라, 우리에게 주신 이 성경을 통해서는 하나님에 대해서 다 알 수가 없습니다. 성경은 하나님에 대한 여러 측면 중에서 인간을 구원하는 구원사적인 그 방면만 기록되어 있습니다. 그러니까 우리가 성경 말씀을 다 안다 해도 하나님 전체를 다 아는 것이 아니란 말입니다. 인간을 구원하시는 하나님의 모습만 알 수 있는 겁니다. 그 외에 기록되지 않은 하나님에 대해서는 하나님 나라에 가서 하나님과 산다고 했으니 그때에 전부 다 알 수가 있게 될 것입니다. 그래서 구속사에 필요한 인물들을 들어서 뜻을 기록하여 놓으셨습니다. 그러다 보니 아담과 하와가 에덴동산에서 나온 후 가인과 아벨을 낳았다고 했고, 가인이 죄악을 범하고 하나님 앞을 떠나 나가서 아내와 동침하니 자식을 낳았다고 했는데 도대체 그 아내는 뭐냐? 그럼 다른 곳에도 사람을 지어놓으신 것이냐? 라는 의문이 있게 되니 이것에 대해 질문이 있더라는 말입니다.

물론 이것은 아담과 하와에게서 태어난 자식이 가인과 아벨만이 아니라 그 외의 자녀들을 다수 생산했을 것이라는 추측은 충분히 해 볼 수가 있습니다. 그때는 근친혼이 하나님의 영적인 구속의 뜻, 즉 사람이 예수님께로 나서 예수님과 한 몸을 이뤄야 하는 구속의 뜻을 보이시는 방법이었기에 아담이 가인과 그 외에 낳은 자녀 중에서 가인과 혼인을 했을 가능이 있다는 것입니다. 즉 아담의 몸에서 나온 여자와 아담을 한 몸을 이루게 하심으로써 곧 예수님의 신부는 예수님의 생명에서 나온 자라야 신부로 한 몸을 이루는 것이라는 것을 보이신 것처럼, 가인이 그같이 그때의 배경으로 보아서 근친혼을 했을 것이라는 말입니다. 이런 부분은 반드시 예수님과 우리 믿는 자의 관계를 깨닫게 하시는 하나님의 방법이요 섭리이니, 하나님의 이 뜻을 이해하여 믿음은 되어도 이것을 빌미로 하여 근친혼을 하라는 것은 절대로 아니니 새겨듣기 바랍니다. 또한 우리가 관심을 가져야 하는 것에는 바로 아벨과 가인을 통해서 예수님의 길과 사단의 길을 보고 어느 길을 택할 것이냐? 가인이냐 아벨이냐? 아벨은 곧 예수 그리스도께 속한 자요, 가인은 흙을 양식으로 삼은 사단에게 속한 자라는 것을 가르쳐 보이시는 데 목적이 있다는 것을 알아야 합니다. 그래서 성경은 하나님의 구속사적인 것을 기록하는 것에 목적을 두셨기 때문에 기록된 범위에서 하나님을 알고 구원받는 것이 돼야 합니다. 이해됐습니까?

그리고 오늘 우리가 예배드리는 이 날이 내 날입니까? 누구의 날이에요? 예수님의 날입니다. 왜 이날을 예배의 날로 정하셨습니까? 이날은 예수님께서 죽음에서 일어나신 날입니다. 그러므로 이날은 예수님의 날이요. 우리에게 주신 예수님 밖의 날이 아니라 예수님 안에서의 날입니다. 세상의 날도 내 날도 아닌 예수님의 날이에요. 삼위하나님께 감사의 예배로 영광을 돌리고 또 말씀을 듣고 그 말씀으로 사는 능력을 갖추므로 영광을 돌리는 삶을 사는 것입니다. 또한, 아버지께서는 예배로 영광을 받으시고 복을 주시는 날입니다. 그래서 참으로 믿는 자면 이 예수님의 날을 그렇게 가치 없게 여길 수 없습니다. 예수님의 날을 우상시하고 신성시하라는 말이 아닙니다. 예수님 안에서의 예수님의 날임을 존중하여 참으로 사랑하여 예배의 날로 지키는 것입니다.

우리를 위해 예수님이 죽으셨다가 부활하신 이 날을 우리에게 복 주고 복 주시는 이 예배 날에, 예수님 안에서 아버지와 얼굴을 마주

대하는 관계로 아버지는 말씀으로 복 주시고 우리는 천국의 그 큰 복을 받는 이 날을 존중하여 지키는 것이 돼야 합니다. 그런데 사람들이 이날을 우습게 여기고 가볍게 여깁니다. 한두 시간 예배드린 것으로 자기만족으로 삼고 이후 시간은 자기의 오락, 자기를 위한 일을 행하고 다니는 것입니다. 티브이가 예배의 대상 돼 있고, 사람들을 만나 세상 이야기나 잡담을 하고, 먹고 살기 위한 일을 찾는다고 분주히 돌아다니고, 자기 육신의 것을 위해 무엇을 취하려 쫓아다니고, 잔치에 쫓아다니고, 자기 자식들 잔치 날로 삼고, 다른 사람 생일 쫓아다니고, 자기 생일잔치를 벌이고, 계모임 가족 모임 쫓아다니고, 그저 세상 사람들처럼 똑같이 행하고 다니는 것입니다. 이것은 참으로 이 예배의 날을 존중하여 하나님을 예배하는 자가 아니라, 오히려 하나님을 욕되게 하는 귀신의 종노릇입니다. 하나님의 원수로 행하는 것이라는 말입니다. 스스로 거룩함을 저버리는 악입니다. 죄입니다. 알기 바랍니다.

본문으로 오겠습니다. 오늘 본문 말씀과 함께 요한복음 전체 곳곳에서 삼위일체 되시는 하나님을 너무나 잘 드러내 주고 있습니다. 그래서 삼위 되시는 하나님을 알지 못하고 믿는다는 것은 믿음이 잘못되는 첩경입니다. 성경은 하나님이 누구이신가를 말할 때, 창세기 1:1에서 "천지를 창조하신 창조주 하나님"이라고 했습니다. 여기서 하나님을 히브리어로 복수 명사인 '엘로힘'이라고 했는데 이 엘로힘은 바로 무에서 유가 되게 하신 전능하신 창조주로 삼위의 하나님이라는 뜻입니다. 그다음 하나님을 창2:4에서 '여호와'라고 했습니다. 창1장은 하나님이라고만 했는데, 2장에 와서는 '여호와 하나님'이라고 했습니다. '하나님(엘로힘)'이라고만 해도 하나님은 창조주요, 전능한 분이요, 절대자라는 것 충분히 알 수 있습니다. 그런데도 하나님은 또 '여호와'라고 가르쳐주고 있습니다.

여호와는 자기의 백성과 구원의 언약을 맺고 복 주시는 하나님, 죄지은 백성을 죄에서 구원하여 영생을 주시는 사랑의 하나님이다. 그러나 하나님께 나오지 않는 자는 심판하시는 하나님이라는 뜻입니다. 그다음 하나님을 출3:14에서 "나는 스스로 있는 자니라" 하셨습니다. 하나님을 만든 자도 없고 가르칠 자도 없고 시작도 없고 끝도 없는 스스로 계신 영원히 존재하시는 분이라는 말입니다. 그다음에 하나님은 요4:24에 "하나님은 영이시니"라고 했습니다. 그래서 하나님은 누구시냐 할 때, 하나님은 창조주 하나님이시고, 하나님은 여호와이시고, 하나님은 스스로 계신 분이고, 하나님은 영이라고 설명할 수가 있습니다. 이것이 하나님의 본질이요. 이 네 가지로 하나님의 본질을 말할 수 있습니다.

그런데 하나님은 보이지 아니하는 영이시기 때문에 요일4:12에 어느 때나 하나님을 본 사람이 없다고 했고 요1:18에 본래 하나님을 본 사람이 없다고 했습니다. 그렇기에 하나님을 눈으로 볼 수 없는 인간은 하나님이 있느냐 없느냐? 하는 논쟁을 하고 있지만, 그러나 인간은 하나님의 형상을 따라서 지음을 받았기 때문에 마음속에 절대자에 대한 관념이 있고 또한 진리를 추구하는 관념이 있습니다. 그래서 하나님께서는 자신이 분명히 존재하시는 스스로 계신, 오직 유일하신 참 신이시오. 창조주라는 것을 알 수 있도록 이같이 성경 말씀을 통해서 알려주신 것입니다. 그리고 인간은 죄인이기 때문에 도무지 하나님을 보고 살 자가 없습니다.

그래서 인간은 말씀으로 기록하여 보내신 성경을 통하지 않고는 하나님에 대한 지식을 절대로 가질 수가 없는 것이기에, 하나님은 분명히 존재하시는 신이오, 영광스러운 분으로 사랑의 실체라는 것을 말씀을 보내 알려주신 것입니다. 그러므로 인간은 성경 말씀을 믿음으로 받아들여야만 자기를 알고 하나님을 알게 되고 하나님과 교제하게 되는 것이기에 계속 여러분에게 말씀을 보라고 읽으라고 강조하는 것입니다. 하나님과의 관계는 인격적이어야 하므로 말씀을 통해서 하나님의 생각과 뜻을 알고 받아들여 따라갈 때 그것이 인격적이라고 하는 것이요, 믿는 증거이니 그래서 말씀을 늘 상고하여 삼위의 하나님을 알고 관계를 이룬 믿음이 돼야 한다는 것을 강조하는 것입니다.

그같이 하나님께서 말씀으로 자신을 나타내시더니 마침내 하나님이 눈에 보이는 분으로 오셨습니다. 하나님 안에 함께 계신 하나님, 아버지 품속에 있는 독생하신 하나님이 육신이 되어 오셔서 사람 가운데 거하신 것입니다. 그 영광을 보니 아버지의 독생자의 영광이요, 은혜와 진리가 충만하더라고 했습니다. 그래서 하나님의 독생자가 오시기 전에는 사람이 하나님을 보고 살아날 자가 없었습니다. 그러나 이제는 사람이 그 독생자를 못 보면 죽는 것입니다. 그러면 그분이 누구입니까? 바로 예수님이니 그 예수님을 만나지 못하고 보지 못하면 죽는 것입니다. 아버지의 독생자의 영광을 인간이 직접 볼 수 있게 오셨다는 말입니다. 사람들은 하나님을 눈으로 보기를 원했습니다. 하나님의 존재를 눈으로 확인해 볼 수 있으면 좋겠다고 했어요.

요14:8-10에 빌립이 아버지를 우리에게 보여주면 족하겠다고 아버지를 보여 달라고 했습니다. 예수님이 말씀하시길 **빌립아 내가 이렇게 오래 너희와 함께 있으되 네가 나를 알지 못하느냐 나를 본 자**

는 아버지를 보았거늘 어찌하여 아버지를 보이라 하느냐 나는 아버지 안에 있고 아버지는 내 안에 계신 것을 네가 믿지 아니하느냐 내가 너희에게 이르는 말이 스스로 하는 것이 아니라 아버지께서 내 안에 계셔 그의 일을 하시는 것이라 라고 하셨습니다. 하나님은 영이시니 그 하나님을 볼 수 없으므로 내가 아버지에게서 나와 아버지를 보인 것임에도 알지 못하느냐는 말씀입니다. 그러므로 내가 아버지 안에 있고 아버지는 내 안에 계신 것을 믿으라고 하셨습니다. 요14:7에 **너희가 나를 알았더면 내 아버지도 알았으리로다 이제부터는 너희가 그를 알았고 또 보았느니라** 라고 하셨습니다. 예수님을 안다면 아버지도 알게 된 것이니 너희가 아버지를 보았다는 말입니다. 요14:6에 **내가 곧 길이요 진리요 생명이니 나로 말미암지 않고는 아버지께 올 자가 없느니라**고 하셨습니다. 예수님으로 말미암지 않고는 하늘이 무너지고 땅이 꺼져도 아버지께 올 자가 없습니다. 그래서 예수님을 모르면 아버지도 모르는 것입니다. 하나님도 모르는 것입니다.

예수님께서 요6:46에 말씀하시기를 누군가 아버지를 본 자가 있다는 말이 아니라 예수님 자신만이 하나님에게서 왔고 하나님을 보았다고 했습니다. 그렇기에 예수님을 모르면 아버지께 갈 수 없습니다. 예수님만이 생명이요, 하늘에 들어가는 길이요, 진리이기 때문입니다. 예수님을 알지 못하면서 예수님에 대해 무관심하면서 하나님을 안다고 하는 것은 거짓말이요, 자신을 속이는 것입니다. 믿음은 내 생각을 믿는 것이 아니라 하나님이 말씀하시는 것을 잘 깨달아 하나님의 방법대로 믿는 것, 하나님의 방법을 받아들이는 것이 믿음입니다. 말씀대로 믿는 것을 바로 믿음이라고 하는 것입니다. 예수님을 믿기 원하면 삼위 하나님을 바르게 알아야 하며 아버지와 예수님의 관계, 아버지와 예수님과 성영님의 관계에 대해서 정확하게 바로 알면서 또한 아버지와 예수님과 성영님과 나와의 관계를 바로 맺어야 합니다. 그렇지 않으면 하나님, 예수님, 성영님에 대해서 혼동을 가지고 자신이 무엇을 믿고 있는 줄도 몰라서 결국 예수님의 이름을 자신의 세상 욕심 채우는 것에다 써먹는 것으로밖에 되지 않습니다. 그렇잖습니까? 예수님 이름으로 자기 세상 욕심 채우기 원하는데 기도하고 맨 마지막에 '예수님 이름으로 기도하였습니다.' 하는 정도로 써먹는 것이지 않습니까?

요일2:23에 **아들을 부인하는 자에게는 또한 아버지가 없으되 아들을 시인하는 자에게는 아버지도 있느니라**고 했습니다. 예수님께서 하나님의 아들이신데 예수님이 아들이신 것을 부인하면 그에게는 아버지도 없다. 예수님이 하나님의 아들이신 것을 진정 시인하는 자는 그에게 아버지도 있다고 하는 것입니다. 그래서 예수님이 누구신가? 하는 예수님에 대해서 정확히 바로 알고 시인하여 통하지 않고는 도무지 하나님 아버지와도 통하지 않는 것입니다. 이것을 여러분이 분명히 알라는 말입니다. 예배드리는 것도 헌금 드리는 것도 말씀 듣는 것도 예수님을 통하지 않고는 다 상관없는 자기 행위입니다. 그래서 우리 믿음은 예수님이 하나님의 기름 부음 받은 그리스도이심을 보아야 하고, 예수님이 아들이신 것을 보아야 하고, 그 아들이 하나님이신 것을 보아야 하고, 그 아들을 봄으로써 아버지를 보아야 하고, 그러므로 이것을 진정으로 믿는 것이기에 시인하는 것이라는 말입니다. 사람이 아들이신 예수님 없이 하나님을 믿을 수 없다. 바로 하나님을 믿되 아들을 믿으므로 하나님을 믿는 것이 돼야 한다는 것 분명히 이해됐습니까? 이것이 하나님 아버지의 뜻입니다. 그래서 요

6:40에 내 아버지의 뜻은 아들을 보고 믿는 자마다 영생을 얻는 이 것이니 마지막 날에 내가 이를 다시 살리리라고 말씀한 것입니다.

그래서 예수님께서 이루신 아버지의 구원하시는 사랑의 뜻을 각 사람이 받아 자기의 것으로 경험케 하시려고 누구를 보내셨어요? 성영님입니다. 우리가 배고플 때 쌀로 밥을 지어놓았어도 그것을 먹어야 배고픔을 면하는 것이지 바라본다고 고픈 배가 부른 것이 아닌 것처럼 하나님의 구원하시는 뜻도 듣고 아멘 한다고 되는 것이 아니라, 성영님을 의지하여 온전한 구원의 능력이 되도록 적극적으로 받아들여야 하는 것입니다. 예수님께서 이루신 구원을 개개인이 받아들여 생명을 얻게 하시기 위해 성영님이 오셨습니다. 성영님이 아니고는 예수님의 이 구원의 사실을 절대로 받을 수 없습니다. 이기적이고 고집스럽고 변덕스럽고 의심 많고 죄성으로 가득한 우리가 하나님의 이 사랑하심을 어떻게 받아들일 수가 있겠습니까? 성영님의 도우심이 아니면 도무지 설 수 없는 인간의 죄성을 아시기에 성영님께서 오셔서 예수님을 영접하는 자의 믿음을 도우시고 영적인 사람으로 설 수 있도록 도우시는 것입니다. 그래서 하나님의 영이요, 예수님의 영이신 그분을 바로 성영님이라고, 성영 하나님이라고 부르는 것입니다.

한 하나님 안에 독생하신 인성이 세상에 구주요 아들로 오시고 구원을 이루시고 이루신 그 구원을 또한 영이신 성영님이 영접하는 각 사람 안에 오셔서 구원받아 예수님의 생명을 얻게 하시니, 그래서 오늘날 우리에게 실제로 역사하시는 분은 바로 성영 하나님이십니다. 실제로 역사하시는 분은 누구라고요? 성영님이 여러분에게 오셔서 늘 함께하시며 깨닫게 하시고 믿음을 도와주시고 영적 사람으로 성장하게 하여 부활의 몸을 온전히 이루도록 돕는 것입니다. 그렇기에 여러분이 성영님과 함께합니까? 이렇게 본질의 한 하나님이 세 위로 계시면서 각각의 일을 하시는 것이지만, 또 하나로 연결된 일체입니다. 그러니 이 엄청난 하나님이 계신 것과 인간 구원을 위해 일하신 역사를 우리가 들을 수 있고 믿을 수 있게 되었으니 이 얼마나 감사하고 감사한 일입니까? 바로 성영님께서 도우시는 것입니다. 그렇기에 성영님을 알지 못하고 관계가 되지 않고 예수님을 믿는다고 한다면 그가 믿는 예수님이 어떤 예수님인지 알 수 없는 것입니다.

그래서 다 주님으로 나가버린 거잖아요. 주님으로! 여러분 주님을 시인하는 자에게는 그 안에 아버지도 있느니라 했습니까? 누구를 시인하는 자에게 아버지도 있습니까? 아들을 시인하는 자라 했으니 그러면 아들이 주님입니까? 바로 예수님입니다. 주가 아들로 오신 것이 아닙니다. 바로 그리스도 예수님이 아들로 오셨습니다. '주로는 구주가 되실 수도 없고 아들이 되실 수도 없습니다. 그래서 관계를 정확히 알고 믿는 것이 믿음입니다. 이 믿음이 되지 않으니, 자기와 예수님과 연합의 관계를 이룰 수 없으니, 그저 주를 부르면서 주님으로 나간 것입니다. 그래서 관계를 '주'로 맺으면 영적 구원은 없습니다. 이것이 오늘날 말씀을 가르치는 자들의 현실이 되어 있다는 것 자주 말씀드렸습니다. 그렇기에 열심히 믿는다고 교회에 물질 들여가면서 충성 봉사했지만, 예수님께서 나는 너를 모른다고 하시는 큰 낭패를 만날 수도 있기 때문에 믿는다는 사람들이 하루빨리 바른 관계의 믿음으로 깨어나야 하겠다는 말이지요. 그래서 우리가 이것을 기도하는 것이지 않습니까?

이렇게 성영님을 알고 성영님과 믿음의 길을 함께 가야 함에도 불구하고 사람들이 성영님에 관심 없고 성영님을 무시하고 성영님을 거역하고 성영님을 제한하고 있으니 그 믿음 생활이 힘이 없고 거짓투성이고 오류투성이인 것입니다. 아버지와 아들과 성영님은 한 하나님이시면서 삼위로 계시는 하나님이요, 인간을 구원하시려는 뜻을 이루시기 위해 같은 비중으로 역사하고 계신 하나님이신데, 그 하나님을 믿고 있는 사람들이 성영님을 잘못 알고 성영님을 은사나 주고 몸에 경련이나 일으켜 주는 분으로나 알고, 무당 점치듯이 잘 살겠나 못 살겠나? 점이나 쳐주듯이 하는 분으로나 알고 있는 이런 엄청난 잘못을 범하고 있는 것입니다. 정말로 예수님이 너희의 실상이라고 말씀하신 이 성영님, 우리에게 유익이라고 말씀하신 이 성영님, 예수님이 친히 소개하시며 성영님을 기다리라고, 성영님이 오시면 너희 마음이 기쁠 것이라고 말씀하신 그 성영님을 왜 그렇게 사람들이 잘못 알고 있다는 말입니까?

성영님이 오시면 너희 기쁨이 클 것이라고 하신 그 성영님을 참으로 바로 알아서 함께하는 신앙이 돼야 할 것입니다. 예수님의 말씀대로 성영님이 오시면 우리 안에 기쁨이 있습니다. 기쁨이 있는 것으로 아는 것입니다. 그러므로 어떤 일을 만나면 우선 걱정이나 염려가 앞서지만, 그러나 그것은 삼시일 뿐 곧 '아, 내가 걱정할 일이 아니지, 성영님이 이것을 어떻게 해결해야 할지, 어떻게 처리해야 할지 아시니 내게 평안하라 하셨으니 제가 말씀대로 그냥 평안하겠습니다. 기뻐하라 하셨으니 기뻐합니다. 염려하지 말라 하셨으니 염려하지 않습니다.' 하고 성영님께 맡겨드리는 것입니다. 이것이 곧 영을 따르는 일이예요. 성영님을 따르는 것이란 말입니다. 그러니까 자기가 지금 성영님을 알고 성영님을 의지하는 믿음인지 아닌지 알 수 있지 않습니까?

성영님은 아무에게나……, '예수님 믿습니다.' 한다고 해서 무조건 그 속에 밀고 들어오시는 분 아닙니다. 죄 사함 받은 자 안에만 오시는 것입니다. 환영을 받으시고 영접하여 모셔 들여야 하는 분입니다. 마12:31에 성영을 훼방하지 말라고 하셨습니다. 살전 5:19에 성영을 소멸치 말라고 했습니다. 히10:29에 은혜의 성영을 욕되게 하는 자가 되지 말라 했습니다. 엡4:30에 하나님의 성영을 근심하게 하지 말라 했습니다. 참으로 예수님을 진정으로 사랑하여 따르고 순종하는 삶이 돼야 함을 말합니다. 마12:31에 **사람의 모든 죄와 훼방은 사하심을 얻되 성영을 훼방하는 것은 사하심을 얻지 못하겠고 누구든지 말로 인자를 거역하면 사하심을 얻되 누구든지 말로 성영을 거역하면 이 세상과 오는 세상에도 사하심을 얻지 못하리**라고 하셨습니다. 그러니까 예수님을 믿기 전에는 하나님이 계시느냐 안 계시느냐 하나님이 있으면 이럴 수가 있느냐 저럴 수가 있느냐 별말을 다 했어도 '예수가 밥을 주냐 옷을 주냐' 예수님을 믿지 않는 사람들이 그러잖아요? 그랬을지라도, 하나님에 대해서 예수님에 대해서 어떤 말을 했던, 살인했던, 도둑질했던, 예수님을 십자가에 못 박은 자라 할지라도 이후에 예수님이 하나님의 아들로 오신 구세주임을 깨닫고 회개하면 다 용서를 받는데, 예수님을 말로 훼방했던 것은 다 사함을 받는다는 말입니다.

그러나 용서받지 못하는 죄는 뭐냐? 예수님께서 십자가의 구원을 온전히 이루시고 하늘로 가신 뒤에 성영님이 오셔서 하시는 일을 말로 거역하고 훼방하는 것은 사함을 받지 못한다는 말입니다. 십자가에서 피 흘려 죄를 깨끗게 하시고 구원을 이루신 예수님을 증거하여 주시는 성영님의 증거를 훼방하거나 거역하는 것은 사함이 없다는 것, 참으로 두려운 일입니다. 예수님은 죄 가운데 오셔서 죄인들과 함께 유하시고 죄인처럼 십자가의 형벌을 받아야 하는 일이었기에, 그래서 이 같으신 예수님을 말로 거역한 것은 구원을 이루시기 전의 일이니 사함을 받는다는 말입니다. 그러나 구원을 다 이루신 뒤에 성영님이 오셔서 전하시는 예수님을 말로 훼방하고 거역하는 것은 더 이상은 없는 것이니 사함을 받을 수가 없다는 말입니다. 누구를 통해서든지 성영님께서 증거의 말씀을 하시고 행하시는 일들을 믿는다는 사람이 거역하고 훼방한다면 그것은 이 세상과 오는 세상에도 사하심을 얻지 못한다는 것입니다.

성영님을 알지 못하면서 성영님으로 행하는 것에, 성영님으로 전하는 말씀들에 비판하거나 무시하는 것들은 100% 성영님을 훼방하는 죄가 되어 사함을 받지 못합니다. 그래서 저는 사람들로 이 죄를 범치 않게 하려고 "나는 성영님으로 말하는 것이다. 성영님께서 말씀을 보내셨다. 성영님이 말하라 하셨다. 성영님이 경고를 보내셨다." 이같이 나의 말의 출처는 성영님이라는 것을 분명히 밝혀 누누이 말했습니다. 그런데도 두려운 줄 모르고 성영님의 하시는 말씀을 비판하고 나오는 것은 그것은 사단의 종자라는 것이 드러난 것이기에 정말 사함이 없습니다. 성영님을 따라 행하는 자를 비판하고 모함하는 것은 성영님을 비판하는 것이 되기 때문에 사함 받지 못한다는 말입니다. 성영님의 말씀을 받지 못하는 것, 받지 않는 것, 다 그의 영이 판단되는 것이라서 사함 받지 못한다는 말씀을 하는 것입니다.

여러분 성영님은 죄 사함 받은 자 안에만 들어오신다는 것을 분명히 알기 바랍니다. 죄 사함을 받았다는 것은 성경의 말씀을 집중하여 관심을 기울여 말씀을 통하여 자기를 알고 예수님을 알고 삼위의 하나님을 알고 각각의 하나님의 하시는 일을 알고, 그러므로 자기의 죄를 알고 회개하고 예수님의 죄 사함의 피를 만났음으로써 자기가 죄 사함을 받은 자입니다. 하나님의 말씀의 지식을 따라 죄 사함을 받은 자가 성영님을 알고 성영님을 환영하여 영접해 모셔 들이는 것입니다. 이 같은 성경의 뜻을 알고 말씀의 지식을 따라 죄 사함을 받지 않으면, 성영님도 알 수 없을뿐더러, 인격적이지 않기 때문에 성영님이 오실 수가 없습니다. 성영님은 인격적인 분입니다. 원치 않음에도 환영하지 않음에도 굳이 밀고 들어가는 것은 인격이 아닙니다. 그처럼 성영님께서는 인격이시니 믿는 자가 인격적이어야 모셔 들일 수 있고 가장 귀한 분으로 대우해 드릴 수 있는 것입니다. 그런 자 안에 거처를 삼으시고 일생 동안 영원히 성영님으로 살게 되는 것입니다.

고전3:11-15에 사도 바울이 말하기를 …… **이 터는 곧 예수 그리스도라 만일 누구든지 금이나 은이나 보석이나 나무나 풀이나 짚으로 이 터 위에 세우면 각각 공력이 나타날 터인데 그날이 공력을 밝히리니 이는 불로 나타내고 그 불이 각 사람의 공력이 어떠한 것을 시험할 것임이라 만일 누구든지 그 위에 세운 공력이 그대로 있으면 상을 받고 누구든지 공력이 불타면 해를 받으리니 그러나 자기는 구원을 얻되 불 가운데서 얻은 것 같으리라**고 했습니다. 무슨 말입니까? 믿음의 터가 다른 것으로 된 것이 아니라 예수 그리스도가 터가 되었다는 말입니다. 예수 그리스도가 터가 되었다는 것은 율법에 비춰 회개하여 예수님의 피로 죄 사함을 받고 성영님을 영접하여 모셔 들인 상태를 말합니다. 이제 이 상태에서 성영님으로 믿음의 도우심을 받고 온전한 구원에 이르는 장성으로 나아가야 하는데, 그러면 여러분! 여러분의 믿음의 터는 무엇입니까? 예수 그리스도가 맞습니까? 하나님 아닙니까? 주님 아닙니까? 자기중심 아닙니까? 예수 그리스도가 자기의 믿음의 터가 되었으면 이제 그 터 위에 믿음의 집이 세워져야지요.

그래서 이 터 위에 이제 각각 공력이 세워지는 것입니다. 공력은 노력하여 쌓아 올려 세워진 것을 말합니다. 그런데 어떤 사람은 그 터 위에 공력을 세우는데 금이나 은이나 보석으로 세워지고 어떤 사람은 나무나 풀이나 짚으로 세운다는 것입니다. 그래서 각각 공력이 나타나 불로 그 공력을 밝히는 시험할 때에 공력이 불타면 아무것도 남은 것이 없고, 자기는 그 불 가운데서 얻는 것과 같이 간신히 구원을 받는다는 것입니다. 이 구원은 영광의 부활이 아닌 단순히 영의 구원만 받는 것을 말합니다. 바로 이것은 나무나 풀이나 짚으로 세운 것이니 공력을 시험할 때 그냥 힘없이 타버리지 않겠습니까? 예수 그리스도의 터 위에 열심히 믿음의 공력을 세운다고 했는데 그것은 예수님 안에서 젖 먹는 어린아이 수준 정도의 자기 열심의 행함이었음을 의미하는 것입니다.

그러나 금이나 은이나 보석은 타지 않습니다. 금, 은, 보석이 무엇입니까? 성영님으로 믿는 믿음입니다. 믿음의 훈련을 받음으로 말미암아 영혼이 온전히 구원받고 예수님으로 단단히 세워진 믿음입니다. 그 믿음에 의해서 행한 모든 일입니다. 그러므로 이 공력이 그대로 있으니 상을 받는다고 했습니다. 상을 받는다는 것은 예수님과 같은 영광의 부활로 나와 아버지 나라를 온전히 상속받는 것을 말합니다.

그래서 절대로 우리 믿음은 성영님으로 세워져야 합니다. 삼위의 하나님과 관계를 이룬 믿음이 돼야 합니다. 참으로 믿기 원하면 성영님이 거처로 삼는 집이 돼야 합니다. 그래서 예수님이 성전 내가 성전이라고 말씀하신 것이 아닙니까? 성영님께 나를 온전히 맡겨드리고 이 모든 일을 깨닫게 해주시고 나를 통해서 일하시도록 하는 것이 우리가 걸어가는 믿음의 길입니다. 이제 우리는 '하나님' 했을 때 하나님은 본질에 있어서는 창조주이고, 아버지요, 아들이요, 성영님으로 존재하고, 또한 구원하시는 여호와이지만, 구원 얻기를 거역하는 자는 심판하시는 하나님이고, 또한 스스로 존재하는 영원불변의 하나님이고, 또한 하나님은 영이라고 하신, 이 네 가지 본질을 알고 믿는 믿음이 되었을 줄로 생각합니다.

또한, 오늘 말씀의 제목이 말하는바 아버지와 아들 예수님과 성영님과 관계를 이룬 믿음이 되었으므로 예수님은 자기의 구주시오. 예수님 안에서 하나님은 자기의 아버지요, 성영님은 자기 안에 오셔서 자기의 믿음을 도와 예수님을 증거 해주시고 말씀으로 양육해 주시는 보혜사가 되어 계실 줄로 믿습니다. 이로써 말씀을 맺습니다.
삼위의 하나님을 찬양하며 무한 감사로 영광을 돌립니다. 아멘

제 21 장
살리는 것은 영이니, 이름이 하늘에 기록되어야

살리는 것은 영이니 육은 무익하니라 내가 너희에게 이른 말이 영이요 생명이라

(요6:63)

육신의 생각은 사망이요 영의 생각은 생명과 평안이니라

(롬8:6)

여러분! 우리가 이 본문 말씀만 읽어도 우리 속에서 행복한 마음, 기쁨이 샘솟아 올라와야 합니다. 성영님의 지혜의 말씀인 영의 것이기에 자기 안에 계신 성영님께서 기뻐하시니 기쁨이 올라오는 것입니다. 행복함이 그냥 올라와 마음이 두근두근하는 것입니다. "살리는 것은 영이다. 내가 너희에게 이른 말이 영이요 생명이다. 영의 생각은 생명과 평안이다." "이 얼마나 행복하고 좋습니까?" "아니, 인생에 주시는 모든 복의 답이 여기에 있는데 이 엄청난 복을 못 받아들일 일이 도대체 무엇입니까?" 저는 이런 영에 대한 말씀만 보여도 괜히 행복하고 내 속에서 그냥 좋으면서 내 몸의 힘이 쭉 빠집니다. 영혼의 기쁨이 크다 보니 몸의 힘이 하나도 없는 것같이 돼버립니다. 그러면

서 말씀에 복창하지요. "네, 성영님! 맞습니다. 살리는 것은 영입니다. 예수님의 모든 말씀은 영이요 생명입니다. 그래서 영의 생각은 생명과 평안입니다. 이 복이 내게 있으니 감사하고 또 감사하고 감사합니다." 하지요.

바로 이렇듯이 하나님께서 우리 사람을 창조하신 목적은 바로 영적인 삶을 살게 하시려는 것에 있습니다. 영이 있는 사람으로 창조하신 것은 그 영에 예수님의 부활하신 생명을 얻게 하시고 평안으로 살게 하시려는 뜻입니다. 영은 하나님(신)을 인식하므로 하나님과 교제해야만 살게 되어 있습니다. 하나님께서 사람에게 하나님의 영을 보내셔서 영이신 하나님과 교제하며 살도록 창조하셨다는 말입니다. 그러므로 우리 인간은 정신적 존재가 아니라 영적인 존재라는 것을 분명히 인식부터 해야 합니다. 영이 원하는 것은 예수님의 생명과 평안이기 때문에 그러므로 영에 관심 없으면 그것은 육이요, 정신의 것이 우선이 되어 생존경쟁의 쫓김 속에서 살 수밖에는 없습니다. 그러니 마음은 자유가 없고 참행복은 알 길이 없는 거예요.

그래서 사람들이 믿는다고는 해도 자기를 창조하신 뜻을 모르니 영에 예수님의 생명을 얻고 참행복을 누리는 것이 아니라, 행복해져 보겠다고 평안을 가져보겠다는 것을 정신의 것에서 육체의 것에서 찾으려는 것에 주력하는 것입니다. 다시 말해서 육체적으로 정신적으로 사는 것을 더욱 잘 갖춰야만 그것이 하나님이 주시는 복인 줄로 여기고 학문 교육을 받고 배우는 것으로 정신 개발하는 것에 주력한다는 말입니다. 그래서 그리스도인이 하나님의 말씀을 통해서 영에 관심 없으면 정신이 원하는 휴머니즘에 붙들려 남보다 더 많이 알아야 하고 더 많이 가져야 하고, 더 올라서야 한다는 것에다 우선을 두게 되는 것입니다. 그렇기에 이런 정신 경쟁의 쫓김 때문에 진짜 생명과 평안의 행복은 알 길 없는 거예요. 정신적으로 살도록 맞춰놓은 세상과 학문 세계의 요구들에서 절대로 자유하지 못하고 믿음 생활을 해도 여전히 마음에 쫓김을 가지고 살 수밖에는 없는 겁니다.

롬8:6에 영의 생각은 생명과 평안이라고 했습니다. 바로 영만이 하나님과 교제할 수 있고 생명을 소유할 수 있고 평안을 가질 수가 있다는 것입니다. 그러므로 영의 생각은 생명과 평안이므로 영을 좇는 자는 영의 일을 생각한다고 했습니다. 그런데 그리스도인들이 생명과 평안을 참으로 원하면서도 영에는 관심이 없다는 말입니다. 여전히 정신의 만족을 얻으려는 것에 몸부림치고 있습니다. 성경은 그것을 원죄에 속한 것으로 말씀하고 있습니다. 여전히 멸망할 죄인의 자리에 있다는 말입니다. 그리스도인이 자기감정이 만족하는 것, 자기감정에 기쁨이 되는 것들을 찾는 것이라면 그것은 아직 육체의 정욕이요, 안목의 정욕으로 사는 것입니다. 아직 원죄에 속해있다는 말입니다.

또한, 사람들은 불행의 원인이 환경에 있다고 생각합니다. 그러나 성경은 불행의 원인은 영적으로 병들어 있기 때문이라고 말합니다. 영적으로 병들어 있으면 시험이 뒤따르게 되어 있고 좌절을 가져오게 되어 있습니다. 영적으로 병들어 있으면 몸에도 병이 드는 것입니다. 그래서 우리는 자기 믿음이 영적인가를 깊이 생각해야 합니다. 말씀을 끊임없이 영혼에 받아들여 사는데 열심을 품고 기도한다면 우리 영혼에 힘과 능력을 공급해주실 것입니다. 우리 영혼에 예수님의 부활의 생명이 있고 기쁨이 있으면 육체도 따라 건강할 것이요, 환경도 지배하는 것입니다. 우리 육체에다가 능력을 공급해주시는 것이 아닙니다. 하나님의 역사는 우리 영혼에 생명을 넣으시는 것에 있습니다. 우리 영혼에 부활의 생명을 얻게 하여 영의 생명이 풍성해지고 혼이 그 생명으로 지배를 받으면 육체도 생명으로 지배받으니 건강하다는 말입니다. 우리 영혼에 생명으로 충만하면 어떤 병이든 떠나게 되어 있습니다.

사람이 영적으로 병들어 있으면 의욕도 없고 자기 삶의 앞길도 어두워 보이지 않으니 그 마음에 불안함이 들어올 수밖에는 없습니다. 삶의 지혜를 얻지 못합니다. 세상일에 눌려서 영이 메마르고 마는 것입니다. 말씀으로 영혼의 생명이 충만하여 영적으로 사는 사람은 자기의 하는 일이 잘 된다 해도 그 일에 눌리지 않습니다. 그 일로 지배받지 않는 것입니다. 예수님의 생명으로 평안 있고 자유의 능력이 되니 하는 일이 그를 잡아두지를 못하는 것입니다. 그러므로 영혼도 같이 잘되게 되어 있습니다. 그런데 영적이지 않은 사람은 하는 일이 잘 되면 하나님과 멀어지게 됩니다. 영적이지 않으면 그저 하는 일이 잘 되게 해주시면, 나를 잘되게 해주시면 죽으라면 죽고 살라면 살겠습니다 하고 매달리다가 하는 일이 조금만 잘 돼도 바쁘다는 핑계를 하는 겁니다. 정말 우리에게 잠깐 주어진 생애 동안에 영적으로 살기만 하면 하나님의 복으로 영생까지 간다고 했는데 그 짧은 생애 동안에 영원히 살 것처럼 그렇게 영적인 것에 관심 없이 살다가 잠시 잠깐 지나가는 이 세상에서 그 수고로 물질의 풍족함을 이루어놓고 세상을 떠나는 순간에 저주가 기다리고 있다면 그 성공 그 풍족함이 무슨 소용이겠습니까? 몸부림치고 굴러도 소용없고 후회하고 회개하고 가슴을 쳐도 소용이 없습니다.

우리는 영적으로 실패하지 않도록 간절히 원해야 하며 우리 영혼에 하나님의 능력을 간직해야 합니다. 우리가 영으로 살도록 지음을 받은 존재이니 말씀을 받아들여 기도하면서 영적인 새김질을 해야 합니다. 하나님의 말씀을 많이 받아들여서 자다가 깨서도, 내일 일 하면서도 일생 살면서 되새김질을 할 수 있어야 합니다. 하나님의 말씀으로 충만해야 한다는 말입니다. 말씀을 계속 새김질하고 또 새김질하여 자기 영혼에 끊임없이 공급해야 한다는 말입니다. 받아들인 말씀을 새김질하고 또 새김질하고 영혼에 받은 말씀을 새김질하고 또 꺼내서 새김질하고 필요 때마다 그 말씀으로 승리하는 것입니다. 그래서 저는 나 자신이 그렇게 살면서 여러분에게 이 예배의 말씀을 목숨을 다해 전해드리는 것입니다.

한 주간동안 새김질하라고, 한 주간동안 이것도 듣고 저것도 듣고 온갖 것을 짬뽕해서 듣고 머리 복잡해서 자기가 무엇을 들었는지 무엇을 붙잡아야 할지 모르는 혼란이 아니라, 다른 것 다 내려놓고 정말 이 예배 날에 들은 이 말씀을 여러분이 한 주간 동안 새김질하고 또 새김질해서 여러분의 영이 살찌게 하려고 이 날에 생명의 말씀을 드리는 것이라는 말입니다. 예수님의 말씀은 영이요 생명이니 우리 영혼으로 받아 아는 것과 머리로 아는 것은 하늘과 땅 차이와 같습니다. 그냥 읽고 머리로 아는 것으로는 말씀의 역사는 일어나지 않습니다. 반드시 영의 생명을 얻는 말씀이 되고자 하여 그 결단으로 생명이 더 풍성해질 수 있도록 말씀을 자꾸 되새김질하고 성영님의 도우심을 구하여 기도하면서 생명의 풍성을 얻는 데까지 승리를 가져와야 하는 것입니다. 자기가 영적으로 충만하지 못하면 뭔지 답답하고 괴롭고 그냥 짜증 나고 불안하고 이게 아닌데 싶으면서도 정신이 혼미한 것입니다. 자기 자신의 영적 상태는 자기가 알 수 있잖습니까? 자기가 충만해 있는지 메말라 있는지 자신의 상태를 알 수 있는 것입니다.

아는 척하고 있는 척하고 외롭지 않은 척하지만, 생명이 없는데 그 속에서 뭐가 나오겠습니까? 영적인 메마름은 어떤 기회만 있으면 그것이 육체로 치고 나와 중풍 병이 들어오고 뇌졸중이 들어오고 혈압이 들어오고 당뇨가 들어오고 암이 들어오고 치매가 들어오고 온갖 병들이 들어오는 것입니다. 여러분이 생각해보십시오. 일생 신앙생활 하는 사람들이 나이 들어서 치매 들어오고 중풍 들어오고 각종 병에 걸려서 온 가족을 우울하게 하고 생활을 어둡게 만드는 그런 것이 그들이 기도 안 해서 그런 줄 아십니까? 기도 생활은 누구보다 부지런하여 열심히 하는 사람들입니다. 모든 사람이 가진 소원 중의 하나는 건강하게 살다가 밤에 잠자듯이 가고 싶은 것이라고 말들 합니다. "나도 저렇게 되면 어쩌나 걱정이야!" 하잖아요? 그러니 기도하는 사람치고 "하나님, 치매 걸리지 않게 도와주세요. 중풍 병 걸리지 않게 도와주세요. 그저 내 자손이 내가 병들어서 고생하지 않게 잠자듯이 가게 해주세요." 하는 기도를 매일 주문처럼 한다는 것 아니에요.

저는 이런 기도를 한 적이 내 기억으로는 전혀 없는데 예수님을 믿는 사람들에게서 이렇게 기도한다고 이것이 소원이라고 들어서 잘 알지요. 그런데 '병 걸리지 않게 해주세요.' 한다고 해서 병 걸리지 않는다면 지금 그리스도인들 병이 좋아서 걸리기를 원했다면 모를까 아무도 병 걸린 사람 없을 것입니다. 그래서 무조건 '하나님 병 걸리지 않게 해주세요.' 하는 기도 일생 한다고 해도 병 걸리지 않는 것이 아니라는 것을 분명히 아십시오. 저는 감기몸살이 들고 피부에 문제가 생겼을 때 회개하면서 치료해주시라고 기도는 했어도 병이 걸리지 않게 해주시라고 기도해 본 적은 지금까지 없습니다. 저는 어떻게 하면 병 걸리지 않는지, 어떻게 하는 것이 행복한 것인지를 말씀으로 알게 되었기 때문에 그 기도할 필요가 없었습니다.

사실 '병 안 걸리게 도와주세요. 믿음으로 살게 도와주세요.' 하는 이런 요구는 종교인의 기도요, 하나님과 인격적 관계가 돼 있지 않은 데서 나오는 중언부언입니다. 우리의 영·혼·육체가 건강할 수 있는 것은 하나님의 뜻대로, 하나님의 말씀대로 사는 것에 있습니다. 예수님께서 이미 병을 다 짊어지시고 채찍에 맞아주셨으므로 우리에게 나음을 주셨으니 우리는 그 믿음을 분명히 갖는 것입니다. 이미 우리에게 건강할 권리를 주셨어요. 그러므로 건강하게 해주라는 것이 아니라 하나님이 기뻐하실 믿음의 삶을 사는 것입니다. 얼마나 말씀을 사랑하고 말씀을 따라 사느냐에 있습니다. 예수님의 부활의 생명은 우리에게 건강이시고 우리에게 평안이시고 우리에게 행복이시고 우리에게 기쁨이 되는 것입니다. 내게 그 생명이 와계시면 생명이 풍성해지는 만큼 건강도 행복도 평안도 다 보장되는 것입니다.

제가, 하나님은 능치 못하심이 없다는 것을 잘 알지만, '내 일생 이런 병, 저런 병 걸리지 않게 해주세요.' 한다고 해서 '오냐 알았다' 하시는 분이 아니라는 것을 신영한 지혜로 깨달아 알게 되었습니다. 성영님께서 진리를 아는 데로 이끌어 주시는 가운데, 어떻게 하면 병에 걸리지 않을 수 있는가? 어떻게 하면 예수님을 잘 믿는 것이 될까? 어떻게 하면 하나님의 기준에 맞게 살 수 있는 것일까? 하는 등등을 끊임없이 말씀을 통해서 구하고 찾고 두드렸습니다. 그렇게 기도하고 말씀에서 구하니 깨닫고 알 수 있도록 하시더라는 말입니다. 끊임없이 말씀에서 찾고 찾으니 아버지의 생각과 마음과 뜻을 알게 되었다는 말입니다.

처음에는 복잡하고 어려웠지만, 이것이 내 일인 것처럼, 믿는다면 당연히 해야 할 일이라 여겨 말씀 속에서 두드리고 찾았더니 마침내 열려버렸습니다. 그러니까 어때요! 그냥 앞이 훤히 보이는 것 아니겠습니까? 보이는데 무엇 때문에 헤매겠어요? 열리기까지는 헤매었지만 열려버리니 거기에 예수님의 생명이 있되 풍성한 생명이 있으니, 건강이 나를 지배하고 평안이 나를 지배하니 완전한 자유가 되었지 않겠습니까? 천국의 진리, 참법이 나를 지배하니, 예수님의 모든 말씀과 행하신 이적들이 내 것이 되었으니, 아무것도 염려될 것이 없는 아주 자유요, 능력이더란 말입니다. 건강하게 해주세요. 병들지 않게 해주세요가 아니라, 예수님이 다 이루셨음을 믿고 그것이 내 것이 되는 믿음의 능력을 갖추어가는 것이라는 말입니다. 예수님과 생각이 같아야 하고 예수님의 길에 함께 있어야 한다는 말입니다.

믿는다는 사람이 건강하기 위해서 오래 살기 위해서 몸에 좋다는 것 다 찾아 먹기 원하고, 육체를 쓸고 닦듯이 하여 마음을 쓰는 것은 결국 자기 육체를 섬기는 것으로서 그것은 믿는 것이 아닙니다. 믿음은 그렇게 육체를 섬기듯 하여 건강해지기를 원하는 것이 아니라, 자기에게 향해 있는 마음과 생각을 온전히 삼위 하나님께로 돌이켜 하나님을 올바로 섬기기를 원해야 하는 것입니다. 물론 육체의 병이 나음을 얻는 것은 처음에는 치료를 원하고 고침 받기를 원하여서 하는 믿음의 기도를 통해서 나음을 얻게 되었는데 이것은 처음 예수님을 믿으러 나왔을 때 초신자들에게 해당하는 것입니다. 이제 믿음을 배우고 삼위의 하나님과 관계를 이뤄야 할 단계에 가서는 만일에 악한 병이 들었다 한다면 이때는 '치료해주세요' 한다고 해서 치료해주시는 것이 아닙니다. 병이 들었다는 것은 그 자신이 하나님과의 관계에 있어 죄를 쌓고 살았다는 것을 육체가 드러내 준 것이기 때문입니다. 예수님을 믿는다는 사람이 여전히 마음에 세상 욕심과 정욕을 좇아 살고, 하나님께서 가증하고 더럽게 여기시는 영적 죄의 것들에서 깨끗하게 하지 않고 있었기 때문에, 악한 병을 주는 귀신에게 육체를 점령하도록 내준 것이 되어서 병이 들어오게 한 것입니다. 이때는 '하나님 내 몸의 병을 고쳐주세요' 한다고 해서 치료되는 것이 아닙니다. 이때는 하나님의 치료와 관계없습니다. 예수님을 믿는다 하면서 오히려 믿지 않는 자들보다 죄를 더 쌓으며 살아온 것들을 하나하나 찾아서 철저히 회개해야 합니다.

그리고 이미 병을 주는 귀신에게 자기의 육체를 점령하도록 자기가 내주었기 때문에, 그 육체는 귀신의 권리이므로 하나님께서는 치료해주실 수가 없다는 것을 알아야 합니다. 이것은 구원도 받지 못하였다는 것을 의미하는 것이니, 그러므로 자기의 영혼의 구원을 위해서, 참으로 구원받기를 원하면 애통하여 회개함이 너무나 요구되는 것입니다. 그리고 할 수 있다면 세상 의술의 힘을 빌려서 치료받는 것은 해야 합니다. 자기는 믿음으로 치료받겠다고 하나님은 치료자시니 내 병을 치료해주실 것을 믿는다고 한다 해도 그것 또한 자기가 원하는 자기의 인본의 믿음인 것이지 하나님은 아니십니다. 하나님은 지식의 하나님이요 질서의 하나님이시기에 이미 성경의 말씀을 통하여 말씀으로 다 이르시고 또 이르시고 또 이르셨기 때문에, 그 말씀을 벗어

나서 자기 방식대로 하는 것에는 하나님이 책임지실 수가 없습니다. 의사의 치료가 필요하다면 그 방향으로 치료하고 다시는 그 죄 된 삶을 사는 것에 되풀이하지 않으면, 영혼이 구원받는 기회는 주시는 것입니다.

할 일은 회개입니다. 다 돌이키고 통회 자복하고 영혼에 예수님의 부활의 생명 얻게 하시는 은혜 입기를 소원하여 영(성영님)을 좇아 사는 것에 힘써야 합니다. 생명을 얻고 영생 얻게 하는 것은 바로 영에 있는 것입니다. 영에! 육체에다 생명을 주시는 것이 아니라 하나님이 살리시는 것은 영이라고, 예수님의 부활 생명은 영의 것이요, 평안도 영의 것입니다. 그래서 살리는 것은 영이요 육은 무익하다고 말씀하셨습니다. 영혼에 부활의 생명이 충만하면 (예수님이 십자가에서 다 이루신 것이 성영님에 의해 말씀으로 내 안에 살아 역사하시고 예수님의 부활이 내 부활이 되어 충만하면) 그 생명이 육체에 역사하기 때문에 병이 있을 자리가 없는 것입니다. 우환이 있을 수가 없습니다. 건강할 수 있는 것, 승리할 수 있는 것, 행복할 수 있는 것은 이렇게 영의 것에 있습니다. 그래서 우리가 믿음의 사람이 되려고 하면 정말 영적인데 관심을 기울여야 합니다. 영적인 사람이 되기로 아주 매일 결단하고 나아가야 합니다.

벧후1:20,21에 먼저 알 것은 경(經)의 모든 예언은 사사로이 풀 것이 아니니 예언은 언제든지 사람의 뜻으로 낸 것이 아니요 오직 성영의 감동하심을 입은 사람들이 하나님께 받아 말한 것임이니라 했습니다. 성경은 성영님의 감동으로 하나님께 받아 말했다는 것입니다. 그러면 성영님은 육입니까, 영입니까? 영입니다. 성영님이 하나님입니까, 아닙니까? 하나님입니다. 그렇기에 영이신 성영님이 말한 것은 영적인 것입니다. 영이신 성영님께서 성경에 말한 모든 사건도 전부 다 영적인 것을 말하기 위해 쓰였습니다. 그래서 하나님의 이 영적인 말씀을 사람의 이성이나 감정이나 관념으로 받아들이려고 하면 거부감 밖에 생기는 것이 없습니다. 그러므로 영적인 사람으로 자기 영혼에 관심을 두었으면, 생명의 말씀을 듣고 싶어 하게 되어 있고, 말씀을 바로 알고 싶은 영적 욕구가 일어나게 되어 있고, 자기 생각을 내려놓고 말씀을 따라 살려는 노력이 있게 되는 것입니다. 이것이 생명의 충만으로 나아가는 살아있는 믿음이요, 영적인 사람입니다.

지금 이 말세지말에 있는 그리스도인들이 영적으로 살지 않으려고 하는 것만큼 위험한 것은 없습니다. 재림하실 예수님을 맞을 수는 없기 때문입니다. 영적으로 산다는 것, 생명으로 충만하고 말씀으로 충만하다는 것은 성영님으로 충만하다는 말입니다. 그래서 영적인 삶만이 사는 길이라는 것을 알고 영(성영님)으로 살고자 몸부림하는 사람은 진실이 있습니다. 하나님께 거짓되게 행하지 않습니다. 그래서 초월해야 할 것은 초월할 능력을 갖출 수가 있는 사람입니다. 바로 영적인 사람은 초월하는 사람입니다. 무엇을 초월하느냐? 미움입니다. 용서입니다. 세상입니다. 육체의 정욕, 안목의 정욕, 이생의 자랑입니다. 이와 같은 것들에서 초월한 사람이 영적인 사람이요 영감이 살아 있는 것입니다. 영적 세계의 아버지 나라 천국이 막힘없이 영(성영님)으로 환히 보는 것입니다.

예수님께서 마6:6에 **너는 기도할 때에 네 골방에 들어가 문을 닫고 은밀한 중에 계신 네 아버지께 기도하라 은밀한 중에 보시는 네 아버지께서 갚으시리라**고 하셨습니다. 바로 초월한 사람의 기도를 의미합니다. '네 골방에 들어가' 육의 것, 세상 것, 다 초월한 자의 장소입니다. '은밀한 중에 계신 네 아버지께 기도하라' 바로 예수님의 생명이 있는 자의 영(성영님)으로 하는 기도를 의미합니다. '은밀한 중에 보시는 네 아버지께서' '은밀한 중에 계신, 은밀한 중에 보시는' 이것은 아버지가 계시는 곳 지성소입니다. 지성소에 계신 하나님이 아버지가 되시고 아버지와 아들의 관계가 되는 것 아무나 되는 것이 아니라는 것 우리는 너무나 잘 알고 있습니다. 초월해야 할 것을 초월한 영적인 사람, 예수님과 한 몸을 이룬 생명으로 충만한 영(성영님)의 사람, 바로 그가 지성소 아버지를 뵙고, 자기 안에 아버지가 은밀히 와계신 지성소가 된 사람입니다.

물질에 매여 있는 사람치고 영적인 사람 아무도 없습니다. 영적인 사람이 될 수가 없습니다. 물질과 상관없이 환경과 상관없이 예수님을 사랑하여 따르는 자가 세상도 물질도 초월한 자입니다. 예수님을 사랑하는 것에는 세상 것과 관계없어야 합니다. 예수님이 자기의 모든 것, 전부가 돼야 합니다. 예수님만이 하나님의 지혜요, 하나님의 지식이요, 하나님의 부유요, 하나님의 능력이요, 하나님의 생명이요, 하나님의 사랑이요, 하나님의 영광입니다. 이것이 예수님과 한 몸을 이룬 자의 것이 되는 것입니다. 아~ 이 엄청난 복을 소유한 자가 어디 있으리오. 이 영적인 하나님의 복을 받은 자가 어디 있으리오.

그래서 영적인 사람은 오직 예수님을 알기에 목마르고 오직 예수님으로 만족한다는 고백이 저절로 나오는 것입니다. 삶의 모든 뜻과 목적이 예수님으로 맞춰지는 것입니다. 우리가 예수님께서 생명을 내놓아 피 흘리시고 영원한 멸망 가운데서 구원해주셨으니, 참으로 그 귀한 사랑의 은혜를 안다면, 어떻게 예수님을 사랑하지 않을 수가 있습니까? 그 사랑을 입고 영생을 받았으니 예수님을 따르고자 진정으로 결단하여 나가는 자에게 아버지의 사랑이 있고 복이 따르게 되어 있습니다. 그래서 아버지께서 나를 돌보시고 돕고 계시는 것을 느끼고 경험하기만 하면 세상 살아가는 것 염려 없는 것이지 않겠습니까? 어떻게 살까 두려움 없는 것입니다. 그러므로 여러분! 예수님으로 살기를 원하십시오. 그러면 아버지께서 책임져주실 것입니다. 아멘입니까?

제가 성영님께서 나의 영이 되시고 영감의 충만히 되어오면서 크게 느끼고 본 것은 사람들이 아버지의 뜻과는 상관없는 믿음 생활이 되었음에도 자기 믿음 생활이 옳은 줄로 믿는 것에 취해있더라는 것입니다. 그래서 예수님의 신부로서 만날 수 있는 자격을 갖춘 믿음이 보이지 않았습니다. 참으로 겸손하여 성영님께 믿음을 배운 영혼들이 보이지 않았습니다. 예수님의 생명이 너무나도 빈약한 가운데 빈 껍데기와 같은 모습일 뿐, 부활의 생명으로 충만한 자가 보이지 않았습니다. 그래서 제가 깨달은 것은 성영님의 기름 부음의 말씀으로 가르침을 받지 않으면 영적으로 설 수 없다는 것입니다. 제가 이렇게 엄청난 복된 말씀을 전해드린다 해도 듣는 귀가 없으니 자기의 받을 말씀으로 받아질 수가 없는 집니다. 들리지가 않는 것입니다. 그래서 제 말씀이 들려졌다면 그것은 참으로 복입니다. 그런데 말씀을 듣기 원하면 자기 믿음을 시험받지 않으면 안 됩니다.

언젠가 말씀드린 적도 있었는데 성영님께서 인터넷에 말씀을 올리도록 하신 것은 그곳에서 바른 가르침을 주는 말씀을 찾는다고 하는 사람들이 많이 있어서 그들이 구하는 바를 주고자 함이라 하셨습니다. 그들에게 이곳의 말씀을 들을 기회를 주어 진짜 말씀을 사랑하여 받는 것인지, 바른 가르침의 말씀을 따라 살기를 원한 것이 진정이었는지 보기 위함이라 하셨다고 하지 않았습니까? 그렇듯이 오늘날 믿는다는 사람들이 열심히 신앙생활 한다고 했지만, 성경의 뜻을 알고 아버지의 뜻대로 믿은 것이 아니라 자기의 편한 대로 믿는 종교인 노릇이었기 때문에 여기의 말씀들을 듣게 되면 거짓된 자기의 믿음이 말씀 앞에 드러나기 때문에 많은 부딪힘이 있게 될 것이라는 말입니다.

그래서 말씀에 부딪혀 마음에 불쾌감이 있을 수도 있고 자기감정에 상처가 될 수도 있고 고민에 빠질 수도 있을 것입니다. 그러나 진짜 예수님을 믿기 원하면, 정말 예수님을 믿으면, 자기 영혼이 진정 구원에 들기 원하면 말씀 앞에서 자기 믿음을 진단받고 바른 믿음으로 서는 것에 지체치 않아야 할 것입니다. 자기의 믿는다는 것이 말씀대로 믿는 진짜인지 가짜인지 말씀에 비추어 진단을 받으라는 말씀입니다. 성영님께서 여러분이 진짜 믿음이 되게 하시려고 기회 주시는 말씀을 보내신 것이니 저의 이 말을 허투루 듣지 말고 자기 믿음을 말씀 앞에 진단받아 속히 속히 잘못된 것들에서 회개로 돌이키고 영적 변화가 일어나야 할 것입니다. 말씀은 예수님을 알고 연합을 이룰 수 있는 믿음이 되게 하는 데 초점이 되어 있습니다. 성경의 모든 내용이 다 예수님을 말하고 있다는 말입니다.

성경 전체 속에서 삼위 하나님을 알고 예수님을 알고 한 몸을 이루는 믿음이 된다면 그 외에는 아무것도 알지 못한다 해도 문제 되지 않습니다. 우리 영혼의 세포 하나하나가 다 예수님과 예수님의 것으로 살이 되고 피가 되어 부활의 몸으로 지어져 가야 그것이 예수님과 맞는 신부의 자격이요, 그 자격을 갖추어가는 일에서는 세상이 요란해도 세상 권세가 위세를 떨고 위협해도 그런 것에 우왕좌왕할 필요 없고 오직 예수님을 사랑하고 사랑하는 일에 전념해야 합니다. 아무리 좋은 소리, 좋은 말, 감정을 동하게 하고 눈물을 자아내는 감동적인 말, 감동적인 글이라 할지라도, 이것을 알아야 성경을 아는 것이다. 그러니 반드시 알아야 한다고 떠들고 주장해도 거기에 마음도 귀도 둘 필요 없습니다.

우리가 성경을 알려고 하는 것도 예수님을 알기 위해서 알려는 것이 우선되어야지 그 외에 다른 이유 어떤 것도 붙여서는 안 됩니다. 성경 많이 아는 것으로 자랑이 되고 지엽적인 것들을 붙들고 만족해서도 안 됩니다. 직장에서 일하고 있어도 마음과 생각은 오직 예수님으로 꽉 차 있어야 하고, 성영님과 교제가 끊이지 않아야 하는 것이요, 무엇을 하든지 어디에 있든지 길을 가든지 누구하고 이야기하고 있어도 어떤 일을 하든지 어떤 경우에 있든지 그 마음은 오직 예수님과 교제의 생각으로 꽉 차 있어야 합니다. 마음은 예수님과 성영님과 교제하는 관계로 있어야 한다는 말입니다. 그것이 거듭난 구원의 증거입니다. 여러분! 구원은 누구의 것입니까? 각자 자기의 것이에요. "아내가 믿음이 좋으니 나도 뭐 아내 치맛자락 붙들고 올라가지 뭐!" "우리 교회 목사님 믿음이 좋으니까 잘 붙들어 주겠지, 예수님 재림하시면 목사님 꼭 붙잡고 가면 되지!" 이런 것 돼요? 안 돼요? 안 되는 것 우리 너무나 잘 알잖아요? 믿음은 각자의 것으로 자기 안에 성영님이 와계셔야 하늘 아버지께로 들어가는 것입니다. 생각과 마음에 예수님으로 꽉 차 있어야 한다는 것 강조하여 말씀을 드립니다.

구원은 교단도 교파도 줄 수 없고 목사도 줄 수 없습니다. 여러분이 여기 예수님의 교회에 있기 때문에 구원받는 것도 아닙니다. 큰 교회에 다니기 때문에 구원받는 것도 아닙니다. 육체에서 떠나니 "아이고~ 너 예수님의 교회에서 왔으니 어서 들어오너라."가 아닙니다. "신성엽이 네 목사였으니 어서 들어와라"가 아니에요. "너 유명한 누구누구 목사 교인이었구나! 어서 와라"가 아니에요. "너 제일 큰 교회에서 왔구나! 어서 오너라"가 아니에요. 이런 것들로 구원받아 하나님 아버지께 들어가는 것이 아니라, 누가 들어간다고요? 예수님이 자기 안에 계신 사람, 예수님이 자기 안에 성영님으로 와계신 성도, 성영님으로 거듭난 그가 하늘에 들어가는 것입니다. 각자 예수님과 함께 있는 자가 들어가는 것입니다. 아셨습니까? 그래서 기회 주셨을 때에 예수님을 사랑하는 일에 마음을 다하면서 성영님이 자기 안에 계신 것을 믿는 믿음이 되고 "내 안에 오셔서 계신 성영님을 사랑합니다. 저의 믿음을 도와주시니 참 감사합니다." 교제하시며 믿음을 키워가라는 말입니다. 이 같은 과정이 없다면 내일이라도 예수님 재림하시면 어떻게 합니까? 그냥 떨어져 나가는 거예요.

제가 말씀 전하는 목적이 세상 것을 주고자함이 아닙니다. 땅의 것에 있지 않습니다. 여러분의 영혼을 예수님의 신실한 신부가 되게 하려는 것에 목적을 둔 것이지 이 땅에서 잘 먹고 이름나고 훌륭하고 명예 얻게 하는 데 있지 않습니다. 그러므로 여러분이 믿는 이유가 저와 같은 영적인 것 영생의 것에 두었다면 저의 말을 들으실 것입니다. 그러나 저와 같지 않다면 저의 말씀을 듣지 마십시오. 절대로 들을 필요 없는 겁니다. 저는 그런 세상 것들을 얻게 할 능력은 없습니다. 저는 오직 여러분이 이 마지막 때에 사단의 종들에게 속지 않고 미혹당하지 않게 하기 위하여 열어주신 성경의 뜻을 전해드림으로써 예수님으로 살게 하는데 있을 뿐입니다. 하늘의 생명록에 여러분 이름이 기록되기를 너무나 소원하기 때문에 영혼의 것에다 목적을 두고 전해드리는 것이라는 말입니다. 그래서 예수님의 교회는 목사의 사람이 되어서는 안 되기 때문에 사람들을 교회에 등록하라 하지 않습니다. 교회에 등록하는 것이 중요한 것이 아니라 여러분 이름이 하늘의 생명책에 기록되는 것이 중요합니다. 여러분 이름이 교회에 등록했기 때문에 하늘에 기록이 되는 것이 절대로 아닙니다. 만일 교회 등록이 생명록에 기록되는 것이라면 등록 인원 어마어마한 수일 것입니다. 다 등록하게 한다는 말입니다. 예수님의 교회는 등록이 필요치 않기에 여러분 이름이 하늘에 기록되기를 원하는 것이지 교회에 등록을 권하지 않습니다. 우리가 진리의법 예수 그리스도를 소유한 하늘의 사람이 되었으면 그 이름은 하늘의 생명책에 기록이 되는 것입니다. 그래서 예수님의 사람이 되는 것이 너무나 중요하기에 저는 그 뜻만 목적을 삼은 것입니다. 그렇기에 여러분이 하늘에 자기의 이름이 기록되기를 원해야 합니다. 하늘에 이름이 기록되어 있지 않으면 땅에서 아무리 날고 긴다 해도 그런 것 다 소용없습니다.

그래서 눅10:20에 예수님께서 **귀신들이 너희에게 항복하는 것으로 기뻐하지 말고 너희 이름이 하늘에 기록된 것으로 기뻐하라**고 하셨습니다. 귀신들은 너희 이름이 하늘에 기록되었든 기록되지 않았든 관계없이 예수님의 이름에 항복하는 것이니 너희가 그것으로 기뻐할 것이 아니라 바로 너희 이름이 하늘에 기록된 것으로 기뻐하라 하신 것입니다. 그러므로 여러분 또한 성영님께서 자기 안에 와계신 관계가 되었으면 자기 이름이 하늘에 기록되었으니 이것을 기뻐하고 기뻐하십시오. 또한 자기 이름이 하늘 생명책에 기록되었음을 감사하고 감사하십시오. 하늘에 들어간 자의 복을 받았으니 예수님께서 오늘 오시다 한들, 내일 오시다 한들 오실 예수님을 넉넉히 맞이할 신부의 자격이 되었으니 그 같은 큰 복을 받으신 여러분을 예수님의 이름으로 더욱 축복합니다.

  우리는 그동안 예수님께서 이르신 말씀 곧 영이요 생명의 말씀을 영적인 배부름의 만족함을 얻는 말씀으로 계속 공급을 받았습니다. 예수 그리스도 안에 있는 하나님의 사랑하시는 자녀들에게, 살리는 것은 영이니 영을 살리시는 말씀으로 길러주셨습니다. 말씀의 오병이어의 이적을 주심으로 배부름의 만족함을 얻게 하여 주셨고, 그러므로 우리에게 앞으로 고난이 있어도 어려움이 있어도 더욱더 말씀으로 사는 능력을 힘써 갖추는 저와 여러분이 되어서 마침내 우리를 데리러 오실 예수 그리스도를 만나는 영광이 있게 되기를 간절히 바라면서 말씀을 맺습니다.

  아버지를 사랑합니다. 예수님을 사랑합니다. 성영님을 사랑합니다. 우리에게 말씀의 복을 주시고 하늘의 생명록에 이름이 기록되는 복 주신 삼위의 하나님께 모든 영광을 돌립니다. 지금까지 삼위 하나님의 이름, 예수님의 이름을 크게 사랑하고 사랑하는 예수님의 사랑하는 자가 말씀을 전하고 전하였습니다. 아멘